narr studienbücher

Damaris Nübling

In Zusammenarbeit mit Antje Dammel, Janet Duke
und Renata Szczepaniak

Historische Sprachwissenschaft des Deutschen

Eine Einführung in die Prinzipien des Sprachwandels

2., überarbeitete Auflage

Damaris Nübling ist Professorin für Historische Sprachwissenschaft des Deutschen an der Johannes Gutenberg-Universität Mainz und Mitherausgeberin von »Germanistische Linguistik« und »Beiträge zur Namenforschung« (BNF).

Antje Dammel ist Wissenschaftliche Mitarbeiterin am Lehrstuhl für Historische Sprachwissenschaft des Deutschen an der Johannes Gutenberg-Universität Mainz.

Janet Duke ist Akademische Rätin am Institut für Vergleichende Germanische Philologie und Skandinavistik an der Albert-Ludwigs-Universität Freiburg i. Br.

Renata Szczepaniak ist Juniorprofessorin für Historische Sprachwissenschaft des Deutschen an der Johannes Gutenberg-Universität Mainz.

Bibliografische Information der Deutschen Nationalbibliothek

Die Deutsche Nationalbibliothek verzeichnet diese Publikation in der Deutschen Nationalbibliografie; detaillierte bibliografische Daten sind im Internet über <http://dnb.d-nb.de> abrufbar.

Dischingerweg 5 · D-72070 Tübingen

Gedruckt auf chlorfrei gebleichtem und säurefreiem Werkdruckpapier.

Internet: http://www.narr-studienbuecher.de
E-Mail: info@narr.de

Druck: Gulde, Tübingen
Bindung: Nädele, Nehren
Printed in Germany

ISSN 0941-8105
ISBN 978-3-8233-6375-0

Vorwort zur 1. Auflage

Einführungen in die deutsche Sprachgeschichte gibt es viele. Dieses Buch hier ist keine weitere. Es beansprucht nicht, alle Entwicklungen, die das Deutsche in seiner vergleichsweise langen (d.h. schriftlich belegten) Sprachgeschichte vollzogen hat, darzustellen, denn dann bliebe wieder das auf der Strecke, was den meisten Einführungen u.E. fehlt und was hier geleistet werden soll: Zusammenhänge herzustellen, Prinzipien des Sprachwandels zu erkennen und, soweit es dieser Rahmen erlaubt, zu erklären, d.h. Warum-Fragen zu stellen und möglichst auch zu beantworten.

Die historische Sprachwissenschaft ist heute weitaus entwickelter und, mit Verlaub, auch interessanter, als dies manche Sprachgeschichtseinführung vermittelt. Längst hat die historische Sprachwissenschaft den Anschluss an die moderne Linguistik vollzogen, hat sie übergreifende Theorien entwickelt, um zu erklären, warum sich Sprache ständig wandelt und warum sie sich so wandelt und nicht anders. Dabei ist es nicht "die Sprache", die sich verändert, sondern wir sind es, indem wir sie täglich gebrauchen. Auch heute verändert sich unsere Sprache, erkennbar an vielerlei Unsicherheiten wie z.B.: Heißt es *der Friede* oder *der Frieden*?, *sie buk* oder *sie backte*?, *wegen dem* oder *wegen des schlechten Wetters*?, *aus kontrolliertem biologischem* oder *aus kontrolliertem biologischen Anbau?* Hier soll gezeigt werden, dass Sprachwandel etwas ganz Normales ist (nur tote Sprachen wandeln sich nicht mehr) und dass es ihn schon immer gegeben hat, denn sonst würden wir heute noch Althochdeutsch sprechen. Auch hat Sprachwandel nichts mit Sprachverfall zu tun.

Ziel dieser Einführung in die Prinzipien des Sprachwandels ist es also, die sprachgeschichtlichen Fakten auf einer höheren Ebene zusammenzuführen und, soweit möglich, zu begründen, auch unter theoretischer Perspektive. Dies ist zugegebenermaßen ein ehrgeiziges Ziel und erfordert seitens der Leserinnen und Leser zuallererst ein echtes, wissenschaftliches Interesse an historischer Linguistik, allerdings auch schon die Vertrautheit mit linguistischen Grundbegriffen. Ein weiteres Anliegen ist es, die Leser so weit zu bringen, dass sie einfachere Forschungsliteratur verstehen können. Dies erfordert eine zügige Progression und die Bereitschaft zu konzentrierter Lektüre. Wissenschaft in journalistischen Häppchen können wir nicht bieten. Für uns bedeutet dieser Anspruch eine Gratwanderung zwischen größtmöglicher Vereinfachung und geringstmöglicher Verzerrung. Oft muss man, um verständlich zu bleiben, auf inhaltliche Differenzierung und Präzision verzichten. Wir hoffen jedoch, hier einen vertretbaren Kompromiss gefunden zu haben.

Diese Einführung basiert auf der "Einführung in die historische Linguistik" an der Universität Mainz, teilweise auch auf Stoff aus weiteren sprachhistorischen Veranstaltungen sowie auf einem Reader, den wir dafür erstellt haben. Auf diesem "Rüstzeug" bauen die sprachhistorischen Veranstaltungen im Hauptstudium auf. Verbesserungsvorschläge seitens der Studierenden sind eingeflossen, für weitere Vorschläge sind wir immer dankbar.

Wir wurden gebeten, bei Personenbezeichnungen wie *Leser* auf die sog. Beidnennung *Leserinnen und Leser* zu verzichten. Längst haben psycholinguistische Untersuchungen ergeben, dass mit der männlichen Einheitsform auch eine männliche Vorstellung einhergeht, dass also mit *Leser* eher Männer als Frauen assoziiert werden. Zum "Ausgleich" haben wir in den Beispielsätzen Frauen überrepräsentiert.

Für die freundliche Unterstützung durch den Narr-Verlag danken wir Jürgen Freudl und für ihre Unterstützung bei der Erstellung des Manuskripts Julia Bertram, Kristin Kopf, Rudolf Steffens und Amaru Flores Flores.

Die einzelnen Kapitel sind unter den vier Autorinnnen wie folgt aufgeteilt worden:

Antje Dammel ist Verfasserin von Kap. 3.1, 7 und 9.1, Janet Duke von Kap. 9.2, 10 und 11.2, Damaris Nübling von Kap. 1, 4, 5, 8, 11.1, 11.3 und 12, und Renata Szczepaniak von Kap. 2, 3.2 und 6.

Mainz, im Januar 2006

Antje Dammel
Janet Duke

Damaris Nübling
Renata Szczepaniak

Vorwort zur 2. Auflage

Zu unserer Freude wurde das Buch so gut aufgenommen, dass nun die 2. Auflage ansteht. Neben der Beseitigung der obligatorischen Tippfehler haben wir einige inhaltliche Erläuterungen und Erweiterungen vorgenommen. Wir danken unseren Kolleginnen und Kollegen, ebenso den Studierenden an der Universität Mainz, für zahlreiche Anmerkungen und Verbesserungsvorschläge und hoffen, diese angemessen umgesetzt zu haben.

Mainz, im September 2007

Antje Dammel
Janet Duke

Damaris Nübling
Renata Szczepaniak

INHALTSVERZEICHNIS

1 Einleitung: Sprachwandel und Sprachgeschichte

In diesem Kapitel werden als Basis zur weiteren Lektüre einige allgemeine Informationen zum Sprachwandel und zur deutschen Sprachgeschichte geliefert. Dabei wird besonderer Wert auf die verschiedenen Teilsysteme der Sprache gelegt. Die Einleitung schließt mit praktischen Hinweisen zur Benutzung dieses Buches ab.

1.1 Sprachwandel

Alle natürlichen Sprachen befinden sich in ständigem Wandel. Diese Tatsache gehört zu den Universalien der Sprache. Die meisten Menschen assoziieren jedoch mit Sprachwandel merkwürdige Dinge: Erstens halten sie Sprachwandel durchweg für etwas Verwerfliches, für **Sprachverfall**, für den Niedergang der deutschen (Sprach-)Kultur u.ä. Zweitens setzen sie ihn in aller Regel mit lexikalischem Wandel gleich, und zwar meistens mit der Entlehnung von Anglizismen, die (siehe oben) auch ausschließlich negativ bewertet wird. Eventuell kommt der "Verlust" des Genitivs hinzu (von *das Ende der Geschichte* zu *das Ende von der Geschichte*) und der Wandel vom Genitiv zum Dativ nach Präpositionen wie *während* oder *wegen* (*während des Gesprächs* zu *während dem Gespräch*). Manchmal folgt noch die Hauptsatzstellung nach *weil* (*weil sie hat keine Zeit*), die als Indikator für den Verlust des deutschen Nebensatzes gedeutet wird. Leider werden solche so unberechtigten wie unwissenschaftlichen Bewertungen durch eine schlechte Populärliteratur zu fast allen Themen der Sprache genährt – eine umso bedauerlichere Tatsache, als das Interesse vieler Menschen an sprachlichen, gerade auch sprachgeschichtlichen Themen groß ist. Die seltene fundierte Populärliteratur wird in dieser Einführung ausdrücklich empfohlen.

Zunächst ist es wichtig, zu erkennen, dass es keinen "Sprachwandel an sich" gibt, sondern dass man von Anfang an die verschiedenen Ebenen der Sprache (ihre sog. Teil- oder Subsysteme) unterscheiden muss. In diesen Subsystemen verläuft Sprachwandel nach jeweils eigenen Prinzipien. So verfolgt der Lautwandel ganz andere "Interessen" (z.B. eine sparsame Artikulation) als etwa der morphologische Wandel (wo und wie werden die Informationen im Wort ausgedrückt?) oder gar der Bedeutungswandel, der mit der materiellen Seite der Sprache gar nichts zu tun hat. Dieser ebenenspezifische Wandel wird im ersten Teil des Buches ("Ebenenspezifischer Sprachwandel") behandelt, der die Kapitel 2 bis 8 umfasst: Phonologie (Kap. 2), Morphologie (Kap. 3), Syntax (Kap. 4), Semantik (Kap. 5), Lexik (Kap. 6), Pragmatik (Kap. 7), Graphematik (Kap. 8). Aus Platzgründen mussten wir auf ein Kapitel zur Textebene verzichten. Der zweite Teil

(Kap. 9 bis 12) beleuchtet dann einige Beispiele für sog. ebenenübergreifenden Wandel, denn Sprachwandel auf der einen Ebene stößt oft Wandel auf einer anderen Ebene an. Hier bieten die Phänomene des Ablauts und vor allem des Umlauts Paradebeispiele dafür, wie einstmals phonologisch-prosodischer Wandel von der Grammatik aufgegriffen und genutzt wird und sich dort nach ganz anderen Prinzipien weiterentwickelt (Kap. 9). Auch die sog. Grammatikalisierung, die der Frage nach der Entstehung von Grammatik nachgeht und die die letzten beiden Jahrzehnte der linguistischen Forschung dominiert hat, liefert viele Beispiele für ebenenübergreifenden Wandel (Kap. 10). Kap. 11, "Im Spannungsfeld zwischen Analyse und Synthese", beleuchtet sowohl die Tendenz des Deutschen zu umschreibenden (periphrastischen) als auch stärker verdichtenden Strukturen. Ein kurzes abschließendes Kapitel geht der Frage nach dem typologischen Wandel des Deutschen nach (Kap. 12).

1.2 Von der mehrschichtigen Struktur der Sprache

Wie eben schon angesprochen, setzen sich alle natürlichen Sprachen aus verschiedenen **Teil- oder Subsystemen** zusammen. Betrachtet man die Sprache als eine Einheit, die intern gegliedert ist, so ergibt sich eine Art **Zwiebel**. Manche sprachliche Teilsysteme sind eher in den äußeren Zonen zu platzieren, andere im Zentrum. Diese unterschiedliche Schichtung zeigt Abb. 1 (modifiziert nach DEBUS [2]1980:188).

Abb. 1: Das "Zwiebelmodell" der sprachlichen Ebenen

P: Phonologie
M: Morphologie
S: Syntax

Die Darstellung der Teilsysteme in Schichten ist so zu verstehen, dass die äußeren Schichten für außersprachliche Einflüsse wie z.B. Sprachkontakt, Sprachplanung, kulturhistorische Veränderungen etc. anfälliger sind. Die Pragmatik als die Schnittstelle zum Sprachgebrauch bzw. zum außersprachlichen Kontext bildet dabei die äußerste (nur gestrichelte) Schicht. Darauf folgt die Lexik (und innerhalb dieser zuerst die hier nicht behandelten Namen, deren Position DEBUS eigentlich aufzeigen wollte), die sehr empfänglich ist für die Aufnahme, aber auch für den Verlust sprachlicher Zeichen. Hier spricht man von offenen Klassen, das sind v.a. die Substantive, Verben und Adjektive. Ihre Bedeutung (Semantik) wird stark geformt durch die menschliche Wahrnehmung der Wirklichkeit, auch durch soziale, politische und kulturelle Gegebenheiten. Dagegen besteht der innere Kern aus Subsystemen, die weniger anfällig für äußere Einflüsse sind: Phonologie, Morphologie und Syntax, auch als "Grammatik" zusammenfassbar. Zwischen diesen Teilbereichen bestehen durchaus Übergänge, d.h. dieses "Zwiebelmodell", das scharfe Grenzen suggeriert, darf nicht überstrapaziert werden. So sind Umschreibungen (Periphrasen) zum Ausdruck des Perfekts oder des Passivs zwischen der Morphologie und der Syntax anzusiedeln (Morphosyntax).

Völlig stabil sind diese Kernbereiche jedoch nicht, denn auch sie können Mitglieder verlieren und neue aufnehmen. So wurde die Derivationsmorphologie im Laufe der Sprachgeschichte durch das Suffix *-lich* (*ordentlich, reichlich, länglich*) bereichert. Dieses Suffix geht auf ein selbstständiges Wort zurück, das früher 'Körper, Gestalt' bedeutete und das heute als *Leiche* fortgesetzt wird. Eine lexikalische Einheit benötigt aber wesentlich mehr Zeit, um ins "grammatische Innere" der Sprache zu gelangen als z.B. ein Fremdwort, das über sog. Entlehnung schnell von außen in die äußere lexikalische Schicht gelangt. Die Bewegung eines sprachlichen Zeichens vom Lexikon in die Kernbereiche der Sprache bezeichnet man als Grammatikalisierung. Dieser Prozess wird ausführlich in Kap. 10 dargestellt. Auch die relative Größe der innersten Schicht, des Kerns, ist bezeichnend. Die drei Bereiche setzen sich aus einer begrenzten Anzahl von Mitgliedern zusammen, die, obwohl erweiterbar, viel kleiner ist als die Zahl der Einheiten in der lexikalischen Schicht. Dieser Kern, die Grammatik, bildet das stärkste Identitätsmerkmal einer Sprache.

Die Schreibung (Graphie) haben wir zwischen dem inneren grammatischen Kern und der Lexik platziert. Dies ist einerseits dadurch gerechtfertigt, dass die Schreibung von außen veränderbar ist (Sprachpolitik), wie wir dies bei der jüngsten Orthographiereform gesehen haben. Andererseits kann die Schreibung all diejenigen Teilsysteme, die sie berührt, repräsentieren. In Sprachen mit sog. Alphabetschriften bildet zwar die Phonologie die wichtigste Grundlage der Verschriftung. Doch die heutige Schreibung des Deutschen repräsentiert in hohem Maße auch die Morphologie, die Syntax, die Lexik und selbst die Pragmatik. Kap. 8 handelt von der Entwicklung dieses Systems. Tab. 1 enthält zunächst einfache Beispiele für Wandelphänomene auf den einzelnen Ebenen.

Die gesamte Struktur des ersten Teils dieses Buches folgt diesem "Zwiebelmodell". Während herkömmliche Sprachgeschichten des Deutschen chronologisch aufgebaut sind, geht dieses Buch nach den sprachlichen Ebenen vor. Im zweiten

Teil wird gezeigt, dass diese Ebenen sich nicht isoliert verändern müssen, sondern stark ineinander greifen können. Hier geht es um sprachliche "Kettenreaktionen" wie Ablaut, Umlaut und Grammatikalisierung.

Tab. 1: Beispiele für Sprachwandel in einzelnen Subsystemen

sprachliche Ebene	**Beispiele**
phonologisch	
prosodisch (suprasegmental)	Wandel vom freien idg. Akzent zum festen germ. Initialakzent
segmental	Veränderungen von Vokalen und Konsonanten, z.B. mhd. /u:/ > fnhd. /au/ *mûs* > *Maus*
morphologisch	
Flexion	Übergang starker zu schwachen Verben, z.B. *bellen – ball – bullen – gebollen* > *bellen – bellte – gebellt*
Wortbildung	Entstehung neuer Affixe aus Lexemen, z.B. das Adjektivsuffix *-lich*, das dem gleichen Ursprungswort wie *Leiche*, damals 'Körper, Gestalt' bedeutend, entstammt
syntaktisch	Wortstellungswandel, z.B. *des Teufels Sohn* > *der Sohn des Teufels*
semantisch	Bedeutungswandel, z.B. von *billig* 'angemessen' > 'preiswert' > 'wertlos'
lexikalisch	z.B. Entlehnungen wie *Cousin, Kusine*
pragmatisch	z.B. Wandel der Höflichkeitsformen wie *Ihr* > *Sie*
graphematisch	z.B. Entwicklung der Substantivgroßschreibung

Schließlich: Wenn in dieser Einführung davon die Rede ist, dass sich "die Sprache", "die Syntax" oder "die Phonologie" etc. wandelt, so handelt es sich hier um eine verkürzende Sprechweise. Selbstverständlich sind wir, die wir Sprache verwenden, diejenigen, die die Sprache verändern, indem wir sie unseren Bedürfnissen anpassen. Da wir an einer funktionierenden Kommunikation interessiert sind, bedeutet Sprachwandel keineswegs Sprachverschlechterung. Dass Sprachwandel nie zum Stillstand kommt, liegt zum größten Teil daran, dass jedes der oben beschriebenen Subsysteme sein Optimum anstrebt und dabei andere Subsysteme bei ihrer Optimierung behindert. So "konfligieren" besonders oft die phonologische und die morphologische Ebene. Für solche Mechanismen werden wir noch zahlreiche Beispiele kennen lernen.

1.3 Zur Periodisierung der deutschen Sprache

Sprachwandel erstreckt sich oft über so lange Zeit, dass ihn die Sprecher kaum wahrnehmen. Dennoch unterscheidet man sprachliche Perioden, deren Übergänge fließend sind und die wissenschaftliche Konstrukte bilden.

Die **Periodisierungen** der deutschen Sprachgeschichte basieren in der Regel sowohl auf innersprachlichen (sprachinternen) als auch auf außersprachlichen (sprachexternen) Kriterien. Als innersprachliche Kriterien gelten Veränderungen auf allen sprachlichen Ebenen (Phonologie, Morphologie, Syntax, Semantik, Lexik, Pragmatik, Graphie), wobei diese Ebenen unterschiedlich stark gewichtet sein können. Als außersprachliche Kriterien können kulturhistorische Ereignisse jeglicher Art herangezogen werden, wie gesellschaftliche Entwicklungen, bestimmte Erfindungen, das Wirken wichtiger Personen, z.B. Martin Luther. Manche Periodisierungen setzen z.B. den Beginn der frühneuhochdeutschen Periode in die Mitte des 15. Jahrhunderts, was mit dem wichtigen medienhistorischen Ereignis der Erfindung und der Ausbreitung des Buchdrucks ab 1450 korreliert.

In der folgenden Periodisierung des Deutschen liegt jedoch der Schwerpunkt auf innersprachlichen Kriterien. Außersprachliche Faktoren rücken in diesem Buch so weit ins Blickfeld, wie sie innersprachlichen Wandel nachweislich beeinflusst haben. So ist es wenig einsichtig, weshalb z.B. das Ende des 30-jährigen Krieges eine sprachgeschichtliche Grenze markieren soll. Hierfür ziehen wir sprachliche Fakten vor (zu verschiedenen Periodisierungen s. ROELCKE 1998).

Die Bezeichnung **Althochdeutsch** (Ahd.) enthält – wie alle Periodenbezeichnungen – drei Informationen: Mit *Alt-* wird die zeitliche Einordnung angezeigt. Hier handelt es sich um die früheste schriftlich belegte Sprachstufe des Deutschen (750-1050). Das zweite Element, *-hoch-*, bezeichnet eine räumliche Dimension: Die hochdeutschen Dialekte liegen im höhergelegenen Teil Deutschlands, also im Zentrum und v.a. im südlichen Gebiet (etwa von Köln bis Oberitalien), die nieder- (oder platt-)deutschen Dialekte dagegen in Norddeutschland. Die Grenze zwischen Hoch- und Niederdeutsch, die sog. Benrather Linie, basiert auf phonologischen, also innersprachlichen Kriterien, die durch die sog. zweite Lautverschiebung entstanden sind (s. Kap. 2.2.3). Wichtig ist also, dass der Terminus *Hochdeutsch* in diesem Kontext eine ganz andere Bedeutung hat als heute, wo er die überregionale Standardsprache bezeichnet. Das dritte Element, *-deutsch*, bezeichnet schließlich die Sprache, die sich jedoch bis heute aus zahlreichen Dialekten zusammensetzt. Eine überregionale Standardsprache bildet sich erst langsam in der frühneuhochdeutschen Periode heraus. Von dieser wichtigen Tatsache, dass wir es bis weit ins Frühneuhochdeutsche (fnhd.) hinein ausschließlich mit Dialekten zu tun haben, müssen wir hier weitgehend absehen. Hinweise auf dialektale Entwicklungen werden zwar hie und da geliefert, doch bleibt das komplexe Zusammenspiel dieser (und weiterer) Varietäten und ihr Einfluss auf den Sprachwandel eher im Hintergrund. Hierzu s. insbesondere die Rubrik "Regionalsprachgeschichte" im Handbuch "Sprachgeschichte" (BESCH u.a. 2003) .

Die in Tab. 2 aufgelisteten Perioden werden jeweils durch die wichtigsten innersprachlichen Abgrenzungskriterien für die Epoche ergänzt, geordnet nach sprachlichen Ebenen: a) Phonologie; b) Morphologie/Syntax, c) Schreibung. Obwohl diese Periodisierung mit dem Indogermanischen (idg.) beginnt, handelt diese Einführung nur von der deutschen Sprachgeschichte, d.h. sie beginnt erst mit dem seit dem 8. Jh. schriftlich belegten Ahd. Entwicklungen aus diesen früheren Epochen, die zum Verständnis mancher Wandelerscheinungen bekannt sein sollten, werden nachgeliefert oder es wird auf Literatur dazu verwiesen.

Tab. 2: Periodisierung des Deutschen und seiner Vorgeschichte nach innersprachlichen Kriterien ("AL": Ablaut, "UL": Umlaut)

Sprachperiode Zeitraum	**Sprachliche Kriterien**
Germanisch 1. Jt.v.C.- ca. 200 n.C.	a) Initialakzent; 1. Lautverschiebung b) Systematisierung des Ablauts bei den starken Verben, Entstehung der 6. AL-Reihe sowie der schwachen Verben
Westgermanisch 200-500	a) Hebung (=wg. *i*-UL); Senkung (=wg. *a*-UL); wg. Konsonantengemination b) Abbau der reduplizierenden Verben; Entstehung der 7. AL-Reihe
Althochdeutsch 500/750-1050	a) 2. Lautverschiebung; *i*-UL (allophonische Phase) b) Entstehung von Periphrasen, Artikeln, Subjektspronomen c) ab 8. Jh. erste, flache Verschriftungen
Mittelhochdeutsch 1050-1350	a) Auslautneutralisierung; Zentralisierung und Schwund unbetonter Vokale (Apo-/Synkope); UL-Phonologisierung; Geminatenabbau; [sk] > [ʃ] b) Obligatorisierung des Subjektspronomens und des Artikels; weiterer Ausbau der Periphrastik c) phonographische Verschriftung (relativ flach)
Frühneuhochdeutsch 1350-1650	a) Vokaldehnung in offener Tonsilbe; Entstehung ambisilbischer Konsonanten; Reduktion der *e*-Laute; Mono- und Diphthongierung, Diphthongwandel, weiterer Schwund unbetonter Vokale b) präteritaler Numerusausgleich; Präteritumschwund; Tempusprofilierung und Numerusnivellierung am Verb, Numerusprofilierung und Kasusnivellierung am Substantiv, Ausbau der Klammer c) Vertiefung des Schriftsystems; Aufkommen und Stärkung semant. Prinzipien; Substantivgroßschreibung
Neuhochdeutsch seit 1650	a) *r*-Vokalisierung, Entstehung silbischer Konsonanten b) Abbau des synth. Konj. I+II; Ausbau von *würde* + Inf.; fortschreitender Präteritumschwund; weitere Numerusprofilierung und Kasusnivellierung am Substantiv c) seit 1902 Orthographie; tiefes und komplexes, leserfreundliches Schriftsystem

Nicht alle der in Tab. 2 aufgeführten Periodisierungskriterien werden in den Folgekapiteln explizit behandelt. Wie bereits gesagt, handelt es sich hier nicht um eine Einführung in die Sprachgeschichte, sondern in den Sprachwandel. Natürlich werden dabei viele sprachgeschichtliche Fakten geliefert, doch ist es unser primäres Ziel, Wege und Prinzipien des Sprachwandels darzustellen und Zusammenhänge aufzudecken. Am Ende dieses Kapitels kommentieren wir, ohne

Anspruch auf Vollständigkeit, eine Auswahl einschlägiger Einführungen in die deutsche Sprachgeschichte.

1.4 Wie man dieses Buch benutzt

Dieses Buch führt primär in den Sprachwandel ein und ist damit weder eine Einführung in die Sprachgeschichte noch eine in die Wissenschaftsgeschichte. Eine gute Voraussetzung ist es, bereits eine Einführung in die Linguistik absolviert zu haben, d.h. wir setzen die Kenntnis linguistischer Grundbegriffe voraus. Auch wird die internationale Lautschrift IPA als bekannt vorausgesetzt (man kann sie sich aber auch leicht in der DUDEN-Grammatik [7]2005:§18 aneignen). Das Ziel, die Leser dazu zu befähigen, auch einfachere Forschungsliteratur zu lesen, zwingt uns, Fachausdrücke zu verwenden. Wir erklären sie aber an Ort und Stelle, und über die fett gedruckte Seitenzahl hinten im Index kann man die Erklärung auch schnell nachschlagen. Eingestreute Literaturangaben in Klammern sollen Wege zu weiterer, vertiefender Literatur bahnen, ansonsten darf man sie überlesen. Nach jedem Kapitel empfehlen wir ein paar Titel für die weitere Lektüre. Abschließend folgen einige Aufgaben zur Festigung und Anwendung des erworbenen Wissens. Die Lösungen und die den Fragen manchmal zugrundeliegenden Texte aus der Lutherbibel sind auf der Website www.germanistik.uni-mainz.de/sprachwandel.htm zu finden. Alle Abkürzungen, die wir benutzen, sind in der Fachliteratur üblich und können im Abkürzungsverzeichnis nachgeschlagen werden.

1.5 Empfohlene Literatur

Abschließend nennen und kommentieren wir kurz eine kleine Auswahl an Standardwerken, zunächst **Einführungen in die deutsche Sprachgeschichte**: Der "dtv-Atlas zur deutschen Sprache" (KÖNIG [14]2004) ist ein gutes Beispiel dafür, wie man zentrale Themen zur deutschen Sprache und Sprachgeschichte allgemeinverständlich auch für Nichtlinguisten darstellen kann. Er ist knapp gehalten und wird durch zahlreiche Graphiken unterstützt. Ein weiterer Vorteil sind die Dialektkarten, die die räumliche Ausbreitung verschiedener sprachlicher Erscheinungen illustrieren. Um eine multimedial aufgebaute CD-ROM handelt es sich bei der "Interaktive[n] Einführung in die Historische Linguistik" von DONHAUSER u.a. (2007). SCHWEIKLE ([5]2002) bietet eine etwas wortkarge, doch sehr anschauliche, beispielreiche und systematische Darstellung der gesamten germanisch-deutschen Sprachgeschichte vom Idg. bis zum Nhd. mit Schwerpunkt auf phonologischen und morphologischen Entwicklungen. Noch knapper, fast ausschließlich tabellarisch gehalten, doch dafür bestechend übersichtlich ist der "Grundkurs Historische Linguistik" von KÜHNEL ([2]1978), auch nur zu Phonologie und Morphologie. Eher textlastig auf Kosten der Übersichtlichkeit ist umgekehrt die dreibändige deutsche Sprachgeschichte von P. VON POLENZ (1991-1999), die jedoch viele außersprachliche Faktoren berücksichtigt, die hier nicht behandelt werden können. Ähnliches gilt für Keller ([2]1995). Gut lesbar und sehr umfassend ist Wells (1990). Mit Bauer (1986) liegt ein richtiges "Lehr-, Studien- und Übungsbuch" mit großen Frage- und Antwortteilen vor. Nur für Fortgeschrittene empfehlen sich die "Grundzüge deutscher Sprachgeschichte" von Sonderegger (1979), die auch den ebenenübergreifenden Wandel enthalten. Auch Schmidt ([9]2004) ist einschlägig. Er enthält nicht nur Informationen zu wichtigen kulturgeschichtlichen Hintergründen, sondern auch systematische grammatische Abrisse zu allen Sprachperioden einschließlich dem oft vernachlässigten Fnhd. Anschaulich und didaktisch gut aufbereitet ist die "Einführung in die historische Textanalyse" von Riecke u.a. (2004), in der es primär um die Erschließung älterer Texte geht. Hier kommt auch die Ebene des Textes, auf die unsere Einführung verzichten muss, ausführlich zur Sprache. Sehr viel nach wie vor Wissenswertes zur deutschen Sprachgeschichte enthalten die "Prinzipien der Sprachgeschichte" von Paul ([5]1920), ein Klassiker unter den Arbeiten zum Sprachwandel. Nicht unerwähnt bleiben darf "Sprachgeschichte", ein mehrbändiges "Handbuch zur Geschichte der deutschen Sprache und ihrer Erforschung" von Besch u.a. ([2]1998-2004), wenngleich es sich eher für Fortgeschrittene eignet. Hier finden sich zu allen wichtigen Themen der deutschen Sprachgeschichte und des Sprachwandels insgesamt 225 kompakte Artikel.

Von anderem, teilweise typologischem und sprachvergleichendem Zuschnitt sind einige englischsprachige Einführungen, in denen man oft einen anderen Blick auf das Deutsche gewinnt: "Historical Linguistics" von Campbell (1998), "Principles of Historical Linguistics" von Hock ([2]1991) und "Language History, Language Change, and Language Relationship" von Hock/Joseph (1996) sowie, besonders anregend und damit empfehlenswert, "Historical and Comparative Linguistics" von Anttila (1989). "The Handbook of Historical Linguistics" von Joseph/Janda (2003) liefert eher einen Forschungsüberblick und ist für Anfänger zu schwer.

Zu **Einführungen bzw. Nachschlagewerken für die einzelnen Perioden des Deutschen**: Didaktisch durchdacht und deshalb für Anfänger gut geeignet ist das Arbeitsbuch "Alt- und Mittelhochdeutsch" von Bergmann u.a. ([6]2004). Ausführliche Einführungen ins Althochdeutsche bieten Meineke/Schwerdt (2001), Sonderegger ([3]2003) und die Grammatik von Braune/Reiffenstein ([15]2004), speziell zur ahd. Syntax Schrodt (2004). Zum Mhd. empfehlen sich als überschaubare Einführungen Mettke ([8]2000), Hennings ([2]2003) und Weddige ([6]2004). Paul u.a. ([24]1998) ist der Standard unter den mhd. Grammatiken. Das Alt- und Mittelhochdeutsche zusammen behandelt Wolf (1981). Zum Fnhd. ist für Einsteiger das Arbeitsheft von Hartweg/Wegera ([2]2005) gut geeignet. Zum Nachschlagen empfehlen sich auch die Grammatiken von Ebert u.a. (1993) und die mehrbändige "Grammatik des Frühneuhochdeutschen" von Moser (1970-1991).

Teil I

Ebenen des Sprachwandels

bei allen durch die zeit hervorgebrachten verschiedenheiten waltet im groszen dennoch eine beträchtliche durchblickende gemeinschaft zwischen alter und neuer sprache, die in allen ihren wendungen und sprüngen zu belauschen überraschende freude macht. wenn auf zahllose stellen unserer gegenwart licht aus der vergangenheit fällt, so gelingt umgedreht es auch hin und wieder im dunkel liegende flecken und gipfel der alten sprache eben mit der neuen zu erhellen.

J. Grimm (1854): Vorwort zu Bd. 1 des Deutschen Wörterbuchs, DWB, Sp. IV.

2 Phonologischer Wandel

2.1 Was ist historische Phonologie?

Die menschliche Sprache ist ein faszinierendes Phänomen. Obwohl die Sprachlaute mit Hilfe von nur wenigen Organen produziert werden, stellt sie ein sehr komplexes System dar. Die Sprechorgane, v.a. die Zunge und die Lippen, formen die herausströmende Luft im Mund- oder Nasenraum. Auf diese Weise entsteht zunächst eine Kette verschiedener Laute. Damit eine solche **phonetische** Kette die Funktion eines Kommunikationsmittels übernehmen kann, müssen die Sprecher imstande sein, von Ausspracheunterschieden zu abstrahieren. Verschiedene, ähnlich ausgesprochene Laute werden dabei in funktionale Gruppen, **Phoneme**, eingeteilt. So können unterschiedlich deutlich produzierte *i*-Laute dem Phonem /i/ zugeordnet werden. Erst dann kann eine Lautkette als eine Phonemreihe verstanden und einer anderen gegenübergestellt werden, z.B. /fax/ 'Fach':/bax/ 'Bach'.

Manche Aussprachevarianten werden regelmäßig gebildet. Dabei spricht man von **Allophonen**. Im Deutschen haben wir u.a. die Allophone [x] (sog. *Ach*-Laut) und [ç] (sog. *Ich*-Laut), die dem Phonem /x/ zugeordnet sind (DUDEN-Grammatik [7]2005:§23). Die Wahl des Allophons ist u.a. davon abhängig, ob der vorangehende Vokal palatal (*i, e, ü, ö, ä, ei, äu/eu*) oder nicht-palatal (*o, u, au, a*) ist, z.B. /mix/ [mɪç] 'mich' aber /buxt/ [bʊxt] 'Bucht'. Die Verteilung der Allophone [ç] und [x] ist ein schönes Beispiel dafür, wie sich benachbarte Laute artikulatorisch einander annähern. Dies passiert, weil die beweglichen Sprechorgane (Zunge und Lippen) oft nicht vollständig von der Position, die sie beim ersten Laut einnehmen, in die, die für die Produktion des zweiten Lautes benötigt wird, überführt werden.

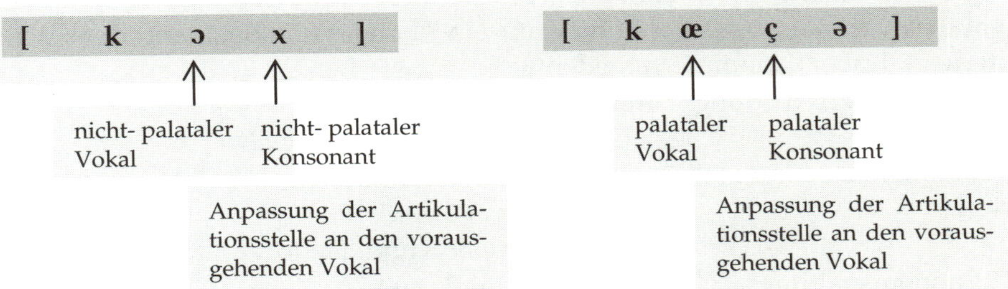

In der obigen Abbildung wird gezeigt, dass das Allophon [ç] ein Ergebnis der Anpassung an den vorausgehenden **palatalen Vokal** ist, bei dessen Produktion die Zungenspitze gehoben wird. Sie wird nicht vollständig aus der vorderen in die hintere Position überführt, wodurch ein [ç]-Laut entsteht, z.B. [mɪç] 'mich'. Nach **velaren Vokalen**, die mit einem gehobenen Zungenrücken gebildet werden, folgt ein [x], z.B. /buxt/[bʊxt] 'Bucht'. Diese Anpassung des hinteren Reibelautes an den vorausgehenden Vokal, also [ɪ] → [ç] und [ʊ] → [x], ist ein Beispiel für **sequenziellen** (kombinatorischen) **Lautwandel**. Hier verändert sich die Aussprache eines Lautes in Abhängigkeit von einem anderen Laut (mehr zum sequenziellen Wandel s. DEMSKE 2002:297-304).

Allophone entstehen auch aufgrund ihrer Position in Phonemgruppen. Dabei geht es nicht um einen beliebigen Abschnitt aus der Phonemkette, z.B. [təfy:], sondern um organisierte Phonemverbände, z.B. [kal.tə] [fy:.sə] 'kalte Füße'. Dies sind v.a. Silben und (phonologische) Wörter. Mit einem Punkt wird in der Transkription die Grenze zwischen den Silben markiert [kal.tə]. Die **Silben** sind Bausteine eines (phonologischen) Wortes. Im Deutschen gibt es beispielsweise kurze und lange Vokalallophone in betonten Silben. Da es pro (phonologisches) Wort jeweils nur eine betonte Silbe gibt, z.B. ['kal.tə] 'kalte', ['ka:.lə] 'kahle', ist der Gegensatz zwischen kurzen und langen Vokalen an diese eine Position im Wort gebunden. Die Wahl des entsprechenden Allophons hängt vom Bau der betonten Silbe ab. Wenn diese **offen** ist, d.h. keinen Konsonanten nach dem Vokal enthält, wird ein langer Vokal ausgesprochen, z.B. ['ka:.lə] 'kahle'. Ist die Silbe hingegen durch einen (oder mehrere) Konsonanten **geschlossen**, kann ein kurzer Vokal auftreten, z.B. ['kal.tə] 'kalte' (s. dazu BECKER 1996, 1998). Im Deutschen gibt es keine kurzen Vokale in offenen, betonten Silben *['ka.lə].

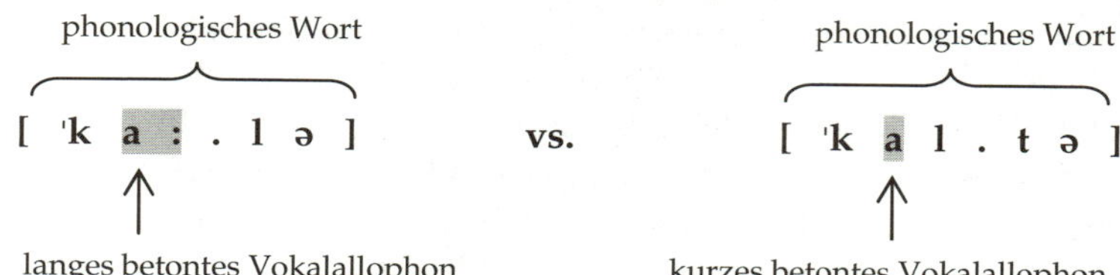

Die historische Phonologie beschäftigt sich mit Prozessen, die zur Veränderung der Laut- oder Phonemkette führen. Dabei kann sich ein Phonem auch unabhängig von seiner Umgebung wandeln. Dies war u.a. im Ahd. der Fall, als alle *d*-Laute stimmlos wurden, z.B. westgerm. **dag-* > ahd. *tag* (vgl. engl. *day*). Da die Umgebung dabei keine Rolle spielt, gehört dieser Prozess zu den sog. **autosegmentalen** Veränderungen, weil hier nur ein Phonem (ein Segment) dem Wandel unterliegt. Dabei kann unterschieden werden zwischen

- Phonemverschiebung: mhd. /y/ > nhd. /oi/
  z.B. mhd. *vriunt* > nhd. *Freund*
- Phonemzusammenfall: mhd. /ū/, /ou/ > nhd. /au/
  z.B. mhd. *brût* > nhd. *Braut*
  mhd. *boum* > nhd. *Baum*
- Phonemspaltung: ahd. /u/ > mhd. /u/, /y/
  z.B. ahd. *burg* > mhd. *burc*
  ahd. *wurfil* > mhd. *würfel*

und Phonemschwund. Treten die lautlichen Veränderungen regelmäßig auf, so spricht man von **Lautgesetzen**, z.B. der sog. zweiten Lautverschiebung (kurz: 2. LV) (s. Kap. 2.2.3).

Wir haben bereits festgestellt, dass der Wandel eines Phonems aber auch durch ein anderes bewirkt werden kann (sequenzieller Wandel). Die wohl bekannteste Form stellt dabei die **Assimilation** dar. Unter diesem Begriff versteht man eine vollständige (totale) bzw. teilweise (partielle) Angleichung von Lauten, die entweder nebeneinander (**Kontaktassimilation**) oder durch andere Laute getrennt (**Fernassimilation**) auftreten. Im phonetischen Sinne hat man es hier mit der Angleichung des Artikulationsortes, der Artikulationsart oder der Stimmhaftigkeit der betroffenen Laute zu tun.

Als **Artikulationsort** können die Lippen, die Zähne, der Gaumen und das Zäpfchen dienen. Dies sind Stellen im oberen und hinteren Bereich des Mundraumes, denen sich die beweglichen Sprechorgane – die Zunge und die untere Lippe – annähern können. Daher rührt die Unterscheidung zwischen **labialen** (Lippen), **dentalen** (Zähne), **palatalen** (vorderer, harter Gaumen), **velaren** (hinterer, weicher Gaumen) und **uvularen** (Zäpfchen) Lauten.

Die **Artikulationsart** hängt damit zusammen, inwieweit sich die beweglichen Organe dem Artikulationsort annähern. Kommt es zu einem Verschluss, so dass der Luftstrom kurz in seiner Auswärtsbewegung gestoppt wird, so werden Verschlusslaute (**Plosive**) wie [p, b, t, d, k, g] gebildet. Wenn jedoch nur eine Enge entsteht, durch die die Luft strömt und dabei eine Reibung erzeugt, dann werden Reibelaute (**Frikative**) wie [f, v, s, z, x, ç] produziert. Aus einer Kombination beider Artikulationsarten, d.h. wenn dem Verschluss eine Reibung folgt, entstehen **Affrikaten** wie [p͜f, t͜s]. Wird der weiche Gaumen (Gaumensegel) so weit gesenkt, dass der Luftstrom durch den Nasenraum herausfließt, dann werden **Nasale** wie [n, m, ŋ] gebildet. Der Laut [ŋ] kommt z.B. in [ˈʀɪŋ] 'Ring' vor. Ein **Lateral**, im Deutschen nur [l], entsteht dadurch, dass die Luft durch die Engen auf beiden Seiten der Zunge herausströmt, während **Vibranten** durch die Zungenschwingung gebildet werden. Im Deutschen wird durch die Vibration des Zäpfchens der Laut [ʀ], das sog. Zäpfchen-*r*, produziert. Der Konsonant [j] gehört zu den **Halbvokalen**. Bei ihrer Produktion trifft der Luftstrom wie bei Vokalen auf keine Barriere. Im Gegensatz zu Vokalen bilden Halbvokale keinen Silbennukleus (Silbenzentrum), z.B. *Jahr* [ja:ɐ̯] (Halbvokal *j*) vs. *wir* [vi:ɐ̯] (Vokal *i*) (s. Abb. 4).

Im Mhd. kommt es zur totalen Kontaktassimilation von *mb*: mhd. *zimber* > *zimmer*. Dabei muss nur die Artikulationsart des *b* (eines labialen Plosivs) an die des *m* (eines labialen Nasals) angeglichen werden. Eine partielle Kontaktassimilation findet statt, wenn nicht alle phonetischen Parameter angeglichen werden. Im Mhd. wird beispielsweise nur der Artikulationsort der Konsonanten *nt* an den Folgekonsonanten *f* angepasst, z.B. mhd. ***ent**finden* > ***emp**finden*. Die Artikulationsart verändert sich hingegen nicht. Als Beispiel für die Fernassimilation ist der *i*-Umlaut zu nennen. Dabei kommt es zur Anpassung zweier nicht direkt benachbarter Vokale, z.B. ahd. *g**a**st**i*** > *g**e**st**i*** 'Gäste' (s. Kap. 2.2.2).

Im phonologischen Sinne, d.h. bezogen auf Phoneme und Allophone, bedeutet die totale Assimilation einen vollständigen Ausgleich aller **distinktiven Merkmale**. Dies sind Eigenschaften der Phoneme (bzw. Allophone), die sich auf die Artikulation beziehen. So wird jeder stimmhafte, labiale Plosiv dem Phonem /b/ zugeordnet, das durch [+stimmhaft], [+labial], [-kontinuierlich] charakterisiert ist. Das Merkmalspaar [+/-kontinuierlich] (kurz: [+/-kont]) bezieht sich auf die Artikulationsart (frikative vs. plosive Laute). Die Phoneme unterscheiden sich durch mindestens ein Merkmal. Bei dem Phonempaar /b/ und /p/ variiert [+/-stimmhaft] (kurz: [+/-sth]). Die Phoneme /b/ und /v/ weisen entsprechend [-kont] und [+kont] auf (Genaueres zu distinktiven Merkmalen s. RAMERS 2002:87-93). So ist die totale Assimilation mhd. *zimber* > *zimmer* ein Ausgleich zugunsten der Merkmale [+nasal] und [+kont]:

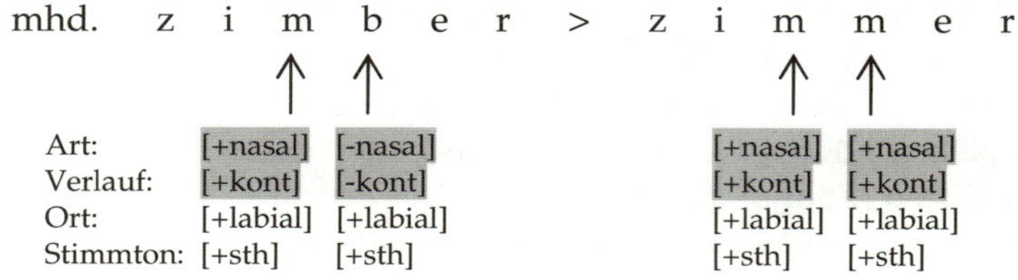

Die sprachgeschichtlichen Abhandlungen zum Deutschen konzentrieren sich neben dem eben skizzierten segmentalen Wandel auf Veränderungen, die Phonemgruppen wie Silbe oder das (phonologische) Wort betreffen. Zu solchen **suprasegmentalen** Prozessen gehört der Wandel der Akzentposition im Germ.: Im Ie. war der Akzent nicht an eine bestimmte Wortposition gebunden (sog. **beweglicher Wortakzent**). So haben manche Flexionsformen die Betonung auf der ersten, andere wiederum auf der letzten Silbe (vgl. span. *cánto* '(ich) singe' vs. *cantó* '(sie/er) sang'). Während der Herausbildung des Germ. wird der Akzent auf die erste Silbe fixiert (sog. germ. **Initialakzent**). Da jedoch bereits im Germ. neue Wörter mit unbetonten Vorsilben gebildet werden, wandelt sich der Initial- zum Stammakzent. So wird im deutschen Erbwortschatz meist die Stammsilbe betont, z.B. nhd. *erláuben*. Die verwandten Wörter *Úrlaub* und *erláuben* sind zwei Zeugen dieses Wandels. In *Úrlaub* ist der germ. Initialakzent konserviert worden. In später gebildeten *erláuben* wird hingegen schon die Stammsilbe betont (SCHWEIKLE [5]2002:52).

Die Veränderung der Akzentposition im Germ. ist ein suprasegmentaler Prozess, der innerhalb eines **phonologischen Wortes** stattfindet. Dieses umfasst eine Reihe von Segmenten, die in Silben organisiert sind. Die Silbenzahl kann variieren, z.B. ['mo:nt] 'Mond', ['vɔl.kə] 'Wolke', ['t͡saʊ̯.bə.ʀɐ] 'Zauberer'. Eine der Silben wird durch den Akzent hervorgehoben, was in der Transkription mit (') gekennzeichnet wird. ['**mo:nt**] 'Mond', ['**vɔl**.kə] 'Wolke', ['**t͡saʊ̯**.bə.ʀɐ] 'Zauberer'. Diese Silbe bildet mit allen ihr folgenden unbetonten Silben einen sog. **phonologischen Fuß**. Im deutschen Erbwortschatz umfassen phonologische Wörter meist nur einen Fuß, d.h. sie haben keine Nebenbetonung. In Fremdwörtern kommen nicht selten mehrere Füße vor. Dabei bildet die hauptbetonte Silbe den sog. **starken Fuß**. Mit einer nebenbetonten Silbe, die in der Transkription mit (ˌ) angezeigt wird, fängt ein sog. **schwacher Fuß** an, z.B. [ˌfan.ta.'zi:] 'Phantasie'. Abb. 2 zeigt, dass die Segmente die kleinsten Bausteine des Wortes sind. Sie werden in phonologische Silben (σ) gruppiert, diese wiederum in phonologische Füße (F). Bei mehreren Füßen ist einer davon der starke Fuß (F_s), weil er mit der hauptbetonten Silbe beginnt (s. NESPOR/VOGEL 1986, AUER 1991).

Abb. 2: Die innere Struktur des phonologischen Wortes

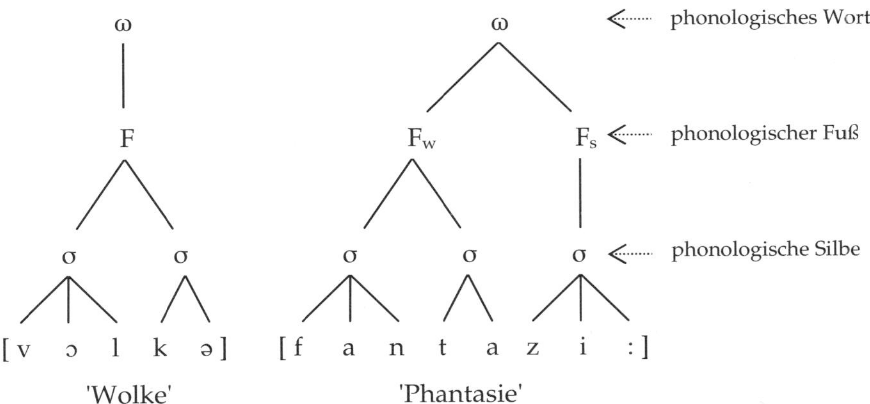

Im Zentrum der **Silben** stehen gewöhnlich Vokale, weil sie **sonorer** (d.h. lauter) als Konsonanten sind. Aus diesem Grund ist eine Silbe wie *krk* nicht so leicht wie *kerk* auszusprechen. Um die Vokale werden Konsonanten gruppiert. Sie sind weniger sonor als Vokale, weil der Mund bei ihrer Produktion nicht so weit geöffnet wird und der Luftstrom auf verschiedene Hindernisse trifft (s. Artikulationsart). Je weniger sonor ein Konsonant ist, desto höher ist seine Konsonantische Stärke. Diese ist am höchsten bei Plosiven, die zugleich am wenigsten sonor sind. In Abb. 3 wird gezeigt, dass der Vokal /a/ die höchste Sonorität aufweist, weil bei seiner Produktion der Mund am weitesten geöffnet wird. Je höher die Zungenposition, desto kleiner die Mundöffnung. Aus diesem Grund sind die mittleren Vokale /e/ und /o/ weniger sonor als /a/, jedoch sonorer als /i/ und /u/. Die Allophone [ə] und [ɐ], die im Deutschen nur in unbetonter Position vorkommen, sind noch weniger sonor, z.B. ['vɔl.kə] 'Wolke', ['t͡sau̯.bə.ʀɐ] 'Zauberer'. Der schwächste Konsonant ist der Halbvokal bzw. Halbkonsonant /j/. Die **Obstruenten**, d.h. Frikative und Plosive, befinden sich rechts in der Sonoritätsskala. Sie sind die stärksten Konsonanten (s. VENNEMANN 1986:36).

Abb. 3: Sonoritäts- bzw. Stärkeskala

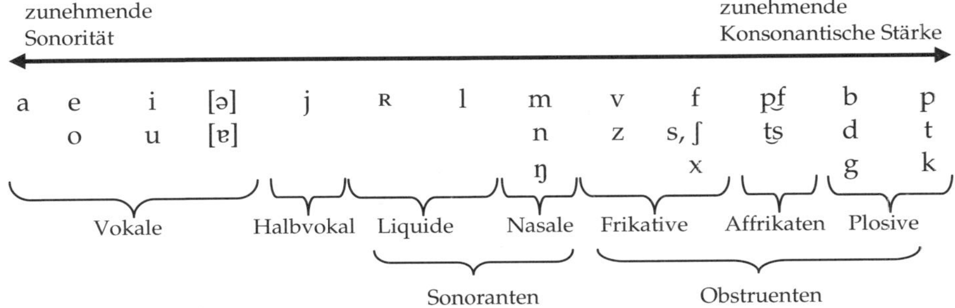

Eine Silbe ist so gebaut, dass das sonorste Segment (V: Vokal) ihr Zentrum (den sog. **Nukleus**) bildet. Die restlichen Segmente (C: Konsonanten) sind so angeordnet, dass sie umso näher am Vokal stehen, je höher ihre Sonorität ist. Auf diese Weise hat eine Silbe einen kurvenförmigen Sonoritätsverlauf (SELKIRK 1984:116). In Abb. 4 wird zusätzlich noch gezeigt, dass die Konsonanten vor dem Vokal zum **Silbenonset** und nach dem Vokal zur **Silbenkoda** gehören. Der Nukleus und die Silbenkoda bilden gemeinsam den **Silbenreim**.

Abb. 4: Kurvenförmiger Sonoritätsverlauf innerhalb einer Silbe

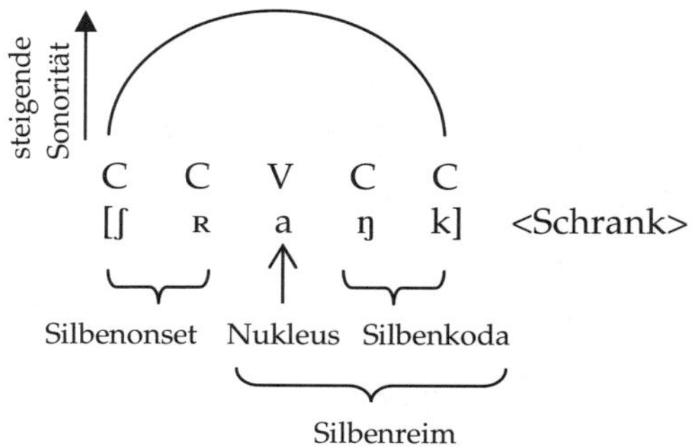

Die Grenze zwischen den Silben liegt vor dem stärksten Konsonanten. So besteht eine Phonemfolge wie /planta/ aus den beiden Silben *plan.ta*. Die Silbengrenze vor *t* kommt zustande, weil von den beiden **intervokalischen** (d.h. zwischen den Vokalen liegenden) Konsonanten *t* einen höheren Stärkegrad als *n* aufweist (s. Abb. 3) (mehr zur Silbenstruktur s. RESTLE/VENNEMANN 2001).

Die Grenzen der Silben innerhalb eines phonologischen Wortes liegen unabhängig von der Anzahl der phonologischen Füße immer direkt vor dem stärksten Konsonanten:

- einfüßiges phonologisches Wort ['vɔl.kə]$_{\omega}$ 'Wolke'
['t͡saʊ̯.bə.ʀɐ]$_{\omega}$ 'Zauberer'
['mʊn.tə.ʀə.ʀə]$_{\omega}$ 'munterere'
- zweifüßiges phonologisches Wort [ˌfan.ta.'ziː]$_{\omega}$ 'Phantasie'

Umgekehrt signalisiert eine unerwartete Silbengrenze, die nicht vor dem stärksten Konsonanten liegt, eine phonologische Wortgrenze. Da nhd. Komposita (Zusammensetzungen) aus (mindestens) zwei phonologischen Wörtern bestehen, können sie eine solche unerwartete Silbengrenze enthalten, z.B. *Blinklicht* [blɪŋk]$_{\omega}$[lɪçt]$_{\omega}$. Würden die Segmente zu einem phonologischen Wort gehören, müssten sie als **blin.klicht* **silbifiziert** (in Silben eingeteilt) werden. Dadurch, dass das *k* nicht am Anfang der Zweitsilbe ausgesprochen wird, entsteht die abweichende Silbenstruktur *blink.licht*.

- zwei phonologische Wörter [blɪŋk]$_{\omega}$[lɪçt]$_{\omega}$ 'Blinklicht'

Durch die unerwartete Silbengrenze wird der morphologische Aufbau des Kompositums verdeutlicht: {blink}{licht}. So wird dem Hörer ein Signal geliefert, dass es sich um ein morphologisch komplexes Wort handelt. Dies wäre bei der Silbifizierung **blin.klicht* nicht gegeben.

Die Silbe und das phonologische Wort unterscheiden sich nicht nur durch ihre Größe (die Silbe ist ein Baustein des phonologischen Wortes). Vielmehr dienen sie den gegensätzlichen Interessen der Kommunikationsteilnehmer. Der Sprecher ist an einfacher Aussprache interessiert. Daher sind für ihn einfache (also optimale) silbische Strukturen von Vorteil. Im Gegensatz dazu liegt dem Hörer viel daran, das Gesagte schnell und ohne größeren Aufwand zu verstehen. Dies ermöglicht ihm eine Hervorhebung der Inhaltsstruktur, die durch eine klare Signalisierung der Wortgrenzen erreicht wird. Die Silbe dient also der Sprachproduktion, während das phonologische Wort die Sprachrezeption erleichtert.

Das Nhd. ist eine Sprache, in der hörerfreundliche Strategien überwiegen, die die Inhaltsstruktur exponieren. Man bezeichnet solche Sprachen als **Wortsprachen**. Wenn hingegen eine einfache Aussprache im Vordergrund steht, spricht man von **Silbensprachen** (Spanisch). In Wortsprachen wird daher mit verschiedenen phonologischen Mitteln das phonologische Wort verdeutlicht. Im Gegensatz dazu konzentrieren sich Silbensprachen auf die Verbesserung der phonologischen Silbe (s. AUER 1994, 2001). Meist geht das eine auf Kosten des anderen.

phonologischer Typ:	Silbensprache	Wortsprache
Optimierung:	die phonologische Silbe	das phonologische Wort
zentraler Kommunikationsaspekt:	leichte Aussprache	leichte Dekodierung
vorteilhaft für:	Sprecher	Hörer

Die Silbensprachen tendieren zu optimalen Silben, d.h. solchen, die aus einem starken Konsonanten (C) im Silbenonset und einem Vokal (V) im Silbennukleus bestehen. Die sog. Silbenkoda ist im Optimalfall leer (VENNEMANN 1982:283). CV-Silben sind am leichtesten aussprechbar. Aus diesem Grund lauten die ersten Sprechversuche von Kindern (weitgehend unabhängig von der Muttersprache der Eltern) [papa], [tata] oder [mama]. Dies sind einfache CV.CV-Folgen. Jede Verschlechterung der Silbenstruktur erschwert die Aussprache. Im Deutschen als Wortsprache sind nicht nur komplexe, sondern auch "verformte" Silben keine Ausnahmen. In [ʃʀʊpst] 'schrubbst' wird der kurvenförmige Sonoritätsverlauf durch **extrasilbische Elemente** (*st*) verletzt:

Abb. 5: Extrasilbische Elemente

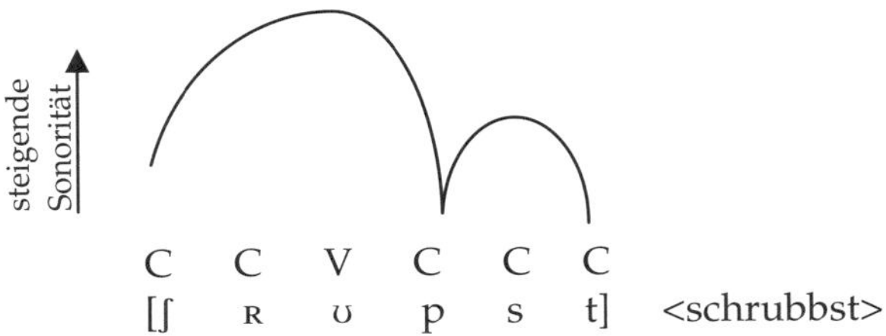

Das der Silbe entgegengesetzte Ideal ist das phonologische Wort. Dieses ist nicht nur größer, sondern auch ganz anders beschaffen. So ist der Umfang der Silbe unabhängig von der morphologischen Struktur. Alleine die Sonorität entscheidet, wo die Silbengrenze liegt, z.B. {*Hund*}{*-e*} (morphologische Struktur) vs. ['hʊn.də] (Silbenstruktur). Im Gegensatz dazu umfasst ein phonologisches Wort immer ganze Morpheme. Mit anderen Worten: Ein Morphem wird nie in zwei phonologische Wörter eingeteilt. Wenn ein Morphem ein separates phonologisches Wort bildet, gehört es zu den **wortwertigen Morphemen**. Solche Morpheme enthalten immer eine betonte Silbe, z.B. {wolke} ['vɔl.kə]. Im Nhd. bilden Stämme, z.B. {hund}, konsonantisch anlautende Derivationssuffixe, z.B. {-tum}, und fast alle Derivationspräfixe, z.B. {an-}, eigene phonologische Wörter. Morpheme, die kein eigenes phonologisches Wort bilden, bezeichnet man als **nicht wortwertige Morpheme**, z.B. das Pluralzeichen *-e* in ['hʊn.də]. Im Deutschen sind vokalisch anlautende Derivationssuffixe, z.B. {-ig}, einsilbige, unbetonte Derivationspräfixe, z.B. {ver-}, und alle Flexionssuffixe, z.B. {-er}, nicht wortwertig, s. Tab. 3.

Tab. 3: Wortwertige vs. nicht wortwertige Morpheme im Nhd.

wortwertige Morpheme	**Beispiel**	**nicht wortwertige Morpheme**	**Beispiel**
Stämme	{hund}		
konsonantisch anlautende Derivationssuffixe	{-tum}	vokalisch anlautende Derivationssuffixe	{-ig}
(fast alle) Derivationspräfixe	{an-}	einsilbige, unbetonte Derivationspräfixe	{ver-}
		alle Flexionssuffixe	{-er}

Die Silbengrenze liegt bei wortwertigen Derivationsmorphemen immer direkt vor dem ersten Konsonanten. Bei den nicht wortwertigen Morphemen wie dem Derivationssuffix {-ig} oder dem Flexionssuffix {-er} wird sie so angepasst, dass sie vor dem stärksten Konsonanten liegt, z.B. *sandig* ['san.dɪç]$_{\omega}$, nicht *['sand.ɪç]$_{\omega}$; *Kinder* ['kɪn.dɐ]$_{\omega}$, nicht *['kɐɪnd.ɐ]$_{\omega}$.

Die **Unterscheidung zwischen Silben- und Wortsprachen** äußert sich in einer ganzen Reihe von entgegengesetzten Eigenschaften:

1) In Silbensprachen gibt es nur einfache Silben (meist CV-Silben), während in Wortsprachen komplexe Silben häufig sind. Diese kommen meist in betonter Position vor und exponieren so das phonologische Wort. So hat das Wort *Strände* eine komplexe betonte Silbe und eine einfache, offene unbetonte Silbe: *Strän.de* (CCCVC.CV). In Wortsprachen wird außerdem häufig der Sonoritätsverlauf innerhalb der Silbe durch extrasilbische Elemente verformt (s. Abb. 5).

2) Das Vokalsystem wird in Wortsprachen dazu genutzt, die betonte von den unbetonten Silben im Wort abzuheben. Wenn in einem Wort alle unbetonten Silben immer ein und denselben, häufig zentralisierten Vokal (s. Kap. 2.2.4) aufweisen, so hilft das dem Hörer, schnell die betonte Silbe zu identifizieren. Nur die Vokale in betonten Silben bilden ein reiches System, z.B. nhd. *bieten, beten, bitten, (sie) baten, Bauten, Beuten, boten*:

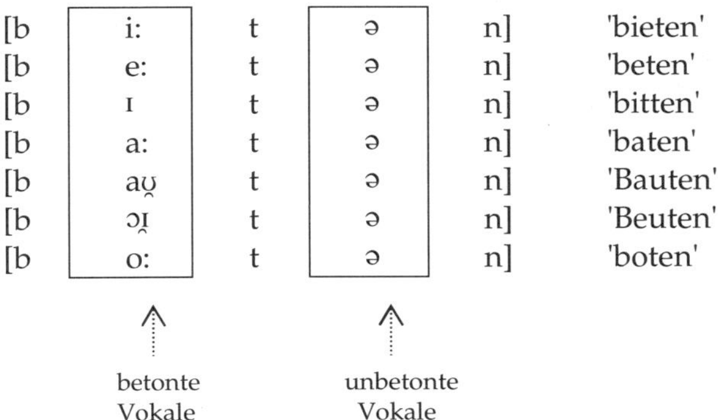

In Silbensprachen können in allen Silben alle Vokale auftreten. Dadurch lassen sich betonte und unbetonte Silben nicht voneinander unterscheiden, so dass das phonologische Wort nicht hervorgehoben und Grenzen zwischen phonologischen Wörtern nicht klar markiert werden, z.B. span. *plata no es* 'es ist kein Silber' vs. *platano es* 'es ist eine Banane'. Wegen dieser silbensprachlichen Eigenschaft sind im Spanischen derartige Wortspiele möglich.

3) Jede Sprache befindet sich in einem ständigen Wandel. So gibt es in Silbensprachen Prozesse, die schlechtere Silben verbessern (sog. silbenoptimierende Prozesse). Um geschlossene Silben zu vereinfachen, können Konsonanten in der Silbenkoda eliminiert werden, z.B. span. *sep.tiem.bre* > *se.tiem.bre*. Schwer aussprechbare Konsonantengruppen können durch Einschub eines Vokals vereinfacht werden (sog. **Vokalepenthese**), z.B. ahd. *burg* > *bu.rug* 'Burg'. Darüber hinaus trifft man in Silbensprachen auf Prozesse, die zur Hiatusauflösung führen. Als **Hiatus** bezeichnet man zwei benachbarte Vokale, die zu verschiedenen Silben gehören, z.B. nhd. *The.ater*, ahd. *bū.an* 'wohnen'. Die Zweitsilbe im Hiatus enthält keinen Konsonanten im Silbenonset (sog. **nackte Silbe**). Um sie zu optimieren, kann ein Konsonant eingeschoben werden (sog. **Konsonantenepenthese**), z.B. *bū.an* > *bū.wan* 'wohnen'. Eine weitere Möglichkeit ist dabei die **Vokalelision** (Ausfall eines Vokals), z.B. ahd. *gibu ih* > *gibuh* 'gebe ich'.

In Wortsprachen wird hingegen das phonologische Wort, oft auf Kosten der Silbe, verbessert. So werden Hiate gebildet, um das Innere des Wortes anzuzeigen, z.B. mhd. *būr* > fnhd. *büer* > nhd. *Bauer*. Die Konsonantenepenthese ist hier eine Strategie, um die Silbenkoda der betonten oder der letzten (wortfinalen) Silbe anzureichern, z.B. fnhd. *saf* > nhd. *Saft*. Oft werden auch Vokale in unbetonten Silben getilgt (beseitigt), so dass nur noch in der betonten Silbe eines Wortes ein Vokal zu hören ist, z.B. nhd. *oben* ['o:.bən] > ['o:.bm̩].

4) **Geminaten**, d.h. lange Konsonanten im Wortinneren, kommen nur in Silbensprachen vor. In langsamer Aussprache treten sie als zwei kurze Konsonanten auf, z.B. ital. *brut.to* 'hässlich'. In Wortsprachen werden stattdessen **ambisilbische Konsonanten** gebildet. Anders als Geminaten sind diese kurz, gehören aber trotzdem zu beiden Silben (daher die Bezeichnung ambisilbisch). Dies erkennt man jedoch erst, wenn man ein Wort mit ambisilbischem Konsonanten zu silbifizieren versucht, z.B. *Mitte*. Es ist ein Unterfangen, das zum Scheitern verurteilt ist,

weil der kurze Konsonant in [ˈmɪṭə] gleichzeitig zur Silbenkoda der Silbe [mɪt] und zum Silbenonset der Silbe [tə] gehört. Jedoch würde eine einfache Addition der beiden Silben nicht die richtige Aussprache, sondern eine mit einem langen *t* ergeben: [mɪt.tə]. Da es im Deutschen keine morpheminternen Geminaten gibt, ist diese Struktur nicht möglich. Um der Tatsache gerecht zu werden, dass es sich im Wort *Mitte* um einen kurzen ambisilbischen Konsonanten handelt, wird in der Transkription das Zeichen für die Silbengrenze (.) unter den Konsonanten (hier: [t]) gesetzt: [ˈmɪṭə]. Andere Beispiele wären *Wetter, kommen, Zucker, besser, Keller* (mehr dazu s. Kap. 2.3.4). Die Schreibung mit einem Doppelbuchstaben <tt> wie in *Wetter* oder <mm> wie in *kommen* hat im Nhd. also nichts mit der Aussprache des Konsonanten zu tun (s. Kap. 8.1.2).

5) Um das phonologische Wort hervorzuheben, haben Wortsprachen typischerweise einen deutlich realisierten, also gut hörbaren (sog. **dynamischen**) Wortakzent. Die betonte Silbe wird viel lauter und intensiver ausgesprochen als unbetonte Silben. Im Gegensatz dazu kann der Wortakzent in Silbensprachen ganz fehlen (wie im Japanischen) oder nur schwach realisiert werden. In diesem Fall bekommt der Hörer keinen zuverlässigen Hinweis, ob eine bestimmte Silbenkette nur ein oder mehrere phonologische Wörter bildet.

6) Nur in Silbensprachen werden die Vokale in nachfolgenden Silben einander angepasst. Durch eine sog. **Vokalharmonie**, d.h. eine Assimilation zwischen Vokalen, wird die Aussprache der Silbenkette vereinfacht. Im Ahd. werden auf diese Weise die eingeschobenen Vokale an den vorausgehenden angepasst, z.B. ahd. *burg* > *bur*V*g* > *burug* 'Burg'. In Wortsprachen, die in unbetonten Silben meist nur einen einzigen, oft neutralisierten Vokal haben, findet keine Vokalharmonie statt.

7) Schließlich kann in Wortsprachen das phonologische Wort exponiert werden, indem die Längenopposition zwischen kurzen und langen Vokalen (oder auch zwischen kurzen und langen Konsonanten) auf die betonte Silbe beschränkt wird. Die unbetonten Silben enthalten also nur kurze Vokale (oder Konsonanten). Als Beispiel kann hier auch das Deutsche dienen, das in betonten Silben kurze und lange Allophone aufweist, z.B. *kahle* [a:] vs. *kalte* [a]. In unbetonten Silben kann nur ein kurzes [a] auftreten, z.B. nhd. *Banane* [ba.ˈna:.nə]. In Silbensprachen sind hingegen kurze und lange Vokale (oder Konsonanten) in allen Silben zu erwarten, z.B. ahd. *ˈhabēn* 'haben', *ˈrātan* 'raten'.

Tab. 4: Silbensprachen vs. Wortsprachen – Kriterienkatalog

Kriterien	SILBENSPRACHE ←→ phonologische Silbe (σ)	WORTSPRACHE phonologisches Wort (ω)
Silbenstruktur	optimale Silbenstruktur	häufig komplexe Silben
Sonoritätsverlauf in der Silbe	kurvenförmig keine extrasilbischen Elemente	häufig nicht kurvenförmig extrasilbische Elemente
Abhängigkeit der Silbenstruktur von der Wortposition	keine bzw. nur schwach ausgeprägte Abhängigkeit der Silbenstruktur von der Wortposition	Komplexitätsunterschiede zwischen betonten und unbetonten Silben
Vokalismus in betonten und unbetonten Silben	einheitliches Vokalsystem in allen Silben	Reduktion in unbetonten Silben, komplexes Vokalsystem in betonten Silben
Phonologische Prozesse	silbenoptimierend/-bezogen	wortoptimierend/-bezogen
	Tendenz zur Silbenoptimierung	Tendenz zur Wortoptimierung
	Verbesserung der Silbenstruktur	Bildung komplexer Konsonantencluster
	Vokalepenthese zur Vermeidung von Konsonantenclustern	Vokalepenthese zur Bildung von Hiaten
	Konsonantenepenthese zur Vermeidung von Hiaten	Konsonantenepenthese zur Bildung komplexer Konsonantencluster
	Vokalelision in Hiaten	Vokaltilgung in unbetonten Silben
Inventar	Geminaten	ambisilbische Konsonanten
Wortakzent	kein oder schwach realisierter Akzent	deutlich realisierter Akzent
Fernassimilation	Vokalharmonie	keine Vokalharmonie
Längenopposition	silbenbezogene Längenopposition	wortbezogene Längenopposition
	vokalische und konsonantische Längenopposition in allen Silben	vokalische und konsonantische Längenopposition nur in betonten Silben

Das Deutsche hat in seiner ca. 1500-jährigen Geschichte einen grundsätzlichen Wandel von einer Silben- zu einer Wortsprache erfahren (detailliert s. SZCZEPANIAK 2007). Während das Ahd. (500-1050) eine klare Silbensprache ist, bildet sich im Mhd. (1050-1350) eine wortsprachliche Tendenz heraus. Seitdem unterliegt das phonologische Wort einer ständigen Optimierung, während die phonologische Silbe nach und nach verschlechtert wird. In den folgenden Unterkapiteln wird diese Entwicklung in ihren wichtigsten Zügen geschildert. Diese sind in Tab. 5 zusammengestellt und mit der entsprechenden Kapitelnummer versehen. Dabei konzentriert sich das gesamte Kap. 2.2 zunächst darauf, die silbensprachlichen Charakteristika des Ahd. aufzuzeigen, um dann die langsame Verschlechterung der Silbe seit dem Mhd. zu dokumentieren. In Kap. 2.3 wird wiederum gezeigt, dass die Verschlechterung der Silbe aus der Optimierung des phonologischen Wortes resultiert. Die Darstellung nimmt Bezug auf die Kriterien in Tab. 4.

Tab. 5: Phonologisch-typologischer Wandel des Deutschen

SILBENSPRACHE ⟷ WORTSPRACHE

AHD.	MHD.	FNHD.	NHD.
einfache Silbenstruktur	Erhöhung der Komplexität der Silbenkoda durch Apokope und Synkope (Kap. 2.2.5, 2.3.2)		hohe Komplexität der Silbenkoda; extrasilbische Elemente
einheitliches Vokalsystem in betonten und unbetonten Silben	Reduktion des Vokalsystems in unbetonten Silben auf einen Vokal (Kap. 2.2.4)		reiches Vokalsystem in betonten Silben; reduziertes Vokalsystem in unbetonten Silben
silbenoptimierende Prozesse (ahd. *i*-Umlaut) (Kap. 2.2.2)	Phonologisierung der umgelauteten Vokale (Kap. 2.3.3)		
silbenbezogene Prozesse (zweite Lautverschiebung) (Kap. 2.2.3)			
Vokalepenthese zur Vermeidung von Konsonantenclustern (Kap. 2.2.1, 2.2.2)		Vokalepenthese zur Bildung von Hiaten (mhd. *bûr* > (f)nhd. *Bauer*)	
Konsonantenepenthese zur Vermeidung von Hiaten		Konsonantenepenthese zur Bildung von Konsonantenclustern (Kap. 2.3.6)	
Geminaten (Kap. 2.2.1)	Geminatenabbau (Kap. 2.3.4)	Entstehung ambisilbischer Konsonanten (Kap. 2.3.4)	ambisilbische Konsonanten
Vokalharmonie (Kap. 2.2.1)			keine Vokalharmonie

2.2 Silbenphonologischer Wandel im Deutschen – Verschlechterung der Silbenstruktur

2.2.1 Das Althochdeutsche war eine Silbensprache

Bereits ein kurzer ahd. Text zeigt, wie unterschiedlich das Ahd. und das Nhd. sind. Dies soll am Beispiel des ersten Teils des *Wessobrunner Gebets* gezeigt werden. Es ist ein stabreimendes Schöpfungsgedicht, das uns in einer Abschrift aus dem frühen 9. Jh. vorliegt. Da die ahd. Texte im Original nicht leicht zu lesen sind, präsentieren wir es in diplomatischer Transkription nach BRAUNE/ EBBINGHAUS ([17]1994:85f.) mit einer Übersetzung nach SCHLOSSER ([2]2004:48-49).

De poeta.
Dat *ga*fregin ih mit firahim
firiuuizzo meista Dat ero ni
uuas noh ufhimil noh paum
noh pereg ni uuas ni nohheinig
noh sunna ni scein noh mano
ni liuhta noh der marẹo seo
Do dar niuuiht ni uuas enteo
ni uuenteo *enti* do uuas der eino
almahtico cot manno miltisto
enti dar uuarun auh manake mit
inan cootlihhe geista *enti* cot
heilac

Von einem Dichter
Das habe ich bei den Menschen als größtes Wunder erfahren: dass es die Erde nicht gab und nicht den Himmel, es gab nicht den Baum und auch nicht den Berg, es schien nicht ein einziger Stern, nicht die Sonne, es leuchtete weder der Mond noch die glänzende See.
Als es da also nichts gab, was man als Anfang oder als Ende hätte verstehen können, gab es schon lange den einen allmächtigen Gott, den reichsten an Gnade. Da waren auch viele Geister voll Herrlichkeit und der heilige Gott.

Die Gegenüberstellung des ahd. Originaltextes und der nhd. Übersetzung verrät vieles über die phonologischen Unterschiede zwischen den beiden Sprachstufen und über den typologischen Wandel, der vom Ahd. zum Nhd. stattgefunden hat:

1) Zunächst fällt auf, dass Vollvokale in den ahd. Wörtern in allen Wortpositionen vorkommen, z.B. ahd. <*sunna*>, <*geista*>, <*uuarun*>, <*eino*>, <*himil*>. Dies entspricht dem silbensprachlichen Charakteristikum, dass in allen Silben unabhängig von der Akzentposition ein einheitliches Vokalsystem vorhanden ist. Im Gegensatz dazu hat das Nhd. in den unbetonten Silben die beiden zentralisierten Vokale [ə, ɐ]. Vollvokale gibt es in betonten Silben, z.B. 'S[ɔ]*nn*[ə], '*G*[aɪ̯]*st*[ə], '*w*[aː]*r*[ə]*n*, '[aɪ̯]*n*[ə], '*H*[ɪ]*mm*[ə]*l*.

2) Im Ahd. gibt es Geminaten, z.B. <*firiuuizzo*> 'Wunder', <*sunna*> 'Sonne', <*cootlihhe*> 'göttlich (Nom.Pl.Mask.)'. Während hier Doppelschreibung auf geminierte Konsonanten hinweist, nutzt das Nhd. die Doppelbuchstaben für die Bezeichnung der Kürze des vorangehenden Vokals, z.B. '*S*[ɔ]***nne*** (s. Kap. 8.1.1).

3) Die Vokallänge wird in den älteren ahd. Texten nicht bezeichnet. Erst NOTKER (11. Jh.) entwickelt ein graphisches System zur Bezeichnung der Vokallänge. Dieses zeigt, dass das Ahd. sowohl in betonten als auch in unbetonten Silben zwischen kurzen und langen Vokalen unterscheidet, z.B. '*habēn* 'haben', '*gëbā* 'Gabe (Nom.Pl.)', '*rātan* 'raten', '*rīdōn* 'zittern'. Im Nhd. sind sowohl neben- als auch unbetonte Vokale in morphologisch einfachen Wörtern (sog. **Simplizia**) immer kurz oder sogar zentralisiert, z.B. *F*[ɔ]'*r*[ɛ]*ll*[ə]. Nur in Komposita ist der Vokallängenkontrast vorhanden, z.B. '*Br*[ɛ]*t* ˌ*sp*[iː]*l*.

4) Nicht zu übersehen ist auch die sehr einfache Silbenstruktur im Ahd: Höchstens zwei Konsonanten treten nebeneinander auf. Ein Blick auf nhd. Wörter verrät hingegen schnell, dass mehrgliedrige Konsonantenfolgen hier keine Seltenheit sind. Sowohl in Simplizia wie *Hengst*, *Kämpfe*, *Sprache*, *schimpfst* als auch in Komposita wie *Sandstrand*, *Farbstift* finden sich umfangreiche Konsonantengruppen.

5) Ein geübtes Auge findet im angeführten ahd. Text auch einen epenthetischen Vokal (Sprossvokal), nämlich in <*pereg*> 'Berg'. Dieser eingeschobene Vokal erleichtert die Aussprache, weil er die Silbenstruktur noch weiter optimiert: ahd. *perg* > *pereg*. Zusätzlich findet eine Vokalharmonie zwischen beiden Vokalen statt,

perg > *pereg* 'Berg', *burg* > *burug* 'Burg', *chraft* > *charaft* 'Kraft', *bifilhu* > *bifilihu* 'ich befehle'. So etwas ist dem Nhd. unbekannt (zu Sprossvokalen s. REUTERCRONA 1920).

2.2.2 Der althochdeutsche *i*-Umlaut

Im Ahd. finden mehrere phonologische Prozesse statt, die die Silbe verbessern. Dies soll am Beispiel des ahd. *i*-Umlauts gezeigt werden.

Grundsätzlich müssen zwei Phasen des ahd. *i*-Umlauts unterschieden werden: 1) die phonetische Anfangsphase und 2) die phonologische Folgephase. Diese Differenzierung bezieht sich auf den anfänglich allophonischen und später phonemischen Charakter der umgelauteten Vokale (s. auch Kap. 2.3.3).

In der ersten Phase ist der *i*-Umlaut ein fernassimilatorischer Prozess. Die Laute *i, ī* oder *j* beeinflussen die Aussprache des vorausgehenden, nicht direkt benachbarten Vokals, z.B. ahd. **gasti* > *gesti* 'Gäste'. Dieser Anpassung unterliegen alle nicht-palatalen Vokale, während palatale Vokale unverändert bleiben (s. Abb. 6). Der artikulatorische Unterschied zwischen den beiden Vokalgruppen beruht auf der Zungenlage. Wird die Zungenspitze nach vorn (Richtung harter Gaumen) verschoben, entstehen palatale Vokale (*i, e*). (Ein *j* gehört aus demselben Grund zu den palatalen Halbvokalen.) Wird hingegen der Zungenrücken Richtung weicher Gaumen gehoben, werden velare Laute gebildet (*u, o*). Bei der Produktion von *a* wird weder eine Bewegung zum weichen noch zum harten Gaumen gemacht. Der Laut gehört also ebenfalls zu den nicht-palatalen.

Abb. 6: Einteilung in palatale und velare Vokale

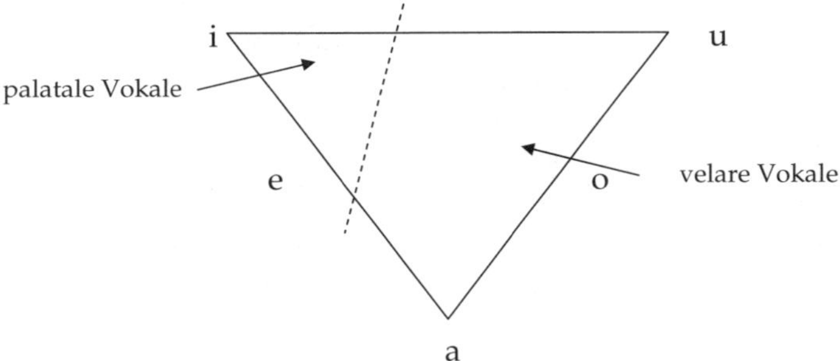

Der ahd. *i*-Umlaut ist ein Prozess, in dem die nicht-palatalen Vokale an die folgenden palatalen Laute *i, ī* oder *j* artikulatorisch angepasst werden, so dass die Zungenspitze in den umgelauteten Vokalen ebenfalls nach vorne gerichtet ist (sog. **Palatalisierung**). Alle unten aufgezählten Umlautprodukte befinden sich daher im oberen, linken Eck des Vokaldreiecks.

a	>	*e*	ahd. *gasti*	>	ahd. *gesti*	'Gäste'
a	>	*ä*	ahd. *mahtīg*	>	mhd. *mehtec*	'mächtig'
ā	>	*æ*	ahd. *māri*	>	mhd. *mære*	'Nachricht'
u	>	*ü*	ahd. *wurfil*	>	mhd. *würfel*	'Würfel'
ū	>	*iu*	ahd. *hūsir*	>	mhd. *hiuser*	'Häuser'

o	>	*ö*	ahd. *mohti*	>	mhd. *möhte*	'vermögen (Konj. II)'
ō	>	*œ*	ahd. *skōnī*	>	mhd. *schœne*	'Schönheit'
ou	>	*öu*	ahd. *loufit*	>	mhd. *löufet*	'(sie) läuft'
uo	>	*üe*	ahd. *gruoni*	>	mhd. *grüene*	'das Grün'

Im Ahd. wird nur die Palatalisierung des Kurzvokals *a* systematisch verschriftet (sog. **Primärumlaut**). Jedoch wurden gleichzeitig auch alle anderen Vokale palatalisiert. Ihre Umlautprodukte werden aber erst ab dem Mhd. in der Schrift wiedergegeben, daher die Bezeichnung **Sekundärumlaut**, z.B. ahd. <h**ū**sir> [hy:sir] > mhd. <h**iu**ser> [hy:sər].

Durch die Angleichung des betonten Vokals an die Palatale *i*, *ī* und *j* wird die gesamte Silbenfolge einheitlicher, weil in beiden Silbennuklei palatale Vokale stehen. Die Zungenlage muss nicht grundsätzlich verändert werden, was die Aussprache erleichtert (s. Abb. 7). Daher ist diese Phase des *i*-Umlauts als silbensprachlich einzustufen.

Abb. 7: Der ahd. *i*-Umlaut als Ausspracheerleichterung

ahd. [h u: s i r] > [h y: s i r]

↑ (u:) [velar] ↑ (i) [palatal] — ↑ (y:) [palatal] ↑ (i) [palatal]

In spätahd. Zeit (ab ca. 1000 n.C.) beginnt der Prozess der Phonologisierung der Umlautprodukte (s. auch Kap. 2.3.3). Wesentlich ist dabei die Rolle der Morphologie, denn die umlautauslösenden Laute (*i*, *ī* und *j*) stehen sehr häufig in Flexionssuffixen. Meistens handelt es sich dabei um Pluralzeichen, z.B. {g**a**st} (Sg.) – {g**e**st}{-i} (Pl.). Das palatale Allophon (Umlautvokal), das oft nur in Pluralformen erscheint, wird als Teil der morphologischen Information Plural ('Pl.') reinterpretiert (**reanalysiert**).

Abb. 8: Reanalyse des palatalen Allophons als Pluralzeichen

unumgelauteter Vokal	>	palatales Allophon	>	Reanalyse als Pluralmarker
/a/	>	[e]	>	[e]
{gast} – {g**a**st} {-**i**}	>	{gast} – {g**e**st} {-**i**}	>	{gast} – {g**e**st} {-**i**}
'Pl.' (← {-**i**})	>	'Pl.' (← {-**i**})	>	'Pl.' (← {g**e**st} {-**i**})

Da die Umlautallophone bereits im Ahd. an morphologische Informationen gebunden werden, bleiben sie auch nach dem Wandel von ahd. *i*, *ī* > mhd. *e* erhalten, z.B. mhd. *geste* 'Gäste' und nicht **gaste*. Weil ein *e* im Ahd. keinen Umlaut auslösen konnte, kann man schlussfolgern, dass die Umlaute im Mhd. keine Allophone mehr sind. So ist ein [y:] in mhd. <h**iu**ser> [hy:sər] kein Allophon des Phonems /u:/ mehr, sondern ein selbstständiges Phonem. Den Wandel eines Allophons zu einem Phonem bezeichnet man als **Phonologisierung**. Im Mhd.

bereichern also neun (!) neue Phoneme das Vokalsystem der betonten Silben (s. Kap. 2.3.3).

Der silbensprachliche Charakter des Ahd. äußert sich in einer Reihe weiterer Prozesse, die die Aussprache erleichtern, also die Silbe verbessern:

1) Komplexe Konsonantencluster werden durch Tilgung von Konsonanten vereinfacht, z.B. ahd. *friunthold* > *friunhold* 'freundlich'.

2) Hiate werden im Ahd. mit Hilfe der Konsonantenepenthese (ahd. *būan* > *būw̲an* 'wohnen', *bluoan* > *bluoh̲an* 'blühen') oder der Vokalelision eliminiert, z.B. *gibu i̲h* > *gibuh* 'gebe ich'.

3) Die Tatsache, dass im Ahd. nicht das phonologische Wort, sondern die Silbe im Vordergrund steht, bestätigt eindrucksvoll das sog. **Notkersche Anlautgesetz**. Dies ist das bekannteste Beispiel für ahd. **Satzsandhi** (Assimilation an Wortgrenzen). Die von Notker selbst beobachtete Regel umfasst die stimmhaften Plosive *b, d* und *g*, die an Wortgrenzen und in Komposita zu den stimmlosen Plosiven *p, t, k* gestärkt werden. Dies geschieht nach den Obstruenten *p, t, k; pf, ts, kχ ; b, d, g; f, h, ȝ, s* sowie im **absoluten Anlaut**, d.h. nach einer Pause. Nach den Sonoranten *m, n, l, r* und Vokalen bleiben die stimmhaften Plosive dagegen erhalten (Braune/ Reiffenstein ^{15}2004:105):

*tes **k**oldes*	'des Goldes'	*unde **d**emo **g**olde*	'und dem Gold'
*erd**p**ūwo*	'Erdbewohner'	*himil**b**ūwo*	'Himmelsbewohner'

4) In ahd. Texten werden Wörter innerhalb der Zeile manchmal an Silbengrenzen getrennt, z.B. <hel fan> 'helfen', <an gust> 'Angst', <druh tin> 'Herr' (s. Frey 1988). Dies zeigt, dass es in der Aussprache keine deutlichen Signale für Grenzen des phonologischen Wortes gibt (dazu s. Kap. 8.1.1).

2.2.3 Die zweite Lautverschiebung

Die zweite Lautverschiebung (2. LV) hat wesentlich zur Abspaltung des Ahd. von allen anderen germ. Sprachen beigetragen (detailliert s. Schwerdt 2000). In einem Teilakt, der sog. **Tenuesverschiebung**, entwickeln sich aus den germ. Plosiven *p, t* und *k* neue Laute, die in anderen germ. Sprachen nicht zu finden sind, daher nhd. *Apfel* aber engl. *apple*, nhd. *Herz* aber engl. *heart*. Bei diesem Prozess spielt das phonologische Wort eine untergeordnete Rolle. Stattdessen stellt die Silbe die Bezugsgröße dar. Der silbenbezogene Charakter dieses Prozesses wird im Folgenden kurz erklärt.

Die Entwicklung der germ. Plosive *p, t* und *k* kann generell als Schwächung bezeichnet werden, weil aus den germ. Plosiven entweder Affrikaten oder Frikative entstehen. Abb. 9 zeigt die Anordnung der Ausgangskonsonanten *p, t* und *k* und der aus der 2. LV resultierenden Konsonanten *pf, ts, kχ; ff, ȝȝ* und *hh* nach dem Grad ihrer Konsonantischen Stärke.

Abb. 9: Anordnung der für die 2. LV relevanten Phoneme nach dem Grad der Konsonantischen Stärke

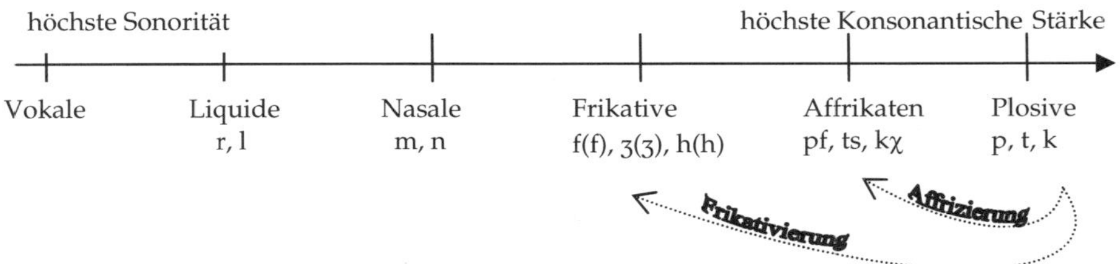

Die Grammatiken beschränken sich auf den Hinweis, dass die Affrikaten *pf, ts* und (obd.) *kχ* 1) nach Konsonant (Liquid oder Nasal), 2) in einer Geminate oder 3) am Wortanfang entstehen, während die Frikative *ff, ʒʒ* und *hh* nach Vokal gebildet werden (s. u.a. BRAUNE/REIFFENSTEIN [15]2004:§87). Da andere westgerm. Sprachen (wie Englisch) die ursprünglichen Plosive bis heute konservieren, werden sie häufig als Kontrastfolie benutzt, um die Innovation des ahd. Konsonantismus (Frikative und Affrikaten) hervorzuheben:

AFFRIKATEN						FRIKATIVE	
1) nach Konsonant		2) in Geminate		3) am Wortanfang		nach Vokal	
engl.	ahd.	engl.	ahd.	engl.	ahd.	engl.	ahd.
help	*hëlpfan*	*apple*	*apful*	*path*	*pfad*	*open*	*offan*
heart	*hërʒa*	*sit*	*siʒʒan*	*ten*	*ʒehan*	*water*	*waʒʒar*
work	*wërk* (obd. *wërch*)	*wake*	*wecken* (obd. *wechen*)	*corn*	*korn* (obd. *chorn*)	*make*	*mahhōn*

Betrachtet man die Verschiebungsprodukte hinsichtlich ihrer Position in der Silbe, so fällt auf, dass die Affrikaten und Frikative im Ahd. ganz offensichtlich in Abhängigkeit von der silbischen Struktur entstehen. Im Silbenonset treten die stärkeren Verschiebungsprodukte (Affrikaten) immer dann auf, wenn der ursprüngliche Plosiv einem silbenauslautenden Konsonanten folgt (C._), z.B. *helpfan*. Wenn die vorausgehende Silbe vokalisch auslautet, so wird der ursprüngliche Plosiv sogar bis zu einem Frikativ geschwächt (V._), z.B. *offan*. Der Silbenonset passt sich also dem Ausgang der vorausgehenden Silbe an. Die "Wahl" des Verschiebungsproduktes richtet sich danach, ob die Silbengrenze deutlich bleibt. Wenn die vorausgehende Silbe auf einen Vokal auslautet (V._), wird der Plosiv im Anlaut der Folgesilbe bis zum Frikativ geschwächt, z.B. westgerm. **o.pe.na-* > ahd. *of.fan*. Dabei wird der neue Frikativ als Langkonsonant (Geminate) ausgesprochen. Lautet die vorausgehende Silbe auf einen Nasal oder Liquid aus, wird die stärkere Verschiebungsvariante gewählt. Auf diese Weise bleibt auch diese Silbengrenze deutlich markiert, z.B. westgerm. **hel.pa-* > ahd. *hël.pfan*. Der Sonoritätsunterschied zwischen dem Auslaut der Erstsilbe und dem Anlaut der Zweitsilbe bleibt in beiden Fällen ungefähr gleich, weil entweder ein Frikativ einem Vokal oder eine Affrikate einem Liquid bzw. Nasal folgt. Eine ursprüngliche germ. Geminate unterliegt ebenfalls der Affrizierung, weil sie einerseits die Erstsilbe auslautet und andererseits die Zweitsilbe anlautet, z.B. westgerm. **ap.pla* > ahd. *apful*. Der zweite Geminatenteil folgt also einem Konsonanten (C._). Die hier entstandenen Affrikaten gehören nicht nur zum Onset der Zweitsilbe, sondern werden als [Vp.p͜fV] silbifiziert. Evidenz dafür liefert die ahd. Schrift. So weist FREY (1988:185ff.) darauf hin, dass eine Affrikate nach Vokal meistens <p/f> getrennt wird, z. B. <kap fetun> 'schauen (3.Pl.Prät.Ind.)'. Im Gegensatz dazu wird nach Konsonant regelmäßig <C/pf> getrennt, was auf Silbifizierung [VC.p͜f] hinweist, z.B. <chem-pfin> 'Kämpfer (Gen./Dat.Sg.)'. Die Affrizierung in der Geminate entspringt also demselben silbenbezogenen Prinzip. Nach einem starken Konsonanten im Silbenauslaut (erster Geminatenteil) wird der Anlaut der Folgesilbe gering geschwächt (affriziert). Die Affrizierung im Wortanlaut ist vor diesem Hintergrund damit zu erklären, dass hier generell die geringere Schwächung stattfindet, um sowohl nach vokalischem als auch nach konsonantischem Auslaut des vorangehenden Wortes einen deutlichen Silbenanlaut zu garantieren (z.B. ahd. *pfad*).

Spiegelbildlich dazu verhält sich die Verschiebung der westgerm. Plosive *p*, *t* und *k* in der Silbenkoda. Sie werden nur gering geschwächt (affriziert), wenn sie einem Konsonanten, d.h. einem Liquid oder Nasal folgen, z.B. ahd. *kampf* 'Kampf'. Auf diese Art und Weise bleibt die Silbenkoda gut geformt, weil der Sonoritätsunterschied zwischen beiden konsonantischen Segmenten relativ groß bleibt. Nach einem Vokal tritt eine intensivere Schwächung (Frikativierung) auf, weil zwischen Vokal und Frikativ schon ein großer Sonoritätskontrast gewährleistet ist, z.B. germ. **skipa* > ahd. *skif* 'Schiff'.

Die Verschiebung der germ. Plosive *p*, *t* und *k* ist nicht im gesamten ahd. Gebiet vollständig durchgeführt worden. Nur im Süden werden alle Laute in allen Positionen verschoben. Je weiter nach Norden, umso mehr Positionen gibt es, in denen der germ. Plosiv unverändert bleibt. Die Grenzlinien (**Isoglossen**) zwischen dem südlicheren Raum, wo ein Laut verschoben wird, und dem nördlicheren Raum, wo der Plosiv erhalten bleibt, bilden den sog. **Rheinischen Fächer** (s. NIEBAUM/MACHA ^{2}2006:107):

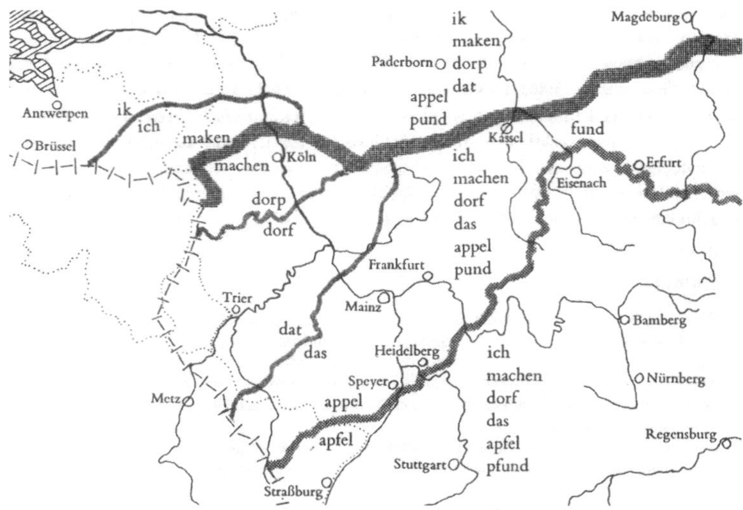

Die Verschiebung des germ. Konsonanten *p* hat zur Entstehung mehrerer Isoglossen beigetragen. Die zwei wichtigsten sind:

- die sog. *Dorp-Dorf*-Linie: Sie trennt den Raum um Köln (Ripuarisch) von dem um Trier (Moselfränk.).
- die sog. *Appel-Apfel*-Linie: Sie verläuft durch Heidelberg und Speyer und trennt so den Raum um Mainz (Rheinfränk.) von dem um Stuttgart (Alemannisch).

Beide Isoglossen betreffen die postkonsonantische Position. Um die Deutlichkeit der Silbenstruktur nicht zu beeinträchtigen, wird das germ. *p* nur affriziert: westgerm. **appla* > ahd. *apful* 'Apfel' und westgerm. **thorp* > ahd. *dorpf* 'Dorf'. (Die Frikativierung von *pf* nach Liquiden wie in ahd. *dorpf* > nhd. *dorf* ist eine spätere Entwicklung, die hier unberücksichtigt bleiben kann.) Die Isoglossen zeigen, dass die Affrizierung in Richtung Norden allmählich blockiert wird. So kommt die Affrikate *pf* im Süden noch in Geminaten vor, z.B. westgerm. **appla* > ahd. *apful*, während sie im Rheinfränk. nur noch nach Liquid entsteht, z.B. westgerm. **thorp* > ahd. *dorpf* 'Dorf'. Die Frikativierung, also Schwächung in einfachen Silbenstrukturen, findet hingegen leichter und daher im gesamten hochdeutschen Gebiet statt (westgerm. *opan* > ahd. *offan*). Dies bestätigt noch einmal, dass die Tenuesverschiebung ein silbenbezogener Prozess ist. Im Vordergrund steht immer die Tendenz, die Silbenstruktur zu profilieren. Damit bestätigt die 2. LV, dass das Ahd. eine Silbensprache war.

2.2.4 Die mittelhochdeutsche Vokalreduktion in unbetonten Silben

Seit spätahd. Zeit (ab dem 10. Jh.) wird die Silbe systematisch verschlechtert. Ein wichtiges Stadium stellt die Vokalreduktion in unbetonten Silben dar, die im Mhd. vollendet wird, z.B.

ahd. *ˈsunn**a*** > mhd. *ˈsunn**e*** 'Sonne'
ahd. *ˈhim**i**l* > mhd. *ˈhim**e**l* 'Himmel'
ahd. *ˈhūs**i**r* > mhd. *ˈhius**e**r* 'Häuser'
ahd. *b**i** ˈlīb**a**n* > mhd. *b**e** ˈlîb**e**n* 'bleiben'
ahd. *ˌumb**i** ˈgeb**a**n* > mhd. *ˌumb**e** ˈgeb**e**n* 'umgeben'
ahd. *ˈbot**a**ˌscaf* > mhd. *ˈbot**e**ˌschaft* 'Botschaft'

Die unbetonten Vokale werden immer undeutlicher ausgesprochen, was symbolisch als Verkleinerung des Vokaldreiecks dargestellt werden kann. Je geringer die Bewegung der Zunge und der Lippen wird, desto kleiner wird das den Mundraum abbildende Vokaldreieck, bis es in den unbetonten Silben nur noch einen zentralisierten Vokal *ə* ("Schwa") gibt. Bei Aussprache dieses Lautes wird die Zunge nicht aus ihrer neutralen Position bewegt (s. BECKER 2000).

Abb. 10: Reduktion des Vokalismus in unbetonten Silben im Mhd.

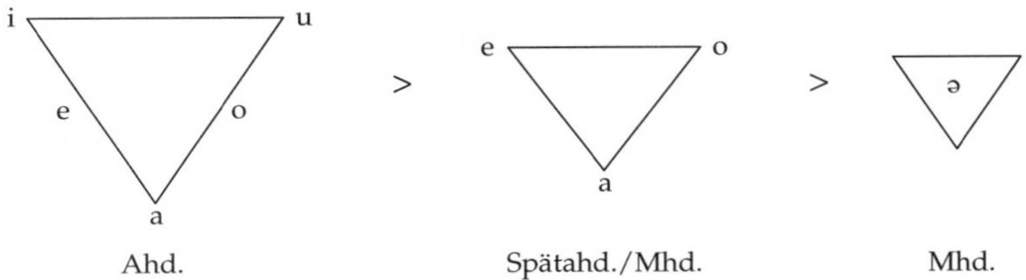

Die mhd. Vokalreduktion trägt zur Verschlechterung der Silbenstruktur bei, weil ein gut differenzierter Vokalismus durch einen einzigen Vokal ersetzt wird, der gemäß Abb. 3 (S. 15) weniger sonor ist als andere Vokale.

Die mhd. Reduktion der Vokale führt zur deutlichen Abgrenzung der unbetonten Silben von den betonten, denn letztere weisen nach wie vor einen voll ausdifferenzierten Vokalismus auf, der durch die Phonologisierung der umgelauteten Vokale sogar noch weiter angereichert wurde (s. Kap. 2.2.2 und 2.3.3). Während im Ahd. die Tendenz zur Vereinheitlichung der Silbenfolge (z.B. durch *i*-Umlaut) stark ist, wird im Mhd. die betonte Silbe exponiert. Dadurch, dass in den unbetonten Silben zentralisierte Vokale auftreten, werden die Vollvokale in den betonten Silben noch auffälliger (salienter), z.B. ahd. [hy:.sir] > mhd. [hy:.sər], ahd. [sun.na] > mhd. [sun.nə], ahd. [hi.mil] > mhd. [hi.məl]. Dies wiederum hebt das phonologische Wort hervor (s. Kap. 2.3).

2.2.5 Apokopen und Synkopen in der Geschichte des Deutschen

Eine weitere Verschlechterung der Silbe bringen die seit dem Mhd. stattfindenden Prozesse mit sich, in denen ein unbetonter, zentralisierter Vokal getilgt wird. Wenn dieser am Ende eines Wortes schwindet, spricht man von **Apokope**, z.B. mhd. *kelbere* > *kelber* 'Kälber'. Seit dem Mhd. können auch unbetonte Vokale im Wortinneren getilgt werden (sog. **Synkope**), z.B. mhd. *spilete* > *spilte* '(sie/er) spielte'. Insgesamt werden fast alle dreisilbigen Simplizia auf zwei Silben reduziert.

Die Vokaltilgung betrifft nicht nur Flexionsendungen wie in *kelb-ere* > *kelb-er* oder *spil-ete* > *spil-te*, sondern auch Derivationssuffixe. Zum Teil findet sie bereits im Mhd. statt, zum Teil wird sie später vollzogen, so dass sich die apokopierten Formen erst im Fnhd. durchsetzen. So unterliegt das nicht wortwertige ahd. Suffix *-ida* zuerst der Vokalzentralisierung zu mhd. *-ede* und dann der Synkope zu mhd. *-de*, z.B. ahd. *frewida* > mhd. *vröuede* > *vröude* 'Freude'. Zu den nicht wortwertigen Suffixen ist auch ahd. *-unga* > mhd. *-unge* zu rechnen, z.B. ahd. *offan+unga* > mhd. *offen+unge* 'Öffnung'. Da dieses Suffix im Mhd. noch einen Nebenton trägt, behält es bis ins Nhd. den Vollvokal *u*. Der zentralisierte Vokal in der zweiten Silbe (*-unge* > *-ung*) wird erst im Spätmhd. apokopiert (s. MOSER ed. Bd. 1, 1970:§32). Diese Tilgung führt dazu, dass das Derivationssuffix einsilbig wird, was der allgemeinen Tendenz des Deutschen seit der mhd. Periode entspricht.

Dem unterliegen ebenfalls die wortwertigen Suffixe wie ahd. *-bāri* > mhd. *-bære* > fnhd. *-bar*.

1) Apokope und Synkope in Derivationssuffixen

a)	ahd. *frew+ida*	> mhd. *vröu+ede*	> *vröu+de* 'Freude'
b)	ahd. *offan+unga*	> mhd. *offen+unge*	> fnhd./nhd. *Öffn+ung*
c)	ahd. *danc+bāri*	> mhd. *danc+bære*	> fnhd./nhd. *dank+bar*

Jede Vokaltilgung führt im Mhd. zur Verschlechterung der Silbe. So werden offene Silben (CV) geschlossen (CVC) wie in mhd. *kel.be.re* > *kel.ber* 'Kälber' oder mhd. *va.re* > *var* '(ich) fahre'. Darüber hinaus kann sogar die Anzahl der Konsonanten in einer ursprünglich geschlossenen Silbe erhöht werden, z.B. mhd. *ki.les* > *kils* 'Kiel (Gen.Sg.)'.

Dies ist der erste Schritt zur Beseitigung von betonten offenen Silben mit Kurzvokal. Dieser Prozess wird erst im Fnhd. abgeschlossen, wenn die restlichen Kurzvokale in offenen betonten Silben gedehnt werden, z.B. mhd. *në.men* > (f)nhd. *n*[e:].*men* (s. Kap. 2.3.5). Im Nhd. können betonte Kurzvokale nur in geschlossenen Silben auftreten. In offenen betonten Silben sind nur lange Vokale möglich: nhd. *kahle* ['ka:.lə] vs. *kalte* ['kal.tə], jedoch nicht **kale* ['ka.lə].

Im Mhd. kann der Vokal nicht getilgt werden, wenn die neue Silbe dadurch den kurvenförmigen Sonoritätsverlauf verlieren würde wie in *gibst* oder *schrubbst* (s. Abb. 5). In den mhd. Synkopebeispielen 2)a)-d) nimmt die Sonorität in der Silbenkoda allmählich ab, weil einem Liquid (*l*, *r*) oder Nasal (*m*, *n*) ein stärkerer Konsonant folgt. Im Laufe der Zeit wird diese Beschränkung durchbrochen. Im Fnhd. sind bereits Silbenkodas zugelassen, die zwei Plosive enthalten (*gibt*). Die Sonorität nimmt dabei nicht allmählich, sondern ganz abrupt ab. Sie kann sogar wieder steigen (*gibst*).

2) Ausbreitung der Vokaltilgung und allmähliche Verschlechterung der Silbenkoda

a)	mhd. *ki.les*	> *kils*	'(des) Keils'
b)	mhd. *ne.ren*	> *nern*	'genesen'
c)	mhd. *ma.net*	> *mant*	'erinnert'
d)	mhd. *ni.met*	> *nimt*	'nimmt'
e)	mhd. *hil.fet*	> fnhd. *hilft*	
f)	mhd. *gi.bet*	> fnhd. *gibt*	
g)	mhd. *gi.best*	> fnhd. *gibst*	

Die Gruppe *st* in 2)g) ist ein Beispiel für extrasilbische Konsonanten. Im Nhd. sind der Frikativ *s* oder die Gruppe *st* sehr häufig in einer solchen Position zu beobachten: nhd. (*des*) *Kalb**s***, *flug**s***, *sag**st***, *schrubb**st***, *schimpf**st*** (s. Abb. 5). Im Nhd. entstehen durch die Vokaltilgung sogar **silbische Konsonanten**, d.h. Konsonanten, die im Nukleus der Silbe stehen und somit die Funktion übernehmen, die normalerweise ein Vokal erfüllt, z.B. nhd. *oben* ['o:.bən] > ['o:.bm̩]. Dieser Prozess bedeutet eine weitere Verschlechterung der Silbe, weil der Nukleus noch weniger sonor wird. Ein silbischer Konsonant wird in der Transkription gewöhnlich mit einem untergesetzten Strich wie in [m̩] wiedergegeben.

2.3 Wortphonologischer Wandel im Deutschen – Optimierung des phonologischen Wortes

2.3.1 Das Neuhochdeutsche ist eine Wortsprache

Wie wir gesehen haben, wird die Silbe in der deutschen Sprachgeschichte immer schlechter, d.h. offene Silben werden manchmal sogar durch komplexe Konsonantengruppen geschlossen (mhd. *gi.best* > (f)nhd. *gibst*), unbetonte Silben werden durch die Zentralisierung des Vokals geschwächt (ahd. *sunna* > mhd. *sunne* > nhd. *Sonne*), wortauslautende Silben entwickeln extrasilbische Elemente (nhd. *gibst, flugs*). Diese Silbenverschlechterungen ist kein Selbstzweck, sondern dienen der Profilierung des phonologischen Wortes. Diese kann auf unterschiedliche Art und Weise erreicht werden:

1) kann die Größe des phonologischen Wortes, also die Silbenanzahl, beschränkt werden (s. Kap. 2.3.2),

2) kann die betonte Silbe gegenüber der unbetonten Silbe hervorgehoben werden (s. Kap. 2.3.3 und 2.3.5),

3) kann die Zusammengehörigkeit des gesamten phonologischen Wortes durch eine Verschlechterung der Silbifizierbarkeit erhöht werden (s. Kap. 2.3.4).

4) Schließlich können seine Ränder gestärkt werden (s. Kap. 2.3.6).

Die konsequente Profilierung des phonologischen Wortes ist der Grund dafür, dass das Nhd. eine Wortsprache ist.

2.3.2 Stabilisierung der Wortgröße durch die mhd. Vokaltilgung

In Kap. 2.2.5 haben wir bereits gesehen, dass im Mhd. fast alle dreisilbigen Simplizia zweisilbig werden, z.B. mhd. *kel.be.re* > *kel.ber* 'Kälber'. Die Vereinheitlichung der Wortgröße, meist durch Kürzung, wird dadurch erreicht, dass die Anzahl der Silben in einzelnen Morphemen auf ein Minimum reduziert wird. So tendieren Stamm- und Derivationsmorpheme zur Einsilbigkeit, während die Flexionsmorpheme sogar oft ihren silbischen Status aufgeben, z.B. mhd. *gib+et* > (f)nhd. *gib+t*. Im Nhd. kann die Form einer Pluralendung abhängig von der Silbenzahl im Stamm variieren, z.B. *Frau+**en***, aber *Wolke+**n***. Die Regel bezieht sich nicht, wie man bei diesen beiden Beispielen noch vermuten könnte, auf den Auslaut des Stamms. So folgt auch einem einsilbigen Stamm auf einen Vokal die silbische Endung, z.B. *See* ['ze:] (Sg.) – *Seen* ['ze:.ən] nicht *['ze:n]. Durch diese Anpassung sind die Substantive im Pl. zweisilbig, wobei die erste Silbe betont ist und die zweite unbetonte Silbe einen zentralisierten Vokal [ə] oder [ɐ] enthält (*Bücher* ['by:.çɐ]).

Diese Form, der sog. **Trochäus** (x́x), stellt seit dem Mhd. die ideale Größe und Form des phonologischen Wortes dar. Um dies zu garantieren, ist die überwältigende Mehrheit der einheimischen Wörter im Nhd. einsilbig, z.B. {Mund}, {Strand}, {Korb}, {Fels}, {Milch}. Nur so kann im Plural die trochäische Form nicht überschritten werden, z.B. *Kör.be*. (Zur phonologischen Struktur von Fremdwörtern wie *Schokolade, Kimono* s. Kap. 6.1.2.1.) Die im Ahd. häufig mehrsilbigen Stämme werden bereits im Mhd. gekürzt. Die wichtigste Strategie ist dabei die Vokaltilgung (s. Kap. 2.2.5). Die Beispiele in 3) sollen darauf hinweisen, dass ein Vokal nicht in allen Fällen beseitigt werden kann. Er bleibt erhalten, wenn die Konsonantenfolge schwer aussprechbar ist, z.B. mhd. *kürbiȥ* > **kürbȥ*.

3) Reduktion der Silbenzahl in Nominalstämmen

a)	ahd. *miluh*	> mhd. *milch*	vs.	ahd. *boteh*	> mhd. *botech* 'Bottich'
b)	ahd. *felis*	> mhd. *vels*	vs.	ahd. *kurbiȥ*	> mhd. *kürbiȥ* 'Kürbis'

Die Reduktion der Silbenzahl wird auch aus morphologischen Gründen blockiert. So bleiben die Stämme der Feminina, z.B. mhd. *zunge, sünde,* und der schwachen Maskulina, z.B. mhd. *bote,* bis ins Nhd. zweisilbig. Der *e*-Laut zeigt bis heute an, dass das Substantiv feminin (*die Sünde*) ist oder zu den schwachen, belebten Maskulina (*der Bote, des Bote-n*) gehört (s. LINDGREN 1953).

Umgekehrt kann die Morphologie die Vokaltilgung auch fördern. Wenn der unbetonte Vokal im Mhd. nur in dreisilbigen Flexionsformen eines Wortes schwindet, entsteht manchmal ein Paradigma, in dem zwar alle Formen zweisilbig sind, aber die Stammgröße variiert, z.B. {dienest/dienst-}. Der Zustand dieser sog. **Stammallomorphie** wird jedoch im zweiten Schritt wieder beseitigt. Die Reduktion der zweisilbigen Stammvarianten in Nom./Akk.Sg. auf eine Silbe (*dienest* > *dienst*) zeigt, dass es im Deutschen eine sehr starke Tendenz zur **Morphemkonstanz** gibt. Aus diesem Grund werden Stammallomorphe wie {dienest/ dienst-} vermieden (LÖHKEN 1997:224).

Nom.	*dienest*			*dienest*			*dienst*
Gen	*dienest*	*+es*	>	*dienst*	*+es*	>	*dienst-es*
Dat.	*dienest*	*+e*		*dienst*	*+e*		*dienst-e*
Akk.	*dienest*			*dienest*			*dienst*

Im deutschen Erbwortschatz und im voll integrierten Lehnwortschatz gehören zweisilbige Stämme zur Minderheit, z.B. *Straße* ['ʃtʀa:.sə], *Segel* ['ze:.gəl], *Regen* ['ʀe:.gən], *Atem* ['a:.təm]. Auch sie haben eine trochäische Struktur. Die erste Silbe ist betont und enthält einen Vollvokal. In der zweiten Silbe steht ein zentralisierter Vokal, der jedoch nur in einer sehr deutlichen Aussprache realisiert wird. Im Normalfall wird er vor *l, m* und *n* getilgt, wodurch der Folgekonsonant silbisch wird [l̩, n̩, m̩, ŋ̍]: ['ze:.gl̩], ['ʀe:.gŋ̍], ['a:.tm̩]. Neben dem Schwa-Vokal tritt in Reduktionssilben auch [ɐ] auf, sog. vokalisiertes *r*, z.B. *Eimer* [aɪ̯.mɐ]. Diese Endungen der zweisilbigen Stämme *-e, -el, -en, -em* und *-er* werden als **stammbildende Suf-**

fixe bezeichnet (EISENBERG 1991:48). Um die Trochäusform zu behalten, kommt in den Pluralformen keine zusätzliche Silbe hinzu: *Straße+n, Segel+Ø*.

In den anderen Hauptwortarten (Verben und Adjektive) überwiegt ebenfalls das trochäische Muster. Im verbalen Bereich gibt es Dreisilber u.a. in Präteritalformen einiger schwacher Verben, z.B. *reg.ne.te, re.de.te, at.me.te, se.gel.te* vs. *mach.te, spiel.te, pfleg.te*. Das *e* wird zwischen den Stamm und die Endung *-te* der Aussprechbarkeit halber eingeschoben. Sonst würden Formen wie **regnte, *atmte* oder **redte* entstehen. Dreisilbige Formen wie *segelte* zeigen wiederum, dass der Stamm zweisilbig ist, daher *segel+n*, nicht **segel+en*.

Die größte Abweichung von der trochäischen Struktur des phonologischen Wortes weisen im Nhd. die Adjektive auf. Ihre Flexionsformen können zwischen einer und vier Silben umfassen. Die maximale Größe von vier Silben erreichen die Komparativformen der zweisilbigen Adjektivstämme auf *-er* und *-en*, z.B. *finster, trocken*, weil ihnen zuerst ein immer silbisches Komparationssuffix {-er} und erst dann ein weiteres Numerus-Kasus-Genus-Suffix folgt. Tab. 6 bietet einen Überblick über die Schwankung der Silbenanzahl bei der Adjektivflexion (EISENBERG 1991:51f.). Doch auch in den viersilbigen Formen enthalten alle unbetonten Silben einen zentralisierten Vokal, so dass sich die betonte Silbe deutlich von ihnen abhebt (s. auch WIESE 1996).

Tab. 6: Schwankende Silbenanzahl in der Adjektivflexion

EINSILBIGE STÄMME	ZWEISILBIGE STÄMME			
still	*bö.se*	*dun.kel*	*fin.ster*	*troc.ken*
stil.les	*bö.ses*	*dun.kles*	*fin.ste.res*	*troc.ke.nes*
stil.le.res	*bö.se.res*	*dun.kle.res*	*fin.ste.re.res*	*troc.ke.ne.res*

Mit der Entwicklung der Derivationssuffixe haben wir uns schon in Kap. 2.2.5 beschäftigt. Die nicht wortwertigen Suffixe werden im Laufe des Mhd. oder in der Übergangszeit zum Fnhd. einsilbig:

mhd. *-ære*	>	(f)nhd. *-er*	z.B. mhd. *lêr+ære*	>	(f)nhd. *Lehr+er*
mhd. *-nisse*	>	(f)nhd. *-nis*	z.B. mhd. *vinstar+nisse*	>	(f)nhd. *Finster+nis*
mhd. *-inne*	>	(f)nhd. *-in*	z.B. mhd. *künig+inne*	>	(f)nhd. *König+in*
mhd. *-unge*	>	(f)nhd. *-ung*	z.B. mhd. *offen+unge*	>	(f)nhd. *Öffn+ung*

Die wortwertigen Suffixe sind bereits im Mhd. einsilbig (mhd. *-tuom, -heit, -lîch, -schaft*). Das mhd. Suffix *-bære* wird im Fnhd. zuerst zu *-bær*. Erst später wird der Umlautvokal *æ* durch ein *a* ersetzt: (f)nhd. *-bar*, z.B. mhd. *dank+bære* > (f)nhd. *dank+bar* (s. Kap. 3.2.1.2).

2.3.3 Phonologisierung der *i*-Umlaut-Produkte

Neben der Vokaltilgung, durch die seit dem Mhd. die Wortgröße vereinheitlicht wird, dienen zwei weitere Strategien zur Verdeutlichung des phonologischen

Wortes. Einerseits schrumpfen die Vokale in unbetonten Silben auf den zentralisierten Schwa-Vokal. Andererseits entstehen in betonten Silben neue Vokale aus den einstigen ahd. Umlauten (s. Kap. 2.2.2). Da sie auf betonte Silben beschränkt sind, kontrastieren sie deutlich mit den zentralisierten Vokalen in unbetonten Silben. Abb. 11 zeigt das Gefälle zwischen dem Vokalismus der betonten und unbetonten Silben im Mhd. Die graphische Bezeichnung der mhd. Phoneme richtet sich nach PAUL u.a. (²⁴1998:§60-83).

Abb. 11: Kontrastierung der betonten und unbetonten Vokale im Mhd.

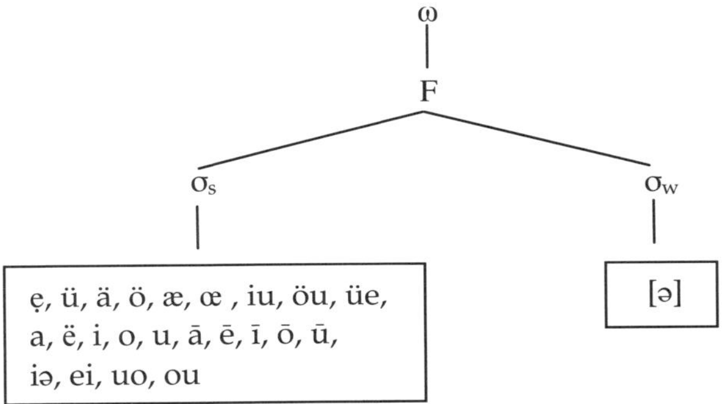

Auf dem Weg zum Nhd. entwickeln sich drei Umlautphoneme weiter. So unterliegt mhd. *öu* dem **Diphthongwandel** *öu*> *äu* [ɔɪ̯] (mhd. *böume* > nhd. *Bäume*), mhd. *üe* der **Monophthongierung** *üe*> *ü* [y:] (mhd. *grüeze* > nhd. *Grüße*) und mhd. *iu* der **Diphthongierung** *iu* [y:] > *eu* [ɔɪ̯] (mhd. *niuwes* > nhd. *neues*). Diese Prozesse sind jedoch auf betonte Silben beschränkt. In unbetonten Silben bleibt der Schwa-Vokal intakt.

Während also das Ahd. alle Kurz- und Langvokale in allen Wortpositionen aufweist, was ein silbensprachliches Charakteristikum ist, tragen die beiden genannten Phänomene des Mhd. zur Differenzierung zwischen betonten und unbetonten Silben bei. Dadurch ist das phonologische Wort deutlicher zu erkennen (s. Tab. 4).

2.3.4 Entstehung ambisilbischer Konsonanten

Auf den typologischen Wandel des Deutschen von einer Silbensprache (Ahd.) zu einer Wortsprache (ab dem Mhd.) ist auch die Herausbildung der ambisilbischen Konsonanten zurückzuführen. Das Ahd. weist noch einen phonologischen Gegensatz zwischen einfachen und langen Konsonanten auf, z.B. ahd. *su<u>n.n</u>a* 'Sonne' vs. *bi.<u>n</u>a* 'Biene'. Die Langkonsonanten sind zum größten Teil ein westgerm. Erbe. Sie entwickeln sich aus einfachen Konsonanten, denen ein *j*, *r* oder *l* folgt, z.B. germ. **ap.la* > westgerm. **ap.pla* > ahd. *ap.pful* > nhd. *Apfel*. Die sog. **westgerm. Konsonantengemination** führt zur Verbesserung der Silbenstruktur: Dank der Verdopplung des Konsonanten wird die ungünstige Silbengrenze zwischen einem starken Konsonanten und einem folgenden schwächeren Konsonanten optimiert: *ap.la* > *ap.pla* (s. MURRAY 1986). Ein Teil der Langkonsonanten entsteht im Ahd. durch Assimilation (ahd. *stim.na* > *stim.ma* 'Stimme'), durch Vokalausfall (ahd. *hē.ri.ro* > *hēr.ro* 'Herr') und in der 2. LV (ahd. *offan, wazzar, mahhōn*).

Geminaten sind ein silbensprachliches Charakteristikum, weil sie keine Silbifizierungsprobleme verursachen, s. Abb. 12a. In Wortsprachen kommen hingegen ambisilbische Konsonanten vor, z.B. nhd. *Mitte* [mɪṭə], *Wasser* [vaṣɐ], s. Abb. 12 b. Sie erschweren die Silbifizierung, weshalb Kinder das ganze Wort als eine Silbe empfinden (MAAS 2002:17).

Abb. 12: Ahd. Geminaten vs. nhd. ambisilbische Konsonanten

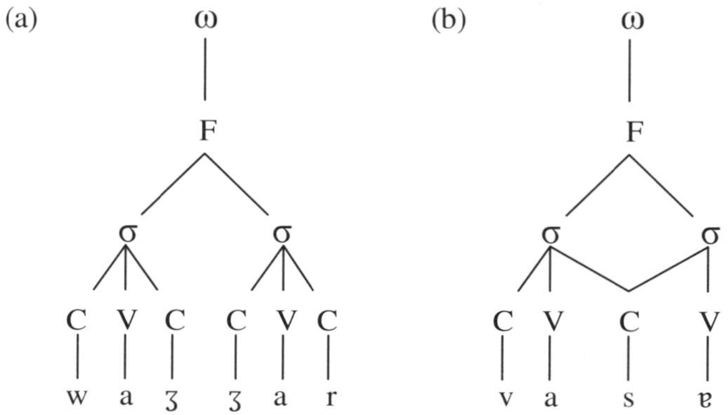

Die Herausbildung der nhd. ambisilbischen Konsonanten ist mit dem allmählichen Abbau der ahd. Geminaten eng verbunden, wobei man jedoch keine einfache lineare Überführung Geminate > ambisilbischer Konsonant annehmen darf. Die **Degeminierung**, also der Abbau der Geminaten, beginnt im Spätahd. Bei NOTKER (Spätahd.) kommen die Geminaten nur noch nach Kurzvokal vor (SIMMLER 1976:61). Auch im Klassischen Mhd. (1170-1250) gibt es nur noch Geminaten nach Kurzvokal, z.B. mhd. *offen, wazzer* vs. *lūter* 'lauter'. Diese Beschränkung der Geminaten auf die Position nach einem Kurzvokal ist ein entscheidender Schritt für die Herausbildung der ambisilbischen Konsonanten. Einen Hinweis darauf, dass die Entwicklung der ambisilbischen Konsonanten bereits im Mhd. beginnt, liefert die Graphie. So bemerkt SIMMLER (2000c:245), dass ein Doppelbuchstabe <*tt*> im Mhd. nicht nur für sprachhistorisch erwartbare Langkonsonanten (ahd. *betti* > mhd. <*bette*>), sondern auch für einfache Konsonanten nach Kurzvokal benutzt wird (ahd. *situ* > mhd. <*sitte*>). Etwas seltener werden auch Doppelbuchstaben <nn>, <mm> und <ll> für einfache Konsonaten nach Kurzvokal verwendet. Dies lässt vermuten, dass bereits zu diesem Zeitpunkt die einfachen Konsonanten ambisilbisch sind. Um dies anzuzeigen, greifen die Schreiber zu einem Doppelbuchstaben. Nur so können sie der Tatsache gerecht werden, dass der einfache Konsonant gleichzeitig zu zwei benachbarten Silben gehört. Dies ist die Geburtsstunde der nhd. Orthographieregel, die Vokalkürze durch einen folgenden konsonantischen Digraph zu kennzeichnen, z.B. <Mitte> (s. Kap. 8.1.2).

Der Prozess der Ambisilbifizierung der einfachen Konsonanten nach betontem Kurzvokal wird bis zum Fnhd. vollzogen. Dort, wo die ambisilbischen Konsonanten vorkommen, wird der Kurzvokal nicht gedehnt, z.B. mhd. *ga.te* > (f)nhd. *G*[aṭ]*e*. Die Dehnung in offener betonter Silbe tritt nur vor einem nicht ambisilbischen Konsonanten auf, z.B. mhd. *ta.ge* > (f)nhd. *t*[a:].*ge* (s. Kap. 2.3.5). Die ambisilbischen Konsonanten entwickeln sich aus den Geminaten nach betontem Kurzvokal, s. 4)a)-b), aus einfachen Konsonanten nach betontem Kurzvokal, s. 4)c)-d), oder, viel seltener, auch aus einfachen Konsonanten nach betontem Langvokal, der gekürzt wird wie in 4)e)-f). Dabei wirkt sich eine folgende Schwa-Silbe fördernd auf die Ambisilbifizierung der einfachen Konsonanten aus (Szulc 1987:134f., Ramers 1999:121).

4) Entstehung der ambisilbischen Konsonanten im Fnhd.

a) mhd. *waȥ.ȥer* > fnhd./nhd. *Wa*[ṣ]*er*
b) mhd. *of.fen* > fnhd./nhd. *o*[f̣]*en*
c) mhd. *ga.te* > fnhd./nhd. *Ga*[ṭ]*e*
d) mhd. *hi.mel* > fnhd./nhd. *Hi*[ṃ]*el*
e) mhd. *muo.ter* > fnhd./nhd. *M*[ʊṭ]*er*
f) mhd. *wâ.fen* > fnhd./nhd. *W*[af̣]*en*

Die ambisilbischen Konsonanten führen zur Optimierung des phonologischen Wortes, das seit dem Mhd. meist nur einen phonologischen Fuß enthält [[vaṣɐ]$_{F}$]$_{\omega}$. Ein solches phonologisches Wort wird mit Hilfe eines ambisilbischen Konsonanten als eine Einheit verdeutlicht, weil er beide Silben stärker miteinander verzahnt.

2.3.5 Die frühneuhochdeutsche Dehnung in offener Silbe

Eine weitere Hervorhebung der betonten Silbe wird durch die fnhd. Dehnung in offener Silbe erreicht. Eine enge Verbindung mit der Entstehung ambisilbischer Konsonanten ist deswegen anzunehmen, weil beide Prozesse zur Beseitigung von offenen Silben in betonter Position führen. So werden die im Mhd. noch existierenden offenen Tonsilben im Fnhd. entweder durch Dehnung des Vokals (mhd. *në.men* > (f)nhd. *n*[e:].*men*) oder auch durch Ambisilbifizierung des intervokalischen Konsonanten schwer (mhd. *ko.men* > (f)nhd. *k*[ɔṃ]*en*) (s. Beispiele unter 4), S. 37). Seit dem Fnhd. muss die betonte Silbe **schwer** sein, d.h. einen langen Vokal enthalten oder geschlossen sein. Dies gilt nicht für unbetonte Silben, die sowohl offen als auch geschlossen sein können. Sie enthalten nie einen Langvokal, sondern meist einen zentralisierten Vokal und sind daher gewichtslos, z.B. *Bie.ne* ['bi:.nə]$_{\omega}$.

Nachdem die Kurzvokale in offenen Silben gedehnt worden waren, entstehen im Fnhd. häufig Stammallomorphe, weil der Vokal in geschlossener Silbe nach wie vor kurz bleibt, z.B. mhd. *tac* (Sg.) – *ta.ge* (Pl.) > fnhd. *t*[a]*c* (Sg.) – *t*[a:].*ge* (Pl.). Im nächsten Schritt werden jedoch auch die noch vorhandenen Kurzvokale in den Wortformen, in denen sie nicht in offener Silbe stehen, aus Gründen der

Morphemkonstanz gedehnt. Auf diese Weise wird der Stammvokal in allen Formen einheitlich (RAMERS 1999:130):

mhd. Ausgangsform	/tak/ (Sg.)	/ta.gə/ (Pl.)
fnhd. Dehnung in offener Silbe	/tak/	/ta:.gə/
fnhd. analogischer Ausgleich	/ta:k/	/ta:.gə/

Dank der endgültigen Obligatorisierung der Silbenschwere in betonter Position entwickelt sich im Deutschen die sog. **Silbenschnittkorrelation** (auch Anschlusskorrelation, s. MAAS 2002, ^{2}2005, RESTLE 2003). Beide Bezeichnungen beziehen sich auf die Struktur des nhd. Silbenreims. Dieser kann in betonter Position entweder einen Langvokal oder einen Diphthong bzw. eine Folge aus einem Kurzvokal und einem Konsonanten enthalten, z.B. *kahle* vs. *kalte*. Wenn die betonte Silbe nur einen Vokal enthält, muss dieser lang ausgesprochen werden (sog. **sanfter Silbenschnitt**), z.B. *l*[i:].*ben*, *l*[e:].*ben*, *m*[a:].*len*. Wenn dem Vokal ein Konsonant folgt, wird der Vokal durch diesen "abgeschnitten", also kurz ausgesprochen (sog. **scharfer Silbenschnitt**), z.B. *b*[ɪ]*n.den* (s. BECKER 1998, 2002). Unbetonte Silben, die auch gewichtslos sind, unterliegen keiner solchen Regulierung. Sie sind grundsätzlich kurz.

2.3.6 Die frühneuhochdeutsche Konsonantenepenthese

Eine weitere Strategie zur Exponierung des phonologischen Wortes ist es, dessen Ränder zu stärken. Dies kann u.a. durch Erhöhung der Konsonantischen Stärke erreicht werden. Ein wichtiger Prozess, der diese Dimension des phonologischen Wortes betrifft, ist die fnhd. Konsonantenepenthese. Am häufigsten tritt ein dentaler Plosiv *d, t* als sog. epenthetischer Konsonant auf, z.B. mhd. *saf* > nhd. *Saft*. Viele dieser Einschübe haben Eingang ins Standarddeutsche gefunden. Darüberhinaus kommen im Fnhd. auch die labialen Plosive *b* und *p* als epenthetische Konsonanten vor, z.B. mhd. *nimest* > fnhd. *nimpst* (MOSER 1951). Sowohl die Dental- als auch die Labialplosive werden nicht etwa eingeschoben, um die Silbenstruktur zu verbessern, sondern treten in eine bereits besetzte Silbenkoda. Dadurch verschlechtern sie die Silbe, z.B. mhd. *ie.man* > fnhd. *je.mand*, mhd. *nimest* > fnhd. *nimpst*.

Durch die Verschlechterung der Silbenstruktur wird gleichzeitig eine Möglichkeit geschaffen, die Ränder des phonologischen Wortes hervorzuheben. Die Konsonantenepenthese betrifft hauptsächlich die wortfinalen Silbenränder. Wenn die morphosyntaktische Worteinheit aus einem einzigen phonologischen Wort besteht, so tritt der epenthetische Konsonant an ihrem rechten Rand auf, s. 5)a)-e). Wenn jedoch die morphosyntaktische Worteinheit aus zwei phonologischen Wörtern besteht, wie in 5)f)-h), so trägt die Stärkung des rechten Randes des ersten phonologischen Wortes zur Hervorhebung der morphologischen Struktur bei, z.B. [ɔɐ̯.dənt]$_{\omega}$[lɪç]$_{\omega}$.

5) Frühneuhochdeutsche Konsonantenepenthesen

a) mhd. *mâne* > fnhd. *mant/mand/mond* (vgl. engl. *moon*)
b) mhd. *nieman* > fnhd. *niemand*
c) mhd. *saf* > fnhd. *saft*
d) mhd. *obez* > fnhd. *obest* > *obst*
e) mhd. *nimest* > fnhd. *nimpst*
f) mhd. *ordenlich* > fnhd. *ordentlich*
g) mhd. *eigenlich* > fnhd. *eigentlich*
h) mhd. *heimlich* > fnhd. *heimblich*

In der heutigen Umgangssprache begegnen uns in einigen Regionen Deutschlands immer noch Epenthesetendenzen, z.B. nhd. *Amt* [ampt], *kommt* [kɔmpt], *eben* [e:bənt].

Weitere wichtige Strategien zur Stärkung der Wortränder sind:
1) die **Aspiration** (Behauchung) der Plosive,
2) die Einführung des Glottisverschlusses [ʔ] und
3) die sog. **Auslautverhärtung**.

1) Aspirierte Plosive treten im Nhd. nur im Anlaut einer betonten Silbe auf, also am Anfang des phonologischen Wortes, z.B. *Tanz* [tʰants̪]$_{\omega}$, *Kante* [kʰan.tə]$_{\omega}$, *Panne* [pʰan̩ə]$_{\omega}$.

2) Ähnlich ist im Nhd. die Einführung des **Glottisverschlusses** (Knacklaut) geregelt. Der Konsonant [ʔ], bei dessen Produktion die Stimmbänder kurz verschlossen und dann wieder geöffnet werden, tritt im Nhd. im Anlaut einer betonten nackten Silbe auf, z.B. *Atem* [ˈʔa:.təm]$_{\omega}$, *oben* [ˈʔo:.bm̩]$_{\omega}$, *Uhr* [ˈʔu:ɐ̯]$_{\omega}$, *chaotisch* [ka.ˈʔo:.tɪʃ]$_{\omega}$. Wenn eine Wortform aus zwei phonologischen Wörtern besteht, wie bei derivationell oder kompositionell komplexen Wörtern, kann sie auch mehrere Glottisverschlüsse enthalten, z.B. *abebben* [ʔap]$_{\omega}$[ʔɛb̥ən]. Dadurch wird der linke Wortrand signalisiert.

3) Die Entwicklung der Auslautverhärtung stellt einen sehr komplexen Prozess dar. Im Ahd. gibt es noch keine Auslautverhärtung (s. auch VAUGHT 1984). Dies zeigt die noch stark phonographisch ausgerichtete ahd. Schreibung, z.B. ahd. *āband* 'Abend' vs. ahd. *bāt* 'bat'. Die Graphie dient als wichtiger Hinweis darauf, dass die Auslautverhärtung im Klassischen Mhd. (1170-1250) auftritt. Stimmlosen Frikativen und Plosiven im Silbenauslaut entsprechen stimmhafte im Silbenanlaut, z.B. mhd. *dinc*, *dinc.hûs* 'Gerichtshaus' vs. *din.**g**es*, *ge.lou**p**.te* vs. *ge.lou.**b**en*, *kin**t*** vs. *kin.**d**esch*, *ho**f*** vs. *ho.**v**es*. Ob die nhd. Auslautverhärtung eine Weiterführung der mhd. ist oder ob es sich eher um eine fnhd. Neuentwicklung handelt, nachdem die mhd. Auslautverhärtung abgebaut war, ist bis heute nicht geklärt (s. dazu ausführlich MIHM 2004). Fakt ist jedoch, dass es im Nhd. regelmäßig zur Auslautverhärtung kommt, auch wenn regionale Unterschiede bestehen (s. AUER 1994). Sie markiert den rechten Wortrand, z.B. *Dieb* [di:p]$_{\omega}$, *mag* [ma:k]$_{\omega}$, *blind* [blɪnt]$_{\omega}$. Auf diese Weise werden auch komplexe Strukturen signalisiert, z.B. *Taub+heit* [taʊ̯p]$_{\omega}$[haɪ̯t]$_{\omega}$. In schwachen Präteritalformen und in Superlativformen tritt die Auslautverhärtung auch im Wortinneren auf, z.B. *glaub+te* [ˈglaʊ̯p.te],

klügste [ˈkly:k.stə]. Durch diese wortinterne Auslautverhärtung wird die morphologische Struktur des Wortes hervorgehoben: *klüg+ste, glaub+te*.

2.3.7 Entstehung der Fugenelemente

In der Geschichte des Deutschen finden sich auch auf anderen sprachlichen Ebenen Entwicklungen, die zur Hervorhebung des phonologischen Wortes führen. So spiegelt sich der phonologische Wandel von der ahd. Silbensprache zur nhd. Wortsprache auch in der Schrift wider. Dabei ist v.a. die Durchsetzung des morphologischen Prinzips und die Entwicklung der Substantivgroßschreibung zu erwähnen. Beide Phänomene tragen dazu bei, dass die Grenzen des phonologischen Wortes auch in der Schrift erkennbar sind. Das morphologische Prinzip, das die graphische Stabilität des Morphems garantiert, trägt dazu bei, dass das lexikalische Morphem unabhängig von der Aussprache gleich aussieht, z.B. {kind} in <Kind> und <Kinder>, {tag} in <Tag> und <Tage>. Die Auslautverhärtung wird in der Graphie nicht bezeichnet, z.B. [kɪnt] vs. [kɪn.dɐ], [ta:k] vs. [ta:.gə] (s. dazu Kap. 8.1.1 und 8.1.3). Durch die Substantivgroßschreibung wird, im Falle eines Substantivs, der Anfang des phonologischen Wortes durch einen Großbuchstaben signalisiert (s. Kap. 8.2).

Im Folgenden soll das Augenmerk auf die Entstehung der **Fugenelemente** gerichtet werden, die durch die wortsprachliche Entwicklung des Deutschen gefördert wurden. Sie treten im Nhd. v.a. in Komposita zwischen lexikalischen Morphemen auf, z.B. *Kind-er-garten, Freund-es-kreis, Dame-n-tasche, Frau-en-roman, Tagung-s-mappe, Bad-e-mantel, Herz-ens-freude*. Ihre Entstehung führt DEMSKE (1999, 2001) auf den sich im Fnhd. vollziehenden syntaktischen Wandel zurück, in dem sich u.a. die Veränderung der Position des Genitivattributs von prä- zu postnominal vollzieht. Während erweiterte und einfache Genitivattribute immer häufiger dem Bezugsnomen nachgestellt werden, werden die festen (lexikalisierten) Nominalphrasen (NP) als Komposita reanalysiert (s. auch Kap. 3.2.2.2 und 4.3).

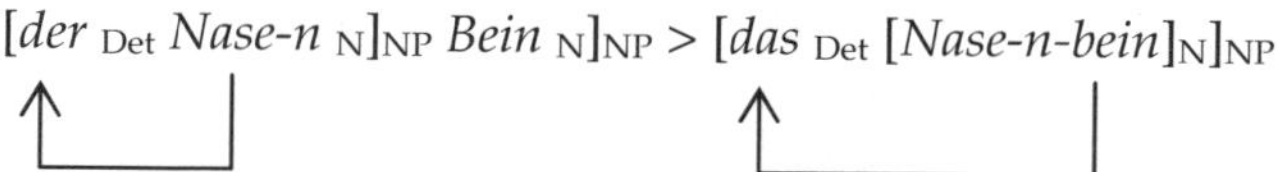

Im obigen Beispiel sieht man, dass die Ausgangsstruktur eine NP ist, in der *Bein* den Phrasenkopf und *der Nasen* ein Genitivattribut bildet. Nach der Reanalyse wird *Nasen* als Teil des Nomens *Nasenbein* verstanden. Dabei wird die Endung *-n* in *Nasen*, die ihre grammatische Funktion (Genitiv) einbüßt, zu einem bloßen Fugenelement zwischen den beiden lexikalischen Morphemen *Nase* und *Bein*. Der Artikel *der* bezieht sich in der Ausgangsstruktur auf das im Genitiv stehende Nomen *Nase* (fnhd. *der Nasen*, nhd. *der Nase*). In der reanalysierten Struktur kongruiert er hinsichtlich des Genus, des Kasus und des Numerus mit dem Bezugsnomen, also ***das** Nasen**bein***.

Die nhd. Fugenelemente sind jedoch nicht nur in Zusammensetzungen fixierte ehemalige Flexionselemente, sondern sie entwickeln eigene Produktivität, indem sie auch in neu gebildeten Komposita auftreten. Ein wichtiger Schritt ist dabei die Entwicklung der sog. unparadigmischen *s*-Fuge, d.h. einer synchron unerwartbaren Fuge. So haben lediglich Maskulina und Neutra, jedoch nicht Feminina ein Genitiv-*s*. In Komposita hingegen weisen einfache und derivierte feminine Erstglieder sehr häufig eine unparadigmische *s*-Fuge auf, z.B. *Abfahrt-s-zeit, Universität-s-gebäude, anpassung-s-fähig* (aber *der Abfahrt, der Universität, der Anpassung*). Auch die *n*-Fuge kann unparadigmisch auftreten, z.B. *der Nase* aber *Nase**n**bein*. Im Gegensatz zu der *s*-Fuge ist sie in dieser Form nicht produktiv. Sie tritt nur dort auf, wo es historisch ein Genitivflexiv *-n* gab, z.B. *Hahnenfuß, Nasenbein* (FUHRHOP 2000).

Die Entstehung der Fugenelemente ist eine Konsequenz der wortsprachlichen Entwicklung des Deutschen, in der das phonologische Wort immer deutlicher konturiert wird. Die silbischen Fugenelemente *-en, -er, -es, -e* und *-ens* kommen vor allem dann vor, wenn das betreffende phonologische Wort einsilbig ist, z.B. *Frau-en-schuh* [fʀaʊ̯ən]$_ω$[ʃu:]$_ω$, *Geist-er-hand* [gaɪ̯stɐ]$_ω$[hant]$_ω$, *Jahr-es-wagen* [ja:ʀəs]$_ω$ [wa:gən]$_ω$, *Bad-e-mantel* [ba:də]$_ω$[mantəl]$_ω$, *Herz-ens-freude* [hɛɐ̯tsəns]$_ω$[fʀɔɪ̯də]$_ω$. Im Gegensatz dazu tritt das unsilbische Fugenelement *-n* nur dann auf, wenn das betroffene phonologische Wort zweisilbig ist, z.B. *Kunde-n-dienst* [kʊndən]$_ω$ [di:nst]$_ω$. Auf diese Art und Weise erweitern bzw. konservieren die silbischen Fugenelemente die Trochäusform des phonologischen Wortes. Die heute sehr produktive *s*-Fuge stärkt wiederum den rechten Wortrand. Dabei kommt das Fugen-*s* nicht nur nach Nasalen und Liquiden, sondern sehr häufig auch nach Obstruenten vor. Nach Plosiven bildet es sogar ein extrasilbisches Element, z.B. *Krieg-s-gegner* [kʀi:ks]$_ω$[ge:gnɐ]$_ω$.

Vor dem Hintergrund der typologischen Drift des Deutschen vom silbensprachlichen Ahd. zum wortsprachlichen Nhd. lassen sich fast alle phonologischen sowie viele morphologische und sogar graphematische Prozesse einheitlich, als wortprofilierend, erklären. Die Tendenz zur Verbesserung des phonologischen Wortes, d.h. zu seiner Hervorhebung, stellt den gemeinsamen Nenner für die bisher nur unzusammenhängend behandelten Lautgesetze dar.

Zum Weiterlesen:
Eine systematische, wenn auch wortkarge Einführung in den Lautwandel des Deutschen bietet SCHWEIKLE ([5]2002). Sie ist v.a. dann dienlich, wenn man sich kurz über die Chronologie der Lautgesetze informieren möchte. SZULC (1987) bietet hingegen eine theoretisch fundierte Darstellung der phonologischen Entwicklung des Deutschen. Wertvolle Informationen zu einzelnen Lautwandelprozessen finden sich in KÖNIG ([14]2004), SONDEREGGER ([3]2003) sowie in den historischen Grammatiken u.a. BRAUNE/REIFFENSTEIN ([15]2004), PAUL u.a. ([24]1998), MOSER (1951) und WILMANNS ([3]1911). Aktuelle Forschung zum deutschen Vokalsystem bietet BECKER (1998). Die Gesetzmäßigkeiten des Silbenbaus sind in VENNEMANN (1986) sehr zugänglich dargestellt. Zum Thema Silbenschnitt diachron und synchron sind viele Beiträge im Sammelband AUER u.a. (2002) zu finden. Eine klare Beschreibung der phonologischen Struktur von morphologisch komplexen Wörtern bietet RAFFELSIEFEN (2000). Wichtiges zur phonologischen Typologie und ihrer Geschichte ist in AUER (2001) und AUER/UHMANN (1988) enthalten.

Aufgaben:
1) Analysieren Sie den Text "Der Prophet Jona I und II" aus der Lutherbibel von 1545 (www.germanistik.uni-mainz.de/sprachwandel.htm) hinsichtlich seiner phonologisch-typologischen Charakteristika. Welche typisch fnhd. Merkmale können in diesem Text beobachtet werden?
2) Wie sieht die Weiterentwicklung der mhd. Wörter *bûre* und *mûre* aus? Beschreiben Sie diese aus phonologisch-typologischer Perspektive.
3) Das Luxemburgische, die jüngste der germanischen Sprachen, weist eine phonologische Auffälligkeit auf, die als *n*-Regel bzw. *Eifler*-Regel bezeichnet wird. Das *n* im Wortauslaut wird nur dann ausgesprochen, wenn das folgende Wort auf Vokal bzw. die Konsonanten [h, t, d, t͡s] anlautet, z.B. *den neien Auto* 'das neue Auto' und vor einer Pause, z.B. am Satzende. Vor allen anderen Konsonanten im Anlaut des Folgewortes wird das *n* getilgt, z.B. *de_ gudde_ Wäin* 'der gute Wein' (GILLES 2006). Dient diese Regel der Optimierung der phonologischen Silbe oder des phonologischen Wortes?

3 Morphologischer Wandel

Wenn sich im Deutschen nur phonologischer, nicht aber morphologischer Wandel abgespielt hätte, dann würden wir z.B. zu *das Wort* den Plural *die Wort* bilden und *du sangst* und *wir sangen* würden *du sünge* und *wir sungen* lauten.[1] Im ersten Fall ist auf morphologischem Weg eine deutlichere Unterscheidung zwischen den Formen entstanden, indem die neuen Plurale *Worte* und *Wörter* gebildet wurden, im zweiten Fall wurden Unterschiede zwischen den Formen beseitigt. Beides sind Beispiele für flexionsmorphologischen Wandel, der in Kap. 3.1 behandelt wird. In Kap. 0 geht es um Wandel in der Wortbildung. Z.B. wird dort anhand der Entstehungsgeschichte von *-lich* diskutiert, wie sich aus einem freien Lexem (das heute als *Leiche* fortgesetzt wird) ein Wortbildungs-Suffix (eine Ableitungs-Endung) zur Bildung von Adjektiven entwickelt hat.

Die **Morphologie** ist von ihren Nachbarebenen im "Zwiebelmodell" (s. Abb. 1, S. 2) dadurch abgegrenzt, dass es hier im Gegensatz zur Syntax um Strukturen innerhalb von Wörtern geht. Im Gegensatz zur Phonologie, deren Einheiten keine eigenen Bedeutungen tragen, sondern diese nur unterscheiden (z.B. [b]*ahn* vs. [h]*ahn*), umfasst die Morphologie die kleinstmöglichen Strukturen mit eigener Bedeutung. Dass hier die Grenzen fließend sind, da sich diachron aus Syntagmen Flexionsformen entwickeln und phonologische Unterschiede morphologisch nutzbar gemacht werden können (z.B. *singst – sangst* und *Mutter – Mütter*), wird in Kap. 9, 10 und 11.3 diskutiert.

Morphologische Einheiten (Morpheme) werden oft nach zwei Parametern klassifiziert: 1) frei vs. gebunden und 2) lexikalische vs. grammatische Bedeutung. Freie Morpheme sind meist lexikalisch, z.B. *Hund* und *Löffel* (frei grammatisch aber: *zu, weil*). Gebundene Morpheme haben meist grammatische oder zumindest abstrakte Bedeutungen, z.B. *-bar* 'kann ge-X-t werden u.a.' wie in *beschreibbar* und *-st* '2.Ps.Sg.' wie in *sing-st*. Diachron entwickeln sich lexikalische freie Morpheme oft zu grammatischen gebundenen (s. Kap. 10.1).

Die Morphologie hat zwei Teilgebiete: 1) die Flexionsmorphologie (Kap. 3.1), bei der es um die Strukturen der zu einem Wort gehörigen Formen geht (z.B. *Hund, Hundes, Hunde, Hunden*), die obligatorisch und für alle Wörter einer Wortart konstant grammatische Informationen differenzieren; und 2) die Wortbildungsmorphologie (Kap. 3.2), bei der es um die Möglichkeiten geht, neue Wörter zu erzeugen (z.B. *hündisch, Hündin, Hundekuchen, Schoßhund*).

---

[1] Betreibt man historische Morphologie, muss man sich auch in der historischen Phonologie auskennen, um morphologischen Wandel von regelmäßigem Lautwandel unterscheiden zu können.

3.1 Flexionsmorphologischer Wandel

Zunächst wird skizziert, wie sich Flexion (Wortformenbildung < lat. "Beugung") wandeln und mit welchen Parametern man dies untersuchen kann (Kap. 3.1.1). Daran schließen drei Fallstudien zu flexivischem Wandel im Deutschen an (3.1.2).

3.1.1 Flexivischen Wandel untersuchen: Theoretisches und methodisches Handwerkszeug

3.1.1.1 Analogie – ein Mechanismus morphologischen Wandels

Mit dem Begriff **Analogie** werden Veränderungen von Wörtern oder Wortformen nach dem Muster anderer Wörter/Wortformen bezeichnet (zuerst systematisch beschrieben bei PAUL ^{5}1920:Kap. V). Dabei besteht zwischen der Vorlage und der veränderten Einheit immer eine inhaltliche oder formale Ähnlichkeit, an die angeknüpft wird. Hier ein Beispiel für eine (sehr unwahrscheinliche) Analogie, bei der scherzhaft aufgrund der formalen Ähnlichkeit zu *denken* ein "neues" Prät. zu *lenken* gebildet wird:

Der Mensch denkt, Gott lenkt. Der Mensch dachte, Gott ...

Ja, *lachte*. Eine Analogie hat vier Teile und ähnelt damit einer Gleichung. Im Fall unseres Beispiels sind das die folgenden:

'Präs.' *denkt*	:	'Prät.' *dachte*	
= 'Präs.' *lenkt*	:	'Prät.' X	→ X = *lachte*

Denken bildet hier das Modell für *lenken*. Aus der phonologischen Ähnlichkeit des Musters *denkt* mit *lenkt* wird geschlossen, dass sich beide auch auf der abgeleiteten Seite der Gleichung ähneln müssen; entsprechend wird *lachte* analog zu *dachte* gebildet. Diese Analogie ist nicht nur deshalb unwahrscheinlich, weil es *lachte* schon mit anderer Bedeutung gibt, sondern auch, weil *denken* ein hochgradig irreguläres Verb ist, d.h. seine Formenbildung funktioniert nicht nach klaren Regeln, sondern ist lexikalisiert, also im mentalen Lexikon gespeichert, und es gibt kaum andere Verben, die so funktionieren – nur *bringen* hat ein ähnliches Prät. Das Muster von *denken* ist damit nicht produktiv. **Produktiv** heißt in der Flexion, dass ein Muster für die Flexion neuer Wörter genutzt wird und schon vorhandene Wörter, die ihre Flexion wechseln, zu diesem Muster übergehen. Beides ist bei *denken* nicht der Fall; vielmehr gilt es für das reguläre und produktive Muster der schwachen Verben. Die Gegenrichtung, *denken* nach den schwachen Verben wie *lenken* anzupassen, wäre also viel wahrscheinlicher. Sie wurde in Dialekten des Deutschen auch eingeschlagen, z.B. rheinfränk. *isch hon gedengt* 'ich habe gedacht'. Analogien sind umso wahrscheinlicher und häufiger, je produktiver das Muster der Vorlage und je höher dessen **Typenfrequenz** ist, d.h. je größer die Anzahl der Wörter, die bereits dem Muster angehören. Die mitgliederstarken und einfach mit Dentalsuffix -(*e*)*t*(-) funktionierenden schwachen Verben (wie *lenk-te*, *gelenk-t*) sind damit als Analogievorlage sehr geeignet. So haben sich in der Sprachgeschichte des Deutschen mehrere früher starke Verben den schwachen per Analogie angepasst, z.B. *bellen*, das früher die starken Stammformen mhd. *bellen – ball – bullen – gebollen* hatte. Starke Verben sind zwar nicht so irregulär wie *denken* – ihre Bildungsweise ist einfacher und hat eine höhere Typenfrequenz. Doch sind starke Verben irregulärer (unregelmäßiger) als schwache: Sie arbeiten mit Vokalwechsel statt nur mit Suffigierung und sind nicht mehr produktiv. Ihre Formen sind lexikalisiert, d.h. als ganze im mentalen Lexikon gespeichert. Geht der Zugang zu diesen Formen verloren, dann wird auf das produktive schwache Muster zugegriffen. Seit der (f)nhd. Phase gehen so mehrere ehemals starke Verben zum schwachen Muster über (neben *bellen*, z.B. *pflegen* sowie gegenwärtig *melken* und *backen*). Die Sprecher vergessen schrittweise die starken Formen, weil die mit ihnen ausgedrückten Konzepte durch Wandel der Lebensumstände nicht mehr so häufig versprachlicht werden wie früher, und bilden in Analogie zum schwachen Muster neue Formen (vgl. Kap. 9.1.2):

X-*en*	:	X-*te*	:	*ge*-X-*t*	
bell-en	:	?	:	?	→ *bell-te, gebell-t*

Die Vorlage für analogische Anpassungen kann ein einzelnes Wort sein (Analogie i.e.S.), aber auch eine mittelgroße Gruppe gleich funktionierender Wörter oder eine große Flexionsklasse wie hier die schwachen Verben. Wenn die gemeinsamen Eigenschaften einer Gruppe von Wörtern die Vorlage liefern, wird auch der Begriff **Schema** verwendet. Z.B. bilden die starken Verben *singen, klingen, schwingen* etc. ein Schema, bei dem im Stammauslaut -[ɪŋ] mit -[ʊŋ] alterniert. Dieses Schema wurde in westmd. Dialekten für das Verb *bringen* produktiv, das dort das Partizip *gebrung* bildet. Wenn eine große, sehr produktive Klasse (z.B. schwache Verben) als Muster dient, sprechen viele von **Regel**. Der Unterschied besteht in der jeweiligen Zugriffsdomäne: Während Analogie und Schema als Muster auf die Repräsentationen der einzelnen Wörter im mentalen Lexikon zugreifen (und daher auch inhaltliche oder formale Ähnlichkeit als Bedingung fordern), nehmen viele Linguisten von Regeln an, dass sie unabhängig von den nach ihnen funktionierenden Wörtern abgespeichert sind und damit allgemein, ohne Rücksicht auf formale oder inhaltliche Einschränkungen, anwendbar sind. Für andere Linguisten sind Regeln nur besonders offene, durch eine hohe Mitgliederzahl gestützte Schemata (mehr dazu in KÖPCKE 1993:65-74, 1998).

Analogie ist auch dafür verantwortlich, dass zusammengehörige Flexionsformen, die sich durch phonologischen Wandel zu stark auseinander entwickelt haben, wieder zusammengerückt werden. Ein wichtiger Begriff ist dabei das **Paradigma**: Ein Flexionsparadigma bilden alle Formen eines Wortes zusammen, z.B. *singen, singe, singst, sang, gesungen* etc. und *Mutter, Mütter, Müttern*. In Flexionsparadigmen haben die Formen (im Gegensatz zu nur über Wortbildung verwandten Wörtern) einen starken Zusammenhalt untereinander, sind sich formal und inhaltlich sehr ähnlich. Werden sie durch phonologischen Wandel unähnlicher, dann wird häufig der formale Zusammenhalt durch analogischen Ausgleich im Paradigma wieder hergestellt. Solche Vereinheitlichungen innerhalb von Flexionsparadigmen nennt man **analogischen Ausgleich** (engl. *leveling*). Analogischer Ausgleich wirkte z.B. bei der **analogischen Dehnung** von Formen mit geschlossener Silbe, wenn in den anderen Formen im Paradigma der Stamm eine offene Silbe hatte und deshalb lautgesetzlich gedehnt wurde: mhd. [stap] – *des* [sta:.bes], *dem* [sta:.be] → nhd. *St*[a:]*b*, *des St*[a:]*bes* etc. (s. Kap. 2.3.5). Bei durch Wortbildung verwandten Wörtern, deren Zusammenhalt weniger stark ist, tritt dagegen kaum analogischer Ausgleich ein: Während die Flexionsformen von *heben* einander angeglichen wurden, mhd. *heven – huop* > nhd. *heben – hob*, ist das auf der Wortbildungsebene nicht passiert. Der Pilz, der den Teig an*hebt*, heißt immer noch *Hefe*, nicht **Hebe*. Dieser Unterschied zwischen Wortbildung und Flexion gilt auch auf der orthographischen Ebene (s. Kap. 8.1.3, vgl. z.B. *alt – älter*, aber *Eltern*). Analogie muss aber nicht immer regularisierend wirken: In Kap. 3.1.2.3 wird mit *haben* ein Fall vorgestellt, bei dem ein reguläres schwaches Verb per analogischer Angleichung an irreguläre Verben stärker differenzierte Formen bekommt. Mehr zu Analogie findet sich in Hock/Joseph (1996:Kap. 5), Haspelmath (2002:54-56).

Das Analogiekonzept beschreibt plausibel, wie flexionsmorphologischer Wandel vonstatten gehen kann. Ein großes Problem ist dabei aber, dass es allein weder Vorhersagen erlaubt, in welche Richtung analogischer Ausgleich erfolgt, noch im Nachhinein erklären kann, warum gerade diese Richtung eingeschlagen wurde. Oben haben wir mit Produktivität und Typenfrequenz bereits zwei Faktoren eingeführt, die die Ausgleichsrichtung mitsteuern. Im Folgenden werden weitere Maßstäbe vorgestellt, die teils dazu beitragen, die Richtung von Wandel zu erklären, teils der ultimativen Frage gelten, unter welchen Bedingungen überhaupt flexionsmorphologischer Wandel stattfindet.

3.1.1.2 *Ein Muss*: Flexionskategorien und ihre Hierarchisierung

Die grammatischen Inhalte, die direkt am Wort über dessen Flexion ausgedrückt werden, nennt man **Flexionskategorien**. Es handelt sich dabei um "Zwangsinformationen", die obligatorisch bei jeder Benutzung eines Wortes mit realisiert werden müssen. Das lohnt sich nur für solche Inhalte, die wichtig und dabei so allgemeingültig sind, dass sie für fast alle Wörter einer Wortart gelten, wie es bei der Numerus-Information Sg. vs. Pl. am Substantiv der Fall ist. Bei weniger allgemeingültigen Informationen wie z.B. Diminution bestehen Blockaden. Sie vertragen sich nicht mit jedem Substantiv (*Riese – *Rieschen*, **Bruttosozialprodüktchen*). Diminution ist u.a. deshalb keine Flexions-, sondern eine Wortbildungskategorie.

Jede Wortart hat ihre eigenen Flexionskategorien. Beim Substantiv im Nhd. sind das Numerus, Kasus und Genus; beim Verb Tempus, Modus und Numerus/Person. Sprachen können im Vergleich unterschiedlich viele Flexionskategorien haben und auch diachron innerhalb einer Sprache kann sich deren Anzahl verändern: Es können neue Flexionskategorien entstehen oder alte abgebaut werden: Z.B. haben die skand. Sprachen Definitheit als Flexionskategorie des Substantivs entwickelt (d.h. sie markieren am Substantiv, ob ein bestimmter Gegenstand oder eine Klasse von Gegenständen gemeint ist); zwar haben auch die westgerm. Sprachen die grammatische Kategorie Definitheit entwickelt (vgl. Kap. 11.2.2), sie drücken diese aber rein syntaktisch über den Artikel aus: dän. *hund-en* vs. *en hund* entspricht nhd. *der* vs. *ein Hund*. In allen germ. Sprachen abgebaut wurde dagegen innerhalb der Kategorie Numerus der Dual (die Zweizahl). Beim

Verb haben die zentralskand. Sprachen (Dänisch, Schwedisch, Norwegisch) im Gegensatz zum Deutschen die Kategorie Person abgebaut: Es gibt nur noch eine Einheitsform auf *-r*, z.B. *jeg/hun/vi løber* 'ich laufe, sie läuft, wir laufen'.

Doch der Auf- und Abbau von Kategorien geschieht nicht willkürlich: Zum einen eignen sich nicht alle Informationen als Flexionskategorie, sondern nur solche, die allgemeingültig genug sind. Zum anderen gibt es sowohl im Sprachenvergleich als auch innerhalb einer Sprache Hierarchien zwischen den Kategorien. Z.B. ist es wahrscheinlicher, dass eine Sprache Tempus am Verb markiert als Numerus oder Person; und es ist wahrscheinlicher, dass eine Sprache, die alle drei Kategorien hat – sollte sie Kategorien abbauen – Person und Numerus am Verb eher aufgibt als Tempus (zu kategorialen Hierarchien vgl. GREENBERG 1966/2005, COMRIE [2]1989, CROFT 1990).

Diese Hierarchien hat BYBEE (1985) sprachenübergreifend (an 50 nicht verwandten Sprachen) untersucht und auf ein Prinzip zurückgeführt, das sie **Relevanzprinzip** genannt hat (kurz gefasst in BYBEE 1994). Relevanz bezieht sich dabei auf den semantischen Einfluss, den eine grammatische Kategorie, z.B. Numerus oder Kasus, auf ihre Basis, z.B. das Substantiv, hat. Modifiziert die Semantik der Kategorie das Konzept, das der Basis zugrunde liegt, stark, dann ist diese Kategorie hochrelevant für die Basis. So modifiziert Numerus das Substantiv, das prototypischerweise Gegenstände und Sachverhalte bezeichnet, ziemlich stark: das Konzept wird vervielfacht. Kasus dagegen lässt das Konzept selbst intakt, lediglich dessen Rolle in der Handlung wird modifiziert. Kasus ist damit weniger relevant als Numerus, vgl. z.B. beide Kategorien in *Der Hund jagt die Katze*. *Die Katze jagt den Hund* mit *Die Katzen jagen den Hund*. Ob gejagt oder nicht gejagt – Katze bleibt Katze. Ob aber eine oder mehrere Katzen einen Hund jagen, macht einen großen Unterschied im Konzept des Substantivs. Numerus ist für das Substantiv also relevanter als Kasus.

Genus lassen wir hier außen vor, denn es hat einen grundsätzlich anderen Status als die beiden übrigen Kategorien. Das Genus ist im Lexikoneintrag festgelegt. Da es nicht wie die anderen Kategorien wechselt, kann es die Basis gar nicht modifizieren, so dass sich auch kein Relevanzgrad festmachen lässt.

Für das Verb, dessen Semantik Handlungen und Vorgänge denotiert, lässt sich folgende Relevanzhierarchie aufstellen: Die Kategorie Tempus (Präsens, Präteritum/Perfekt, Futur) ist am relevantesten für das Verb, sie versetzt die Handlung in eine andere Zeitstufe. Darauf folgt Modus (Indikativ, Konjunktiv, Imperativ): Diese Kategorie modifiziert den Realitätsgrad der gesamten Proposition (des Aussagegehalts der Äußerung). Die darin eingebettete Handlung bleibt aber dieselbe. Noch weniger relevant als Modus sind Numerus und Person, die keinen Einfluss auf die Verbhandlung selbst haben, sondern sich auf die Mitspieler der Handlung beziehen, die ohnehin an anderer Stelle (als Pronomen oder Substantive) im Satz genannt und am Verb nur wieder aufgenommen sind (letzteres nennt man Kongruenz). Zusammengefasst führt das zu folgenden Relevanzhierarchien für Substantiv und Verb im Deutschen (Tab. 7):

Tab. 7: Relevanzhierarchien für die nhd. Flexionskategorien von Substantiv und Verb (vgl. BYBEE 1985:Kap. 1-2, bes. S. 13-24, 1994:2559)

Inhaltsseite	+ ← Relevanzgrad → –			
Ausdrucksseite	+ Fusionsgrad – Stammmodulation – Affigierung – syntaktisch: Periphrase			
Substantiv:	Numerus			Kasus
Verb:	Tempus	Modus	Numerus	Person

Der Relevanzgrad einer Kategorie hat Einfluss auf ihre formale Realisierung. Je stärker eine Kategorie semantisch die Basis modifiziert, desto stärker verschmilzt (fusioniert) auch ihre Ausdrucksseite mit der der Basis. Je relevanter eine Kategorie ist, desto näher steht sie an der Basis und desto eher fusioniert sie mit dieser. Je relevanter eine Kategorie ist, desto wahrscheinlicher ist es also, dass ihr Ausdruck direkt am oder sogar im Stamm erfolgt, wie bei Numerus *Stab – Stäb-e, Lamm – Lämm-er, Mutter – Mütter*. Für Kasus wird dagegen im Nhd. nie Stammmodulation genutzt (zur Diachronie vgl. Kap. 3.1.2.1). Als Umkehrschluss gilt bei geringer Relevanz, dass die betreffende Kategorie an der äußeren Peripherie des Wortes stehen wird, mit relevanteren Kategorien zwischen sich und der Basis. So steht z.B. bei *leb-te-n* das Tempussuffix *-te-* näher am Verbstamm als das weniger relevante Person-Numerus-Suffix *-n*. Bei *den Kind-er-n* und den *Lämm-er-n* steht Numerus näher am Stamm als Kasus. Je geringer der Relevanzgrad, desto wahrscheinlicher ist es, dass eine Information nicht auf der Wortebene ausgedrückt, sondern auf die syntaktische Ebene ausgelagert (periphrastisch ausgedrückt) wird und damit den geringsten Fusionsgrad aufweist, z.B. wird in *wir* vs. *sie gehen* die Person-Numerus-Information nur über die Personalpronomen vermittelt.

Die Relevanzhierarchien der Kategorien erlauben damit Prognosen, wohin morphologischer Wandel tendieren wird, bzw. können Wandel, der bereits stattgefunden hat, erklären helfen (vgl. dazu die Fallbeispiele in Kap. 3.1.2.1-2).

Quer dazu steht aber, dass auch vom Alter eines Ausdrucks abhängt, ob ein Verfahren fusionierend oder syntaktisch ist: Bei syntaktischem Ausdruck handelt es sich oft um junge Morphologie, die später noch mit dem Stamm verschmelzen kann (s. Kap. 11.3). Das wiederum wird nur so weit "erlaubt", wie es dem Relevanzgrad der Kategorie entspricht (s. Beseitigung von Stammmodulation für Kasus, aber deren Ausbau für Numerus in Kap. 3.1.2.1).

Die Flexionskategorien sind nur eine Teilgruppe der grammatischen Kategorien. Es gibt auch Informationen, die zwar obligatorisch sind, aber nicht am Wort selbst, sondern syntaktisch markiert werden. Dazu gehören im Deutschen beim Substantiv Definitheit, die nur am Artikel markiert wird, und beim Verb Diathese (Aktiv – Passiv), die nur periphrastisch ausgedrückt werden kann. Aber auch für die Flexionskategorien Numerus, Kasus, Tempus, Modus und Person wird in Kombination mit flexivischem auch syntaktischer Ausdruck genutzt (vgl. Kap. 11): Der Definitartikel trägt zur Numerus- und Kasusanzeige bei (*der Floh – die Flöh-e – den Flöh-e-n*), kombinatorisch organisierte Periphrasen dienen zur Tempus- und Modusanzeige beim Verb (*wird/würde fang-en/ge-fang-en, ist ge-hüpf-t* neben *hüpf-te*), und Person-Numerus wird erst durch die Kombination von Endungen und Subjektspronomen eindeutig markiert (*wir/sie hüpf-en*).

Jede Flexionskategorie, z.B. Numerus, Tempus, Modus, hat mindestens zwei **Werte**, z.B. Sg. vs. Pl., Präs. vs. Prät., Ind. vs. Konj. Auch zwischen den Werten einer Kategorie gibt es Hierarchien. Wenn eine Sprache Dual (die Zweizahl) markiert, dann markiert sie immer auch den zugehörigen Normalfall Plural. Baut eine Sprache Werte ab, dann immer eher Dual als Plural, so wie es in den germ. Sprachen geschehen ist (zu Hierarchien der Werte innerhalb Kategorien vgl. GREENBERG 1966/2005:31-34, CROFT 1990:Kap. 4).

Die Werte sind also nicht gleich gewichtet, sondern ein Wert bildet die Basis, manche nennen diesen "semantisch unmarkiert"; der andere Wert (die anderen Werte) ist (sind) davon abgeleitet bzw. "semantisch markiert".

Basiswert	abgeleitete Werte
Sg.	Pl., (Dual)
Präs.	Prät.
Ind.	Konj. I, II, Imp.
Nom.	andere Kasus

Man kann die Entscheidung, welcher Wert die Basis ist, über semantische Merkmalhaftigkeit oder über die Sprechsituation begründen, wie es MAYERTHALER (1981) macht: Für den Sprecher ist das Jetzt weniger markiert als Vergangenes oder Zukünftiges, das Reale weniger markiert als Irreales, ein einzelner Sprecher weniger markiert als eine Gruppe etc. Doch schon bei der Kategorie Person, z.B. *ich* – vs. *du*, *er/sie*, oder Genus, z.B. mask. vs. fem., entstehen Probleme, weil ein objektiver Maßstab fehlt.

Zu ganz ähnlichen Ergebnissen, doch mit dem Vorteil, einen klaren Maßstab zu haben, kommt man, wenn man der Unterscheidung zwischen Basis- und abgeleitetem Wert die **Kategorienfrequenz** zugrunde legt: Der Wert einer Kategorie, der häufiger benutzt wird, ist der Basiswert. Im Normalfall wird Sg. häufiger als Pl., Präs. häufiger als Prät. gebraucht etc. Bei analogischem Ausgleich gewinnt der kategorienfrequentere Wert, z.B. verläuft gegenwärtig der Ausgleich von Präs. *senden* vs. Prät. *sandte* nach dem Präs. zu *senden* – *sendete*. Das bestätigen auch die Ausnahmefälle, bei denen der eigentlich abgeleitete Wert häufiger vorkommt als der Basiswert, z.B. bei inhärent paarigen/pluralischen Konzepten wie Körperteilen oder Herdentieren: Hier kann analogischer Ausgleich ausnahmsweise den sonst abgeleiteten Wert zum Muster nehmen. Ein berühmtes Beispiel ist das Westfries., wo Stammalternanzen bei Substantiven, die häufiger im Pl. als im Sg. gebraucht werden, nach der Pluralform ausgeglichen wurden, z.B. in 'Arm – Arme' : Sg. *earm* – Pl. *jermen* → Sg. *jerm* – Pl. *jermen* (ähnlich für 'Zähne', 'Gänse' u.a.). Auch für bair. Dialekte führt FENK-OCZLON (1991:380f.) mit *an Äpfl* 'ein Apfel' ein Beispiel für die Generalisierung der Pluralform an. Mehr zu Kategorienfrequenzunterschieden als Basis von Asymmetrien zwischen Kategorien bzw. deren Werten sowie als bestimmender Faktor für die Richtung analogischen Ausgleichs findet sich in HASPELMATH (2002:Kap. 12.1-3).

Die Unterscheidung zwischen Basis- und abgeleitetem Wert ist aus mehreren Gründen wichtig, wenn man flexivischen Wandel untersuchen möchte. Zum einen wird bei analogischem Ausgleich die Basiskategorie das Muster bilden und die abgeleitete sich anpassen (s.o., *senden*). Zum anderen kann man auf der Basis des Ableitungsverhältnisses zwischen zwei Formen auch bestimmte Forderungen für deren formales Verhältnis aufstellen: So hat MAYERTHALER (1981) im Rahmen der morphologischen Natürlichkeitstheorie postuliert, dass morphologischer Wandel immer ein ikonisches Verhältnis zwischen semantischer und formaler Abgeleitetheit herstellen sollte (sog. **konstruktioneller Ikonismus**). Das heißt: Was semantisch komplexer ist, z.B. Pl. gegenüber Sg., sollte auch formal komplexer sein – parallel zum inhaltlichen sollte auch ein formales Mehr hinzutreten. Diese Forderung wird z.B. erfüllt von *Tag* – *Tag-e*, der mhd. Null-Plural Sg. *wort* – Pl. *wort* verstößt jedoch dagegen. Hier lautet die Prognose, dass – wenn morphologischer Wandel stattfindet – eine neue formale Markierung des Plurals entsteht. Dieselbe Prognose liefert aber auch das Relevanzkonzept, allerdings unter einer anderen Prämisse: Hier interessiert, was für ein Inhalt es ist, dessen Markierung unzureichend ist. Da es sich um die relevante Numerusinformation handelt, wäre eine Markierung direkt am Wort besser.

3.1.1.3 Verpackung flexionsmorphologischer Information: Verhältnis von Form und Funktion

Wie alle sprachlichen Zeichen haben auch Flexionsendungen (-suffixe) eine Inhaltsseite, die die grammatische Information (Funktion) enthält, und eine Ausdrucksseite (Form), in der diese Information verpackt ist. Es wäre auf den ersten Blick am einfachsten, wenn einer Form immer genau eine Funktion zugeordnet wäre und umgekehrt, wenn also ein 1:1-Verhältnis zwischen Funktion und Form bestünde. Betrachtet man dieses ideale 1:1-Verhältnis von der Funktion aus und schaut auf die Form, kann man von **Uniformität** sprechen. Betrachtet man es aus der umgekehrten Richtung von der Formseite her und schaut auf die Funktion, kann man den Terminus **Transparenz** benutzen (vgl. MAYERTHALER 1981).

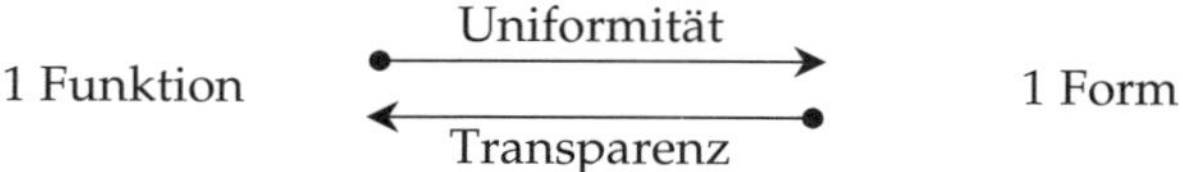

Im Deutschen gibt es nur wenige uniforme und transparente Flexive: Uniform wird z.B. die Funktion '2.Ps.Sg.' durch das Flexiv *-st* symbolisiert, und dem Flexiv *-end* ist transparent die Funktion 'Part.Präs.' zugeordnet (z.B. *lebend, singend*). Häufig wird jedoch gegen diese 1:1-Zuordnung in beiden genannten Zuordnungsrichtungen verstoßen: Den Verstoß gegen die Uniformität nennt man **Allomorphie**, dabei sind einer Funktion mehrere Formen zugeordnet. Den Verstoß gegen die Transparenz nennt man **Homonymie**, speziell in der Flexion **Synkretismus**; hier erfüllt ein und dieselbe Form mehrere unterschiedliche Funktionen:

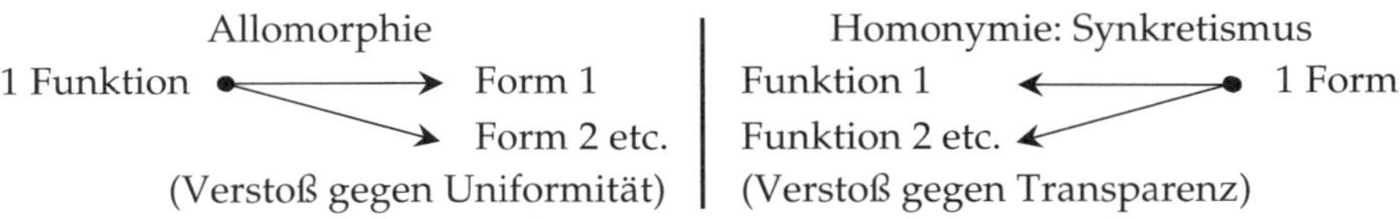

Ein Paradebeispiel für Allomorphie ist die Pluralbildung im Deutschen, bei der für die Funktion 'Plural' sieben verschiedene Allomorphe existieren:

1) -(*e*)*n* — *Zunge – Zungen, Last – Lasten*
2) *-e* — *Tag – Tage*
3) Umlaut + *-e* — *Stab – Stäbe*
4) Null — *Löffel – Löffel*
5) Umlaut — *Boden – Böden*
6) *-er* (+Umlaut) — *Lamm – Lämmer, Kind – Kinder*
7) *-s* — *Auto – Autos*

Allomorphie wird in Grammatiken in sog. **Flexionsklassen** geordnet, d.h. es werden jeweils die Wörter zu einer Gruppe zusammengefasst, die die gleichen bzw. sehr ähnliche Allomorphe nutzen, also nach demselben Muster flektieren.

Diachron kann man untersuchen, ob eine Sprache Allomorphie abbaut und sich damit einem 1:1-Verhältnis annähert, oder ob sie Allomorphie erhält bzw. sogar verstärkt. Wichtig ist dabei auch, in welchen Kategorien bzw. in welchen ihrer Werte Allomorphie auftritt, denn wie oben gezeigt wurde, sind nicht alle Kategorien gleich wichtig. In relevanteren Kategorien scheint sich Allomorphie besser zu halten und manchmal sogar ausgebaut zu werden. Das wird in Kap. 9.1.2 für die Tempuskategorie gezeigt: Die Vokalwechsel der starken Verben wurden in eine Vielzahl von Vokalalternanzen und damit verschiedenen Allomorphen aufgesplittert. Bei weniger relevanten Kategorien scheint Allomorphie eher abgebaut zu werden, z.B. im Fnhd. in den Kategorien Person und Numerus, s. Kap. 3.1.2.2.

Man kann außerdem vergleichen, welche Flexionsklassen Mitglieder gewinnen und welche abgebaut werden sowie nach welchen Prinzipien die Umschichtung verläuft: Sobald Allomorphie besteht, muss es Regeln geben, nach denen die verschiedenen Allomorphe Wörtern und die Wörter damit Flexionsklassen zugewiesen werden. Diese Regeln können auf Eigenschaften der phonologischen Form beruhen oder auf lexikalischen Eigenschaften wie z.B. dem Genus. Bei der Pluralbildung im Deutschen wirken beide Faktoren. Z.B. bekommen Maskulina und Neutra mit Reduktionssilbe (*-el*, *-er*, *-en*) den Nullplural, Feminina dieser phonologischen Struktur aber den *-n*-Plural, z.B. *die Messer*, *Löffel* aber *die Gabeln* (s. NEEF 2000a/b). Die Zuordnungsprinzipien für Allomorphie können sich diachron wandeln: So hat das Englische seine Pluralallomorphie radikal vereinfacht: Die Zuweisung funktioniert heute (von wenigen Ausnahmen abgesehen) rein formal: Es gibt nur noch das Morphem {-S} in drei entsprechend dem Wortauslaut distribuierten Varianten: -[z] nach stimmhaften Lauten: *frog*[z], -[ɪz] nach Sibilanten (*s*-Lauten): *bus*[ɪz], und -[s] überall sonst: *rat*[s]. Im Deutschen wurde dagegen mit Genus ein lexikalisches Zuweisungsprinzip gestärkt (s. Kap. 3.1.2.1).

Bei den schwachen Verben im Deutschen wurden die Zuordnungsregeln für Allomorphie sehr stark vereinfacht – von einer semantischen Zuordnung im Ahd. zu einer rein formalen Steuerung im Nhd.: Schwache Verben mit dem germ. Suffix *-j-* (das im Ahd. schon geschwunden war), hatten wie ahd. *weck-e-n* u.a. kausative Semantik ('verursachen, dass jemand wach wird'), Verben mit dem Suffix *-ō-* hatten u.a. intensive Semantik, z.B. ahd. *wahh-ō-n* 'bewachen', und Verben mit dem Suffix *-ē-* waren Durative oder Inchoative wie *wahh-ē-n* 'wach sein/werden', d.h. sie bezeichneten Zustände oder den Eintritt in Zustände (vgl. SONDEREGGER 1979:91). Diese semantische Zuordnung brach spätestens mit der Reduktion unbetonter Silben zu *e* (s. Kap. 2.2.4) zusammen und es entwickelte sich allmählich (in fnhd. Zeit) die heutige rein formale Steuerung: Ist der Stammauslaut ein dentaler Plosiv (*arbeit-en*) oder eine Kombination aus Plosiv und Nasal (*atm-en*), dann wird das mit *e* erweiterte Dentalsuffix gewählt (*arbeit-ete, atm-ete*), ansonsten das einfache (*leb-te*).

Zurück zur Beziehung von Form und Funktion: Den Verstoß gegen die Transparenz nennt man allgemein **Homonymie**. Hier hat ein und dieselbe Form verschiedene Funktionen. Ein Beispiel ist das Suffix *-er*. Beim Adjektiv dient es zur Komparativbildung (*schnell-er, höh-er, weit-er*) und zur starken Flexion, z.B. Nom.Sg.mask. in *ein schön-er Käfer*. Beim Substantiv wird es zur Pluralbildung genutzt: *Kind-er* und in der Wortbildung zur Ableitung von Nomina agentis: *schrei-en → der Schrei-er*. Systematische Homonymie in der Flexion, die in allen Flexionsparadigmen einer Wortart durchgehend gilt, wird als **Synkretismus** bezeichnet. Ein Beispiel ist das Suffix *-en* in der Verbkonjugation sowohl für 1. als auch 3.Ps.Pl. (*wir/sie schreien*). Synkretismen sind bei den Flexiven im Deutschen spätestens seit der mhd. Vokalreduktion in unbetonten Silben (vgl. Kap. 2.2.4) häufig, wurden aber auch durch analogischen Ausgleich verstärkt: Bis in fnhd. Zeit gab es einen Unterschied zwischen *wir schrei-en* und *sie schrei-ent* (vgl. WEGERA/SOLMS 2000:1546). Das *t* muss analogisch beseitigt worden sein, da es keinen lautgesetzlichen *t*-Schwund gab. Auch bei der Entstehung von Synkretismen ist es wichtig zu fragen, welche Kategorien betroffen sind, denn deren eindeutiger Ausdruck wird ja gefährdet. Auch hier lautet die Prognose: In relevanteren Kategorien werden Synkretismen vermieden bzw. repariert.

Wenn ein Flexiv mehrere Funktionen auf einmal hat, ohne dass man diese formal trennen könnte, dann spricht man von einem **Portmanteau**-Morph ("Kleiderständer-Morph"). Durchgängig in Portmanteaumorphen gekoppelt sind die Person-Numerus-Informationen am Verb (*-e* '1.Ps.+Sg.', *-st* '2.Ps.+Sg.' etc.). Früher waren auch die Kasus- und Numerusinformation beim Substantiv auf diese Weise gekoppelt. Heute sind beide Informationen separiert: *Kind-er-n* 'Kind-Pl.-Dat.'; dabei fällt auf, dass die für das Substantiv relevantere Kategorie Numerus näher am Stamm steht als Kasus. Auch hier lässt sich also Wandel verfolgen (s. Kap. 3.1.2.1).

Die **Verfahren** zum Ausdruck grammatischer Informationen lassen sich entsprechend dem Grad, in dem der Ausdruck grammatischer Information mit dem Stamm fusioniert, auf einer Skala anordnen:

– Fusionsgrad zwischen lexikalischer Basis und grammatischer Information +

periphrastisch – affigierend – modulativ (versch. Grade) – schwach/stark suppletiv

analytisch .... synthetisch

Das Verfahren mit der lockersten Bindung zwischen Basis und grammatischer Information ist der periphrastische Ausdruck durch ein Syntagma. Er gehört nicht zu den morphologischen, sondern zu den syntaktischen Verfahren, transportiert aber wie erstere grammatische Inhalte und kann sich diachron zu einem morphologischen (affigierenden) Verfahren entwickeln (s. Kap. 10.1.1 und 11.3). Ein Beispiel dafür ist das Perfekt mit *haben* und *sein*. Innerhalb der Periphrase wirken aber auch andere, stärker fusionierende Verfahren (Affigierung, Modulation, Suppletion beim Hilfsverb), und die Funktion der Periphrase selbst wird durch die Kombinatorik ihrer Teile bestimmt: *h*[a:b]*e*/*h*[at]*e* *ge-sung-en* vs. *ist*/*wird*/*würde* *ge-sung-en*/*sing-en* (mehr dazu in Kap. 11.1-2 und 12).

Näher rückt die Information der lexikalischen Wurzel bei der **Affigierung**. Hier bilden lexikalische Basis und grammatische Information zusammen ein Wort. Wird das Affix hinten angehängt, spricht man von Suffigierung (*leb-te*), tritt es vorne an die Basis, spricht man von Präfigierung (im Deutschen nur in der Wortbildung: *ein-leben*), tritt es an beide Ränder, ist es ein Zirkumfix (*ge-leb-t*).

Bei der **Stammmodulation** (auch Stammalternation, Binnen-, Introflexion, innere Flexion) fusioniert der Träger grammatischer Information noch stärker mit der Basis. Hier kann man verschiedene Grade unterscheiden: z.B. reine Vokalalternationen wie Umlaut (*sang* – *sänge*) und stärker, weil nicht so vorhersagbar, Ablaut (*singen* – *sang*) bis hin zu zusätzlichen Konsonantenwechseln, z.B. *ich z*[i:ə] – *z*[o:k].

Der Gipfel der Stammmodulation ist **Suppletion**, d.h. das Paradigma wird aus mehreren unterschiedlichen Stämmen zusammengesetzt. Suppletion kann wie z.B. bei *denken* – *dachte* durch angehäuften Lautwandel entstehen, aber auch, indem mehrere früher selbstständige Wörter zu einem Paradigma kombiniert werden (**lexikalische Suppletion**). Es lassen sich auch hier verschiedene Grade ansetzen: Bei *gehen*/*ging* und *denken*/*dachte* bleibt der Anlaut gleich. Sie sind weniger suppletiv als das Extrembeispiel *sein* – *bin* – *war*, bei dem das Paradigma aus mehreren völlig unterschiedlichen Stämmen gebildet wird. *sein* (aber auch *gehen*) sind Fälle von lexikalischer Suppletion, d.h. ihr Flexionsparadigma setzt sich aus mehreren etymologisch verschiedenen Wortwurzeln zusammen – bei *sein* sind das drei idg. Wurzeln, bei *gehen* zwei (vgl. z.B. SCHMIDT [9]2004:221f., 269f.). Ein suppletives Beispiel aus dem Engl. ist *go* – *went* (letzteres ist etymologisch mit nhd. *wenden* verwandt).

Fusionierende Verfahren werden auch als synthetisch bezeichnet, separierende Verfahren als analytisch. Die Grenze auf der Skala zwischen synthetischen und analytischen Ausdrucksverfahren wird dort gesetzt, wo die Wortebene verlassen wird. Affigierung wäre damit noch synthetisch, periphrastische Verfahren wären dagegen analytisch.

Ein weiterer Parameter neben dem Fusionsgrad ist Mehrfach- vs. Nullausdruck: Mehrfachausdruck ist die Kombination mehrerer formaler Einheiten zum

Ausdruck nur einer grammatischen Information, z.B. Affix + Umlaut wie in *Stäb-e, Wört-er*. Demgegenüber bedeutet Null-Ausdruck, dass gar keine formale Markierung erscheint (meist wird das auf andere Weise kompensiert, wie bei *der/die Löffel* am Artikel). In Kap. 3.1.2.1 werden wir am Wandel der Substantivflexion sehen, dass Null-Ausdruck (z.B. durch reduktiven Lautwandel entstanden) nicht immer geduldet wird. Auch hier spielt eine Rolle, wie relevant die Information ist, deren Ausdruck fehlt, und ob dieser anderweitig kompensiert wird.

Diachron kann man beobachten, ob sich Ausdrucksverfahren, z.B. der Fusionsgrad einer Information mit ihrer Basis, verändern, ob z.B. Umlaut in der Wurzel abgebaut wird. Auch hier ist wieder entscheidend, welche Kategorien betroffen sind. In Kap. 3.1.2.1 wird gezeigt, dass in der Geschichte des Deutschen Umlaute, die Kasus bezeichnen, abgebaut, Umlaute, die Numerus markieren, dagegen beibehalten und sogar produktiv verwendet werden.

Die Prinzipien zur Verpackung flexivischer Information bilden die Grundlage für eine morphologisch basierte Sprachtypologie. Sprachen, die das 1:1-Prinzip weitgehend erfüllen, weil sie in jede Flexionsendung nur eine Information packen und eine Endung nach der anderen additiv an die Basis ankleben, klassifiziert man als **agglutinierende** ("anklebende") Sprachen, z.B. Swahili (nach GLÜCK [3]2005:18):

ni-na-soma	'*ich*-Präs.-*lesen*'	*ich lese*
ni-li-soma	'*ich*-Prät.-*lesen*'	*ich las*
a-na-soma	'*er*-Präs.-*lesen*'	*er liest*
a-li-soma	'*er*-Prät.-*lesen*'	*er las*

Sprachen, die in der Flexionsmorphologie vom 1:1-Prinzip abweichen, also Portmanteaumorphe, Binnenflexion, Allomorphie und Synkretismen aufweisen, nennt man **flektierende** ("beugende") Sprachen. Agglutinierende und besonders flektierende Sprachen werden zum synthetischen Sprachtyp gezählt, bei dem mehrere Informationen in einem Wort fusionieren. Sprachen, die typischerweise separierende Verfahren nutzen, also grammatische Informationen über eigene Wörter und deren Kombinatorik vermitteln und nach dem Prinzip 'eine Information pro Wort' verfahren, zählt man zum analytischen Sprachtyp. Das Deutsche wird oft als synthetisch-flektierend mit Tendenz zu Flexionsabbau klassifiziert, doch ist es typologisch gesehen eher eine gesunde Mischung, die synthetische und analytische Verfahren in Kombination nutzt (s. Kap. 11, 12.1).

Die morphologische Natürlichkeitstheorie (vgl. MAYERTHALER 1981 und dies relativierend WURZEL 1994) prognostiziert, dass morphologischer Wandel zum einen in Richtung 1:1-Verhältnis von Funktion und Form tendiere, also Allomorphie und Synkretismen abbaue. Zum anderen verlaufe Wandel hin zu einem ikonischen Verhältnis zwischen Inhalt und Ausdruck, d.h. einem inhaltlichen Mehr sollte ein ausdrucksseitiges Mehr gegenüberstehen. Dieses Ideal ist bei additiven, agglutinierenden Verfahren erfüllt, deren geringer Fusionsgrad erlaubt, Informationen gut zu segmentieren. Dem wirken jedoch andere Prinzipien und Bedürfnisse wie das im Folgenden vorgestellte nach Ausdruckskürze entgegen, so dass keineswegs aller Wandel verläuft wie erwartet und keineswegs alle Sprachen zu agglutinierenden werden. Die Natürlichkeitstheorie wurde mehrfach modifiziert, um solchen Verhältnissen gerecht zu werden (vgl. dazu WURZEL 1994).

3.1.1.4 Einfluss der Gebrauchsfrequenz auf Ausdrucksverfahren

Hat ein Wort eine hohe **Gebrauchsfrequenz** (auch: Tokenfrequenz), d.h. werden seine Formen im laufenden Text häufig benutzt, dann sind diese gut im mentalen Lexikon verankert. Solche Wörter sind weniger empfindlich gegen analogischen Ausgleich. Die Verben, die heute noch stark sind, sind entweder sehr gebrauchsfrequent und gehören zum Grundwortschatz (z.B. *schlafen, fahren, nehmen*), oder sie können sich halten, weil sie zu Vokalalternanzen gehören, die mit vielen Mitgliedern besetzt sind, d.h. eine relativ hohe Typenfrequenz haben (z.B. relativ selten gebrauchtes *schreiten*, das zur mitgliederstärksten Alternanz gehört, s. Tab. 24 in Kap. 9.1.2).

Den folgenden Überlegungen (s. WERNER 1987a und Abb. 13, vgl. auch HARNISCH 1990) liegt der Gedanke zugrunde, dass Sprachbenutzer ökonomisch mit der Morphologie ihrer Sprache umgehen. Dabei stehen sie im Spannungsfeld zwischen zwei gegensätzlichen Bedürfnissen, die an die Gebrauchsfrequenzverhältnisse der Flexionsformen gekoppelt sind. Zum einen wäre ein hoher kognitiver Aufwand damit verbunden, wenn man selten vorkommende Formen, wie z.B. *küren – kürte* fertig zusammengesetzt im Gedächtnis gespeichert hätte. Deshalb gibt es für solche Formen einfache Regeln, nach denen man sie bei Bedarf zusammensetzen kann und nach denen eine große Anzahl an Wörtern funktioniert (hohe Typenfrequenz). Das Muster der schwachen Verben ist ein Beispiel dafür. Für sehr gebrauchsfrequente Formen hätte dieses dagegen den Nachteil, dass solche zusammengesetzten Formen lang und damit beim Sprechen aufwändig sind. Für hochfrequente Wörter lohnt sich daher der Aufwand, die Flexionsformen als ganze schon fertig im Gedächtnis gespeichert, also lexikalisiert zu haben, anstatt sie dauernd neu zusammensetzen zu müssen. Die lexikalische Speicherung erlaubt, dass die Formen bei Bedarf fertig parat sind; außerdem können sie von den allgemeinen Regeln abweichen, kürzer und deutlicher voneinander unterschieden sein als nicht lexikalisierte Formen, indem sie irreguläre Ausdrucksverfahren nutzen, z.B. *gehen – ging*. Und bei häufigem Gebrauch sind Kürze und Differenzierung von Vorteil.

Wie aber entstehen Kürze und Differenzierung? Zum einen durch phonologischen Wandel: Sobald die Flexionsformen eines Wortes aufgrund ihrer hohen Gebrauchsfrequenz lexikalisiert wurden, werden Unterschiede im Paradigma, die durch Lautwandel entstehen, nicht ausgeglichen, sondern konserviert, und die einzelnen Formen entwickeln sich immer stärker auseinander. Dazu kommt, dass bei häufig gebrauchten Formen reduktiver phonologischer Wandel schneller greift als bei weniger oft gebrauchten, Kürzungen also häufiger sind, vgl. die irreguläre Kürzung von *-b-*, die nur beim hochfrequenten Verb *haben* > *ham* eingetreten ist, bei weniger frequenten Verben (etwa *graben* > **gram*) aber nicht. Der Kürzungstendenz und damit der Gefahr, wichtige grammatische Informationen zu verlieren, wirken zusätzliche phonologische Differenzierungen im Wortstamm entgegen, die im Gegensatz zu weniger frequenten Wörtern nicht abgebaut werden und trotz Kürze den Bedarf an zusätzlicher Differenzierung decken. Unter Hochfrequenz sind Vokalwechsel wie Umlaut bei Substantiven (*Mütter, Töchter*) und Ablaut bei starken Verben wie *singen – sang – gesungen* (s. Kap. 9.1) die Regel. Im höchsten Frequenzbereich kommen weitere Irregularitäten wie zusätzliche Konsonantenwechsel oder lexikalische Suppletion hinzu, so dass in einem Paradigma mehrere Stämme vorliegen, wie in *geh-en – ging, denk-en – dach-te* und *sein – bin – war*. Irregularität entsteht dabei nicht nur durch angehäuften Lautwandel, der nicht analogisch ausgeglichen wird (wie bei *du fährst*, das auf *i*-Umlaut vor *i*-haltigen Endungen zurückgeht), sondern auch auf genuin morphologischem Weg durch lexikalische Suppletion (*sein*) oder irregularisierende Analogie. In Kap. 3.1.2.3 wird mit *haben* ein Beispiel dafür gegeben, wie mit einer irregularisierenden Analogie auf einen Gebrauchsfrequenzanstieg reagiert wurde.

Abb. 13: Rolle der Gebrauchsfrequenz (nach WERNER 1987a:300)

– **Gebrauchsfrequenz** +

←——————————————————————→

Lexikalisierungsgrad

Regularität .... Irregularität

hohe Typenfrequenz .... niedrige Typenfrequenz

Verfahren:

expandierend .... komprimierend/differenzierend

separierend/analytisch .... fusionierend/synthetisch

periphrastisch ...... affigierend ...... modulativ ...... suppletiv

küren		*singen*	*denken*	*sein*
hat gekürt	*kürte*	*sang/gesungen*	*dachte*	*bin/war*

Gebrauchsfrequenz interagiert mit Relevanz: Je höher die Gebrauchsfrequenz, desto eher werden nicht nur relevante, sondern auch weniger relevante Kategorien wie Person fusionierend ausgedrückt (modulativ: *ich fahre – du fährst* oder sogar suppletiv: *ich bin, sie ist, wir sind*). Demgegenüber werden bei selten gebrauchten Wörtern selbst relevante Kategorien separierend ausgedrückt (eher *ich habe gekürt* als *ich kürte*).

Veränderungen der Gebrauchsfrequenz können zu morphologischem Wandel führen. Am Beispiel starker Verben wurde das schon in Kap. 3.1.1.1 gezeigt. Starke Verben (z.B. *bellen, melken* und teilweise *backen* und *salzen*) wurden bei abnehmender Gebrauchsfrequenz regularisiert, weil die Sprachbenutzer die lexikalisierten Formen (*ball – gebollen*) allmählich vergessen haben. Das heute sehr selten benutzte Verb *küren* hatte im Mhd. noch einen hohen Irregularitätsgrad mit Vokal- und Konsonantenwechseln: *kiesen, ih kiuse – er kôr – wir kuren – gekoren*, war also an Irregularität etwa auf der Höhe von *denken*. Nachdem *kiesen* durch *wählen* abgelöst wurde, verringerte sich seine Gebrauchsfrequenz. Das führte dazu, dass seine irregulären, fusionierenden Formen analogisch ausgeglichen wurden – sie wurden zu selten gebraucht, als dass sich die Sprachbenutzer auf Dauer die lexikalisierten Formen gemerkt hätten; bei Bedarf ließen sich ja leicht schwache Formen bilden. Und selbst die schwache affigierende Prät.-Form wird bei selten gebrauchten Verben wie *küren* durch das noch einfacher gebildete periphrastische Perfekt ersetzt.

Dass hohe Gebrauchsfrequenz bzw. deren Zunahme Irregularität begünstigt, lässt sich sowohl sprachenübergreifend bestätigen – irregulär bis suppletiv ist immer der Grundwortschatz – als auch am Inventar einer Einzelsprache zeigen, z.B. dem nhd. Verbinventar (zu ersterem s. "Surrey Suppletion Database": http://www.smg.surrey.ac.uk/Suppletion/index.aspx, 20.1.2006, zu letzterem Tab. 8).

Tab. 8: Korrelation von Gebrauchsfrequenz und Irregularität bei den nhd. Verben (nach AUGST 1975a:258)

Frequenz / **Klasse**	**Typenfrequenz** von 4000 Verben im Lexikon sind	**Gebrauchsfrequenz** von in einem fließenden Text vorkommenden Verben sind
schwache Verben	3811 = 95,3%	41%
starke Verben	169 = 4,2%	41%
irregulär (*sein, gehen, tun* etc.)	20 = 0,5 %	18%

Die morphologischen Verfahren einer Sprache werden also Tokenfrequenzbereichen entsprechend aufgesplittert. Am niederfrequenten Ende der Skala (s. Abb. 13) rangieren analytische, einfache, reguläre Verfahren, die es erlauben, die Formen bei Bedarf jederzeit neu zu bilden, ohne sie sich gedächtnisbelastend merken zu müssen. Am hochfrequenten Ende gelten synthetische, zunehmend suppletive Verfahren. Mit diesem Konzept lässt sich nicht nur die Entstehung und Bewahrung von Irregularität, sondern auch ein Teil flexivischen Wandels erklären, da Veränderungen der Tokenfrequenz langfristig Einfluss auf die Formenbildung haben können (mehr zur Entstehung von Irregularität und Suppletion z.B. in WERNER 1977, 1987a/b, RONNEBERGER-SIBOLD 1987, NÜBLING 1999b, 2000).

Im folgenden Kapitel (3.1.2) werden drei Fallbeispiele zu einigen der vorgestellten Grundlagen gegeben. In Kap. 3.1.2.1 wird aus dem Bereich der Substantive der Ausbau der Numerusinformation bei gleichzeitiger Schwächung der Kasusinformation behandelt, der als ein durchgängiges Prinzip von der ahd. Phase an, besonders stark aber im Fnhd. gewirkt hat. In Kap. 3.1.2.2 wird aus dem Verbalbereich die morphologische Stärkung der Tempuskategorie bei gleichzeitiger Schwächung von Numerus und Person behandelt. In Kap. 3.1.2.3 wird mit *haben* ein Beispiel für Irregularisierung bei Frequenzzunahme gegeben.

Weitere Aspekte flexionsmorphologischen Wandels werden nicht hier, sondern in verwandten Kapiteln behandelt. Die Entstehung neuer Umschreibungen (Periphrasen) für grammatische Kategorien, wie z.B. das Futur oder Passiv mit *werden*, wird in Kap. 10 und 11.2 behandelt. Die Entstehung neuer Flexive, die sich aus Syntagmen über Klitisierung (Verschmelzung einstmals selbstständiger Wörter mit dem Stamm) entwickeln können, z.B. die Erweiterung des (vor)ahd. Flexivs *-s* (2.Ps.Sg.) mit *t* zu *-st*, die man auf eine Verschmelzung von nachstehendem *du* mit dem alten Flexiv und eine anschließende Neuinterpretation der Wortgrenze zurückführt (etwa ahd. *salbōs du* > *salbōstu* > *salbōst du* 'salbst du'), wird in Kap. 11.3 vorgestellt.

3.1.2 Fallbeispiele: Wandel in der Substantiv- und Verbflexion

Im frühen Ahd. vor der Reduktion unbetonter Silben (s. Kap. 2.2.4) waren die Flexionsendungen noch stärker differenziert, v.a. wegen ihrer qualitativ unterschiedlichen Vokale (s. z.B. das Paradigma von ahd. *lamb* in Tab. 9). Die Reduktion der unbetonten Vokale zu *e* (nhd. [ə]) am Übergang zur mhd. Phase führte zu Synkretismen, und der Schwund dieses Reduktionsvokals in vielen Dialekten am Übergang zur fnhd. Phase (*e*-Apokope) verstärkte den Zusammenfall von Kategorien. Das Flexionssystem geriet in eine Krise. Wie reagierte die Morphologie darauf, dass relevante Informationen wie der Numerus- (fnhd. *Stab-Stab*[*e*]) oder Tempusausdruck (fnhd. *sie lebet – sie lebet*[*e*]) nun gefährdet bzw. geschwunden waren? Wegen dieser Umbrüche ist das Fnhd. morphologisch gesehen die spannendste Phase: Neue Verfahren werden ausprobiert und wieder verworfen, z.B. flektierten die starken Verben in einigen Gegenden und bei einigen Verfassern im Prät.Sg. zweisilbig mit *-e*: *ich/er sang-e*, was man als Annäherung an die Flexive der schwachen Verben (*lang-te*) deuten kann (vgl. dazu IMSIEPEN 1983). Das Flexionssystem und seine Ausdrucksprinzipien werden im Fnhd. neu geordnet, Informationen wie Kasus beim Substantiv und Person-Numerus beim Verb werden verstärkt in die weitere Nominalphrase ausgelagert und erst eindeutig, wenn beim Substantiv Artikel bzw. Adjektiv und beim Verb Subjektspronomen hinzutreten (s. Nominalklammer, Kap. 4). Manche Allomorphe werden aufgegeben (z.B. wird aus *du sünge* → *du sangst*), andere Flexive werden zu neuen funktionaleren paradigmatischen Mustern umgeschichtet (s. die neue numerustüchtige *Zunge*-Klasse in Kap. 3.1.2.1 und die Ablautstufen der starken Verben in 3.1.2.2). Wieder andere Flexive (wie der *er*-Plural) machen eine steile Karriere.

3.1.2.1 Substantiv: Schwächung von Kasus und Stärkung von Numerus

Die beiden Entwicklungstendenzen, die hier behandelt werden, laufen in der historischen Morphologie des Deutschen unter den Etiketten "Numerusprofilierung" und "Kasusnivellierung" und stehen eng miteinander in Verbindung (s. dazu HOTZENKÖCHERLE 1962, SONDEREGGER 1979:304-319, HARTWEG/WEGERA 2005:Kap. 8.1). In Anfängen finden sie sich schon in der ahd. Phase, gipfeln aber im Fnhd. Unter **Kasusnivellierung** versteht man die Schwächung des Kasusausdrucks am Substantiv. (Wie bereits erwähnt, schwindet Kasus aber nicht generell, sondern wird an Artikel bzw. Adjektiv markiert). Symptome dieser Schwächung sind zum einen, dass Kasusallomorphie im Pl., die an Genus und Flexionsklassen gebunden war, ganz abgebaut wird und als einziger, einheitlicher Kasusanzeiger das Dat.Pl.-*n* übrig bleibt (vgl. z.B. das ahd. mit dem nhd. Paradigma von *Lamm*, Tab. 9). Bei den Feminina werden auch im Sg. alle Kasusunterschiede abgebaut (zugunsten einer besseren Numerusunterscheidung, s.u.). Bereits ab der ahd. Phase werden Numerus und Kasus aus ihrem ehemaligen Portmanteaumorph entkoppelt. Betrachtet man das Paradigma von *Lamm*, dann ist im frühen Ahd. *-um* in *lembirum* noch ein Portmanteaumorph für Dat.Pl. Bei *-ir-* handelt es sich um ein sog. stammbildendes Suffix, einen Flexionsklassenanzeiger, der auf germ. *-iz-* zurückgeht (daher auch der Name der Klasse) und keine systematische Funktion hat, weil er in verschiedenen Kasus und sowohl im Sg. als auch im Pl. auftritt.

Tab. 9: 'Lamm' (neutrale *iz-/az*-Klasse)

	frühes Ahd.	späteres Ahd.	Nhd.
Sg. Nom.	*lamb*	*lamb*	*Lamm*
Gen.	*lemb-ir-es* →	*lamb(ir)es* → *lamb-es*	*Lamm(e)s*
Dat.	*lemb-ir-e* →	*lamb(ir)e* → *lamb-e*	*Lamm(e)*
Akk	*lamb*	*lamb*	*Lamm*
Pl. Nom.	*lemb-ir*	*lemb-ir*	*Lämm-er*
Gen.	*lemb-ir-o*	*lemb-ir-o*	*Lämm-er*
Dat.	*lemb-ir-um*	*lemb-ir-un*	*Lämm-er-n*
Akk.	*lemb-ir*	*lemb-ir*	*Lämm-er*

Das ändert sich im späten Ahd. Durch analogischen Ausgleich (durch die Pfeile symbolisiert) werden die *-ir*-Suffixe im Sg. beseitigt, im Pl. aber nicht. Weil *-ir-* nur noch im Pl. und dort durchgehend auftritt, wird das frühere stammbildende Suffix nun als Pluralkennzeichen reanalysiert. Damit ist aber auch Kasus von Numerus separiert und der Kasusanzeiger (jetzt *-un*) an die rechte Peripherie gewandert (s. WURZEL 1992). Die relevantere Numerusinformation steht vor der Kasusinformation.

Ein weiteres Symptom der Kasusnivellierung ist der analogische Ausgleich von Kasusumlauten, der ebenfalls schon in der ahd. Phase beginnt. Diese Umlaute waren in mehreren Paradigmenformen durch phonologischen Wandel entstanden (ahd. *i*-Umlaut, s. Kap. 2.2.2), indem der Stammvokal artikulatorisch an ein *i*-haltiges Suffix angepasst wurde. Die Kategorienbündel, für die die betroffenen Formen zuständig waren (s. Tab. 9 für *Lamm*: Gen. und Dat.Sg. sowie alle Kasus im Pl.), wurden durch diese zusätzliche Stammmodulation besonders deutlich markiert. Schon im Ahd. setzte hier analogischer Ausgleich ein: Die Umlaute, die an den Kasus-Ausdruck gekoppelt waren, wurden durch analogischen Ausgleich nach dem Nom./Akk.Sg. beseitigt. Umlaute, die im Plural standen und damit an den Numerusausdruck gekoppelt waren, blieben dagegen erhalten. Durch die Beseitigung der Kasusumlaute im Singular markierten die Umlaute nun nicht mehr Kasus/Numerus, sondern eindeutig Numerus, und zwar den markierten Wert 'Plural'. Das fusionierende Verfahren wurde auf die relevantere Numeruskategorie beschränkt und deren Ausdruck damit gestärkt (**Numerusprofilierung**). Kasusumlaute wurden auch beseitigt, wenn im Paradigma kein Numerusumlaut vorlag, wie bei den schwachen[2] Maskulina und Neutra, z.B. im

2 Stark und schwach sind hier Etiketten für Substantivklassen. Schwach nennt man die Klassen mit *n*-haltigen Endungen (z.B. schwache Mask. wie *des/die Bote-n*), stark die mit vokalischen Endungen (z.B. starke Fem. wie *die Nüss-e*).

Gen. und Dat.Sg. von ahd. *namo* 'Name': Nom. *namo*, Gen. *nemin* → *namin*, Dat. *nemin* → *namin*, Akk. *namun*. In der zweiten spätahd. Umlautphase (s. Kap. 2.2.2) wiederholte sich auch bei den Substantiven mit Sekundärumlaut dieser Ausgleich von Kasusumlauten bei Erhalt von Numerusumlauten, s. Tab. 10 für *Tat* (heute ohne Numerus-UL):

Tab. 10: 'Tat' (starke Feminina, *i*-Klasse):

		Mhd./Fnhd.		Fnhd.	Nhd.
Sg.	Nom.	*tât*		Sg.: Muster für schwache Flexion, s.u. *Zunge*	*Tat*
	Gen.	*tæte*	→ *tât*		
	Dat.	*tæte*	→ *tât*		
	Akk.	*tât*			
Pl.	Nom.	*tæte*		Pl.: analogischer Übergang zur schwachen Flexion, s.u. *Zunge* (wie die meisten starken Fem.)	*Tat-en*
	Gen.	*tæte*			
	Dat.	*tæten*			
	Akk.	*tæte*			

Doch nicht nur beim Kategorienausdruck im Stamm durch Umlaut dominiert die Kategorie Numerus über Kasus. Bei den Feminina, die Pluralumlaut im Gegensatz zu den Maskulina eher abbauen (s. *Tat*), findet in der fnhd. Phase gerade in den Suffixen eine Kasusnivellierung zugunsten eines deutlicheren Numerusausdrucks statt: Die meisten Substantive der beiden mitgliederstärksten femininen Klassen (die starken Feminina, zu denen mhd. *tât* gehörte, und die schwachen Feminina, zu denen mhd. *zunge* gehörte) verschmelzen zu einer besonders numerustüchtigen Klasse, indem sie den für Kasus unmarkierten Sg. der *tât*-Klasse verallgemeinern und den durchgängig mit *-n* markierten Pl. der schwachen Feminina generalisieren.

Tab. 11: 'Zunge' (schwache Feminina, nach WEGERA/SOLMS 2000:1543)

		Mhd.	Fnhd.			Nhd.
Sg.	Nom.	*zunge* →	*zungen-Ø*	/	*zunge*	*Zunge-Ø*
	Gen.	*zunge-n* →	*zungen-Ø*	/	*zunge*	*Zunge-Ø*
	Dat.	*zunge-n* →	*zungen-Ø*	/	*zunge*	*Zunge-Ø*
	Akk.	*zunge-n* →	*zungen-Ø*	/	*zunge*	*Zunge-Ø*
Pl.		*zunge-n*	*zungen*			*Zunge-n*

Es "gewinnen" also jeweils die Endungen, die Numerus gut kennzeichnen, aber Kasus nivellieren. Es muss sich hierbei um Analogie handeln, da kein phonologisch bedingter *n*-Schwund stattgefunden hat und die Maskulina sich ganz anders verhalten. Auch die in Tab. 11 unter "Fnhd." links stehende Lösung, die *-n* durchgehend verallgemeinert und damit jede Numerus- und Kasusanzeige aufhebt, wurde in der fnhd. Phase ausprobiert (und hat sich in bair. Dialekten durchgesetzt, vgl. Nom.Sg. *die Wiesn*). Sie konnte sich aber im Standard bei den Feminina nicht durchsetzen. Man vermutet, dass das daran liegt, dass in diesem Genus der Artikel für Sg. und Pl. in Nom. und Akk. von einem Synkretismus betroffen, also homophon ist (die *Zunge* – die *Zungen*) und damit nicht zur Numerusunterscheidung beitragen kann. Für Feminina scheint daher eine Numerusunterscheidung am Substantiv selbst besonders wichtig zu sein. Dabei wird mit *-(e)n* ein additives und genustypisches Flexiv favorisiert: Bis auf ca. 35 Ausnahmen, die stark flektieren wie *Hand – Hände*, haben heute alle Feminina -(e)*n*-Plural. Bei den anderen Genera ist der -(e)*n*-Plural dagegen irregulär und wurde/wird abgebaut (s.u; vgl. AUGST 1975b:46, DUDEN-Grammatik [7]2005:Kap. 1.4.3).

Schwache Maskulina und Neutra (mit *-n* im Plural und in allen Kasus des Sg. außer Nom., z.B. Sg. *der Bote, des/dem/den Boten*, Pl. *die/der/den Boten*) werden dagegen generell abgebaut und auf belebte, möglichst menschliche Substantive reduziert (s. KÖPCKE 2000, HASPELMATH 2002:245). Damit wird der *-en*-Plural indirekt zum typisch femininen Pluralsuffix. Für die maskulinen Klassenwechsler gab es mehrere Wege: Einige sind stark geworden mit *-e*-Pl. und Genitiv *-s* (mhd. *der hane – des hanen, die hanen* → fnhd. *der Hahn – des Hahns, die Hähne*, so auch *Schwan, Frosch*, ohne Umlaut *Mond, Star*). Einige haben das Genus gewechselt und sind zum Femininum übergegangen (z.B. *der Schnecke, Schlange → die Schnecke, Schlange*). Die meisten haben aber die linke Möglichkeit in Tab. 11 eingeschlagen, *-n* im Nom. Sg. angenommen und so jegliche Pluralmarkierung aufgegeben (mhd. *der galge > der Galgen*, so auch *Balken, Schlitten, Tropfen*). Diese Entwicklung ist heute noch in Gang: Die Sprecher des Nhd. schwanken z.B., ob im Nom.Sg. *der Friede* oder *der Frieden, der Funke* oder *der Funken, der Name* oder *der Namen* gilt. Damit einher geht auch die Unsicherheit, ob im Genitiv ein *-s* angehängt werden muss (*des Funken(s), Frieden(s)*). Viele Substantive, die diese *-n*-Erweiterung schon in der fnhd. Phase durchlaufen haben (wie der *Garten, Kasten, Magen, Bogen*), haben die nun fehlende Pluralmarkierung kompensiert, indem sie Umlaut per Analogie nach dem Muster lautgesetzlich umlautender Substantive angenommen haben, z.B. mhd. *garte – garten* → fnhd. *Garten – Garten → Garten – Gärten*.

Analogische, morphologisch gesteuerte Umlautungen setzen in der fnhd. Phase ein, nachdem alle Kasusumlaute bereits beseitigt sind. In ihnen manifestiert sich die Numerusprofilierung am deutlichsten. Das Muster bilden dabei Flexionsklassen, in denen im Plural Umlaut lautgesetzlich, d.h. auf phonologischem Wege durch *i*-haltige Endungen eingetreten ist, wie die *Lämmer*-Klasse (neut. *iz/az*-Stämme), die *Gäste*- und die *Äpfel*-Klasse (beides *i*-Stämme). Diese Modellklassen haben mit dem Umlaut eine besonders deutliche, binnenflexivische Pluralkennzeichnung. Nach diesen Mustern nehmen Substantive anderer Klassen, die eine schlechte oder gar fehlende Pluralmarkierung haben, analogischen Umlaut an. Der Umlaut wird also als Plural-Marker produktiv und gewährleistet so die Markierung der durch Apokope (s. Kap. 2.2.5) gefährdeten Numerusinformation. Das ist umso erstaunlicher, als manche der Musterklassen von Haus aus keine hohe Mitgliederzahl hatten und daher eigentlich kein starkes Muster abgeben dürften. Die *Lämmer*-Klasse hatte ursprünglich nur ca. zehn Mitglieder und schwoll durch die Neuzugänge auf über 100 Substantive an. Eine gute Pluralmarkierung scheint also anziehender zu wirken als eine hohe Mitgliederzahl (Typenfrequenz).

Folgende Gruppen verstärkten ihre Plural-Markierung durch analogischen Umlaut in der fnhd. Phase: Bei der mhd. *wort*-Klasse (neutrale *a*-Stämme) fehlte die Pluralmarkierung im Nom./Akk. durch frühen reduktiven Lautwandel völlig (s. Tab. 12). Diese Substantive haben entweder den *-er*+Umlaut-Plural der *Lämmer*-Klasse angenommen (*Wörter, Häuser, Dächer, Täler, Dinger*) oder den *e*-Plural der *Tage*-Klasse (mask. *a*-Stämme) (*Worte, Dinge*). Wie man an den Plural-Dubletten von *Wort* und *Ding* sieht, halten sich heute oft noch beide Varianten (mit leichter semantisch-stilistischer Differenzierung).

Tab. 12: 'Wort' (Flexionsklasse: neutraler *a*-Stamm)

		Mhd.		Fnhd.
Sg.	Nom.	*wort*	>	*Wort*
	Gen.	*wortes*	>	*Wortes*
	Dat.	*worte*	>	*Worte*
	Akk.	*wort*	>	*Wort*
Pl.	Nom.	*wort*	→	*Wörter / Worte*
	Gen.	*worte*	→	*Wörter / Worte*
	Dat.	*worten*	→	*Wörtern / Worten*
	Akk.	*wort*	→	*Wörter / Worte*

Während im Standard der *-er*+Umlaut-Plural mit 100 Mitgliedern eine vergleichsweise kleine Klasse bildet, ist dieser Pluralmarker in westobd. und westmd. Dialekten weitaus produktiver (z.B. rheinfränk. *Stücker, Better* für *Stücke, Betten*). Im Luxemburgischen ist *-er* sogar das reguläre Pluralallomorph für alle Neutra, auch Lehnwörter, z.B. *Profit – Profitter*. Gefährdet war in den Dialekten mit *e*-Apokope auch die Plural-Kennzeichnung der *Tage*-Klasse (mask. *a*-Stämme, mhd. Nom./Akk.Sg. *tac* - Pl. *tage*). Substantive dieser Klasse haben ebenfalls analogische Umlaute angenommen, wie mhd. Sg. *stap* – Pl. *stabe*, das in apokopierenden Dialekten vorübergehend Null-Plural *stap – stap* gehabt haben muss und heute mit analogischem Umlaut und *-e* (wiedereingeführt aus den nicht apokopierenden ostmd. Dialekten) als *Stäbe* pluralisiert wird. Auch in diesem Fall sind die analogischen Umlaute in westobd. und westmd. Dialekten mit starker Apokope noch weitreichender durchgeführt, vgl. alem. *Dag – Däg, Arm – Ärm, Hund – Hünd* (s. auch die Ausführungen zum lux. Plural in Kap. 9.2). Dabei fungiert der Umlaut als alleiniger Pluralmarker. Letzteres findet sich in der nhd. Standardsprache eingeschränkter, fast ausschließlich bei maskulinen Mehrsilblern: Dies sind zum einen mehrsilbige *a*-Stämme, die durch Apokope zu einem Nullplural gekommen waren (mhd. *hammer – hammer-e* > fnhd. *Hammer – Hammer* → nhd. *Hammer - Hämmer*), zum anderen ehemals schwache Maskulina mit *-n*-Erweiterung im Nom.Sg. (s.o. *Gärten, Böden, Mägen, Kästen* und heutige Pl.-Dubletten wie *Wagen/Wägen*). Auch hier ist der Süden progressiver und lautet z.B. auch *Pfosten* zu *Pfösten* und *Haufen* zu *Häufen* um.

Obwohl der analogische Umlaut generell vor den Feminina (und meist vor Neutra) halt gemacht hat und damit genusgebunden ist, gibt es doch zwei hochfrequente Feminina, die Umlaut angenommen haben, nämlich *Mütter* und *Töchter*. Dass diese beiden Substantive im Plural umlauten, analog zum ebenfalls auf morphologischem Weg eingeführten Umlaut der maskulinen Verwandtschaftsbezeichnungen *Väter* und *Brüder*, ist ein Beispiel für die Irregularität und stärkere Differenzierung gebrauchsfrequenter Einheiten (s. 3.1.1.4).

Der rote Faden im Wandel der Substantivflexion des Deutschen besteht also darin, dass sowohl in der Endungsflexion als auch beim modulativen Ausdrucksverfahren Umlaut Kasus nivelliert, Numerus aber stark ausgebaut wurde. Diese Entwicklung kann man auf die in Kap. 3.1.1.2 eingeführte Relevanzhierarchie der Substantiv-Kategorien beziehen: Fusionierender Ausdruck wird auf die für das Substantiv relevantere Numerusinformation beschränkt und in dieser Funktion stark ausgebaut. Die weniger relevante Kasusinformation wird in additiven und v.a. in syntaktischen Ausdruck (per Artikel/Adjektiv) ausgelagert.

Die analogische Ausbreitung des Umlauts als Pluralmarker ist das *i*-Tüpfelchen im Prozess der **Morphologisierung des Umlauts** von einer blinden phonologischen Regel hin zu einem morphologischen Marker (s. dazu Kap. 2.2.2). Der ursprünglich "zufällig" abhängig vom lautlichen Folgekontext entstandene und damit auch zufällig verteilte Umlaut wird zuerst systematisiert (für Kasus entfernt, für Numerus beibehalten), dabei mit der grammatischen Funktion 'Numerusanzeige' belegt und wird in dieser Funktion schließlich sogar produktiv. Dieser Morphologisierungsprozess beginnt schon in der ahd. Phase (Kasusumlaute werden abgebaut) und gipfelt im Fnhd. (Numerusumlaute werden produktiv). In Kap. 9.2 wird auf die Morphologisierung des Umlauts, die nicht nur für den Plural der Substantive, sondern auch für den Konjunktiv II starker Verben sowie für Komparativ und Superlativ der Adjektive gilt, genauer eingegangen.

3.1.2.2 Verb: Schwächung von Numerus und Person und Stärkung von Tempus

Allomorphie, die an die Kategorien Person/Numerus gebunden war, wird in der fnhd. Phase stark abgebaut, so dass beide Kategorien heute weitgehend uniform symbolisiert werden. Betroffen sind die 2.Ps.Sg. und die 3.Ps.Pl. Nur erstere wird hier behandelt. Bis in die mhd. Phase gab es für die 2.Ps.Sg. drei verschiedene Allomorphe (s. Tab. 13):

Tab. 13: Abbau der Allomorphie in 2.Ps.Sg.

Flexionsklasse/ Kategorienkombination	'2.Ps.Sg.'		
	starke Verben/ Ind.Prät.	Präteritopräsentia/ Ind.Präs.	überall sonst
Mhd.	Pl.-AL, UL + *-e*	*-t*	*-(e)st*
Nhd.	*-(e)st*		

Das Allomorph *-(e)st* dominierte schon in der mhd. Phase im Paradigma: quantitativ, weil es bei schwachen Verben in allen Kategorien und bei starken in allen außer dem Prät.Ind. stand (Präs. *du hilf-st* aber Prät. AL+UL+*-e*: *du hülf-e*), und qualitativ, weil es in der Basiskategorie Präs.Ind. galt, außer bei einer kleinen Sonderklasse, den Präteritopräsentia, die dort *-t* aufwiesen (*du darf-t*). Die Ausnahmen standen damit unter hohem Ausgleichsdruck. Die starken Verben bildeten bis zur fnhd. Phase ihre Formen auf der Grundlage von vier sog. Ablautstufen, den Teilen eines Vokalwechselmusters. Die Stufen hatten die folgenden

Funktionen (s. Tab. 14, illustriert an Ablautreihe IIIb, einem von sieben verschiedenen Ablautmustern; Ablaut wird in Kap. 9.1 genauer behandelt):

Tab. 14: Funktionen der Ablautstufen bei starken Verben bis zum Mhd.

mhd. *werfen*	Stufe 1	Stufe 2	Stufe 3	Stufe 4
Inf.	*werfen*			
Präs.Ind.	*si wirfet, wir werfen* etc.			
Präs.Konj.	*si werfe, wir werfen* etc.			
Prät.Ind.1./3.Ps.Sg.		*ih/si warf*		
Prät.Ind.2.Ps.Sg.			*du würfe*	
Prät.Ind.Pl.			*wir wurfen* etc.	
Prät.Konj.			*wir würfen* etc.	
Part.Perf.				*geworfen*

Interessant sind hier besonders die Stufen 2 und 3 in der Funktion Prät.Ind. (grau unterlegt): Die zweite Stufe war kaum genutzt, nur für 1./3.Ps.Sg.Prät. (*ih/si warf*). Für die 2.Ps.Sg.Prät. wurde dagegen wie auch für den Prät.Pl. (*wir wurfen* usw.) die 3. AL-Stufe genutzt und das Suffix *-e* angehängt. Dieses *-e* war ahd. noch ein *-i* und hat *i*-Umlaut des Stammvokals bewirkt: ahd. *du wurf-i* > mhd. *du würf-e*. Das Prät. war also stark durch Ablaut-Stammmodulation differenziert, weit stärker als das Präsens, das mit *e-i*-Wechsel (s.o. *si wirfet* vs. *wir werfen*) bzw. *i*-Umlaut (*ih fare*, Pl. *far-* vs. *du ferest, si feret*) vorhersagbarere und damit weniger starke Alternanzen aufweist (vgl. dazu Kap. 9.1.2). Dabei hatte die Ablautalternanz im Prät. keine systematische Funktion, da sie sowohl an Person/Numerus als auch Tempus gekoppelt war. In Tab. 15 (S. 65) wird gezeigt, was sich im Prät.Ind. in fnhd. Zeit getan hat: Zunächst, schon seit dem Mhd., wurde in der 2.Ps.Sg. die Endung *-e* durch *-(e)st* ersetzt. Dies geschah in Analogie entweder nach dem Muster der anderen Formen im eigenen Paradigma, wo im Präs.Ind. und Konj. I+II der starken Verben schon immer *-(e)st* galt (intraparadigmatischer Ausgleich), oder nach der Flexion der schwachen Verben, die 2.Ps.Sg. schon immer uniform, also auch im Prät., mit *-(e)st* markierten (interparadigmatischer Ausgleich). Zusätzlich wurde in der 2.Ps.Sg. der Stammvokal an den übrigen Sg. angeglichen: *du würfe* → *du warf(e)st*. Der Ausgleich der Vokalalternanz in der Kategorie Person (sog. **Personennivellierung**) führte vorübergehend zu einer deutlicheren Numerusdistinktion (auch **Numerusprofilierung**) im Prät. Bei *werfen* stand nun *-a-* im Sg. *-u-* im Pl. gegenüber: *ih warf, du warfest, si warf* vs. *wir wurfen, ir wurfet, sie wurfen*. Dieser präteritale Numerusvokalwechsel wurde jedoch später zugunsten einer eindeutigen Tempussymbolisierung aufgegeben (s.u.).

An die 2.Ps. gebundene Allomorphie, allerdings im Präs., nicht im Prät., wurde auch bei den Präteritopräsentia abgebaut. Dies ist eine kleine Sonderklasse, die Vokalwechsel der starken Verben mit dem Dentalsuffix der schwachen Verben kombiniert, z.B. *kann – können – konn-te*. Heute umfasst diese Klasse fast ausschließlich Modalverben: *dürfen, können, mögen, müssen, sollen, wissen* und *wollen*. Die 2.Ps.Sg.Präs. dieser Gruppe endet heute ganz regulär auf *-st*. Dies war aber nicht immer so, sondern geht auf regularisierende Analogie zurück, die das alte 2.Ps.Sg.Präs.-Suffix *-t* ersetzt hat (vgl. BEST 1983): *du *kan-t → kann-st, du darf-t → darf-st, du mah-t → mag-st, du sol-t → soll-st, du wil-t → will-st*. Der Ersatz beginnt schon im Mhd. und ist erst im 18. Jh. bei allen Verben vollzogen. Der Ausgleich verlief zeitverschoben abhängig vom einzelnen Verb und insgesamt später als bei der 2.Ps.Sg.Prät. der starken Verben. Das lässt sich zum einen darauf zurückführen, dass die Präteritopräsentia als Modalverben (bzw. *müezen, sollen, wollen* auch als Futurhilfsverben, s. Kap. 10.2) eine höhere Gebrauchsfrequenz und damit einen höheren Lexikalisierungsgrad hatten (und haben) als die starken Verben, zum anderen darauf, dass das abweichende 2.Ps.Sg.-Allomorph im Präs. saß, und damit durch eine höhere Kategorienfrequenz gestützt war als das Allomorph im Prät. der starken Verben.

Zurück zum Prät. der starken Verben: Tab. 15 zeigt, dass es nicht bei der Numerusunterscheidung im Prät. geblieben ist. Nach dem Ausgleich der 2.Ps.Sg. wurde auch die numerusgebundene Stammmodulation aufgegeben. Aus *er warf – sie wurfen* wurde *er warf – sie warfen*. Indirekt wurde damit der Ausdruck der Tempuskategorie profiliert: Ablaut markiert jetzt nicht mehr drei verschiedene Kategorien, sondern eindeutig Tempus. Diese Entwicklung lässt sich gut auf das Relevanzkonzept (s. Kap. 3.1.1.2) beziehen: Das fusionierende Verfahren Ablaut wird auf die relevanteste der drei Kategorien beschränkt. Die Abbauschritte spiegeln dabei die Relevanzhierarchie: Personennivellierung erzeugt Numerusprofilierung, Numerusnivellierung führt zu Tempusprofilierung (vgl. NÜBLING/ DAMMEL 2004:191).

Tab. 15: Ausgleich von Vokalwechseln für Person und Numerus im Prät.Ind. der starken Verben (Beispiel *werfen*, AL-Reihe IIIb)

Prät. Ind.		Mhd.	Fnhd.	Nhd.
Sg.	1.	*warf*	*warf*	*warf*
	2.	*würf-e* →	*warf-(e)st*	*warf-st*
	3.	*warf*	*warf*	*warf*
Pl.	1.	*wurf-en*	*wurf-en* →	*warf-en*
	2.	*wurf-et*	*wurf-et* →	*warf-t*
	3.	*wurf-en*	*wurf-en* →	*warf-en*
		kein klares System	Personen-Nivellierung > Numerus-Profilierung: *si warf* vs. *sie wurfen*	Numerus-Nivellierung > Tempus-Profilierung: *werfen* vs. *warf* vs. *geworfen*

Mit dem präteritalen Numerusausgleich wird das Ablautsystem von vier auf drei Stufen vereinfacht. Ob im Prät. die Sg.- oder die Pl.-Form gewann (s. Fettdruck in Tab. 16) und wie lange dieser Prozess dauerte, ist je nach Ablautreihe verschieden und hängt auch von lautlichen Faktoren ab (vgl. dazu MOSER ed. Bd. 4, 1988:§167-173, NÜBLING 1999a).

Tab. 16: Ausgleich des präteritalen Numerusablauts in den Ablautreihen I-V

Stufe / Reihe	1 Inf., Präs., Konj. I	2. **Prät.Sg.**	3 **Prät. Pl.**, Konj. II	4 Part.Perf.	Zeitraum
I	*rît-en*	*(reit)*	***rit**-en*	*ge-rit-en*	ab 15.Jh.
II	*biet-en*	***bôt***	*(but-en)*	*ge-bot-en*	ab 15.Jh.
IIIa	*bind-en*	***bant***	*(bund-en)*	*ge-bund-en*	15.-19.Jh.
IIIb	*werf-en*	***warf***	*wurfen*	*ge-worf-en*	15.-19.Jh.
IV	*stel-en*	*(stal)*	***stâl**-en*	*ge-stol-en*	ab 13. Jh.
V	*geb-en*	*(gap)*	***gâb**-en*	*ge-geb-en*	ab 13. Jh.
VI	*far-en*	*fuor, fuor-en*		*ge-far-en*	historisch dreistufig
VII	*slâf-en*	*slief, sliefen*		*ge-slâf-en*	

Der neue Präteritalvokal bildet nach dem Ausgleich auch die Grundlage für die Funktionen, die die nun aufgegebene Stufe innehatte. So wird zum neuen Prät. *ich bot, wir boten* (AL-Reihe II) der neue Konj.II *ich böte/wir böten* gebildet gegenüber mhd. noch *wir büten* etc. Genauso entsteht auf der Basis der verallgemeinerten *a*-Formen in Reihe III *ich band, wir banden* der Konj.II *ich bände, wir bänden* usw. gegenüber früher *ich bünde* etc. (s. dazu Kap. 9.2).

Die Tempusprofilierung äußert sich in einem weiteren Phänomen, der Aufsplitterung der Ablautreihen von ca. sieben (s. Tab. 16) auf heute ca. 40 verschiedene Alternanzmuster (s. Tab. 24 in Kap. 9.1.2). Dieser immense Zuwachs an Allomorphie steht im Gegensatz zu deren Abbau in den Kategorien Person und Numerus und kann als weitere Stärkung der relevanten Tempuskategorie interpretiert werden, die den Tempusausdruck der starken Verben auf der Skala in Abb. 13 (S. 56) näher in Richtung Suppletion rückt. Während minderrelevante Kategorien uniform symbolisiert werden, hält bzw. akkumuliert sich in relevanteren Kategorien Allomorphie. Die Aufsplitterung der Ablautalternanzen wird in Kap. 9.1 weiter verfolgt.

3.1.2.3 Entstehung von flexivischer Irregularität: *haben*

Das Verb *haben* war als ahd. *habēn* 'besitzen' ursprünglich ein schwaches Verb der *ē*-Klasse (s. erste Spalte in Tab. 17) und gehörte damit zu den regulären schwachen Verben. Heute ist *haben* ein irreguläres Einzelverb jenseits aller Klassenverbände. Dazu kam es, weil *haben* in ahd. Zeit zum Hilfsverb für die Perfektbildung grammatikalisiert wurde (s. dazu Kap. 11.2.3) und dadurch einen immensen Zuwachs an Gebrauchsfrequenz erfuhr.

Tab. 17: Die Paradigmen von *haben* vom Ahd. bis zur nhd. Umgangssprache

	Ahd.	Mhd.	Nhd.	Umgangsspr.
Inf.	*habēn*	*hân*	*h*[a:]*ben*	*h*[a]*m*
Präs. Sg. 1.Ps.	*habēn*	*hân*	*h*[a:]*be*	*h*[a]*b*
2.Ps.	*habēst*	*hâst*	*h*[a]*st*	*h*[a]*st*
3.Ps.	*habēt*	*hât*	*h*[a]*t*	*h*[a]*t*
Pl. 1.Ps.	*habēmes*	*hân*	*h*[a:]*ben*	*h*[a]*m*
2.Ps.	*habēt*	*hât*	*h*[a:]*bt*	*h*[a]*bt*
3.Ps.	*habēnt*	*hânt*	*h*[a:]*ben*	*h*[a]*m*
Präs.Konj. Sg. 3.Ps.	*habēe*	*habe*	*h*[a:]*be*	–
Prät.Ind. Sg. 3.Ps.	*habēta*	*hâte* u.a.	*h*[a]*tte*	*h*[a]*tte*
Prät.Konj. Sg. 3.Ps.	*habēti*	*hæte* u.a.	*h*[ɛ]*tte*	*h*[ɛ]*tt(e)*
Part.Perf.	*gihabēt*	*gehât, gehabt* u.a.	*geh*[a:]*bt*	*geh*[a]*bt*
	Langformen	Kurzformen	Mischung von Lang-/Kurzformen	Kurzformen

Diese Frequenzzunahme durch die neue Funktion als Perfektauxiliar ist der Schlüssel zur formalen Irregularisierung des Verbs (s. 3.1.1.4). Wenn Flexionsformen häufig gebraucht werden, dann werden sie nicht jedesmal neu zusammengesetzt, sondern sind fertig kombiniert im mentalen Lexikon gespeichert. Das öffnet Tür und Tor für Irregularisierungen. Die fertig vorliegenden Formen werden durch phonologischen Wandel schneller abgeschliffen als die weniger frequenten, die immer wieder neu gebildet werden. Auch das Paradigma hat, sobald die Einzelformen lexikalisch gespeichert sind, keinen starken Zusammenhalt mehr – die Einzelformen sind selbstständiger. Das führt dazu, dass sie sich auseinander entwickeln können und dadurch Suppletion entstehen kann. Bei *haben* ist genau das passiert: Tab. 17 verfolgt seine Entwicklung vom regulären schwachen zum irregulären suppletiven Verb. Während ahd. *habēn* nur Langformen aufweist, bilden sich im Mhd. zusätzlich Kurzformen wie *hân*, in denen *-b-* geschwunden ist. Solche Kürzungen sind typisch für hochfrequente Wörter. Es handelt sich um irreguläre Kürzungen, die keiner phonologischen Regel gehorchen (sonst hätte *-b-* zwischen *a* und *e* in allen Wörtern, z.B. auch *graben* > **grân*, schwinden müssen), sondern auf gebrauchsfrequente Einzelwörter beschränkt sind: *haben* ist das einzige Verb, bei dem *-b-* in diesem Kontext geschwunden ist. Die irreguläre Kürzung von *-b-* in den mhd. Formen von *haben* wurde auch gestützt durch das Muster anderer hochfrequenter Verben, v.a. *gân* und *stân*, denen sich *haben* durch die Kürzung zu *hân* angenähert hat – ein Fall von irregularisierender Analogie.

Interessant ist nun, dass diese Kürzungen nicht im ganzen Paradigma gleich häufig sind, sondern im Präs.Ind. häufiger als im Präs.Konj. oder im Part.Perf. Das liegt daran, dass es auch Unterschiede in der Gebrauchsfrequenz zwischen den Flexionsformen ein und desselben Wortes gibt (Kategorienfrequenz, s. 3.1.1.2). Die Präsensformen werden häufiger gebraucht als z.B. die Konjunktivformen (vgl. TOMCZYK-POPIŃSKA 1987). Die häufiger gebrauchten Formen werden dadurch kürzer als die übrigen, das ist bei häufigem Gebrauch praktisch und gleichzeitig hat es den Vorteil, dass die Formen trotz Kürze untereinander differenzierter werden: Man kann z.B. Präs.Ind. besser vom Präs.Konj. unterscheiden.

Das gilt auch für das nhd. Paradigma, in dem *b*-lose Formen mit kurzem [a] tendenziell die kategorienfrequenteren Positionen ausfüllen, *b*-haltige Formen mit langem [a:] dagegen die seltener genutzten (vgl. z.B. 3.Ps.Sg.Präs.Ind. vs. Konj. *sie hat* vs. *sie habe*). Betrachtet man die Umgangssprache, so haben sich die Kurzformen noch stärker durchgesetzt (durchgehend Kurzvokal und *b*-lose Form auch in 1./3. Ps.Pl.Präs.), d.h. hier wurde der Tendenz zur Kürzung unter Hochfrequenz freier Lauf gelassen.

Mit der steilen Karriere von *haben* auf der funktionalen Seite (Grammatikalisierung zum Perfekt-Hilfsverb) und der damit verbundenen Zunahme an Gebrauchsfrequenz korreliert also auf der formalen Seite die Irregularisierung vom regulären schwachen Verb zum suppletiven Einzelverb – und das in der für Sprachwandel rasanten Geschwindigkeit von wenigen Jahrhunderten. Mehr zur Irregularisierung von *haben* findet sich in SONDEREGGER (1979:206) sowie NÜBLING (1999b) und (2000:Kap. 2.1.1).

3.2 Wortbildungswandel

Im heutigen Deutsch ist vieles *ableitbar*, *erklärbar* und *wunderbar*. *Machbar* sind all diese Wörter dank dem Derivationsmorphem *-bar*. Dieses dient uns zur Bildung von (komplexen) Adjektiven: *mach+bar*, *erklär+bar*, *wunder+bar* etc. Heute kann man gar nicht mehr erkennen, dass dieses Suffix mit Wörtern wie *Geburt*, *Bahre* oder *gebären* verwandt ist. Ein Blick ins Ahd. verrät aber, dass all diese Wörter auf das ahd. Verb *beran* 'tragen' zurückgehen (vgl. engl. *to bear*). Die heutige Endung *-bar* entwickelt sich über Jahrhunderte aus dem ahd. Adjektiv *bāri* 'tragend', z.B. ahd. *dancbāri* 'Dank tragend'. Die wichtigsten Schritte dieser Entwicklung werden wir in Kap. 3.2.1.2 verfolgen. Das Deutsche wird im Laufe der Zeit um mehrere solcher Derivationssuffixe angereichert, die aus selbstständigen Wörtern entstehen, darunter auch *-lich* (*freundlich*), *-tum* (*Christentum*) und *-heit* (*Freiheit*). Der Ausgangspunkt für die Entwicklung des Suffixes *-lich*, das ahd. *līh* 'Körper, Gestalt' entstammt, wird in nhd. *Leiche* fortgesetzt. Die ahd. Wörter *beran* 'tragen', *tuom* 'Urteil, Macht' und *heit* 'Person, Geschlecht', aus denen sich *-bar*, *-tum* und *-heit* entwickelt haben, sind alle ausgestorben.

In der deutschen Sprachgeschichte kann man jedoch nicht nur einen Zuwachs, sondern auch einen Schwund an Derivationsaffixen beobachten. So enthält das Wort *Dickicht* ein ehemaliges Derivationssuffix, das heute nicht mehr als solches erkennbar ist. Dies liegt daran, dass wir heute nur noch eine Handvoll Wörter mit dieser Endung besitzen (*Röhricht*, *Kehricht*) und keine neuen mehr bilden. *Dickicht*, *Röhricht* oder *Kehricht* nehmen wir heute also nicht mehr als abgeleitet wahr. Nichts mehr zeugt davon, dass die Endung *-icht* einst ein produktives Suffix war. Unter **produktiv** versteht man, dass ein Suffix in vielen Wörtern vorkommt und zur Bildung neuer Wörter dient. Eins der produktivsten Derivationssuffixe im

Nhd. ist *-er* wie in *Lehrer, Fußballer* oder *Zungenbrecher*. Der Produktivität der Derivationssuffixe und ihrem Wandel wird in Kap. 3.2.1.3-5 nachgegangen.

Die **Derivation** ist eine der Haupttechniken zur Erzeugung neuer Wörter. Dabei wird ein Stamm mit einem Affix kombiniert, z.B. *mach+-bar → machbar, könig+-lich → königlich*. Wenn zwei selbstständige Wörter miteinander verbunden werden, sprechen wir von **Komposition**, z.B. *Honig+Biene → Honigbiene, Biene+Honig → Bienenhonig*. Im Nhd. ist die nominale Komposition, bei der Substantive (*Honig+Biene*), Adjektive (*himmel+blau*) und Adverbien (*hier+her*) gebildet werden, viel stärker entfaltet als die verbale (*kopf+stehen*). Letztere nimmt jedoch zu, z.B. *ehe+brechen, stand+halten, probe+singen, bau+sparen*. Die Flexion solcher Verben ist häufig nur beschränkt möglich, z.B. *ich werde bausparen*, aber **ich bauspare/*ich spare bau* (FLEISCHER/BARZ ²1995, WURZEL 1993, 1995).

In der Komposition überwiegen ganz deutlich die **Determinativkomposita**, die aus zwei Substantiven bestehen (N+N-Komposita), z.B. *Honigbiene, Bienenhonig*. Das sog. **Zweitglied** gibt immer die Grundbedeutung des Kompositums an. So ist eine *Honigbiene* eine *Biene*, während *Bienenhonig* ein *Honig* ist. Das **Erstglied** bestimmt (determiniert) diese Grundbedeutung nur näher. Dank der zusätzlichen Information im Erstglied können wir dem *Bienenhonig* den *Kunsthonig* gegenüberstellen (generell zu Komposita s. ORTNER/ORTNER 1984). Diese Art von N+N-Komposita ist im heutigen Deutsch faktisch uneingeschränkt produktiv, während es Sprachen gibt (wie Polnisch oder Spanisch), die von der Komposition so gut wie keinen Gebrauch machen. Auch im Ahd. ist diese Wortbildungsart noch nicht so gebräuchlich (s. ERBEN 2003, SPLETT 1985b). Wie es zur Produktivitätssteigerung der N+N-Komposita kam, zeigt Kap. 3.2.2.

Zur Wortbildung wird schließlich auch das dritte Verfahren, die sog. **Konversion** (Ableitung), gerechnet, bei der die Wortart verändert wird, z.B. *Fisch* (Nomen) → *fischen* (Verb), *laufen* (Verb) → *Lauf* (Nomen). In manchen Fällen kommt es bei einer Konversion zum Vokalwechsel, z.B. *werfen → Wurf, binden → Bund, Band* (sog. implizite Derivation). Dieses Verfahren, das auf den germ. Ablaut zurückgeht, ist schon im Ahd. nicht mehr produktiv (s. Kap. 9.1). Insgesamt unterscheiden wir also drei Bereiche der Wortbildung:

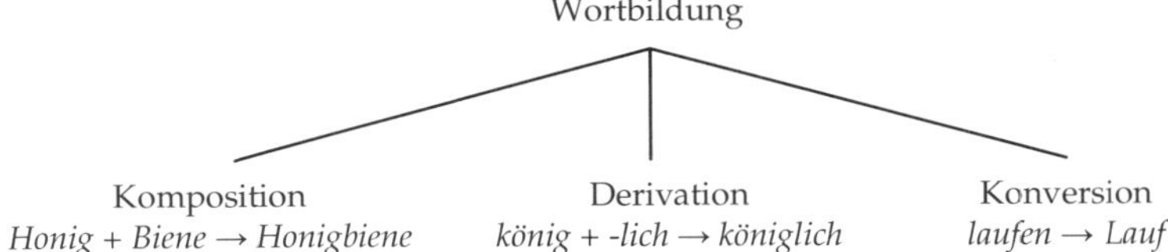

3.2.1 Entstehung und Wandel von Derivationsaffixen

Bei der Entstehung neuer Derivationssuffixe haben wir es mit einem Prozess zu tun, den man bildhaft als Verschiebung in tiefere Schichten des sprachlichen "Zwiebelmodells" beschreiben kann (s. Abb. 1, S. 2). Ein ursprünglich selbstständiges Wort (ahd. *bāri* 'tragend', *līh* 'Körper, Gestalt' oder *tuom* 'Urteil, Macht'), das zur äußeren, lexikalischen Schicht gehört, dringt als Derivationsaffix (*-bar, -lich, -tum*) in den Sprachkern ein, genauer gesagt in seinen morphologischen Bereich.

Bereits zu Anfang dieses Kapitels ist darauf hingewiesen worden, dass sowohl Flexions- als auch Wortbildungsaffixe zur Morphologie gehören. Dabei ist der Informationsanteil der Wortbildungsaffixe aber viel höher: Es sind lexikalische Morpheme. Im Vergleich zu den selbstständigen Wörtern, die ebenfalls lexikalische Morpheme sind, ist ihre Bedeutung schwerer fassbar (weniger konkret). Betrachten wir das Paar *Leiche* und *-lich*: *Leiche* hat eine konkrete Bedeutung, die wir als 'toter Körper' **paraphrasieren** (umschreiben) können. Um die Bedeutung von *-lich* zu umschreiben, brauchen wir zumindest ein, am besten aber mehrere *lich*-Derivate. In *freundlich, feindlich* bedeutet *-lich* 'nach Art von x, wie ein x', also *freundlich* 'wie ein Freund', *feindlich* 'wie ein Feind'. Die Bedeutung von Derivationsaffixen ist jedoch nicht nur weniger konkret, sondern sie kann auch variieren. So ist *königlich* in *königliche Begrüßung* als 'nach Art des Königs' aber in *königliche Gemächer* als 'dem König zugehörig' zu umschreiben. In *rötlich* oder *grünlich* hat *-lich* die Bedeutung 'leicht rot/grün getönt'. Abstrakter hingegen sind die Bedeutungen von Flexionsmorphemen. Die von *-e* in *ein-e* beschränkt sich auf die Information 'Nom./Akk.Fem.Sg.'.

Semantisch handelt es sich bei der Herausbildung von Derivationsaffixen um eine **Entkonkretisierung** (vgl. ahd. *līh* 'Körper, Gestalt' > nhd. *-lich* 'nach Art von x'/'dem x zugehörig'/'leicht x getönt'). Doch geht dies nicht bis zur Herausbildung vollkommen abstrakter Einheiten, also grammatischer Morpheme. Dieser Prozess (die sog. Grammatikalisierung) wird ausführlich in Kap. 10 besprochen.

Neben der Entkonkretisierung auf der Inhaltsseite kommt es bei der Entstehung von Derivationsaffixen auch zum Verlust der syntaktischen Freiheit: Aus selbstständigen Wörtern, die relativ frei im Satz stehen können, werden gebundene Morpheme, die nur in Verbindung mit der Derivationsbasis auftreten können, z.B. *Sie ist sehr freundlich*, aber nicht **Sie ist sehr -lich*. Als **Basis** einer Derivation kann sowohl ein Simplex wie *Freund* → *freund-lich* als auch eine Morphemkombination *er-trag(en)* → *erträg-lich* dienen.

3.2.1.1 Das Affixoid als Brücke zwischen Wort und Affix

Der Übergang eines Wortes aus der lexikalischen Schicht in den Kern der Sprache ist ein gradueller Prozess. Ein Zwischenstadium bilden dabei die **Affixoide** (auch Halbsuffixe). Sie stellen sozusagen eine Brücke zwischen Wort (Lexem) und Affix dar. In Abb. 14 wird der Tatsache Rechnung getragen, dass bei dieser Entwicklung sowohl die inhaltliche (I) als auch die Ausdrucksseite (A) des Ursprungswortes einer Reduktion unterliegen (s.u.).

Abb. 14: Das Affixoid als Brücke zwischen Wort und Affix

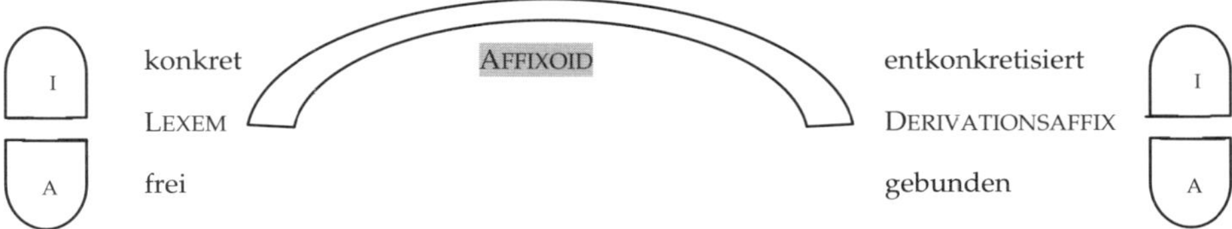

Der umstrittene Begriff des Affixoids erweist sich als hilfreich, wenn wir auf den Unterschied zwischen *Höllenfürst/Höllenfeuer/Höllenhund* und *Höllenlärm/Höllenkrach/Höllenangst* oder *alkoholfrei/fettfrei* und *scheinfrei/bügelfrei* aufmerksam machen wollen (zum Affixoid s. VÖGEDING 1981; zu Argumenten gegen das Affixoid s. SCHMIDT 1987). Alle diese Wörter sind komplex. Aber handelt es sich wirklich in allen Fällen um Komposita? Komposita bestehen, wie wir wissen, aus zwei selbstständigen Wörtern. Dies trifft auf *Höllenfürst*, *Höllenfeuer* oder *Höllenhund* zu, wo das Erstglied *Hölle* die Bedeutung 'Ort der ewigen Verdammnis, Reich des Teufels' enthält. Ähnlich trägt das Zweitglied in *alkoholfrei* und *fettfrei* die Bedeutung 'frei'. Nun aber transportiert das Erstglied in *Höllenkrach*, *Höllenlärm* oder *Höllenangst* nicht mehr die konkrete Information 'Ort der ewigen Verdammnis', sondern die entkonkretisierte, emotional-verstärkende Funktion 'schrecklich, unerträglich'. Die semantische Ähnlichkeit zwischen 'Ort der ewigen Verdammnis' und 'schrecklich, unerträglich' ist noch gut erkennbar. Wir können diese Entkonkretisierung als eine semantische Verschiebung nachvollziehen und rekonstruieren:

Hölle-n-feuer		*Höllen-lärm*
'Feuer in der Hölle'		'schrecklicher Lärm'
Hölle	→	*Höllen-*
'Ort der ewigen Verdammnis'		'schrecklich, unerträglich'

Ähnliches ist auch bei *scheinfrei* 'besitzt alle Scheine' und *bügelfrei* 'muss nicht gebügelt werden' zu beobachten. Die Bedeutung des Simplex *frei*, die in *alkoholfrei* 'enthält keinen Alkohol' oder *fettfrei* 'enthält kein Fett' zu erkennen ist, ist in den Zweitgliedern von *scheinfrei* und *bügelfrei* nicht mehr vorhanden. *Scheinfrei* ist ausgerechnet jemand, der schon alle Scheine besitzt.

Die hier beschriebene semantische Verschiebung führt dazu, dass neben den Simplizia wie *Hölle* oder *frei* die Affixoide *Höllen-* oder *-frei* existieren (s. Abb. 15). Während inhaltlich ein großer Unterschied zwischen dem selbstständigen Wort und dem Affixoid besteht, bleibt die Ausdrucksseite fast unverändert. So behält das Affixoid den phonologischen Wortstatus bei: Genau wie das homophone Wort *Hölle* oder *frei* enthält das Affixoid *Höllen-* oder *-frei* einen betonten Vollvokal. Dadurch unterscheidet es sich phonologisch nicht vom frei vorkommenden Wort: *bügelfrei* ['by:.gəl]$_{\omega}$[ˌ**fʀaɪ̯**]$_{\omega}$, *Höllenlärm* **['hœl̩ən]**$_{\omega}$[ˌlɛɐ̯m]$_{\omega}$. Dies zeigt deutlich, dass die Entwicklung noch nicht abgeschlossen ist und dass die semantische Entwicklung der formalen vorangeht.

Abb. 15: Entstehung eines Affixoids

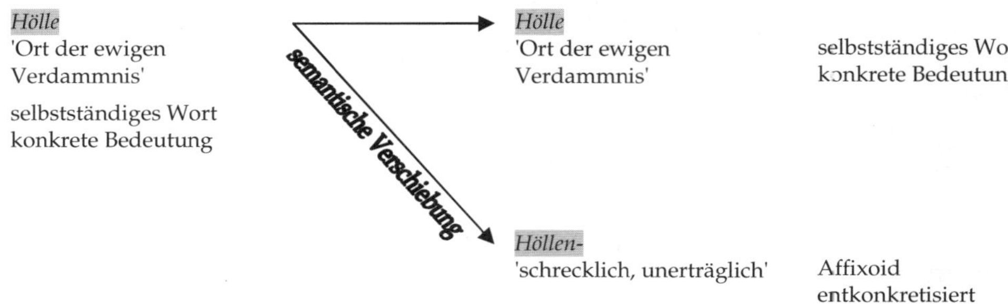

Derivationsaffixe sind nicht wortwertige Morpheme bzw. sie gehen mit der Zeit zu diesen über, z.B. *Lehr-er* ['le:.ʀɐ]$_ω$ (s. Tab. 3 in Kap. 2). Dabei wandelt sich der betonte Vollvokal zum unbetonten Schwa, z.B. ahd. *-āri* > mhd. *-ære* > nhd. *-er* [əʀ]/[ɐ]. Im heutigen Deutsch gibt es einige wortwertige Derivationssuffixe wie *-tum*, *-bar* oder *-heit*, die trotz abgeschlossener Entkonkretisierung auf semantischer Ebene den Status des phonologischen Wortes auf formaler Ebene beibehalten haben. Das Suffix *-lich* hingegen verliert heutzutage diesen Wortstatus. Neben der Silbifizierung *freund.lich*, die die Grenzen der phonologischen Wörter [freund]$_ω$[lich]$_ω$ konserviert, ist heute auch *freun.dlich* möglich (s. AUER 2002). Hier, wo die Silbengrenze vor dem stärksten Konsonanten liegt, ist *-lich* nicht mehr wortwertig. Die Veränderung der Form folgt also dem semantischen Wandel. Wenn ein Affixoid sich zu einem Derivationssuffix gewandelt hat, reißen die semantischen und phonologischen Verbindungen zum Ursprungswort ab. Aus diesem Grund ist uns die etymologische Verwandtschaft zwischen *Leiche* und *-lich* nicht mehr bewusst.

Abb. 16: Entstehung von Derivationsaffixen

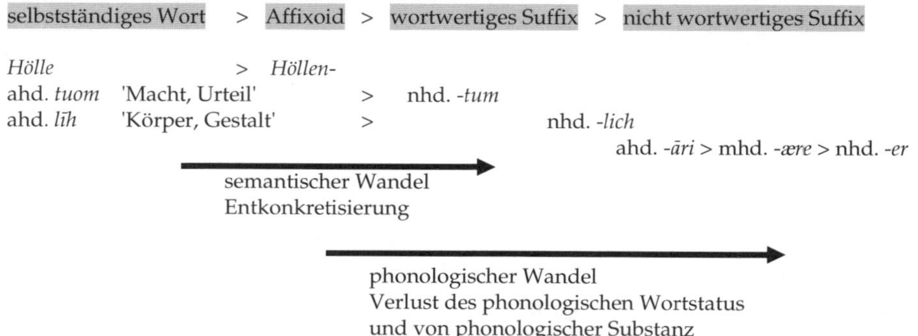

In Kap. 10 werden wir uns mit der Grammatikalisierung, d.h. Entstehung grammatischer Morpheme aus Wörtern, beschäftigen. Dabei werden uns viele Ähnlichkeiten zu der hier beschriebenen Entwicklung von Derivationssuffixen auffallen. Den Ausgangspunkt bildet in beiden Fällen ein selbstständiges Wort (wie hier ahd. *heit*), das einer semantischen Ausbleichung, dem Verlust an syntaktischer Freiheit und an phonologischer Substanz unterliegt. Dabei findet der Übergang von einer offenen Klasse von Lexemen (äußere Schicht im sprachlichen "Zwiebelmodell") in eine geschlossene Klasse von grammatischen Morphemen statt. Diese Parallelen nutzt MUNSKE (2002), um auch bei der Entwicklung eines Derivationsaffixes von Grammatikalisierung zu sprechen. Der grundlegende Unterschied zwischen den beiden Prozessen ist der Grad an semantischer Reduktion: Bei der Entwicklung eines Derivationssuffixes unterliegt die lexikalische Bedeutung nur einer Entkonkretisierung. Eine referentielle Bedeutung wie in ahd. *līh* 'Körper' wird zur Wortbildungsbedeutung *-lich* 'nach Art von x'/'dem x zugehörig'/'leicht x getönt'. Wenn ein selbstständiges Wort zu einem Flexiv wird, wandelt sich seine lexikalische Bedeutung zu einer grammatischen, z.B. Tempus bei der Entwicklung des Vollverbs *tun* (genauer gesagt der germ. Präteritalform) zum Flexiv *-te* 'Prät.' (s. Kap. 10.1.2). In der Geschichte des Deutschen sind beide Arten von Grammatikalisierung zu beobachten, wobei ganz allgemein festzustellen ist, dass die Entwicklung eines neuen Derivationssuffixes schneller fortschreitet. Daher können wir viele solche Prozesse gut beobachten (s. dazu die folgenden Kapitel). Die Herausbildung eines grammatischen Morphems ist langwieriger, so dass wir in der deutschen Sprachgeschichte häufig nur bestimmte Stufen belegt finden, z.B. die semantische Ausbleichung des Vollverbs *haben* zum freien grammatischen Morphem oder die Verschmelzung des Artikels an die vorangehenden Präpositionen (*an das* > *ans*). Ein zweiter wichtiger Unterschied ist auch, dass sich die Entwicklung der Flexionsaffixe in der Regel aus der Syntax speist, d.h. ein freies Lexem wird zum freien grammatischen Morphem, das anschließend zum Klitikon und schließlich zum Flexiv werden kann (s. weiteres in Kap. 10 und 11.3). Im Gegensatz dazu entstehen Wortbildungsaffixe aus Kompositionsgliedern. Dabei stellt das Affixoid ein Übergangsstadium dar (s. auch STEVENS 2005):

Abb. 17: Entstehung von Wortbildungsaffixen und Flexiven

Komposita	>	Wortbildungsaffixe	Flexionsaffixe	<	Syntax
līh 'Körper' als Zweitglied		*-lich* : *freundlich* 'nach Art von x' *königlich* 'dem x zugehörig' *grünlich* 'leicht x getönt'	*-te* 'Prät.'		*tun* Vollverb

3.2.1.2 Entstehung des Suffixes *-bar*

Im Deutschen gibt es viele Derivationssuffixe, die sich allmählich aus selbstständigen Wörtern entwickelt haben: *-bar* (*machbar*), *-tum* (*Eigentum*), *-heit* (*Freiheit*), *-lich* (*königlich*), *-sam* (*friedsam*), *-haft* (*standhaft*) und *-schaft* (*Freundschaft*). Die ursprünglichen freien Lexeme existieren noch im Ahd., manchmal auch im Mhd.:

Tab. 18: Entwicklung nhd. Suffixe aus kompositionellen Zweitgliedern

ahd. *-bāri* (*bāri* 'tragend, fähig zu tragen')	>	mhd. *-bære* (*unbære* 'unfruchtbar')	>	nhd. *-bar*
ahd. *-haft* (*haft* 'gefangen')	>	mhd. *-haft* (*haft* 'Gefangener')	>	nhd. *-haft*
ahd. *-heit* (*heit* 'Person, Geschlecht')	>	mhd. *-heit* (*heit* 'Wesen')	>	nhd. *-heit*
		mhd. *-keit* (< *ec+heit*)	>	nhd. -(*ig*)*keit*
ahd. *-sam* (*samo* 'derselbe')	>	mhd. *-sam* (*sam* 'derselbe', vgl. engl. *same*)	>	nhd. *-sam*
ahd. *-scaf(t)* (*scaf* 'Geschöpf, Beschaffenheit')	>	mhd. *-schaft* (*schaft* 'Geschöpf, Beschaffenheit')	>	nhd. *-schaft*
ahd. *-tuom* (*tuom* 'Urteil, Macht')	>	mhd. *-tuom* (*tuom* 'Macht')	>	nhd. *-tum*
ahd. *-līh* (*līh* 'Körper')	>	mhd. *-lîch* (*lîch* 'Körper')	>	nhd. *-lich* (*Leiche*)

Im Nhd. existiert kein Lexem mehr, das mit einem der Suffixe homophon wäre und so seine lexikalische Herkunft verraten würde. Bis auf eins sind alle freien Lexeme spätestens im Fnhd. ausgestorben. Doch auch *Leiche* hat sich semantisch und phonologisch weit vom Derivationssuffix *-lich* entfernt.

Nun wollen wir uns dem Suffix *-bar* zuwenden. Seine Entstehungsgeschichte kann relativ gut beobachtet werden (genaueres s. FLURY 1964). Am Anfang seiner Entwicklung steht das ahd. **bāri*, ein Adjektiv aus ahd. *beran* 'tragen'. Zu diesem Verb existieren im Ahd. auch andere Bildungen, darunter *barn* 'Kind' und Komposita auf *-bero* 'Träger' wie *agabero* 'Spornträger' oder *hornobero* 'Hornträger'. Das Adjektiv **bāri*, das im Ahd. als Simplex nicht belegt ist, tritt im 8. und 9. Jh. fast nur in Bildungen auf, die im Erstglied ein abstraktes Substantiv haben: *fluah* 'Fluch', *danc* 'Dank', *lastar* 'Laster', *huoh* 'Spott, Hohn':

ahd. *fluohbāri* 'Fluch, Schmähung tragend'
ahd. *lastarbāri* 'Schmähung, Lästerung tragend'
ahd. *dancbāri* 'Dank tragend, dankbar'
ahd. *huohbāri* 'Spott, Hohn tragend'

Diese Komposita haben eine transparente Struktur, in der das Zweitglied *-bāri* die Bedeutung 'tragend, tragfähig' transportiert. So ist *dancbāri* jemand, der 'Dank trägt, entgegenbringt'. Anfänglich enthielten Komposita mit *-bāri* ein Konkretum als Erstglied, was noch in ags. *æppelbære* 'Äpfel tragend' bezeugt ist. Im Ahd. sind jedoch nur noch abstrakte Erstglieder zu beobachten.

Um das 9./10. Jh. ist das Wort *liohtbāri* 'strahlend, hell' bezeugt, dessen Erstglied *lioht* sowohl als Substantiv 'Licht' als auch als Adjektiv 'hell' interpretiert werden kann. Diese Doppelmotivation ist entscheidend für den Wandel des ursprünglichen **Wortbildungsmodells** (MUNSKE 2005b). Unter einem Wortbildungsmodell (auch Wortbildungsmuster) ist ein inhaltliches und formales Strukturschema zu verstehen, nach dem neue Wörter gebildet werden können (s. FLEISCHER 1980). Doppelmotivierte Bildungen *liohtbāri* haben als Brücke für die im 10. Jh. vermehrt aufkommenden *bāri*-Bildungen mit Adjektiv gedient: *offan* 'offen, öffentlich', *lioht* 'hell, glänzend' + *-bāri*.

Die Adjektivkomposita mit *-bāri* stellen eine Innovation dar, weil die ursprüngliche semantische Beziehung zum selbstständigen Wort *beran* 'tragen' aufgegeben wird. Nur noch *offanbāri* kann als 'nach außen tragend' paraphrasiert werden. In anderen Wörtern wird die Bedeutung von *-bāri* auf 'fähig' reduziert, also *liohtbāri* 'fähig, hell zu sein'. Dem folgen seit dem 11. Jh. Bildungen mit Substantiv, z.B. ahd. *hībāri* 'heiratsfähig' (*hī-* 'Familie, Heirat').

Das ahd. Verb *beran* ist auf dem Weg zum Mhd. ausgestorben. Es existiert jedoch noch seine Partizipform *bernde* 'fruchtbar, Frucht tragend', die häufig als transparentes Zweitglied verwendet wird, z.B. in *wunderbernde* 'Wunder hervorbringend'. Das mit ihm verwandte ahd. *-bāri* entfernt sich lautlich (durch *i*-Umlaut von ahd. *ā* > mhd. *æ*) von diesem noch transparenten Partizip: mhd. *bernde* vs. *-bære*. Gleichzeitig nimmt auch seine Produktivität zu: Dreizehn ahd. Bildungen stehen im Mhd. 150 Neubildungen gegenüber. Die meisten entstehen im 13. Jh. (85 Neubildungen). Die Bedeutung von ahd. *-bāri*, die bereits im Ahd. auf den Bestandteil 'fähig' reduziert wurde, ist in *dienestbære* 'dienstfähig, tüchtig', *kampfbære* 'kampffähig, kampftauglich', *himelbære* 'für den Himmel geeignet, den Himmel verdienend' oder *genisbære* 'genesungsfähig, heilbar' enthalten. Daneben treten jedoch oft umfangreiche Reihen auf, in denen *-bære* eine weitere semantische Veränderung erfährt:

1) 'berechtigt'
eitbære 'zum Eid berechtigt', *wâpenbære* 'zum Waffentragen berechtigt';
2) 'pflichtig'
zinsbære 'zinspflichtig', *dienestbære* 'dienstpflichtig', *stiurbære* 'steuerpflichtig';
3) 'wert'
ahtebære 'beachtenswert', *siufbære* 'bejammernswert', *sagebære* 'erzählenswert'.

In der Paraphrase der ahd. *bāri*-Komposita 'etwas tragend', 'fähig, etwas zu tragen' steht das Verb in der Aktivform und das Substantiv im Akkusativ. In einer der neuen mhd. *bære*-Reihen findet eine Umkehrung statt: *ahtebære* 'beachtenswert', *sagebære* 'erzählenswert'. Hier steht das Verb im Passiv.

Bis ins Mhd. hinein ist die Ableitungsbasis nominal. Passivische Bildungen wie *ahtebære* 'beachtenswert' enthalten jedoch häufig einen Stamm, der sowohl nominal als *ahte* 'Beachtung' als auch verbal als *ahten* 'beachten' interpretiert werden kann. Dies führt dazu, dass im Mhd. die ersten Bildungen entstehen, die einen eindeutig verbalen Stamm haben. Im Fnhd. werden sie immer häufiger, z.B. *bintbære* 'muss verbunden werden' (*bintbære wunde*), *eȥbære* 'kann gegessen werden', *trincbære* 'kann getrunken werden'. Dabei lassen nur wenige Bildungen mit Verbalstamm eine aktivische Interpretation zu, z.B. *vehtbære* 'kann fechten', *werbære* 'kann gewähren'.

Gleichzeitig macht das Derivationssuffix *-bære* eine weitere phonologische Entwicklung durch: Zuerst wird die Form zu *-bær* apokopiert, und anschließend wird der Umlaut durch *a* ersetzt (nhd. *-bar*). Dies ist eine singuläre, nicht phonologisch bedingte Entwicklung.

Im Fnhd. verliert das Wortbildungsmuster mit einem nominalen Stamm kontinuierlich an Produktivität. Mit der Bedeutung 'zum x verpflichtet' werden im Fnhd. nur noch selten Neubildungen kreiert wie *gerichtbar* 'gerichtspflichtig' oder *zinsbar* 'zinspflichtig'. Stattdessen wächst stetig die Anzahl der Neubildungen mit verbaler Basis. Dabei erweist sich das passivische Wortbildungsmuster mit Verbalstamm mit der Bedeutung 'kann ge-x-t werden' als viel produktiver als aktivisches 'kann x-en'.

Im Nhd. ist das Wortbildungsmodell Verbalstamm + *-bar* mit der Bedeutung 'kann ge-x-t werden' sehr produktiv. Nach diesem Modell können fast alle transitiven Verben abgeleitet werden, z.B. *essen* (tr.) + *-bar* > *essbar* 'kann gegessen werden'. Nur selten treten im Nhd. auch aktivische *bar*-Derivate auf, u.a. *brennen* + *-bar* > *brennbar* 'kann brennen', nicht aber *stehen* (intr.) +-*bar* > **stehbar*.

Abb. 18: Entwicklung des Derivationssuffixes *-bar*

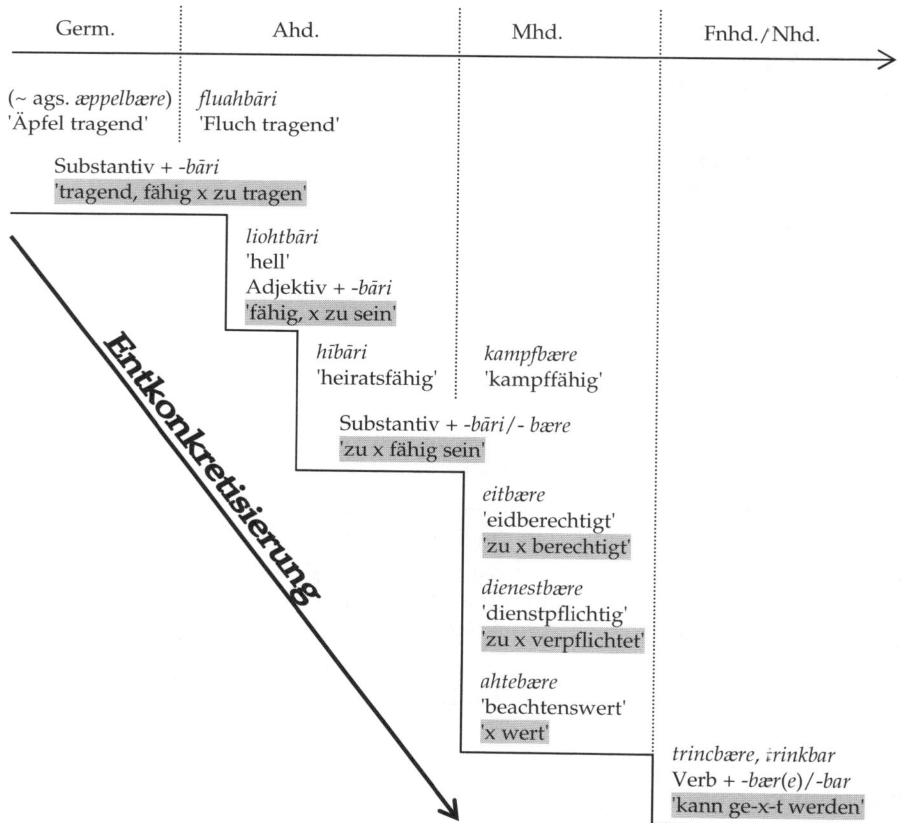

In Abb. 18 werden die wichtigsten semantischen Etappen in der Entwicklung des Adjektivsuffixes *-bar* zusammengetragen. Sie beginnt mit der Affixoidphase im Ahd., in der *-bāri* sowohl ein transparentes Kompositionsglied (*fluahbāri*) als auch ein entkonkretisiertes, gebundenes Morphem (Affixoid) ist (*liohtbāri*). Diese Phase endet im Mhd. Die semantische Ähnlichkeit zwischen dem Lexem und dem Affixoid wird aufgegeben. Die entkonkretisierte Bedeutung 'zu x fähig' wird um neue Bedeutungsaspekte angereichert. Parallel dazu sterben auch das ahd. Verb *beran* 'tragen' und das mhd. Adjektiv *unbære* 'unfruchtbar' aus. Die Darstellung berücksichtigt auch, dass sich die Wortart der Basis wandelt. Das neue Derivationssuffix spezialisiert sich allmählich auf verbale Basen: Damit kristallisiert sich im Fnhd. das neue, produktive Wortbildungsmuster (Verb+-*bar*) heraus. Die im Nhd. vorhandenen *bar*-Ableitungen mit nominaler Basis wie *dienstbar*, *fruchtbar* oder *wunderbar* sind die letzten Spuren dieser jahrhundertelangen Entwicklung.

3.2.1.3 Ist *Laubwerk* ein *Werk*? – Zum Wandel im Bereich der Kollektivaffixe

Angenommen, wir befinden uns in einem dunklen *Gehölz* im *Gebirge*. Plötzlich hören wir ein unheimliches Rauschen im *Gebüsch*. Wer weiß, welches *Getier* sich im dichten *Geäst* versteckt und sich im *Laubwerk* tarnt. Kann es *Geflügel* sein? Man weiß es nicht! Die kursiv hervorgehobenen Wörter haben eine Gemeinsamkeit: Sie bezeichnen eine Mehrzahl ähnlicher, zusammengehöriger Elemente. Die Bezeichnung *Geäst* vermittelt uns etwas mehr als *Äste*, denn die Pluralform von *Ast* drückt lediglich die Mehrzahl einzelner Äste aus. Das Wort *Geäst* hebt aber hervor, dass es sich um kaum voneinander unterscheidbare Äste handelt, die ein Ganzes bilden. Bildungen, die das Konzept der lokalen Zusammengehörigkeit ausdrücken, nennt man **Kollektiva**. Neben *Ge*-x (*Geäst* von *Ast*) bzw. *Ge*-x-*e* (*Gebirge* von *Berg*) kann man Kollektiva auch mit den Suffixen *-schaft* (*Zuhörerschaft*, *Ärzteschaft*, *Wählerschaft*) und *-tum* (*Schrifttum*, *Christentum*) bilden. Beide Suffixe sind zwar produktiv, jedoch nicht nur auf diese Bedeutung spezialisiert. Stattdessen werden *-schaft* und *-tum* auch zur Bildung von Abstrakta verwendet im Sinne einer Eigenschaft (*Bereitschaft*, *Chaotentum*), einer Lebensform (*Gammlertum*), einer Funktion (*Autorschaft*, *Herrschaft*) oder auch eines Verhältnisses (*Freundschaft*, *Feindschaft*, *Vasallentum*). Selten kommen im Nhd. auch Kollektiva auf *-heit* bzw. *-keit* (*Christenheit*, *Menschheit*, *Öffentlichkeit*) vor.

Sowohl *-schaft* als auch *-tum* gehören zu den "jüngeren" Derivationssuffixen. Ihre kollektive Bedeutung gewannen sie also erst im Laufe der Jahrhunderte. Sie werden im Mhd. noch hauptsächlich zur Bildung von Abstrakta benutzt, z.B. *weisetuom* 'Zustand eines Waisen', *mannschaft* 'Lehenspflicht, die der Mann zu leisten hat' (WILMANNS [2]1899:393). Im Ahd. sind andere Ableitungsmuster vorhanden, die das Konzept Kollektivum zum Ausdruck bringen. Eins davon tritt heute nur noch in einer Handvoll Wörter zutage wie *Kehricht* oder *Röhricht*. Sie gehen auf ein im Ahd. noch produktives Kollektivsuffix *-ahi* zurück, z.B. ahd. *stein-ahi* 'Steinhaufen', *boum-ahi* 'Land mit viel Bäumen' (HENZEN [3]1965:139). Das Suffix *-ahi* wird im Fnhd. durch eine *t*-Epenthese erweitert (ahd. *-ahi* > mhd. *-ech*/*-ich* > fnhd. *-icht*). *-icht* ist nicht mehr produktiv. Da die ursprüngliche Ableitungsbasis nach wie vor segmentierbar ist (*Dick-icht*), kann *-icht* als **morphologischer Rest** bezeichnet werden (EISENBERG [2]2000:209). Dies ist eine weitere Stufe im Kreislauf der Morphologie: Am Beispiel des Suffixes *-bar* haben wir gesehen, dass selbstständige Wörter als Quelle für neue Derivationssuffixe fungieren. Wie gezeigt, entstehen sie in einem langen Prozess, in dem die Bedeutung entkonkretisiert, die syntaktische Freiheit aufgegeben und die Lautung reduziert wird. Sie entwickeln sich zu produktiven Derivationssuffixen. Mit der Aufgabe der Produktivität werden sie zum segmentierbaren morphologischen Rest:

Lexeme > Affixoide > Derivationssuffixe > morphologischer Rest

Ein zweites wichtiges Verfahren zur Kollektivbildung im Ahd. ist heute teilweise noch produktiv. Oder mit den Worten von WILMANNS ([2]1899:241): "Sie behaupten Dauerhaftigkeit und frisches Leben bis auf den heutigen Tag". Es handelt sich um die Wortbildungsmuster: *Ge*-x (*Ge-äst*) und *Ge*-x-*e* (*Ge-birg-e*), die auf das ahd. Präfix *gi-* zurückgehen, das eine kollektive Bedeutung hat und sich mit bereits *i*-suffigierten neutralen Substantiven verbindet. Daraus ergibt sich im Ahd. ein neues Kollektivmuster *gi*-x-*i*, z.B. ahd. *bein* 'Bein' – *gibeini* 'Gebein', *berg* 'Berg' – *gibirgi* 'Gebirge', *darm* 'Darm' – *gidermi* 'Gedärm' (WILMANNS [2]1899:242-244, HENZEN [3]1965:137). Als Basis können dabei sowohl Substantive als auch Verben dienen, z.B. *welben* 'wölben' – *giwelbi* 'Gewölbe'. Durch die Zentralisierung der unbetonten Vokale wird das ahd. Muster *gi*-x-*i* zu mhd. *ge*-x-*e*. Das auslautende *-e* wird in Ableitungen mit nominalem Stamm meist apokopiert.

Die Ableitung nominaler Stämme mit *Ge*-x-(*e*) ist heute kein produktives Verfahren mehr. Zwar finden wir noch relativ viele klare Kollektiva wie in a), doch können wir keine neuen bilden wie in b).

a)		b)	
	Berg → Gebirge		*Hügel → *Gehügel*
	Holz → Gehölz		*Baum → *Gebäume*
	Stein → Gestein		*Fels → *Gefels*
	Wasser → Gewässer		*Bach → *Gebäch*
	Ast → Geäst		*Blatt → *Geblätt*

Viele der ursprünglichen Kollektiva sind lexikalisiert: Obwohl man heute noch das Präfix *Ge-* bzw. Zirkumfix *Ge…e* segmentieren kann, ist die Verwandtschaft mit der ursprünglichen Ableitungsbasis durch semantischen Wandel verdunkelt: *Gemüse* (verwandt mit *Mus*), *Gesicht* (verwandt mit *sehen*) oder *Geschirr* (verwandt mit *Schere*) (s. dazu Kap. 6.2).

Seit dem Fnhd. bildet sich eine neue Schicht der Kollektivsuffixe heraus: *-werk*, *-wesen*, *-zeug*, *-gut* und *-kram*. Schauen wir uns zuerst folgende auf der Oberfläche ähnliche Wortpaare an: *Aluminiumwerk* vs. *Astwerk*, *Fabelwesen* vs. *Fischereiwesen*. Während ein *Aluminiumwerk* ein *Werk* und ein *Fabelwesen* ein *Wesen* ist, ist *Astwerk* eine 'Ansammlung von Ästen' und *Fischereiwesen* 'alles, was zur Fischerei gehört'. Hier ist die kollektive Semantik unübersehbar. *-werk* bzw. *-wesen* enthalten also ganz andere Bedeutungen als die Homonyme *Werk* 'Produktionsort' (*Ziegelwerk*) bzw. *Wesen* 'Geschöpf'. In Verbindungen wie *Astwerk* und *Fischereiwesen* sind die Elemente *-werk* und *-wesen* entsprechend auf 'Ansammlung von x' bzw. 'alles, was zu x gehört' beschränkt und daher als Affixoide zu klassifizieren. Trotz des semantischen Wandels bleibt die formale Seite dieser Elemente noch intakt, was typisch für Affixoide ist. Wir sehen, dass die Veränderung der Form auf den Funktionswandel folgt, oft sogar mit starker Verzögerung (*form follows function*). Der heutige Entwicklungsstand von *-werk* ist das Resultat eines langen Prozesses, der schon im 17. Jh. beginnt. Aus dieser Zeit stammen die ersten Beispiele: *Blatterwerck* oder *Laubwerck*. Darüber hinaus gibt es heute weitere Affixoide mit kollektivischer Bedeutung: *-zeug* (*Nähzeug* 'alles, was zum Nähen benutzt wird', *Strickzeug, Reitzeug*), *-gut* (*Gedankengut, Saatgut*) und, mit negativer Konnotation, *-kram* wie in *Papierkram, Zettelkram* (ERBEN 1959).

3.2.1.4 Konkurrenz zwischen Derivationsaffixen

Bleiben wir noch kurz bei den Kollektivaffixoiden *-werk, -wesen, -zeug, -gut* und *-kram* und stellen wir uns die Frage, wie wir sie voneinander abgrenzen können. Die Wortart der Basis wäre eine Möglichkeit. Dabei können sich alle fünf mit einem Substantiv verbinden (*Astwerk, Fischereiwesen, Bettzeug, Gedankengut, Papierkram*). An verbale Basen tritt am leichtesten *-zeug* (*Nähzeug, Schreibzeug, Flickzeug, Reitzeug*), viel seltener dagegen *-werk* (*Backwerk, Flechtwerk*), was darin begründet ist, dass *-zeug* die Gesamtheit der Utensilien, die zum Ausüben einer Tätigkeit benötigt werden, bezeichnet. Im Gegensatz dazu bezieht sich *-werk* auf die Gesamtheit der Produkte einer Handlung. *-wesen, -gut* und *-kram* verbinden sich meist mit nominalen Stämmen, die die Eigenschaften der zusammengehörenden Objekte definieren (*Fischereiwesen, Saatgut, Papierkram*). Außerdem enthalten *-zeug* und insbesondere *-kram* eine pejorative Zusatzbedeutung: Sie sind abwertend. So ergibt sich ein Geflecht von Faktoren, die entscheiden, welches Affixoid benutzt wird. Darüber hinaus können auch phonologische Beschränkungen auftreten wie die Silbenanzahl oder die Betonungsstruktur der Basis. So zeigt das Kollektivaffix *Ge*-x-(*e*) eine deutliche Präferenz für einsilbige Basen. Mehrsilbige Basen müssen bei der Kollektivbildung zu Affixoiden greifen: *Sammelgut, Zettelkram, Routinekram*.

Solche semantischen, morphologischen und phonologischen Beschränkungen können sich im Laufe der Zeit verändern und auch die Produktivität eines Affixes beeinflussen. Bei Konkurrenz zweier Affixe kann sich mit der Zeit eins von ihnen durchsetzen. Dies manifestiert sich darin, dass es semantisch, morphologisch oder phonologisch weniger beschränkt ist als der zurückgedrängte Konkurrent bzw. dass es solche Beschränkungen aufgibt. Umgekehrt kann die Entstehung eines neuen Affixes (z.B. aus einem Affixoid) durch die abnehmende Produktivität eines älteren Affixes gefördert werden. So wirkt sich die morphologische und phonologische Beschränkung des Kollektivmusters *Ge*-x-(*e*) positiv auf die Herausbildung des neuen Musters x+-*werk* (*Backwerk*), x+-*wesen* (*Schulwesen*), x+-*zeug* (*Reitzeug*) usw. aus. In der deutschen Sprachgeschichte können neben den Kollektivaffixen viele weitere Konkurrenzverhältnisse beobachtet werden. Hier sollen zwei Fälle kurz skizziert werden:

Konkurrenz zwischen verschiedenen Adjektivsuffixen

Gleichzeitig mit der Entwicklung des Suffixes *-bar* verlaufen Prozesse, in denen Adjektivsuffixe wie *-sam, -haft, -lich* entstehen (s. Tab. 18). Im Ahd. ist *-bāri* (ca. 13

Bildungen), das sich mit Substantiven verbindet, im Vergleich zu *-līch* (ca. 900 Bildungen), *-haft* (ca. 100 Bildungen) und *-sam* (ca. 47 Bildungen) nur schwach produktiv. Den ahd. *bāri*-Bildungen stehen fast gleichbedeutende mit *-līch*, *-sam* und *-haft* gegenüber: *danclīch* neben *dancbāri* für 'dankbar', *liohtsam* neben *liohtbāri* für 'hell', *scīnhaft* neben *scīnbāri* für 'glänzend'. Allmählich entwickelt sich das Affixoid *-bāri* zu einem Konkurrenten von *-līch*. Dieses verbindet sich bereits im Ahd. mit substantivischen (*fleisc-līch*, *bruoder-līch*), adjektivischen (*guot-līch*) und verbalen Erstgliedern (u.a. Part.Präs. *berant-līch* 'fruchtbar'). Seine Bedeutung wird mit 'nach Art von x' paraphrasiert. Im Mhd. steigt die Zahl der *bære*-Bildungen, doch erreicht sie nicht den Stand der *lîch*-Bildungen, was u.a. auf morphologische Beschränkungen von *-bære* zurückzuführen ist: Es verbindet sich bis ins Spätmhd. nur mit Substantiven, sehr selten auch mit Adjektiven. Viele Bildungen auf *-lîch* und *-bære* sind austauschbar (*genisbære*, *genislîch* 'heilbar'). Im Fnhd. tritt das Suffix *-bære* (später > *-bær* > *-bar*) auch an verbale Stämme. Da sich das fnhd. Suffix *-lich* ebenfalls mit verbalen Stämmen verbinden kann, entstehen neue Konkurrenzformen (*unüberwind-bar*, *unüberwind-lich*). Zum Nhd. hin entwickelt sich *-bar* zu einem sehr produktiven Adjektivsuffix, das verbale Basen ableitet. Heute sind nur noch einzelne Bildungen mit nominaler Basis vorhanden (z.B. *wunderbar*). Im Gegensatz dazu behält das Suffix *-lich* im Nhd. die Fähigkeit, an nominale Basen zu treten, z.B. (Substantiv) *brüderlich*, (Adjektiv) *länglich*. Seine wenigen Verbableitungen haben meist aktivische Bedeutung, z.B. *dienlich*, *unsterblich*, *empfindlich*. Selten ist dagegen bei *-lich*-Bildungen die passivische Lesart (*bedauerlich*, *unglaublich*) – diese ist die Hauptfunktion von *-bar*. Was die Komplexität der Basis betrifft, so erscheint das Suffix *-lich* häufiger nach präfigierten Verbalbasen, während *-bar* einfache Basen bevorzugt (*zerbrechlich* vs. *brechbar*). So haben sich die beiden ehemaligen Konkurrenzsuffixe ihre spezifischen Funktionsbereiche (Nischen) erschlossen.

Konkurrenz zwischen verschiedenen Affixen für Abstrakta

Die Geschichte des nhd. Suffixes *-heit* (*Mensch-heit*) und seiner Allomorphe *-keit* (*Langsam-keit*) und *-igkeit* (*Klein-igkeit*) ist gleichzeitig eine der Verdrängung zweier im Ahd. produktiver Suffixe: ahd. *-ida* (*frewida* 'Freude') und *-ī* (*guotī* 'Güte'). Sie werden zur Bildung von Abstrakta verwendet. Schon im frühen Ahd. wird *-ida* durch *-ī* verdrängt: Ursprünglich verbindet sich *-ida* mit verbalen und adjektivischen Basen, z.B. *gilobōn* 'loben' → *gilubida* 'Gelübde', ahd. *frō* 'froh' → *frewida* 'Freude'. Während das Suffix *-ida* phonologisch beschränkt ist und nur an einsilbige Adjektive treten kann, werden mehrsilbige Adjektive im Ahd. schon mit *-ī* abgeleitet. Zum Mhd. hin verdrängt *-ī* das Suffix *-ida* auch aus dem Bereich der Abstrakta, z.B. ahd. *hōhida* zu *hōhī* > nhd. *Höhe*. Im Fnhd. erlischt die Produktivität von *-ida* endgültig. Bis zum Nhd. überdauern nur noch einzelne Wörter, die als Simplizia empfunden werden (*Freude*, *Gemeinde*).

Im Mhd. wird *-ī* zu *-e* abgeschwächt (ahd. *toufī* > mhd. *toufe* 'Taufe') und dann, besonders nach zweisilbigen Stämmen, apokopiert (mhd. *bittere* > *bitter* 'Bitterkeit'). Das erhaltene Suffix *-e* kann nicht mehr klar von stammauslautendem *-e* (< ahd. *-ō*) wie in mhd. *sünde*, *stunde* unterschieden werden. Der Lautwandel trägt wesentlich zur Schwächung der Produktivität bei. Gleichzeitig zu diesem Prozess, in dem das ahd. Suffix *-ī* an phonologischer Substanz verliert (mhd. *-e* > Ø), entwickelt sich aus einem freien Wort sein neuer Konkurrent, das Affixoid *-heit*. Da es wie jedes Affixoid wortwertig ist, weist es einen deutlich profilierteren Ausdruck (mit Diphthong) auf. Seine phonologische Salienz (Auffälligkeit) ist ein wichtiger Faktor, der die Verdrängung des mhd. Suffixes *-e* beschleunigt. Im Gegensatz zu den Flexiven, deren abstrakter Inhalt mit einem minimalen, häufig unsilbischen Ausdruck korreliert (z.B. *gib-t*), tendieren die Derivationssuffixe als lexikalische Morpheme zu einem salienteren Ausdruck, z.B. *-tum*, *-heit*, *-ung*, *-in* usw. So verbindet sich das phonologisch wortwertige *-heit* im Mhd. immer häufiger mit Partizipien (mhd. *gelegenheit* neben *gelegene* für 'Beschaffenheit'), die im Ahd. noch mit *-ī* abgeleitet wurden, z.B. ahd. *gileganī* (Part.Perf. *gilegan* von *liggen* 'liegen'). Im Fnhd. bilden sich die Varianten *-keit* und *-igkeit* heraus. Beide Formen entstehen durch die häufige Verbindung mit Adjektiven auf *-ec*, der Entsprechung von nhd. *-ig* (*trûrec+heit* 'Traurigkeit'). Dabei wird das bereits existierende Suffix *-heit* erweitert. Die Salienz des Suffixes wird also noch gesteigert. Die Form *-keit* resultiert aus der Verschiebung der Silbengrenze und der Tilgung des *h*: *-ec.heit* > *-e.cheit* > *-ceit* (später *-keit*). *-keit* verbindet sich seitdem nur mit mehrsilbigen Adjektiven, z.B. *Eitelkeit*, *Einsamkeit*, während die ursprüngliche Form *-heit* sich nur an einsilbige Adjektive heftet: *Freiheit*, *Frechheit*, *Krankheit*. *-heit* verbindet sich auch mit Substantiven und Partizipien, hier allerdings ohne die Einsilbigkeitsbedingung: *Menschheit*, *Kindheit*, *Christenheit*; *Geborgenheit*, *Gelassenheit*. Aus der Kombination *-ec+heit* ist auch das Allomorph *-igkeit* entstanden. Dieses wird als Suffix reanalysiert und dient seitdem zur Ableitung einsilbiger Adjektive (*klein*, *feucht*, *leicht*): *Klein-igkeit*, *Feucht-igkeit*, *Leicht-igkeit*.

Das substanzarme Schwa-Suffix *-e* (< ahd. *ī*) wird im Fnhd. also durch die sehr produktiven und phonologisch gut profilierten Suffixvarianten *-heit*/*-keit*/*-igkeit* verdrängt. Ihm bleibt im Nhd. nur noch eine kleine semantische Nische erhalten: in Farbbezeichnungen (*Röte*, *Bräune*), Dimensionsbezeichnungen (*Höhe*, *Tiefe*, *Länge*, *Breite*), Bezeichnungen für physikalische Eigenschaften (*Schärfe*, *Kälte*, *Herbe*) und menschliche Charaktereigenschaften (*Güte*, *Milde*, *Schläue*). Zu einigen *e*-Ableitungen existieren jedoch bedeutungsgleiche *heit*-Dubletten, z.B. *Herbe* – *Herbheit* oder *Schläue* – *Schlauheit* (WELLMANN 1975:267).

Zu diesem Konkurrenzgeflecht tritt das Suffix *-ung* hinzu, das seit dem Ahd. immer häufiger zur Bezeichnung von Nomina actionis (Vorgangsbezeichnungen) verwendet wird, z.B. mhd. *toufunga* neben *toufī* 'Vorgang des Taufens'. Dieses Suffix nimmt auch an der Verdrängung der ahd. Suffixe *-ida* und *-ī* teil, z.B. ahd. *hōn-ida* vs. nhd. *Verhöhn-ung*, ahd. *leitī* vs. nhd. *Leitung*. Es verbindet sich seit dem Mhd. immer häufiger mit Verbalbasen. Seine Produktivität verdankt dieses Suffix seiner semantischen Transparenz: Im Fnhd. wird es regelmäßig zur Bildung von Nomina actionis verwendet (*Grabung* 'Vorgang des Grabens'). Das Suffix *-heit* wird im Fnhd. in dieser Funktion aufgegeben. Daher verbindet sich *-heit* heute nur noch mit Partizipien, um den erreichten Zustand zu bezeichnen (*Abgeschlossenheit*). Die ursprüngliche semantische Transparenz von *-ung* geht jedoch allmählich verloren. Dazu trägt hier der Bedeutungswandel bei. Einzelne Bildungen werden metonymisch verwendet. So wird *Erzählung* statt als 'Vorgang des Erzählens' immer häufiger als 'Resultat/Produkt des Erzählens' uminterpretiert (vgl. auch den Extremfall *Heizung*, bei dem eine Vorgangslesart nicht mehr möglich ist). Langfristig führt das zur Entwicklung neuer Wortbildungsmodelle. Heute können mit *-ung* Nomina actionis wie *Schließung* 'Vorgang des Schließens' gebildet werden, aber auch Bezeichnungen des Ergebnisses einer Handlung (sog. Nomina acti) wie *Erzählung*, ja sogar Personenbezeichnungen (sog. Nomina agentis) wie *Bedienung*, Objektbezeichnungen (sog. Nomina instrumenti) wie *Lenkung* und lokale Bezeichnungen (sog. Nomina loci) wie *Niederlassung* (MUNSKE 2002). Die morphologische Produktivität des *ung*-Suffixes ist im Nhd. auf bestimmte semantische Verbklassen beschränkt. In anderen Fällen wird der nominalisierte Infinitiv verwendet, z.B. *das Erzählen, das Graben* 'der Vorgang des Erzählens/Grabens'. Bei diesen kann jedoch auch schon wieder das Abgleiten zu den Nomina acti beobachtet werden wie bei *das Essen* 'Mahlzeit' oder *das Schreiben* 'Brief' (DOERFERT 1994, DEMSKE 2000, BARZ 1998, ZUTT 1985, WEGERA 1985).

Abb. 19: Entwicklungen im Bereich der Suffixe für Abstrakta

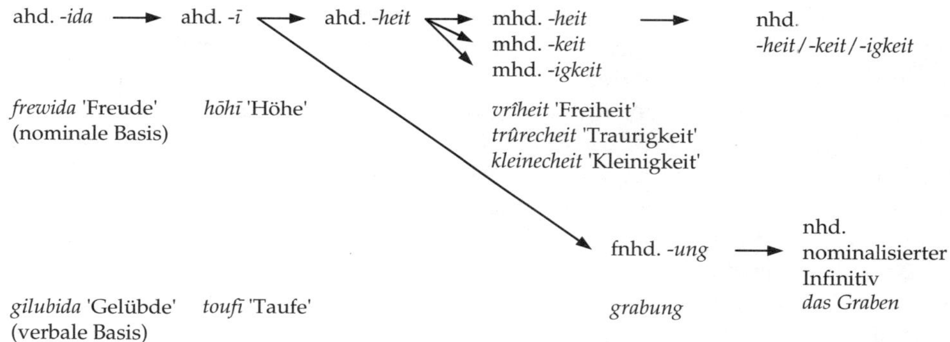

3.2.1.5 Die Karriere des *-er*-Suffixes: Produktivitätswandel

Wie man den bisherigen Ausführungen entnehmen kann, ist die Produktivität eines Suffixes eine veränderliche Eigenschaft. So kann ein ursprünglich produktives Suffix wie ahd. *-ida* zu einem (unproduktiven) morphologischen Rest wie nhd. *-de* (*Freude*) erstarren. Einen ähnlichen Verlauf hat auch das ahd. Suffix *-ahi* erfahren, das im Nhd. als morphologischer Rest in einigen wenigen Wörtern wie *Dickicht* tradiert wird. Wir haben auch die allmähliche Herausbildung des Suffixes *-bar* beobachtet, dessen Produktivität ebenfalls einem Wandel unterlag. Nach einer kurzen Periode, in der *-bar* sowohl an nominale als auch an verbale Basen tritt, wird seine Produktivität auf verbale Basen beschränkt. So können im Nhd. nur noch deverbale Adjektive mit *-bar*, aber keine denominalen mehr gebildet werden (s. Kap. 3.2.1.2).

Mittlerweile gut untersucht ist das Suffix *-er* (< ahd. *-āri*), das neben *-ung* und *-heit/-keit/-igkeit* heute zu den produktivsten Derivationsmorphemen zählt. Ahd. *-āri* speist sich wahrscheinlich aus zwei Quellen, dem lat. Lehnsuffix *-ārius* und dem germ. Suffix **-warja*, das zur Bildung von Herkunftsbezeichnungen verwendet wurde. Beide Suffixe fallen im Ahd. zu *-āri* zusammen. In seiner weiteren Entwicklung hat es einen massiven Anstieg an Produktivität erfahren (s. SCHERER 2005).

Abb. 20: Produktivitätswandel des *er*-Suffixes

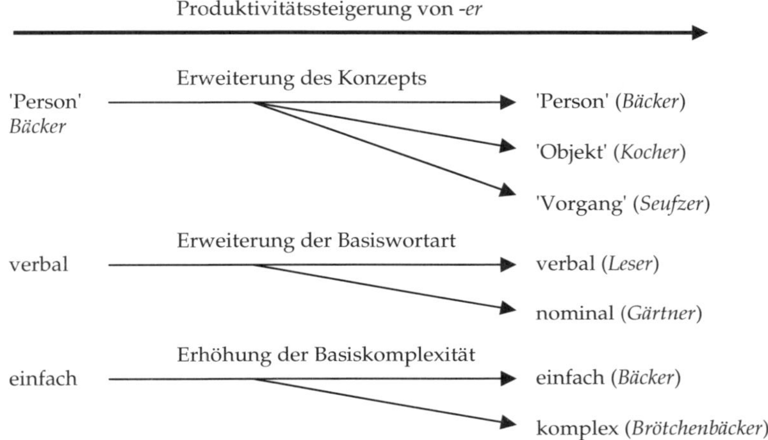

Die wachsende Anzahl der Neubildungen wird dadurch ermöglicht, dass die morphologischen und semantischen Beschränkungen allmählich aufgeweicht werden. Diese betreffen 1) das semantische Konzept, 2) die Wortart und 3) die Komplexität der Basis.

1) Während das Wortbildungsmuster x+-*er* bis ins Fnhd. hinein hauptsächlich zur Bildung von Personenbezeichnungen (sog. Nomina agentis) benutzt wird, z.B. *Lehr-er, Les-er*, werden sie im Nhd. zunehmend für zwei weitere Konzepte verwendet: Zum einen zur Objektbezeichnung (sog. Nomina instrumenti) wie *Schläg-er, Koch-er* und zum anderen zur Bezeichnung des Ergebnisses eines Vorgangs (sog. Nomina acti), z.B. *Seufz-er, Ächz-er*. Die sich entwickelnde Polysemie des *-er*-Suffixes ('Person', 'Objekt' und 'Vorgang') trägt zur Erhöhung seiner Produktivität bei.
2) Obwohl sich das lat. Suffix *-ārius* an nominale Basen heftet, tritt das ahd. Lehnsuffix *-āri* hauptsächlich an einfache verbale Basen (ahd. *lēr-āri* 'Lehrer') und nur selten an einfache nominale Basen (ahd. *garten-āri* 'Gärtner'). Diese Präferenz für verbale Ableitungsbasen setzt sich im Mhd. fort. Obwohl verbale Basen bis heute die Mehrheit der *er*-Ableitungen ausmachen (heute 72% aller Bildungen), kann seit dem Fnhd. ein erneuter Zuwachs an denominalen Ableitungen beobachtet werden. Heute machen denominale Ableitungen wie *Fußball-er* oder *Großstädt-er* bereits 22% aller Bildungen aus. Die Tatsache, dass das Suffix *-er* sowohl an verbale als auch an nominale Basen treten kann, steigert seine Produktivität.
3) Im Ahd. überwiegen ganz deutlich *er*-Ableitungen mit einfacher Basis, z.B. ahd. *lēr-āri* 'Lehrer' oder *garten-āri* 'Gärtner'. Seit dem Fnhd. wird die Tendenz

zur Ableitung komplexer Basen immer stärker, z.B. *Brötchenbäck-er, Fußball-er, Liebhab-er, Trittbrettfahr-er*. Heutzutage sind solche Ableitungen mit mehrgliedriger Basis viel häufiger als mit einfacher Basis, z.B. *Gratisfleischbällchenesser*.

Insgesamt ist die wachsende Produktivität des *er*-Suffixes durch die Überwindung semantischer und morphologischer Beschränkungen möglich geworden: Die semantische Beschränkung auf das Konzept 'Person' wird durch die Entwicklung der Konzepte 'Objekt' und 'Vorgang' erweitert. Die morphologische Beschränkung auf nominale sowie einfache Basen wird durch die Erweiterung auf verbale sowie komplexe Basen aufgehoben.

3.2.2 Die deutsche Kompositionsfreudigkeit

In der deutschen Sprachgeschichte nehmen die sog. **Determinativkomposita** (*Honigbiene, himmelblau, Blumentopf*) stark zu. Der Terminus Determinativkompositum bedeutet, dass das rechte Kompositionsglied die Grundbedeutung des gesamten Kompositums bezeichnet, während das linke Kompositionsglied diese nur modifiziert. So ist *Blumentopf* ein Topf mit einer bestimmten Form und Funktion, die sich aus dem linken Kompositionsglied *Blume* ableitet. Das Wort *himmelblau* ist die Bezeichnung für ein bestimmtes Blau.

Im Nhd. ist die Produktivität der sog. N+N-Komposita so gut wie uneingeschränkt. In den folgenden Kapiteln werden wir die Entwicklung dieses Wortbildungsmusters näher betrachten.

3.2.2.1 N+N-Komposita in der deutschen Sprachgeschichte

Im Ahd. kommt das erste Kompositionsglied als reines Stammmorphem vor. Dieses besteht aus der lexikalischen Wurzel und dem stammbildenden Suffix. So enthält das Erstglied *taga-* in *taga+lioht* 'Tageslicht' die lexikalische Wurzel *tag-* 'Tag' und das stammbildende Suffix *-a*. Stammbildende Suffixe wie *-a* in *taga-* und *-i* in *turi-* 'Tür-' füllen im Ahd. die sog. Kompositionsfuge, d.h. sie treten zwischen die beiden Kompositionsglieder. Sie werden daher als Fugenvokale bezeichnet. Einige werden schon im frühen Ahd. abgebaut, so dass im Endeffekt das Erstglied ein einfacher nominaler Stamm ist, z.B. *berg+fugeli* 'Bergvöglein' (GRÖGER 1911). GRIMM (1878:386) bezeichnet diese Art der Zusammensetzung als **eigentliche** Komposita, weil das Erstglied keine Flexionsendungen enthält. Auf dem Weg zum Mhd. werden die ahd. Fugenvokale zentralisiert und anschließend getilgt, z.B. ahd. *fridu+sam* > mhd. *vridesam* > nhd. *friedsam*, ahd. *bota+scaf* > mhd. *bote+schaft* > *bot+schaft* 'Botschaft'. Nur noch einige wenige Komposita erhalten im Nhd. diesen unbetonten Vokal, z.B. *Tage+löhner*.

Daneben treten im Ahd. und Mhd. vereinzelt Komposita auf, deren erstes Kompositionsglied eine Genitivform hat (sog. Genitivkomposita). Diese entstehen aus einer syntaktischen Verbindung, in der ein Genitivattribut einem Substantiv vorangeht. Weil sie eine Flexionsendung (Genitiv) im Erstglied aufweisen, werden sie als **uneigentliche** Komposita bezeichnet. So existiert schon im Ahd. neben dem eigentlichen Kompositum *tagalioht* auch ein uneigentliches *tages lioht* > *tages-*

lioht 'Tageslicht' (s. Kap. 4.3). Der Unterschied zwischen der Ausgangskonstruktion und dem Resultat liegt darin, dass man letzteres nicht durch Worteinschub erweitern kann (*des Tages angenehmes Licht* vs. *angenehmes Tageslicht*). Es ist ein Baustein des Satzes, d.h. eine morphosyntaktische Einheit. Einen solchen Prozess nennt man **Univerbierung** (s. Kap. 6.2 und 10.3.1).

Nach der Herausbildung des bestimmten Artikels im Mhd. können freie syntaktische Verbindungen und Genitivkomposita besser unterschieden werden. Wenn dem Kompositum ein Artikel (oder ein Adjektiv) vorausgeht, bezieht er sich auf das zweite Kompositionsglied, z.B. mhd. *der sanges meister* (WILMANNS [2]1899:523). Solche Beschränkungen gelten natürlich nicht für freie syntaktische Verbindungen (s. auch NITTA 1987, PAVLOV 1983).

Ihre heutige Kompositionsfreudigkeit verdankt die deutsche Sprache einem syntaktischen Wandel im Fnhd., in dem die Position der Genitivattribute radikal verändert wurde. Im Ahd. und Mhd. stehen diese Attribute vor dem Bezugsnomen (*tages lioht*), im Fnhd. treten sie hinter das Bezugsnomen: nhd. *das Licht des Tages* (s. Kap. 4.3). Im Zuge dieses syntaktischen Wandels kommt es dazu, dass feste syntaktische Verbindungen (lexikalisierte Nominalphrasen) als Komposita reanalysiert werden, z.B. [[*der Nasen*]$_{DP}$ *Bein*]$_{NP}$ > [*das* [*Nasenbein*]$_{N}$]$_{NP}$. Das oben angeführte Beispiel *der sanges meister* ist also schon ein Kompositum (s. Kap. 2.3.7). In Analogie zu den so entstandenen Komposita werden im Fnhd. viele weitere gebildet. Somit bleibt das Genitivkompositum nicht mehr auf die Univerbierung beschränkt. Nachdem das ahd. Wortbildungsmuster für Genitivkomposita durch den Abbau der Fugenvokale hinfällig geworden war, entwickelt sich im Fnhd. ein neues, sehr produktives Wortbildungsmuster der N+N-Komposita, nach dem immer häufiger auch mehrgliedrige Komposita wie *Einkommensteuererklärungsabgabetermin* gebildet werden (s. auch Kap. 3.2.2.3).

Die Zunahme der Kompositionstendenz führt auch dazu, dass ab dem 17. Jh. die Schreiber und die Drucker sehr daran interessiert sind, die Zusammengehörigkeit der Komposita auch graphisch wiederzugeben. Die Kompositionsglieder werden durch einen doppelten Bindestrich (*ihrem eigenthums=Herren, Zeugen=Aussage*) oder durch Zusammenschreibung signalisiert, wobei die einzelnen Kompositionsglieder nicht selten auch großgeschrieben werden wie in *LiebesGöttin* (PAVLOV 1983:108, v. POLENZ 1994:282 und Kap. 8.2).

3.2.2.2 Fugenelemente

Die fnhd. Reanalyse syntaktischer Verbindungen zu neuen Komposita hinterlässt jedoch Spuren. In der Ausgangsstruktur ist das Genitivattribut bezüglich der grammatischen Kategorien spezifiziert, die sowohl im Artikel als auch in der Flexionsendung enthalten sind. Nach der Reanalyse bezieht sich der Artikel immer auf das Bezugsnomen (***der Nasen** Bein* > ***das** Nasen**bein**, **des Teufels** Sohn* > ***der** Teufels**sohn***).

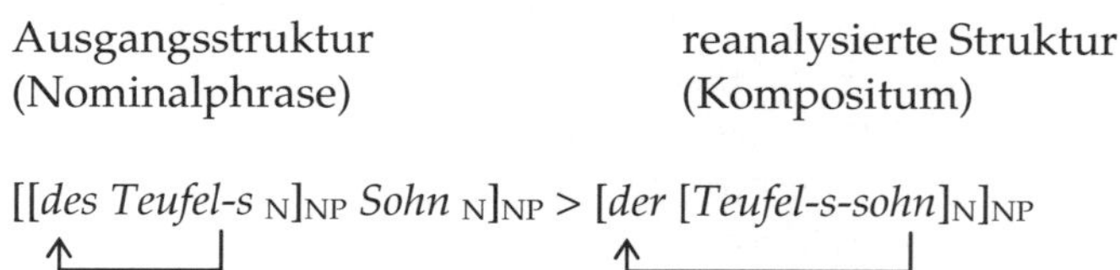

Die alte Flexionsendung wird im neuen Kompositum als Fugenelement fixiert: *das Nasenbein, der Teufelssohn*. Das Fugenelement bleibt konstant, auch wenn sich die Flexion des entsprechenden Substantivs ändert. So werden im Fnhd. die schwachen *n*-Flexive der Feminina im Singular abgebaut. Zu dieser Gruppe gehört z.B. *die Nase*. Ihre Gen.Sg.-Form lautete bis dahin *der Nasen*, heute aber *der Nase*. In den Komposita bleibt die ursprüngliche Form *Nasen-* jedoch erhalten, z.B. *Nasenbein, Nasenspitze, Nasenbluten*.

Die Tatsache, dass sich die Flexions- und die Kompositionsformen eines Substantivs auseinander entwickeln, belegt die Erstarrung der ursprünglichen Flexive in den Komposita. Gleichzeitig wird auch die Bedeutung solcher Komposita aufgeweicht. Daher sind Komposita, deren Erstglied der Genitivform des Substantivs entspricht, nicht immer mit einer Genitiv-NP paraphrasierbar:

nhd. *Nasenspitze*	'die Spitze der Nase'	Genitiv
nhd. *Nasenring*	'der Ring in der Nase'	Dativ
nhd. *Nasenöl*	'das Öl für die Nase'	Akkusativ

Diese Beispiele zeigen, dass die ursprüngliche Genitivendung im Kompositum hinsichtlich der Kasusinformation neutralisiert wurde (GALLMANN 1999). Aus ursprünglichen Flexiven, deren Bedeutung sich auf die grammatische Information beschränkt, werden inhaltslose Elemente. FUHRHOP (1996) stellt fest, dass die Sprache mindestens drei Möglichkeiten hat, auf diese inhaltslosen Elemente zu reagieren:

1) Sie können beseitigt werden, z.B. *Eierweiß* > *Eiweiß*.
2) Sie können als grammatische Suffixe reinterpretiert werden. So ist die Verwendung der Pluralform des Erstgliedes heute häufig semantisch begründet, z.B. in *Bücherregal* 'Regal für mehrere Bücher' vs. *Buchumschlag* 'Umschlag eines Buchs'. Dies ist aber keine durchgehende Regel. So ist die Pluralbedeutung auch bei Singularform möglich, z.B. *Buchmesse*. Umgekehrt kann eine Pluralform des Erstgliedes auch mit Einzahlbedeutung verbunden sein, z.B. *Eierschale* oder *Kinderwagen*.
3) Den inhaltslosen Elementen kann eine neue Funktion verliehen werden.

Das Deutsche hat von allen drei Möglichkeiten Gebrauch gemacht, am meisten aber von der dritten, die eine große Neuerung darstellt. Aus den einstigen Flexionsendungen werden sog. Fugenelemente, die nun dazu dienen, die Zusammengehörigkeit (Morphologisierung) des gesamten Kompositums anzuzeigen, z.B. *Kirch**en**glocke, Sonn**en**strahl, Kind**er**wagen, Kind**es**wohl* (FUHRHOP 2000). Dabei optimieren sie auch ihre phonologische Struktur (s. dazu Kap. 2.3.7).

Doch die Funktionalisierung der Fugenelemente geht noch weiter. Viele Stämme werden erst durch das Anhängen eines Fugenelementes kompositionsfähig gemacht. So können u.a. schwache Maskulina nur mit einem Fugenelement das kompositionelle Erstglied bilden, z.B. *der Zeuge*: *Zeuge-n-aussage*, *der Kunde*: *Kunde-n-wunsch*, *der Präsident*: *Präsident-en-amt*. Somit bildet der Nominalstamm erst mit dem Fugenelement einen **Kompositionsstamm**, der mit einem weiteren Stamm zum Kompositum kombiniert werden kann: *Kunden-dienst* (FUHRHOP 2000).

Im Nhd. gibt es folgende Fugenelemente: *-en*, *-er*, *-e*, *-n* und *-s*. Nur noch selten und völlig unproduktiv ist *-ens*, z.B. *Herz-ens-dame*. Die *-en*-Fuge tritt insbesondere bei schwachen Maskulina auf (*Präsident-en-amt*). Die Fugenelemente *-er* und *-e* werden nur bei Pluralbedeutung produktiv verwendet (*Arzt-praxis* vs. *Ärzt-e-kongress*, *Buch-umschlag* vs. *Büch-er-regal*). Am produktivsten sind die Fugen *-n* und *-s*, die gleichzeitig am weitesten von der entsprechenden Flexionsbedeutung entfernt sind. So wird die *n*-Fuge sehr regelmäßig bei femininen Substantiven auf Schwa (*Sonne*, *Dame*) verwendet (*Sonne-n-strahl*, *Dame-n-kleid*). Die *s*-Fuge hat sich so weit vom Flexionssuffix entfernt, dass sie heute sogar an feminine Stämme tritt, obwohl diese nie ein Genitiv-*s* hatten und haben, z.B. *Arbeit-s-zeit*, *Geburt-s-tag*, *Heirat-s-antrag*. Wenn die Form des Erstgliedes wie bei *Arbeits-* oder *Geburts-* mit keiner Flexionsform des betreffenden Wortes übereinstimmt, sprechen wir von einer sog. **unparadigmischen** Fuge. Die **paradigmischen** Fugen *-en*, *-n*, *-e*, *-es* und *-er* gleichen hingegen immer einem Flexiv, z.B. *Dame**n**-kleid* neben *die Dame**n***, *Präsidente**n**-wahl* neben *des Präsidente**n***. Die Tatsache, dass bei der unparadigmischen *s*-Fuge sogar formale Grenzen überschritten wurden, ist ein Beweis für ihre hohe Produktivität. KÜRSCHNER (2003a) konnte anhand einer Korpusuntersuchung zeigen, dass die *s*-Fuge im Deutschen in ca. 25% aller Komposita auftritt (s. auch KÜRSCHNER 2003b).

Die *s*-Fuge wird tendenziell nicht bei Simplizia benutzt, daher *Fahrt-zeit*, *Stand-bein*, *Druck-seite*. Da sie also meist bei komplexen Erstgliedern auftritt, signalisiert sie die Grenze zwischen dem Erst- und Zweitglied, also zwischen dem Bestimmungs- und Grundwort. Das hilft dem Hörer, schnell die Struktur zu erkennen:

einfaches Erstglied		komplexes Erstglied
Stand-bein	vs.	*Um+stand-**s**-mode*
Druck-seite	vs.	*Aus+druck-**s**-seite*
Fahrt-zeit	vs.	*Ab+fahrt-**s**-zeit*

Bleiben wir noch kurz beim letzten Beispiel. Hier tritt die *s*-Fuge an ein mehrsilbiges, auf *t* auslautendes, feminines Erstglied: ***Abfahrt**-s-zeit*. Weitere Beispiele wären *Armut-s-zeugnis*, *Geburt-s-tag*, *Heirat-s-antrag* usw. FUHRHOP (2000) bemerkt, dass solche Erstglieder ihren Kompositionsstamm immer mit der *s*-Fuge bilden. Dies bedeutet, dass sie erst in dieser Form kompositionsfähig sind. Um sie für die Komposition zu verwenden, müssen sie also durch die Fuge *geöffnet* werden. Ähnliches gilt auch für Suffixe *-ung*, *-ling*, *-heit*/*-keit*/*-igkeit* und *-schaft*. Auch diese müssen zuerst mit Hilfe der *s*-Fuge *geöffnet* werden: *Versicherung-s-nachweis, Lehrling-s-schutz, Freiheit-s-statue, Zuständigkeit-s-bereich, Freundschaft-s-spiel* (ARONOFF/FUHRHOP 2002).

3.2.2.3 Mehrgliedrige Komposita

Im Ahd. ist die Komplexität der Komposita auf zwei Simplex-Glieder beschränkt, z.B. *taga+lioht* 'Tageslicht'. Mehrgliedrige Komposita wie *buoh-stap-zīla* 'Buchstabenzeile' kommen sehr selten vor (WILMANNS [2]1899:515). Gemieden werden im Ahd. ebenfalls derivationell komplexe Erstglieder.

Im Gegensatz dazu sind heute mehrgliedrige (polymorphemische) Komposita keine Seltenheit. Dabei können sowohl die Erst- als auch die Zweitglieder derivationell oder kompositionell komplex sein: *Umstand-s-mode, Eigentum-s-wohnung, Freiheit-s-statue; Vollkorn-brot, Autobahn-schild, Auto-werkstatt*. Komposita mit vier und mehr Grundmorphemen wie *Autobahn-dreieck, Einkommensteuererklärungsabgabetermin* sind eine neue, aber häufige Erscheinung. Sie werden seit dem 16. Jh. beobachtet und sind ein eher schriftliches Phänomen (FLEISCHER/BARZ [2]1995:97-98). Sie unterstützen das Deutsche als informationsverdichtende Sprache und tragen (neben der Tendenz zur Klammerbildung und zur Verschmelzung – hierzu später) zu einem hohen sog. Synthese-Index bei (s. Kap. 11 und 12.).

In diesem Kapitel wurde sowohl flexivischer als auch Wortbildungswandel des Deutschen betrachtet. Beide Gebiete zusammen konstituieren als morphologische Ebene einen Teil des grammatischen Kerns im Zwiebelmodell (s. Abb. 1, S. 2). Dennoch haben beide unterschiedliche Eigenschaften und Ziele: Während sich die Wortbildungsmittel aus der Lexik speisen, entstehen Flexive aus syntaktischen Strukturen (Abb. 21, Kap. 10, 11.3). Gemeinsam ist hier jedoch die Bewegung von weiter außen in Richtung Kern der Zwiebel (von der Lexik/Syntax in die Morphologie).

Morphologischer Ausdruck ist darauf spezialisiert, allgemeingültige und relevante semantische Konzepte (und nur diese) durchgehend und mit wenig formalem Aufwand zu kodieren. Dabei werden allgemeingültigere Inhalte durch Flexion (z.B. Numerus und Tempus), weniger allgemeingültige durch Wortbildung ausgedrückt (z.B. Nomina agentis, Diminutive).

Flexion und Wortbildung reagieren unterschiedlich auf Lautwandel. Während in der Wortbildung zugelassen wird, dass sich verwandte Formen auseinander entwickeln (vgl. *Hefe* und *heben*), werden in der Flexion opak gewordene Verbindungen durch Analogie wiederhergestellt. Formal haben Flexive tendenziell weniger phonologische Substanz als Derivationsaffixe.

Zum Weiterlesen:
Eine umfassende sprachenübergreifende Einführung in die Morphologie ist HASPELMATH (2002). Zum Einstieg geeignet sind auch die Morphologiekapitel allgemeinerer Einführungen, z.B. NÜBLING (2002) und VOESTE (2004). Letztere ist explizit diachron, sehr didaktisch und behandelt mit dem adjektivischen Bereich und der Entwicklung von Monoflexion in der NP Probleme, die in Einführungen (auch dieser) sonst vernachlässigt wurden. Überblick über historisch-morphologische Theorie, Forschung und Zugang zu einschlägiger Literatur geben LEISS (1998), WERNER (1998) und RONNEBERGER-SIBOLD (1989, eine kommentierte Bibliographie). Zur Einführung in die in Kap. 3.1.1 vorgestellten theoretischen Modelle geeignet sind BYBEE (1994) und WURZEL (1994). Einstieg in die sprachlichen Fakten bieten die Morphologiekapitel der in Kap. 1.5 angegebenen Einführungen ins Ahd., Mhd. und Fnhd. Die einzige phasenübergreifende Darstellung zur Diachronie des deutschen Flexionssystems ist KERN/ZUTT (1977), die die Fakten knapp und ohne Warum-Fragen präsentieren. Für die Fallbeispiele (Kap. 3.1.2.1) wichtig sind SONDEREGGER (1979:Kap. 5.2.2.6), außerdem nach Wahl der komprimierte Überblicksartikel WEGERA/SOLMS (2000) oder didaktischer HARTWEG/WEGERA (2005:Kap.8). Dazu kommen die fnhd. Standard-Grammatiken EBERT u.a. (1993) und MOSER (ed.) (1987-1988, Bd. 3 und 4).

Wichtiges zur Wortbildungsterminologie ist in FLEISCHER/BARZ ([2]1995) zu finden. Eine empfehlenswerte Einführung in die historische Wortbildung bietet HENZEN ([3]1965). WILMANNS ([2]1899) ist wiederum eine richtige Fundgrube zu den einzelnen Wortbildungsprozessen. Studien zur Entwicklung der einzelnen Derivationssuffixe bieten DEMSKE (2000), DOERFERT (1994), FLURY (1964), SCHMID (1998) sowie WEINREICH (1971). In HABERMANN u.a. (eds.) (2002) sind viele Beiträge zu den einzelnen Aspekten der historischen Wortbildung zu finden.

Aufgaben:

1) Recherchieren Sie auf der Grundlage von KÖPCKE (2000) in Google und Cosmas II (www.ids-mannheim.de/cosmas2/, 20.01.06), wie die folgenden Substantive zwischen starker und schwacher Flexion im Genitiv und Dativ Sg. schwanken: *des Ahnen/Ahns, dem Ahnen/Ahn; des Bären/Bärs, dem Bären/Bär*, genauso mit *Autor, Elefant, Fink* und *Spatz*. Beziehen Sie bei den Tieren auch Komposita ein, mit denen Menschen bezeichnet werden (*Schmutzfink, Seebär, Dreckspatz*). Ein Vergleich zwischen Cosmas II und Google ist spannend, da ersteres ein Korpus redigierter Texte, letzteres völlig unredigiert ist. Wählen Sie bei Google "Seiten auf Deutsch" und suchen Sie als Phrase, markiert durch Anführungszeichen, "*des Bären*", "*des Bärs*", "*dem Bären*", "*dem Bär*" usw., da ohne den Artikel z.B. Pluralformen ins Ergebnis geraten würden. Analysieren Sie ihre Ergebnisse in Bezug auf KÖPCKE.
2) Bestimmen und diskutieren Sie auf der Grundlage von Kap. 3.1.2.1 die folgenden Substantivformen in der "Schöpfungsgeschichte" aus der Luther-Bibel (1545): *Erden* (Z. 2), *Orter* (Z. 16), *Sternen* (Z. 31), *Thier* (Z. 43) und *Fisch* (Z. 49) (www.germanistik.uni-mainz.de/sprachwandel.htm).
3) Finden Sie alle Verbformen in "Der Prophet Jona I und II" aus der Luther-Bibel (1545) (s. www.germanistik.uni-mainz.de/sprachwandel.htm). Bestimmen und diskutieren Sie die folgenden Formen: *flohe* (I, 1. Abs., 5. Z.), *wurffen* (5. Abs., 1. Z.) und *warffest* (II, 3. Abs., 1. Z.), außerdem *betet* und *antwortet* (II, 1. Abs., 1. Z. /2. Abs., 2. Z.). Wie lauten die Formen heute? Worauf sind die Unterschiede zum Fnhd. zurückzuführen? Warum haben sich Formen wie die letztgenannten nicht durchgesetzt? (Hinweise in Kap. 2.2.5 und 3.1.2.2 sowie bei IMSIEPEN 1983).
4) Beschreiben und erklären Sie die Irregularisierung des Verbs *werden* auf der Grundlage der Kap. 3.1.1.4 und 3.1.2.3 und mit Hilfe von ahd./mhd. vs. fnhd. Grammatiken von BEST/KOHLHASE (1983), IMSIEPEN (1983), NÜBLING (1999a) sowie den Kap. 5.1.1 und 10.2 dieses Buches. Welche morphologischen Eigenwege schlägt *werden* ein und worin liegt der Schlüssel zu deren Erklärung?
5) Finden sie in der Schöpfungsgeschichte und im Text "Der Prophet Jona I" (Luther-Bibel 1545) Kollektivbildungen (s. Aufgabe 3). Sind sie heute noch gebräuchlich? Können neue Wörter nach diesem Wortbildungsmuster gebildet werden? Dazu kann auch eine Google-Recherche durchgeführt werden.
6) In Kap. 3.2.1.1 wird das Konzept Affixoid (Halbsuffix) beschrieben. Finden Sie einige Affixoide im heutigen Deutsch. Stellen Sie jeweils Wortpaare zusammen, mit denen sich deren Affixoid-Status gut begründen lässt.
7) In DEMSKE (2000) ist die Entwicklung des *ung*-Suffixes beschrieben. Welche Gründe führt die Autorin für den Verlust der Produktivität dieses Suffixes auf?

4 Syntaktischer Wandel

Die **Syntax** ist die grammatische Komponente, die die Anordnung der Wörter bzw. Konstituenten im Satz regelt. Die Linguistik analysiert diese Regeln und untersucht die verschiedenen Hierarchieverhältnisse im Satz. Die **historische Syntax** beschreibt syntaktischen Wandel sowie die ihm zugrundeliegenden Regelveränderungen, ebenfalls mit dem Anspruch, hierfür Erklärungen zu finden. Da das Deutsche eine im Vergleich zu anderen Sprachen außergewöhnliche Syntax entwickelt hat, ist dies kein leichtes Unterfangen. Die Morphologie befasst sich dagegen mit der Anordnung gebundener Morpheme im Wort. Damit haben beide Grammatikkomponenten die Anordnung von Informationen innerhalb größerer Verbände zum Gegenstand. Die Morphosyntax bildet den Überschneidungsbereich, und wie nicht nur in diesem Kapitel deutlich wird, besteht ein enger Zusammenhang zwischen Syntax- und Morphologiewandel. Diachron kommt es durch Schwächungen und Verschmelzungen von Funktionswörtern immer wieder zur Entstehung von Morphologie aus der Syntax: "Today's morphology is yesterday's syntax" (GIVÓN 1971:413). Beispiele: *in dem > im, in das > ins, zu der > zur* (Kap. 11.3). Umgekehrt können bisher morphologisch ausgedrückte Informationen zu einem syntaktischen Ausdruck übergehen, z.B. *(sie) käme > (sie) würde kommen; (sie) kam > (sie) ist gekommen* (Kap. 11.2.3).

Im Folgenden werden nur einige ausgewählte syntaktische Wandelerscheinungen behandelt: In Kap. 4.2-4.3 der Ausbau des Klammerverfahrens sowie einige damit verbundene Phänomene, in Kap. 4.4 und 4.5 zwei weitere wichtige Entwicklungen.

4.1 Ausbau der Klammer und Fixierung der Verbstellung

Die deutsche Syntax ist für ihre **Komplexität** und sog. **Diskontinuität** bekannt. Was das Englische eher in Relativsätzen ausdrückt, staut das Deutsche in umfangreichen Attributen vor dem Substantiv auf: *das ausländischen Studierenden nur schwer vermittelbare System*. Dieses sog. **Klammerverfahren** (oder **Rahmenverfahren**) durchzieht die gesamte deutsche Syntax und bildet das wichtigste syntaxtypologische Merkmal des Deutschen, das auch Auswirkungen auf die Morphologie hat. Diachron hat die Klammer einen starken Ausbau erfahren. Daher stellen wir den Ausbau des Klammerprinzips in den Mittelpunkt. Diesem lassen sich bei genauerem Hinsehen viele andere syntaktische Veränderungen unterordnen, was RONNEBERGER-SIBOLD (1991a:207, 228) dazu veranlasst, von einer "Verschwörung" zu sprechen.

4.1.1 Definition der Klammer

Die Standarddefinition der **Klammer** besagt, dass syntaktisch und/oder funktional zusammengehörige Elemente in Distanzstellung zueinander treten.

Abgesehen davon, dass manche Klammerelemente wie Konjunktion + Verbkomplex im Nebensatz keine solche Zusammengehörigkeit aufweisen (*weil sie die Äpfel schon gegessen hat*), weckt diese Definition kein Verständnis für die Funktion solcher Distanzstellungen. Hier eignet sich eher eine Definition aus entgegengesetzter Blickrichtung, die die Klammer als Phänomen der Grenzsetzung erkennt, als Mittel der Rahmung syntaktischer Konstituenten:

> Das klammernde Verfahren besteht darin, dass bestimmte Bestandteile eines Satzes so von zwei Grenzsignalen umschlossen werden, dass der Hörer aus dem Auftreten des ersten Signals mit sehr großer Wahrscheinlichkeit schließen kann, dass der betreffende Bestandteil erst dann beendet sein wird, wenn das passende zweite Signal in der Sprechkette erscheint. Diese Erscheinung dient also dazu, den Hörer bei der syntaktischen Dekodierung zu unterstützen. (RONNEBERGER-SIBOLD 1994:115)

Im Deutschen werden drei **Klammertypen** unterschieden (das rechte und das linke Klammerelement werden jeweils unterstrichen):

1) die **Hauptsatzklammer**, bestehend aus der:
   a) Grammatikal- oder Verbalklammer (Hilfs- oder Modalverb + infinites Vollverb): *Sie hat [das Spiel nach nur 44 Minuten und drei Sätzen] verloren. Sie will [das Spiel trotz ihrer schweren Fußverletzung] gewinnen.*
   b) Lexikalklammer (finites Verb + trennbares Präfix): *Er zieht [den Vorhang] zu/auf/weg/rauf/runter* etc. Da solche Partikelverben oft lexikalisiert sind, erschließt sich dem Hörer erst ganz am Schluss mit der Nennung der Partikel die lexikalische Bedeutung, vgl. *sie bringt [den Hasen] weg/unter/um.* Zur Lexikalklammer gehören auch Funktionsverbgefüge (*sie bringt [...] in Erfahrung*) und Phraseologismen (*er verliert [...] aus den Augen*).
   c) Kopulaklammer: *sie wurde [vorgestern] krank; er ist [seit drei Jahren] Lehrer.*
2) die **Nominalklammer** (bei einer NP Artikel + Substantiv, bei einer PP Präposition + Substantiv): *das [weltberühmte, aber leider vergriffene] Buch; auf [die größte] Buchmesse; zur [größten] Buchmesse.*
3) die **Nebensatzklammer** (Konjunktion/Relativpronomen + Verbalkomplex mit dem Finitum am rechten Ende): *obwohl [sie das Buch nie] gelesen hatte; das Buch, das [sie in diesen drei Jahren nicht] gelesen hat; weil [sie nie die Wahrheit] sagte.*

Gemeinsam ist diesen Klammern, dass der klammeröffnende Teil eher grammatische und der klammerschließende eher lexikalische Informationen liefert (THURMAIR 1997, LENERZ 1995). Hauptsatz- und Nominalklammer bestehen dabei (im Gegensatz zur Nebensatzklammer) aus funktional zusammengehörigen Klammerteilen; dabei liefert die erste Klammer einige grammatische (meist ambige, d.h. mehrdeutige) Informationen, die erst durch das zweite Klammerelement (das seinerseits auch meist ambig ist) vereindeutigt werden:

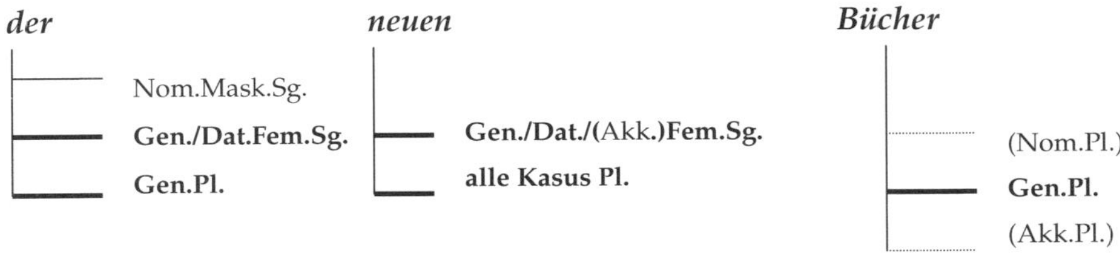

→ Gen.Pl.

Die fettgedruckten grammatischen Angaben zeigen die Hypothesenbildung an. Keines dieser Elemente (weder *der* noch *neuen* noch *Bücher*) ist für sich genommen eindeutig: Die Disambiguierung erfolgt erst nach dem Klammerende, hier ergibt sich der gemeinsame Nenner (=Gen.Pl.). RONNEBERGER-SIBOLD (1994) prägt hierfür das Bild zweier sich gegenseitig stützender Krücken. Diese Mehrdeutigkeiten haben in der deutschen Sprachgeschichte zugenommen, besonders nach der mhd. Nebensilbenabschwächung, die einige Artikelformen homophon (lautlich identisch) werden ließ: ahd. *diu* 'Nom.Fem.Sg.' vs. *dia* 'Akk.Fem.Pl.' vs. *dio* 'Nom./ Akk.Fem.Pl. ' > nhd. *die* [di:]. Darin äußert sich der stark **diskontinuierende Sprachtyp** des Deutschen: Die Informationen, die der Rezipient zu größeren Informationskomplexen zusammensetzen muss, werden nach und nach über den Satz verteilt. Diachron hat sich diese Diskontinuität sogar verstärkt.

Aus der Position der Klammerelemente ergeben sich die **Stellungsfelder** (topologischen Felder): Zwischen den beiden Klammerelementen erstreckt sich das **Mittelfeld** (MF), vor der linken Klammer (LK) das **Vorfeld** (und davor das Vorvorfeld), nach der rechten Klammer (RK) das **Nachfeld** (NF). Zwei Kostproben aus dem Nhd. mögen die Omnipräsenz der Klammer dokumentieren. Das erste Beispiel macht deutlich, wie stark verschachtelt die Klammerkonstruktionen wiederum untereinander sein können, d.h. oft sind mehrere Klammern gleichzeitig geöffnet (nur einige, die größeren, sind hier bezeichnet):

> Als [LK$_1$] Elisabeth von Nassau-Saarbrücken, geboren 1393 im [LK$_2$] nordostfranzösischen Vezélise [RK$_2$] (heute Departement Meurthe-et-Moselle) als Tochter des deutschen Grafen Friedrich von Lothringen und dessen welscher Gemahlin Margarete von Vaudémont, regierende Gräfin in Saarbrücken ab 1429 und dort gestorben 1456, sich an die Übersetzung der französischen Chanson de geste von Hugues Capet macht [RK$_1$], fügt [LK$_3$] sie damit ein Glied an [LK$_4$] eine historisch-literarische Stoffkette [RK$_4$] an [RK$_3$], die [LK$_5$] damals bereits auf [LK$_6$] eine weit über 200jährige Tradition [RK$_6$] zurückblicken kann [RK$_5$]." (BICHSEL 1999:Einleitung)

Auch das zweite Beispiel enthält mehrere Binnenklammern, doch wurde hier nur die Hauptsatzklammer hervorgehoben:

> Herr Matussek, über Ihrer billigen Feminismusschelte haben [LK$_1$] Sie den scharfen Witz, die wahnwitzige Musikalität, die kalte Luft, die Jelineks Sprache atmet, dieses Meer an Quantensprüngen zwischen Stoff und Form, Fühlen und Denken, Politischem wie allzu Menschlichem, kurz: das weiße Rauschen, das diese Litera-

tur verkörpert und auszeichnet wie keine zweite, und eben: sie einzigartig macht, und dazu all die gewaltigen wie zarten Entwicklungsschritte in Jelineks Werk leider aus den Augen verloren [RK_2]. (Leserbrief aus dem Spiegel Nr. 44, 2004, S. 18)

Selbstverständlich wird hier das Klammerverfahren überstrapaziert, und niemals würde man gesprochene Sätze mit solch überfrachteten Mittelfeldern produzieren. Daraus aber die Folgerung abzuleiten, die gesprochene Spache baue die Klammer ab, ist verfehlt: Auch in der gesprochenen Sprache bildet die Klammersyntax den unmarkierten Normalfall. Zwei Drittel der gesprochenen Hauptsätze enthalten eine Verbalklammer (THURMAIR 1991:186), nur sind hier die Mittelfelder weniger umfangreich (im Schnitt nur drei Wörter; das Kurzzeitgedächtnis könnte rund sieben Einheiten verarbeiten). Unter bestimmten Bedingungen, oft zum Erzielen stilistischer Effekte, von Emphase u.ä. kann man sog. Ausklammerungen vornehmen, z.B., wie hier, von PPs:

Wir Frauen müssen weitergehen auf dem Marsch durch die Institutionen [...]! (Zitat von Angela Merkel 1993)

Während ein überladenes Mittelfeld innerhalb der NP in einen Relativsatz überführt werden kann (der seinerseits wiederum klammert), erweist sich die Nebensatzklammer als außerordentlich fest. (Zu den Abfolgeregeln im Mittelfeld und den Funktionen von Umstellungen und Ausklammerungen s. EISENBERG 1999, Bd.2, und die DUDEN-Grammatik [7]2005.)

4.1.2 Klammerausbau und Verb-Zweit-Stellung

Das Klammerprinzip hätte nicht so stark ausgebaut werden können, hätten sich im Deutschen nicht nach und nach analytische (klammerfähige) Konstruktionen herausgebildet:

- das obligatorische Subjektspronomen (ahd. *giloubu* > *ih giloubu*);
- der Artikel (ahd. *man quam* > nhd. *ein/der Mann kam*);
- Präpositionen als Kasusersatz (*das Ende des Liedes* > *das Ende vom Lied*);
- grammatische Umschreibungen (Periphrasen) wie Perfekt (*sie hat Lieder gesungen*), Plusquamperfekt (*sie hatte Lieder gesungen*), Futur (*sie wird Lieder singen*), Passiv (*Lieder werden gesungen*), die Konjunktivumschreibung mit *würde* (*sie würde gerne Lieder singen*);
- Modalverbkonstruktionen (*sie muss nachher noch Lieder singen*);
- schließlich die sog. Funktionsverbgefüge (wie *sie wird den Liedvortrag zum Abschluss bringen*).

Alle diese mehrgliedrigen Konstruktionen bringen erst die klammerfähigen Elemente hervor. Bis auf (relativ seltene) Passiva kannte das Ahd. solche Konstruktionen nicht oder kaum, sie nehmen jedoch ab dem Mhd. massiv zu. Indem alle diese Funktionswörter im Hauptsatz vorangestellt (präponiert) werden, entwickelt sich das Deutsche zunehmend zu einer sog. **prädeterminierenden Sprache**, d.h. zu einer Sprache, die zuerst die grammatischen und dann erst die lexikalischen Informationen liefert (*ich → glaube, die → Frau*; s. Kap. 11.2.2). SONDEREGGER (1979) nennt dies "progressive Steuerung", die Sprachtypologie spricht hier von sog. OV-(=Objekt-Verb-)Sprachen (auch: Operator-Operand). Die vom Idg. ererbten Flexionsendungen (*glaub←e, Frau←en*) zeugen dagegen von einer ehemals umgekehrten (postdeterminierenden) Determinationsrichtung ("regressive Steuerung" bei SONDEREGGER). Die diachrone Zunahme solcher OV-Strukturen impliziert eine von links nach rechts verlaufende Zunahme des Informationsgehalts. Allerdings kultiviert das Deutsche auch VO-Strukturen (Kap. 4.1.5 und 4.3).

Die **ahd. Satzgliedstellung** war in allen Satzarten grundsätzlich noch relativ frei. Während im nhd. Hauptsatz für das finite Verb die sog. Verb-Zweit-Stellung (=V2) gilt, konnte es im Ahd. satzinitial (V1), satzfinal (VL = Verb-Letzt) oder in Verb-Zweit-Stellung (V2) stehen:

a) V1: *ferstiez er den satanan* "Verstieß er den Satan" (*Gegen Fallsucht*)[1] – *Fuor thô Ioseph fon Galileu fon thero burgi* "Ging Joseph von Galilea aus der Stadt" (*Tatian*)
b) VL: *ih inan infahu* "Ich ihn empfange" (*Isidor*)
c) V2: *man gieng after wege* "(Ein) Mann ging des Weges" (*Ad equum errehet*) – *do quam des tiufeles sun* "Da kam des Teufels Sohn" (*Gegen Fallsucht*).

Allerdings zeigen HINTERHÖLZL u.a. (2005) anhand der Tatian-Übersetzung (9. Jh.), dass die Position des finiten Verbs pragmatisch gesteuert war: Ist der Gegenstand (Diskursreferent), über den gesprochen wird, neu, so rückt das Verb an die Satzspitze. Beispiel: *uuarun thô hirta in thero lantskeffi* 'Da waren Hirten in jener Gegend'. Ist der Gegenstand bereits bekannt, so nimmt das Verb die V2-Position ein (dies oft gegen die lateinische Vorlage). Beispiel: *ih bin guot hirti. guot hirti tuot sina sela furi sina scaph.* 'Ich bin ein guter Hirte (Einführung). Der gute Hirte (Wiederaufnahme) gibt seine Seele für seine Schafe' (aus HINTERHÖLZL u.a. 2005:152, 156).

Schon bei NOTKER (11. Jh.) dominiert die **Verb-Zweit-Stellung**, d.h. die Verb-Erst- und Verb-Letzt-Stellung wird im Hauptsatz sukzessive abgebaut. Was sich also im Laufe der Sprachgeschichte vollzieht, ist weniger eine komplette Änderung der Syntax als die Verfestigung bestimmter Optionen, mit anderen Worten die Obligatorisierung bereits vorhandener Tendenzen zu festen syntaktischen Regeln. Bisherige Alternativen werden abgebaut. Die Verbalklammer existierte als Möglichkeit zwar von Anfang an (vgl. das ahd. Sprichwort *tú nemáht nîeht mít éinero dóhder zeuuena eidima máchon* 'du kannst nicht mit einer Tochter zwei Schwiegersöhne gewinnen'), doch sind sowohl Umstellungen im Mittelfeld als auch Ausklammerungen häufig, besonders von schweren (umfangreichen) Elementen wie PPs. Das Vor- und insbesondere das Nachfeld konnte noch mit Satzgliedern besetzt werden, die heute im Mittelfeld stehen müssen:

Vorfeld: *ih muos habēn zi ezzena thaz ir ni uuizzunt* (*Tatian*), wörtlich: "ich Speise habe zu essen, die ihr nicht kennt"

Nachfeld: *thaz uuirdit genemnit gotes barn* "das wird genannt Gottes Kind" (*Tatian*)

---

1 Diese V1-Syntax findet sich heute noch in Exklamativsätzen (*Geht der doch tatsächlich raus!*) oder am Anfang von Witzen (*Treffen sich drei Politiker…*).

Ebenso war die **Verb-Letzt-Stellung** im Nebensatz im Ahd. durchaus schon häufig (oft auch ohne einleitende unterordnende Konjunktion), doch keineswegs obligatorisch. In NOTKERs Psaltern ist VL bereits zu 74% durchgeführt (nach HÄRD 2003:2574). Im 14. Jh. gilt die VL-Stellung als normal, spätestens seit dem 18. Jh. ist sie fest. Damit haben sich Haupt- und Nebensatzsyntax auseinanderentwickelt. Das erleichtert dem Hörer die Unterscheidung zwischen diesen beiden Satztypen. Die unterschiedlichen Klammerkonstruktionen haben eine stärkere **Grammatikalisierung von Haupt- vs. Nebensatz** bewirkt. Dafür spricht auch die Zunahme an unterordnenden Konjunktionen, sowohl was deren Setzung als auch was deren Inventar betrifft (s. Kap. 10.3). In Frage-, Imperativ- und Konditionalsätzen war dagegen schon im Ahd. die Verb-Erst-Stellung üblich: *forsahhistû unholdun?* 'Widersagst du dem Teufel?' (*Fränkisches Taufgelöbnis*).

Nachdem die Klammer syntaktisch fixiert ist, wird das **Mittelfeld** ausgebaut, sein Umfang nimmt folglich stark zu. Die Ursache – ob hier eher mündlicher oder schriftsprachlicher Einfluss vorliegt – ist umstritten. Unbestritten ist aber mittlerweile, dass es sich hierbei nicht um eine lat. Lehnkonstruktion handelt (HARTMANN 1970, ADMONI 1973:89). Die als konzeptionell (stilistisch) mündlich geltenden Flugschriften des 16./17. Jhs. sind reich an Klammerkonstruktionen. Mit großer Sicherheit entstammt das Klammerprinzip als solches – wie dies für Sprachwandel prinzipiell gilt – der Mündlichkeit, doch könnte bei dem massiven Ausbau des Mittelfelds den Kanzleien eine verstärkende Funktion zugeschrieben werden. Gerade der Kanzleistil mit seinen auf Explizit- und Exaktheit abzielenden Rechtstexten war für überladene Mittelfelder – wie wir sie heute übrigens kaum mehr kennen, ihr Höhepunkt war im 17. und 18. Jh. – bekannt. Im Fnhd. nahm die Verschriftung des Deutschen massiv zu, gleichzeitig die Lesefähigkeit der Bevölkerung, d.h. die geschriebene Sprache wurde vermehrt produziert und rezipiert. Da geschriebenen Texten viel Prestige und Autorität zukam (und bis heute zukommt), ist es plausibel anzunehmen, dass die extrem umfangreichen Klammerkonstruktionen eher von der Schriftlichkeit in die Mündlichkeit gelangt sind. Dabei bestehen bis heute deutliche quantitative Unterschiede zwischen beiden Medien. EBERT (1980) liefert Evidenz für die schriftsprachliche Dehnung der Satzklammer, indem er anhand von Nürnberger Briefen (1300-1600) feststellt, dass mit dem Bildungsgrad der Schreiber auch die vollständige Rahmenbildung korreliert (zu weiterer Diskussion s. EICHINGER 1995, ÁGEL 2000).

Historische, korpusbasierte Untersuchungen zur Klammer gibt es bisher kaum. SCHILDT (1976) hat für die fnhd. Periode Untersuchungen zur Festigkeit der Klammer sowie zum Umfang des Mittelfelds vorgenommen (zur Kritik daran s. ÁGEL 2000). Dabei unterscheidet er zwei Zeiträume: 1470-1530 sowie 1670-1730. Aus Gründen der Überlieferung liegen beiden Zeiträumen zwar nicht identische, aber vergleichbare Prosatextsorten zugrunde wie Reisebeschreibungen, Flugschriften, Chroniken, Fachprosa, Briefe. Dabei unterscheidet SCHILDT zwischen:

a) klammerlosen Konstruktionen (Klammerelemente in Kontaktstellung), z.B. *das handtwerckvolck was hitzig auff die burger; Sydonie was gangen inn ir cleyderkamer;*
b) partiell ausgebildeten Klammern, d.h. manche Teile werden ein-, andere Teile ausgeklammert, z.B. *er sol dem armen helffen nach synem vermügen; sie hetten da zu viel birs getruncken nach der kindtöffe;*
c) voll ausgebildeten Klammern (volle Einklammerung), z.B. *vlenspiegel wolt kein handtwerck lernen; so mag dir glück und heyl zu sten.*

Als Ergebnis lässt sich festhalten,
- dass die voll ausgebildete Klammer in diesem Zeitraum stark zunimmt,
- dass überdies auch die Füllung (der Umfang) des Mittelfelds zunimmt,
- dass bei diesen Prozessen die Fachprosa voranschreitet und
- dass regional (diatopisch) das Ostmittel- und das Ostoberdeutsche vorangehen. Ähnliches beobachtet ADMONI (1967).

Tab. 19 und Tab. 20 enthalten die wichtigsten Zahlen (nach SCHILDT 1976:271, 276):

Tab. 19: Die Entwicklung der Klammerformen zwischen 1470 und 1730

Rahmen → Zeitraum ↓	voll ausgebildet	partiell ausgebildet	kein Rahmen
1470-1530	68,1%	22,4%	9,4%
1670-1730	81,4%	17,9%	0,8%

Tab. 20: Anzahl der Glieder innerhalb des Vollrahmens (Ausbau des Mittelfelds)

Rahmen → Zeitraum ↓	1 Glied	2 Glieder	3 Glieder	4 Glieder	5 Glieder
1470-1530	40,3%	40,9%	14,9%	3,9%	0,3%
1670-1730	22,7%	44,1%	26,8%	5,8%	0,7%

4.1.3 Die Klammer heute

Noch heute wandelt und festigt sich die Klammer. So wird in Nebensätzen innerhalb **dreigliedriger Verbkomplexe** (s.u.) die Reihenfolge der Verben in der Verb-Letzt-Position zunehmend stabilisiert. Dabei wird nach HÄRD (1981, 2003) seit dem 18. Jh. das finite Verb (Unterstreichung) sukzessive ganz nach hinten verlagert: *dass es muss/wird geholt werden* > *dass es geholt werden muss/wird; dass sie es muss/wird holen lassen* > *dass sie es holen lassen muss/wird*; derzeit: *dass sie es soll holen müssen* > *dass sie es holen müssen soll*; aber: *dass sie es hätte holen müssen* und (noch?) nicht **dass sie es holen müssen hätte*. Als Grund für diese Blockade führt HÄRD an, dass das letzte Element – gemäß dem allgemeinen Klammerprinzip – einen möglichst hohen Informationsgehalt haben sollte, was *hätte* nicht leistet.

Ein Blick in die Dialekte zeigt, dass diese durchaus ältere Abfolgeregeln grammatikalisiert haben (s. auch bei KÖNIG [14]2004:163 die Karte zu dem Partikelverb: *Wie mer ... heim sinn komme* vs. *... sinn heim komme*). Generell bildet dieses dialektsyntaktische Thema noch ein großes, kaum bearbeitetes Forschungsgebiet.

Im heutigen Deutsch lässt sich ein weiterer Ausbau der Klammer beobachten: So verwendet gerade die deutsche Umgangssprache besonders viele (trennbare) **Partikelverben** (im Folgenden mit Bindestrich markiert), obwohl es auch einfache Verben oder Verben mit festem Präfix gäbe, auf die man ausweichen könnte, wollte man das Klammerverfahren vermeiden: *aus-teilen* statt *verteilen*, *her-stellen* statt *produzieren*, *weg-laufen* statt *fliehen*, *an-rufen* statt *telefonieren*, *kaputt-machen* statt *zerstören* (THURMAIR 1991). Dabei wirkt das Partikelverb immer etwas konkreter, expressiver. Vor allem aber kommt es, gerade bei entlehnten Verben, häufig zu (an sich unnötigen) Erweiterungen um eine trennbare Partikel: *an-telefonieren, ein-imprägnieren, auf-oktroyieren, zusammen-addieren, nach-recherchieren, (Änderungen) nach-verfolgen* (bei Word), *nach-kontrollieren, ab-checken*.[2] Schließlich spricht auch die sich von Norden nach Süden ausbreitende Trennung von Pronominaladverbien (sog. *preposition stranding*) gerade in der Umgangssprache gegen eine Vermeidung oder gar einen Abbau der Klammer, vielmehr für die Entstehung einer neuen Klammer, nämlich der sog. **Adverbialklammer**: *davon weiß ich nichts > da weiß ich nichts von; dafür kann sie nichts > da kann sie nichts für; damit haben wir nichts zu tun > da haben wir nichts mit zu tun* (RONNEBERGER-SIBOLD 1991a:216-218, FLEISCHER 2003). ERÄMETSÄ (1990) beschreibt die diachron zunehmende Trennung komplexer Fragewörter wie *woher, wohin*: *Wohin geht die Reise? – Wo geht die Reise hin? Woher hast du das Geld? – Wo hast du das Geld her?* Schließlich unterstützt auch die kontinuierliche Zunahme an Funktionsverbgefügen (*sie setzte sich erst nach drei Monaten wieder mit ihm in Verbindung*) das Klammerprinzip. Gerade in der gesprochenen Sprache setzt sich das Perfekt weiterhin gegen das Präteritum durch, und hier kommt es auch im Präsens (regional bzw. dialektal unterschiedlich stark) zu häufigen Umschreibungen mit *tun* (*Danach tut sie aufräumen*). Damit nehmen die Klammerkonstruktionen weiterhin zu. Hier sind auch die gegenwärtigen Verschmelzungen von Präposition und Artikel (*ins, im, vorm*) einzuordnen, die darauf hindeuten, dass am Ende flektierende Präpositionen stehen könnten. Diese wären ideale erste Klammerelemente (s. Kap. 11.3.3).

Unter allen germanischen Sprachen stellt das Deutsche die Sprache mit der ausgeprägtesten Klammersyntax dar, gefolgt vom Niederländischen. Die skandinavischen Sprachen und v.a. das Englische klammern nur schwach.

4.1.4 Funktion der Klammer

Die Klammerkonstruktionen sind aus der Lernerperspektive schwierig und deshalb oft – nicht nur humorvoll wie bei MARK TWAIN[3] – zum Gegenstand sprach-

---

[2] Dagegen handelt es sich bei dem Übergang trennbarer zu untrennbaren Präfixen um eine vergleichsweise seltene Randerscheinung: *erkennt... an > anerkennt, spiegelt... wider > widerspiegelt, siedelt... über > übersiedelt* (ADMONI 1973:88/89).

[3] Einige seiner Äußerungen lauten: "Wenn doch nur die Deutschen das Verb so weit nach vorne zögen, that one it without a telescope discover can!" – "Wenn der deutsche Schriftsteller in einen Satz taucht, dann hat man ihn die längste Zeit gesehen, bis er auf der anderen

kritischer Äußerungen geworden. Bis heute wird die Funktion dieser komplizierten Syntax kontrovers diskutiert, doch überwiegt mittlerweile die Erkenntnis, dass der Nutzen nicht auf der Sprecher-, sondern auf der **Hörerseite** zu veranschlagen ist. Der Hörer wird insofern besonders intensiv gefordert, als er gezwungen ist, dauernd Hypothesen über den Fortgang des Satzes zu bilden: Eine unterordnende Konjunktion signalisiert ihm z.B., dass der Informationskomplex erst nach dem finiten Verb komplett ist und damit abgespeichert werden kann.

Bei der Nominalklammer eröffnet das Artikelwort mehrere Optionen (die sukzessive durch die flektierten Adjektive eingeschränkt werden können), bis das passende Substantiv kommt. Substantive, die nicht zur 1. Klammer passen (gestrichelte Linie), werden zum Attribut gefasst:

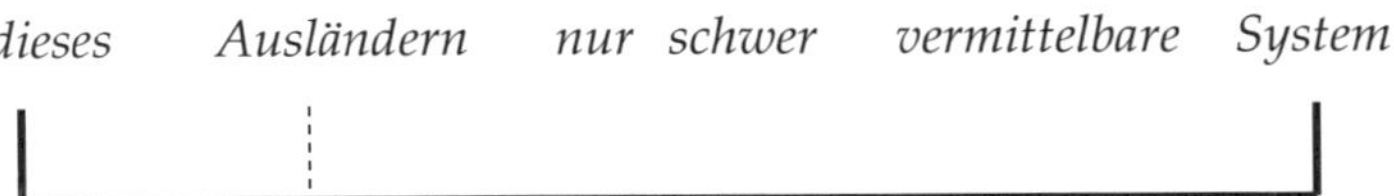

Dies ermöglicht dem Deutschen extrem komprimierende, informationsverdichtende Strukturen, die zwar auf der Planungsebene Kosten verursachen, die ihren Nutzen aber auf der Performanzebene entfalten (kürzere, komplexe Einheiten, für die andere Sprachen mehrere Sätze aufwenden müssten).

Auch bei der Hauptsatzklammer eröffnet das finite Verb verschiedene Annahmen, die im Laufe des Satzes entweder verworfen oder bestätigt werden. Durch die Hypothesenbildungen ist der Rezipient in den syntaktischen Dekodierungsprozess eingebunden, es eröffnet sich ihm ein Spannungsbogen. Tests haben erwiesen, dass der Hörer so starke Verstehensarbeit leistet, dass er in den meisten Fällen den 2. Klammerteil bereits vor seinem Erscheinen korrekt antizipiert.

4.1.5 VO versus OV: Das Deutsche als syntaxtypologischer Mischtyp

Ob das Deutsche typologisch zu den **VO- oder den OV-Sprachen** (auch SVO vs. SOV) zu rechnen ist, lässt sich seinen so stark von Haupt- und Nebensatz abhängenden syntaktischen Strukturen nicht eindeutig entnehmen: Der Nebensatz spricht für SOV (*... sie Äpfel isst*), der Hauptsatz für SVO (*Sie isst Äpfel*). Beim Idg. vermutet man, dass dieses ursprünglich die VL-Stellung verwendete (also eine SOV-Sprache war), die sich bis heute im Nebensatz gehalten hat. Was jedoch den Hauptsatz betrifft, so rückte im Laufe der Sprachgeschichte das leichtere (kürzere) finite Verb in die Zweitposition hinter das erste betonte Element, nicht so das (schwerere) infinite Verb. Damit hat sich im Hauptsatz die Umstellung von SOV > SVO nur teilweise vollzogen. ABRAHAM/CONRADIE (2001) diskutieren für das Deutsche eine SVOV-Struktur ($SV_{fin.}OV_{infin.}$: *Sie isst Äpfel/sie hat Äpfel gegessen*). Auch die Lexikalklammer wird durch die Vorverlagerung des finiten Verbs erklärt, während die Partikel noch in der alten Adverbposition im Objektfeld ver-

Seite eines Ozeans wieder auftaucht mit seinem Verbum im Mund." (Zitiert nach THURMAIR 1991:174).

harrt (*sie **beißt** ein Stück **ab***). Am angemessensten ist es, dem Deutschen angesichts des Nebeneinanders von OV- und VO-Strukturen beide typologischen Ausprägungen zuzugestehen, die – entgegen immer wieder vorgebrachten Behauptungen – keineswegs zu typologischer Einheitlichkeit tendieren (RONNEBERGER-SIBOLD 1991b). Das Deutsche bildet in vielerlei (auch in morphologischer) Hinsicht einen **typologischen Mischtyp** und baut diese Heterogenität weiter aus (ASKEDAL 1996, ROELCKE 1997; s. auch Kap. 12). Fest steht, dass die Klammerbildung den grenzmarkierenden Typus des Deutschen unterstützt: Informationskomplexe werden sowohl syntaktisch als auch – auf der Wortebene – phonologisch (Kap. 2) bzw. orthographisch (Kap. 8) durch Grenzsignale hervorgehoben.

4.2 *Auf gut Glück* – Fixierung der Adjektivstellung und Abbau unflektierter Attribute

Attributive Adjektive und Pronomina konnten im Germ. und auch noch im Ahd. sowohl vor als auch nach dem Substantiv stehen: *in einemo felde scōnemo* (wörtl. "in einem Felde schönem" – NOTKER); zur Nachstellung vgl. noch *Hänschen klein, Röslein rot, Stücker fünf*. Dabei konnte das Adjektiv flektieren oder auch nicht. Relikte alter Unflektiertheit sind: *auf gut Glück, ein gerüttelt Maß Schuld, unser täglich Brot*. Heute dagegen ist die **Voranstellung des flektierten Adjektivs** obligatorisch. Diese Regel setzt sich im Mhd. durch und verfestigt sich im Fnhd. Die unflektierten Adjektive werden in attributiver Stellung vollkommen abgebaut. Heute ist das Adjektiv nur in prädikativer Stellung (wo noch im Ahd. Kongruenz mit dem Subjekt stattfand) unflektiert (*das Feld/die Wiese/der Wald ist schön; die Felder sind schön*). Diese divergente Entwicklung – flektiertes attributives und unflektiertes prädikatives Adjektiv – erzeugt deutlichere Grenzen zwischen Nominal- und Verbalbereich. Gleichzeitig mit der Voranstellung des Adjektivs gewinnt der zunehmend grammatikalisierende Artikel an Frequenz, womit sich die **Nominalklammer** herausbildet und festigt: Das Artikelwort bildet das erste Klammerelement, das Kernsubstantiv das zweite. Dazwischen erstreckt sich das Mittelfeld, das zunehmend ausgebaut wird und nicht nur aus Adjektiven bestehen muss: *<u>das</u> gestern Abend zwar gelesene, aber immer noch nicht zurückgebrachte <u>Buch</u>*.[4] Oder um MARK TWAIN zu Wort kommen zu lassen:

> Als das Feuer das aufdemabbrennendenhausruhende Storchennest erreichte, flogen die Storcheneltern fort. Aber als das vondemtobendenfeuerumgebene Nest selbst Feuer fing, stürzte sich sofort die schnellwiederkehrende Storchenmutter in die Flammen [...]. (aus: TWAIN 1966:1083)

Steht kein Artikelwort, so übernimmt das erste Adjektiv die starke Flexion, um die Klammer zu eröffnen: *de-m groß-en Hund* → *groß-em Hund*. Folgt dem stark

---

4 Nicht vertieft werden kann hier die sukzessive Erweiterung vorangestellter Attribute dieses Typs. Anfänglich wurden solche erweiterten Attribute (oder Teile davon) nachgestellt: *<u>einen</u> geweyheten <u>priester</u> von einem Bischoff* (V. POLENZ 1994, Bd.2:273), heute: *<u>einen</u> von einem Bischof geweihten <u>Priester</u>*.

flektierten Adjektiv ein weiteres Adjektiv, so tendiert dessen Flexion im gegenwärtigen Deutschen zur schwachen Flexion mit *-en*, doch befindet sich dieser Wandel derzeit im Vollzug: *aus kontrolliert-em biologisch-em Anbau* > *aus kontrolliert-em biologisch-en Anbau* (MOULIN-FANKHÄNEL 2000). Diese neuere Entwicklung exponiert die Klammerelemente, indem das zweite Adjektiv durch die Annahme der weniger differenzierenden *en*-Endung flexionsmorphologisch zurücktritt.

Eine gewissermaßen komplementäre Entwicklung mit gleichem Resultat bildet die standardsprachlich nicht akzeptierte, umgangssprachlich jedoch öfter zu hörende Dativflexion von (an sich unveränderlichem) *dessen* und *deren* als **dessem* und **derem*, wobei ein darauf folgendes Adjektiv schwach flektiert wird, z.B. *mit dessem kleinen Bruder, mit dessem schwarzen Humor; mit derem sozialen Umfeld, mit derem universitären Anspruch.* Eine Google-Abfrage ("Seiten auf Deutsch") vom 9.8.2007, der die obigen Beispiele entstammen, erbrachte für "mit dessem" ca. 2.620 Belege, für "mit derem" 550, was angesichts von jeweils über 2 Mio. korrekten Formen kaum ins Gewicht fällt. Andererseits finden sich solche Beispiele keineswegs nur in nähesprachlichen Texten, sondern auf Seiten von Universitäten, des Goethe-Instituts, von Wikipedia etc. Auch diese Entwicklung ist klammermotiviert.

Dass das erste Element der Nominalklammer so deutliche **Flexionsendungen** aufweist, ist (abgesehen vom eben beschriebenen Beispiel) ein ausgesprochen konservativer Zug des Deutschen, der im Dienst der Klammer steht. Es handelt sich hierbei um die sog. pronominale Flexion, die im Ahd. vom Pronomen auf Adjektive und Artikelwörter übertragen wurde (*guter, gutes, gutem*). Das Deutsche – dies wird von sprachgeschichtlichen Darstellungen gerne übersehen – hat heute viel mehr Flexionsmorphologie erhalten bzw. restituiert, als es nach den zahlreichen reduktiven Lautgesetzen einschließlich der einschneidenden mhd. Nebensilbenabschwächung haben dürfte. Gerade die relativ gut ausgeprägte Flexion des ersten Klammerelements zeigt auf, dass sich die Morphologie da, wo sie unverzichtbar ist, sehr wohl gegen Lautwandel durchsetzen kann. Auch die Bewahrung des alten Dreigenussystems kann durch das Klammerverfahren motiviert werden: "Die ganze Funktion des Genus besteht darin, Kongruenz zu ermöglichen" (RONNEBERGER-SIBOLD 1994:120). Genus ist nämlich die einzige stabile Nominalkategorie, die sich nicht ändern kann und die auch nicht vom Sprecher frei gewählt werden kann (im Gegensatz zu Numerus und Kasus). Genus wird in jedem Nom.Sg.-Artikel angezeigt (*das, die, der*), und vor allem ist Genus in jedem Substantiv fest enthalten. Der feminine unbestimmte Artikel hat sogar erst im Fnhd. das heute obligatorische *-e* zur Genusanzeige angenommen: mhd. *ein vrouwe* > (f)nhd. *ein-e Frau.* Noch Luther dichtet: "Ein feste burg ist vnser Gott / ein gute wehr und waffen". Genus wird also gestärkt, wofür es noch viele weitere Beispiele gibt. – Der zweite Klammerteil, das Substantiv, hat durch die sog. Numerusprofilierung einen morphologischen Ausbau vollzogen. U.a. zeigt sich die Numerusprofilierung in der Beseitigung nullmarkierter Klassen wie z.B. der starken Neutra: mhd. *daz wort – diu wort* > nhd. *das Wort – die Wörter* (s. Kap. 3.1.2.1). Hätten die Lautgesetze mechanisch gewirkt, so wäre mit dem Kasus- auch ein Numerusabbau einhergegangen. Dass aber beim Substantiv der Numerus- über den Kasusausdruck gestellt wurde (und wird), zeigt sich an der selektiven Wirkung der *e*-Apokope (*e*-Schwund): Erst in der jüngsten Sprachgeschichte wurde die *e*-Endung im Dativ Singular apokopiert, nicht aber die homophone *e*-Endung im Plural: *dem Tag(e)*, aber *die Tage*.

4.3 *Des Rätsels Lösung:* Vom prä- zum postnominalen Genitiv

Während nachgestellte (postponierte) Adjektive ins Mittelfeld integriert werden, sind die von alters her vorangestellten (präponierten) Genitive nach rechts aus der Nominalklammer herausgestellt worden: ahd. *des tiufeles sun* > *der Sohn des Teufels*. Heute gibt es davon noch einige in Redewendungen erstarrte Reste: *des Rätsels Lösung, Volkes Stimme, in Teufels Küche kommen, auf des Messers Schneide*. Illustriert sei diese **Rechtsversetzung** mit dem folgenden Beispiel:

> ahd. *(des) fateres hūs* > mhd. *des vater(e)s hûs* > fnhd. *des vaters haus* > *das haus des vaters* > nhd. *das Haus des Vaters*/ugs. *das Haus vom Vater, dem Vater sein Haus*.

Wie Untersuchungen von FRITZE (1976) gezeigt haben, herrscht um 1500 die Nachstellung bereits zu 53% vor, was sich bis 1700 zu 64% steigert. Die Voranstellung nimmt sukzessive ab und beschränkt sich heute nur noch auf Eigennamen, besonders dann, wenn sie Personen bezeichnen: *Rudis Grillstube*, aber: *?die Grillstube Rudis*; dagegen nicht: *?Freiburgs Sehenswürdigkeiten*, sondern eher *die Sehenswürdigkeiten Freiburgs*. Bei Ortsnamen nimmt diese Nachstellung also derzeit zu, Personennamen dagegen verharren eher in der altenVoranstellung.

Dieser **Stellungswechsel** lässt sich wieder in Hinblick auf den Ausbau der Nominalklammer erklären: Nach der Ausklammerung des Genitivs aus dem Mittelfeld kongruiert der Artikel mit dem Kern- oder Kopfsubstantiv (fett) der NP, ***Haus***. Dies hat er vorher nicht getan:

des Vaters [...] **Haus** > das [...] **Haus** des Vaters

Der einleitende Genitivartikel *des* weckte falsche Erwartungen, da er sich nicht auf den Kern der NP bezog. Durch den Ausbau der Nominalklammer wurde insgesamt die OV-Struktur gestärkt. Zu ihrer prinzipiellen Aufrechterhaltung wird der nachgestellte Genitiv (ebenso der nachgestellte Relativsatz), also VO, in Kauf genommen. "OV" (Objekt-Verb) und "VO" (Verb-Objekt) bezeichnet dabei nicht nur die Position von Objekt und Verb, sondern allgemein die von Abhängigem ("O") zu Regierendem ("V"). D.h., die Folge Artikel + Substantiv repräsentiert z.B. auch eine OV-Struktur (s. Kap. 4.1.5).

Eine Möglichkeit, mit der die Rechtsversetzung des Genitivs vermieden wurde, bestand in der Morphologisierung solcher Substantivfolgen zu **Komposita**: Bei der Folge *Vaters Haus* wurde der Genitiv *Vaters* als Bestimmungswort zum Grundwort *Haus* reanalysiert (d.h. neu interpretiert trotz oberflächlich gleichbleibender Strukturen). Dabei hat sich der Artikel mit dem Übergang von *des* zu *das* in seiner Kongruenz am neuen Grundwort *Haus* ausgerichtet (s. Kap. 2.3.7):

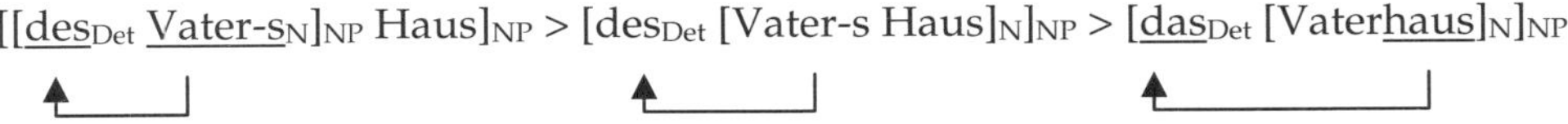

[[des_Det Vater-s_N]_NP Haus]_NP > [des_Det [Vater-s Haus]_N]_NP > [das_Det [Vaterhaus]_N]_NP

Während in *Vaterhaus* das ehemalige Genitiv-*s* abgebaut wurde, hat es in *Teufel-s-sohn* und vielen anderen Komposita als sog. **Fugenelement** (Verbindungselement in der Kompositionsfuge) überdauert (s. auch *Kind-s-kopf, Kind-es-wohl*). Später ist dieses Fugen-*s* sogar produktiv geworden, indem es sich in Komposita ausgebreitet hat, deren Bestimmungswort nie ein Genitiv-*s* enthalten hat. Dies betrifft z.B. alle femininen Bestimmungswörter: *Kindheit-s-erinnerung, Erinnerung-s-vermögen, Abfahrt-s-zeit* (s. Kap. 3.2.2.2).

Eine weitere Möglichkeit, die Nominalklammer zu stärken, besteht in der Überführung des Genitivs *Vaters* in ein sog. **relationales Adjektiv** – eine Besonderheit des Deutschen, die aus fremdsprachiger Perspektive immer wieder als bemerkenswert herausgestellt wird und dafür spricht, dass hier ein direkter Zusammenhang mit der Klammer bestehen muss: *das väterliche Haus*. Dieser Zusammenhang wird dadurch erhärtet, dass solche relationalen Adjektive das Mittelfeld nicht verlassen dürfen, d.h. nicht prädikativ verwendbar sind: **Das Haus ist väterlich*. Das Adjektiv *väterlich* hat prinzipiell also zwei Bedeutungen:
a) 'des Vaters', 'zum Vater gehörend' (relational); prädikativ nicht möglich,
b) 'von der Art eines Vaters' (charakterisierend); auch prädikativ möglich.
NPs wie *der väterliche Rat* sind damit doppeldeutig. Prädikativ (*der Rat ist väterlich*) stellt sich dagegen nur die charakterisierende Lesart b) ein. Relationale Adjektive können also die alte genitivische Bestimmung ersetzen und erfüllen gleichzeitig die Anforderungen an eine Klammer, indem sie das Mittelfeld besetzen. Damit bestätigen auch sie die Tendenz des Deutschen zum Ausbau der Klammer.

4.4 Abbau des Genitivs als Objektkasus (Valenzwandel)

Im Laufe der Sprachgeschichte hat sich der Genitiv verstärkt zu einem Nominalkasus entwickelt, d.h. er wird zunehmend von Substantiven gefordert und weniger von Verben und Adjektiven.

Dennoch sind auch im nominalen Bereich Einbußen zu verzeichnen, z.B. beim sog. **partitiven Genitiv** als dem Genitiv nach Quantitätsausdrücken, der heute nur noch in Resten fortbesteht: fnhd. *ein tröpflein wassers* > nhd. *ein Tröpfchen Wasser; zu viel birs > zu viel Bier*. Zwar sagt man heute *ein Glas Wein*, doch mit vorangestelltem Attribut hört man oft noch *ein Glas exzellenten Wein(e)s*. Phraseologismen wie *Manns genug sein, kein Aufhebens um etwas machen, nicht viel Federlesens mit jemandem machen* zeugen von der früheren Regel, die nach quantifizierenden Ausdrücken einen Genitiv forderte (dass dieser Ausdruck auch nachgestellt sein konnte, zeigt sich bei *Manns genug*). Nur mit vorangestelltem Adjektiv, im Plural und insbesondere vor einem substantivierten Adjektiv ist der partitive Genitiv heute noch ziemlich fest: *ein Dutzend frischer Eier, eine Gruppe Industrieller.* Auch bei den Präpositionen wird im Laufe ihrer Grammatikalisierung der Genitiv abgebaut (heute: *wegen des > dem, statt des > dem, während des > dem*).

Tiefgreifender ist der **Abbau des Genitivs als verbaler Objektkasus**: Nach ÁGEL (2000:1870) gab es im Mhd. noch rund 260 genitivregierende Verben, heute sind es noch 56, die zumeist der gehobenen Stilebene angehören – bestes Indiz für ihren weiteren Abbau (*jemandes gedenken, jemandes harren*). Der größte Umbruch vollzieht sich im 15. Jh., dabei wird der Genitiv meist in den Akkusativ (*jemanden wahrnehmen, pflegen, erwarten*) oder in eine PP (*sich behelfen mit, sich beklagen über, erschrecken über*) überführt. Beim Genitivabbau wird die sog. Vertikalisierung bei der Steuerung dieser Prozesse sichtbar: Volkstümliche, konzeptionell mündliche und an ein breites Publikum gerichtete Textsorten forcieren diesen Umbau am stärksten (FISCHER 1992). Dagegen konservieren Rechtstexte am ehesten den Objektsgenitiv, was auch heute noch gut sichtbar ist: *sie bezichtigen ihn des Betrugs; sie klagen ihn des Betrugs an; sie überführen ihn des Betrugs* usw. (SCHMID 2004). Bei Präfixverben (wie auch hier: *bezichtigen* etc.) hält sich die Genitivrektion am längsten.

Schließlich haben auch viele **Adjektive** ihre Genitivrektion abgebaut. Bei *eigner Herd ist Goldes wert* oder *nicht der Rede wert sein* regiert *wert* noch den Genitiv, heute jedoch den Akkusativ: *Das ist keinen Pfennig wert.*

In vielen **Dialekten** wurde der Genitiv als morphologischer Kasus komplett abgebaut. Hier gelten die aus der gesprochenen Umgangssprache bekannten Umschreibungen mit der Präposition *von* (*die Beschreibung des Bildes > die Beschreibung von dem Bild*) oder mit sog. possessiven Dativkonstruktionen, die aber nur auf Personen beziehbar sind (*Peters Jacke > dem Peter seine Jacke*). Hier liegt ein Beispiel für den Übergang von synthetischen zu analytischen Ausdrucksverfahren vor (Kap. 11.2).

Ein weiterer Valenzwandel besteht in der **Generalisierung der Subjektskodierung**: Sog. unpersönliche Verben, oft Empfindungsverben, gehen vom älteren Dativ oder – häufiger – Akkusativ zum Nominativ über: *mir ahnt > ich ahne, mir träumt > ich träume, mich friert > ich friere, mich dürstet > ich habe Durst* (DAL [3]1966:166-168, ÁGEL 2000:1872). Heutige Reste sind *mir graut, mich reizt.* Im Ahd. war diese Gruppe noch viel größer: *mih hungirit* "mich hungert", *mih slāferōt* 'mich schläfert' (DAL [3]1966:168).

4.5 Negationswandel

Das Deutsche hat, wie viele andere Sprachen auch, bei der **Satznegation** ein zyklisches Verfahren durchlaufen, das in dieser Deutlichkeit zuerst 1817 von dem dänischen Sprachwissenschaftler OTTO JESPERSEN beschrieben wurde und später nach ihm als "Jespersens Zyklus" benannt wurde. Dabei geht es um den Kreislauf von Schwächung, Stärkung und abermaliger Schwächung von Negationsausdrücken:

> The original negative adverb is first weakened, then found insufficient und therefore strengthened, generally through some additional word, and this in its turn may be felt as the negative proper und may then in course of time be subject to the same development as the original word. (JESPERSEN 1917:4)

Das Ahd. ererbte vom Germ. und Idg. die **Negationspartikel *ni***, die es dem finiten Verb voranstellte: *dē dār trinkit fon thesemo uuazzare thaz ih gibu ni thurstit zi ēuuidu* 'wer von dem Wasser trinkt, das ich gebe, den dürstet nicht in Ewigkeit' (Tatian 87,3). Nach und nach wurde diese Partikel, da in der Regel im Vorton stehend, geschwächt, was sich ab spätahd. und vor allem in mhd. Zeit zum einen in häufigen Zusammenschreibungen mit dem folgenden Verb manifestiert (manchmal auch mit dem vorangehenden Pronomen), zum anderen in seiner Schreibung mit reduziertem <e> [ə], oft sogar mit dem folgenden Vokal ganz verschmelzend als bloßes <n>: *nindrinnes* 'nicht entrinnest' (*Lorscher Bienensegen*). Dieses Stadium wird als Proklise bezeichnet, das schwache Element selbst als Proklitikon, das Verb als Basis (am vorangehenden Pronomen haftend, bezeichnet man das schwache Element als Enklitikon: *in* (< *ich=en*) *mac* 'ich kann nicht'). Klitika spielen bei sog. Grammatikalisierungen eine wichtige Rolle, da sie die Brücke zwischen Syntax und Morphologie bilden, d.h. sie können sich – falls sich diese Entwicklung fortsetzt – zu Flexionsaffixen weiterentwickeln (Kap. 10, 11.3). Doch wurde diese Grammatikalisierung hier abgebrochen: Schon im Stadium der proklitischen Schwächung wurden hinter dem Verb **Negationsverstärkungen** aufgebaut, von denen sich *nicht* < *ni io uuiht* 'nicht (je) eine Kleinigkeit/ein Wicht' also 'nicht im geringsten', langfristig durchgesetzt hat: *ni* + finites Vb. + *niht*. Dabei handelte es sich um eine diskontinuierliche, klammernde Mehrfachnegation, die keine Aufhebung der Verneinung bewirkte. Die Negation konnte durch weitere Wörter verstärkt werden, die etwas Wertloses, Geringfügiges bezeichneten: *ein blat, ein brôt, ein ei, ein hâr, ein strô, ein(e) bône*, auch *ein(e) halbe bône*. Dabei traten diese meistens zu *nicht* hinzu, gelegentlich ersetzten sie auch *nicht*: mhd. *daz enhalf niht ein bast; darûf enachte er niht ein strô; daz hulfe niht ein blat;* ohne *niht* (aber gleichwohl negierend): *ich sage in ein blat* (WILMANNS ^{2}1899:624); *er achtet Ruhm nur Stroh; Perlen achtet er Streu; darum kümmere ich mich den Teufel* (BLATZ ^{3}1900:655). Im Fall von *(nicht) die Bohne* hat sich dieser Ausdruck bis heute zur Bezeichnung von Desinteresse gehalten, doch fast nur in Verbindung mit dem Verb *interessieren* (womit es sich um eine feste Wendung handelt): Eine Google-Recherche vom 27.02.2005 ergab bei der Abfrage "interessiert mich nicht die Bohne" 5.380 Belege, die Abfrage ohne die Negationspartikel (aber gleichermaßen als Negation fungierend), "interessiert mich die Bohne" nur 82 Belege, d.h. hier kündet *die Bohne* sowohl noch als Negationsverstärker (häufig) als auch als Negationsersatz (selten). Tauscht man *mich* durch andere Pronomina aus (*dich, ihn, sie* etc.), so finden sich fast nur für die negierte Verstärkung Belege. Weitere mittlerweile erstarrte Relikte sind: *das ist keinen Pfifferling wert; das geht dich einen Dreck an/sie kümmert sich darum einen Dreck.*

Nachdem die negierenden Proklitika gänzlich abgebaut waren – sie kommen im 15. Jh. nur noch selten vor, um 1700 gar nicht mehr (PENSEL 1976) –, wurde *nicht* endgültig zum Standbein, d.h. zur alleinigen Negationspartikel: So hat sich aus einem ursprünglich syntaktischen ein klitisches und schließlich abermals ein syntaktisches Negationsverfahren herausgebildet. In heutigen Dialekten wie etwa dem Schwäbischen erfährt die Negationspartikel *nicht* wieder Reduktionen, nämlich zu *it*, *et*. Tab. 21 fasst die wichtigsten Etappen dieses Prozesses zusammen:

Tab. 21: Die Negation in der deutschen Sprachgeschichte

Periode	Negationsverfahren	Bemerkung
frühes Ahd.	*ni* + fin.Vb.	*ni* aus dem Germ. ererbt
spätes Ahd.	*ni-* + fin.Vb. (+ *neowiht*/*niwiht*)	< *ni io uuiht* 'nicht im geringsten'; daneben aber auch andere Partikeln, z.B. *nihhein*
Mhd.	*ni*/*ne*/*en*/*n* + fin.Vb. + *ni(e)ht*	statt bzw. neben *niht* auch andere Verstärkungen möglich: *(niht) ein blat, ein(e) (halbe) bône, ein brôt, ein ei, ein hâr, ein strô, ein wint...*
Fnhd.	(*ne-*/*en-*/*-n-*) + fin.Vb. + *nicht*	Proklise meist nur noch an Modalverben
Nhd.	fin.Vb. + *nicht*	dialektal auch zu *nit*, *net*, *it*, *et*

Sucht man nach Begründungen für die Unterbrechung der Grammatikalisierung und die "Rückkehr" des Negationsverfahren in die Syntax (wenngleich in anderer Form und Position – hierzu VENNEMANN 1993), so wird meistens eine Art Funktionsuntüchtigkeit des geschwächten, an Lautsubstanz armen Negationsklitikons geltend gemacht:

> Es lässt sich deutlich erkennen, dass die alleinstehende Proklise /en/ wegen ihrer Untertonigkeit für die Negierung eines Satzes bereits um 1500 nur noch in den wenigsten Fällen ausreicht. (PENSEL 1976:321, ähnlich LENZ 1996:191).

Linguistischer ausgedrückt war der sog. **diagrammatische Ikonismus** verletzt: Ob ein Satz affirmiert oder negiert ist, ist für die Gesamtaussage von höchster Bedeutung. Dieser funktionalen Relevanz sollte auch auf der Formebene ein ähnlich gewichtiges Korrelat entsprechen, was das Klitikon nicht leistete. Die alte Negationspartikel hat sich jedoch in Indefinitadverbien und -pronomen erhalten wie *nie* < *ni io* 'nicht je', *niemand* < *nio man* 'kein Mann', *niemer*/*nimmer* < *nio mēr* 'nie mehr' etc. (zu einer anderen Perspektive s. DONHAUSER 1996).

Zum Weiterlesen:
Kurze, ansprechende Einführungen in die historische Syntax gibt es kaum. Hier lassen sich am ehesten EBERT (1978) und DAL (^{3}1966) empfehlen. Als Standard gelten ADMONI (1990) und BETTEN (1987). Speziell vom Zeitraum 1300-1750 handelt EBERT (1986). Sehr überzeugend (wenngleich sehr dicht geschrieben) sind die Beiträge von RONNEBERGER-SIBOLD (1991a, 1994), die Ausbildung und Ausbau der Klammer als "Leitmotiv" der deutschen Syntax herausstellt und dieser weitere syntaktische und morphologische Phänomene unterordnet.

Aufgaben:

1) Bitte analysieren Sie den Stand der Klammerbildung in "Der Prophet Jona I und II" aus der Lutherbibel von 1545 (www.germanistik.uni-mainz.de/sprachwandel.htm). Nehmen Sie dabei eine Dreiteilung in a) keine Klammer (=Rahmen) b) partielle Klammer und c) volle Klammer vor.
2) Am Ende der Schöpfungsgeschichte I (Luther-Bibel 1545) steht der Nebensatz: "das ſie allerley grůn Kraut eſſen". Und in Jona II findet sich: "ICH sanck hinuntern zu der Berge grůnde". Bitte nehmen Sie zu den unterstrichenen Einheiten Stellung (wie würde man dies heute ausdrücken?) und ordnen Sie diese Phänomene in einen größeren syntaktischen Zusammenhang ein.

5 Semantischer Wandel

Alle, die ältere Texte lesen, machen die Erfahrung, dass ihnen viele Wörter zwar bekannt vorkommen, aber eine andere Bedeutung als heute haben können. So ist ein *krankes* Pferd im Mhd. nur ein schwaches, aber kein im heutigen Sinn erkranktes. Liest man fnhd. Texte, so kann man, wenn man geübt ist, weitgehend den Sinn erschließen, liest man jedoch noch ältere Texte, so benötigt man eine solide Einführung in diese Sprachstufen, um eine adäquate Übersetzung zu meistern. Hier hat also **Bedeutungswandel** stattgefunden: Der materielle Wortkörper ist bekannt (er hat sich nur lautgesetzlich weiterentwickelt), doch hat sich sein Inhalt verändert. Diese rein inhaltsseitige Veränderung von Wörtern fassen wir unter semantischen Wandel. Ändert sich der Wortkörper, so haben wir es mit lexikalischem Wandel (Bezeichnungswandel) zu tun (Kap. 6). So wurde z.B. ahd. *(h)ros* in der allgemeinen Bedeutung 'Pferd' durch das lat. Lehnwort *Pferd* ersetzt (lex. Wandel/Bezeichnungswandel). Das heutige *Ross* bezeichnet ausschließlich ein edles Reitpferd (und hat damit nur semantischen Wandel vollzogen). Bedeutungs- und Bezeichnungswandel sind oft eng miteinander verzahnt: Der eine kann den anderen auslösen (hierzu s. KOCH 2001).

Im Gegensatz zum Lautwandel verläuft semantischer Wandel längst nicht so konsequent: Manche Wörter konservieren ihre Bedeutung seit Jahrtausenden (so die direkten Verwandtschaftsbezeichnungen wie *Mutter, Vater*), andere sind häufig von Wandel betroffen. Auch die Richtung semantischen Wandels ist kaum vorhersagbar. Dies mag dazu geführt haben, dass der semantische Wandel viel schlechter untersucht und verstanden ist als z.B. der phonologische Wandel.

Wie jeder Sprachwandel kommt auch semantischer Wandel nie zum Stillstand. Er äußert sich darin, dass man bei anderen Menschen andere Gebrauchsweisen von Wörtern wahrnimmt. So verwenden manche Leute das Adjektiv *witzig* im Sinne von 'seltsam, merkwürdig': *Das ist ja ein witziges Bild, das würde ich mir nie aufhängen.* Oder bestimmte Gruppensprachen (Soziolekte) wie z.B. die Jugend- oder eine Fachsprache gebrauchen Wörter mit Bedeutungen, wie man sie bisher nicht kannte (z.B. *fett*). Diese können, sie müssen sich aber nicht weiter verbreiten. Bekanntes Beispiel dafür ist *geil*, das seit den 1980er Jahren von Jugendlichen im Sinne positiver Bewertung gebraucht wird: *geiler Film, geiler Ausflug* etc. Ursprünglich bedeutete es 'fröhlich', später 'lüstern, sexuell erregt', heute 'toll' (hierzu KELLER/KIRSCHBAUM 2000).

Beim sprachlichen Zeichen unterscheidet man eine Ausdrucks- und eine Inhaltsseite. Die letztere wird i.d.R. auch als **Bedeutung** oder **Semantik** bezeichnet. Hier unterscheidet man wiederum zwischen **denotativer** und **konnotativer Bedeutung**. Grob gesagt steht die denotative Bedeutung im Wörterbuch, d.h. sie konstituiert die allgemein geltende "Kernbedeutung". Konnotationen treten hinzu und sind meist auf der individuellen Ebene zu verorten. So ist die denotative

Bedeutung von *Katze* 'Haustier mit Pelz, das miaut'. Als konnotative Zusatzbedeutung kann aber für jemanden, der von ihr gekratzt wurde, 'gefährlich, unberechenbar' hinzukommen. Jenseits dieses rein mentalen Zeichenmodells steht das konkrete Objekt/der Sachverhalt in der Wirklichkeit, worauf mithilfe dieses Zeichens Bezug genommen (referiert) wird. Zentral ist die Einsicht, dass Bedeutungen weder naturgegeben noch ein für allemal fixiert sind, sondern dass sie "geronnene" Welterfahrung und Weltsicht der Sprechenden darstellen und sich ständig verändern. Durch neue Kontexte, in denen ein Wort gebraucht wird, verändert es langsam seine Bedeutung. Dies führt dazu, dass wir so große Probleme haben, ältere Texte mit vordergründig bekannten Wörtern richtig zu übersetzen.

Lange war die historische Semantik als Disziplin der historischen Linguistik unterrepräsentiert und unterentwickelt. Dies hat sich in den letzten Jahren geändert. Hier seien insbesondere die Einführungen von FRITZ (1998, 2005) sowie von KELLER/KIRSCHBAUM (2003) genannt, die neben theoretischen Überlegungen zu Motiven und Prinzipien des Bedeutungswandels eine Fülle von Beispielen liefern. Diese vermitteln einen guten Eindruck von Ausmaß und Komplexität dieses Wandels. Auch im Zusammenhang mit der seit den letzten zwei Jahrzehnten "boomenden" Grammatikalisierungsforschung ist der semantische Wandel (wie überhaupt die historische Sprachwissenschaft) wieder in das Interesse der Linguistik gelangt. Bestimmte Phasen der Grammatikalisierung bestehen nämlich in semantischen Generalisierungen (Verblassung, Abstraktion).

Grundsätzlich sind beim semantischen Wandel zwei Perspektiven zu unterscheiden: Die **semasiologische Perspektive** fragt nach dem Bedeutungswandel einzelner Wörter, d.h. welche Bedeutung(en) ein Ausdruck A umfasst und wie sich diese im Laufe der Zeit ändert. Beispiel: Wie hat sich die Bedeutung von *billig* vom Mhd. zu Nhd. verändert? Umgekehrt verfährt die **onomasiologische Perspektive**: Sie geht von den Gegenständen bzw. Sachverhalten aus und fragt nach ihren Bezeichnungen und deren Wandel (Kap. 6). Beispiel: Wie hat sich das System der Verwandtschaftsbezeichnungen (oder auch einfach nur die Bezeichnung für die 'Kusine') im Laufe der deutschen Sprachgeschichte verändert? Oder: Wie hat sich der Ausdruck von Zukünftigkeit (Futur) im Laufe der deutschen Sprachgeschichte verändert? Beide Perspektiven werden im Folgenden eingenommen. Wir gehen so vor, dass wir zunächst die traditionell unterschiedenen Typen semantischen Wandels darstellen (semasiologisch; s. Kap. 5.1). Diese Klassifikation verharrt auf der beschreibenden Ebene und stellt genau genommen das Ergebnis bereits stattgefundenen Bedeutungswandels dar. Über die Ursache dieses Wandels sagt sie jedoch nichts aus. Dazu referieren wir anschließend die wichtigsten Prinzipien und Motive semantischer Neuerungen wie die Metapher, die Metonymie etc. (s. Kap. 5.2). Abschließend soll ein (onomasiologisches) Fallbeispiel eines komplexen semantischen Wandels, der auch tiefgreifende Auswirkungen auf der lexikalische Ebene hatte, skizziert werden: Die Verschiebungen und Umschichtungen im Wortfeld der Verwandtschaftsbezeichnungen (Kap. 5.3). Hier wird deutlich, wie semantischer und lexikalischer Wandel interagieren.

5.1 Typen semantischen Wandels

Die folgende Klassifizierung semantischen Wandels greift nur bestimmte Typen heraus, die sich in der Forschungsliteratur etabliert haben. Eine scharfe Abgrenzung ist nicht immer möglich, und es kann auch ein und dasselbe Wort von mehreren dieser Wandeltypen betroffen sein. Grundsätzlich ist es möglich, dass sich die Bedeutung eines Wortes aufspaltet: **Polysemie** liegt dann vor, wenn die verschiedenen Bedeutungen auf einen gemeinsamen Nenner beziehbar sind, wie dies bei *scharf* der Falle ist, hier die Wirkung eines scharfen (geschliffenen) Messers: *scharfes Messer, scharfer Ton, scharfes Essen, scharfes Bild, scharfes Wort, scharfer Film* etc. (FRITZ 1998:136f.). **Homonymie** liegt dagegen vor, wenn ein solcher Zusammenhang nicht mehr erkennbar ist wie bei *Schloss* 'Türschloss' und 'prächtiges Gebäude'. Beide hängen zwar etymologisch mit *schließen* zusammen, werden aber miteinander nicht mehr in Verbindung gebracht. Vielen ist diese Homonymie gar nicht bewusst. Im Fall des *Türschlosses* ist die Verbindung zu *schließen* noch durchsichtig. Anders im Fall des *Gebäudes*: Hierzu gibt es zwei Erklärungen: a) Ein *Schloss* bildete landschaftlich den Abschluss eines Tals oder eines Wasserlaufs; b) Ein *Schloss* war ein besonders gut verschlossenes (verriegeltes) Gebäude. Manchmal wird Homonymie enger gefasst, indem sie solche etymologisch verwandten, aber nicht mehr durchsichtigen Wörter ausschließt, was u.E. wenig sinnvoll ist. Miteinander nicht verwandt sind z.B. *Kiefer*$_1$ 'Nadelbaum' und *Kiefer*$_2$ 'Gesichtsteil'.

Bedeutungsdifferenzierung, also Polysemie, entsteht bei den meisten folgenden Wandeltypen. Sie ist typisch bzw. sogar die Voraussetzung für semantischen Wandel. Deshalb fassen wir sie (entgegen mancher Literatur) nicht als eigenen Typ auf. Selbstverständlich basieren alle folgenden Wandelerscheinungen auf kleinschrittigen (graduellen) Veränderungen. Beim Bedeutungswandel springt nie Bedeutung 'A' zu Bedeutung 'B'. Synchron äußert sich dies in Polysemie (Mehrdeutigkeit), d.h. die alte und die neue Bedeutung kommen temporär (oft auch dauerhaft) nebeneinander vor. Stirbt die alte Bedeutung ab, so hat sich Bedeutungswandel vollzogen. Hierfür werden im Folgenden Beispiele geliefert.

5.1.1 Bedeutungserweiterung

Bei der **Bedeutungserweiterung** handelt es sich um einen sehr häufig begangenen Pfad, der verschiedene Erscheinungsformen umfasst. In jedem Fall werden dabei semantische Merkmale abgebaut, womit sich die Anwendbarkeit des Wortes erweitert. Zum einen können lexikalische Wörter bedeutungserweitert werden. Zum anderen lassen sich im Zuge von Grammatikalisierungsprozessen semantische Verallgemeinerungen beobachten; diese werden oft auch *Verblassung, Ausbleichung* oder *Entkonkretisierung / Abstraktion* genannt. Hier tritt das ursprüngliche Lexem langfristig in den Dienst der Grammatik, etwa als Funktionswort innerhalb grammatischer Konstruktionen.

Zum ersten Typ, der lexikalischen Bedeutungserweiterung, einige Beispiele: Das Adjektiv *fertig* geht auf eine Ableitung von *Fahrt* + *-ig* zurück und bedeutete ursprünglich 'für die Fahrt gerüstet, abfahrbereit'. Heute hat sich die Bedeutung im Sinne eines Bereitseins für alles erweitert: *Sie ist fertig, wir können anfangen zu spielen; sie hat sich zum Spielen fertig gemacht*. Man kann damit aber auch das Ende einer Handlung bezeichnen (hervorgehend aus den Vorbereitungen des Sich-zur-Fahrt-Rüstens): *Sie ist mit dem Singen fertig* 'sie hat aufgehört zu singen'. Auch Gegenstände und Abstrakta können *fertig* sein: *Das Haus/die Arbeit ist fertig* 'vollendet, abgeschlossen'. Schließlich verwendet man, besonders heutzutage, *fertig* auch im Sinne von 'erschöpft': *Die Vorlesung hat sie fertig gemacht*. In den Bereich der Morphologie begibt sich *-fertig* als sog. Suffixoid in Zusammensetzungen wie *bezugsfertig, bratfertig, eine kochfertige Suppe, schlüsselfertig* etc. (zum Affixoid s. Kap. 3.2.1.1). Die Bedeutung von *fertig* hat sich so weit von *Fahrt* entfernt, dass man nicht auf die Idee käme, es mit <ä> zu schreiben (obwohl es historisch-etymologisch korrekt wäre) (Kap. 8.1.3). Auch hat es nicht die analogische Vokaldehnung mitgemacht, wie dies z.B. bei *Fahrt*, in Analogie zu *fahren*, geschehen ist (s. Kap. 3.1.1.1).

Auch das Wort *Sache* hat eine Erweiterung erfahren. Germ. **sakō-* bedeutete wahrscheinlich 'Gerichtssache, Streit', auch 'Ursache' (man sieht, dass noch in diesen Bedeutungsangaben das Wort *-sache* enthalten ist). Ahd. *sahha* besaß noch die gleichen Bedeutungen, bezeichnete aber zusätzlich auch schon 'Ding, Sache' im weiteren Sinn (übrigens hat auch das Wort *Ding*, ursprünglich 'Gerichtsverhandlung', eine solche Erweiterung vollzogen). Im Ahd. gab es dazu noch das Verb *sahhan* 'streiten, zurechtweisen'. Nur noch in der Zusammensetzung *Widersacher* lebt die alte Bedeutung fort, teilweise auch im Adjektiv *sachlich*, indem es nicht auf Gegenstände anwendbar ist (*eine sachliche Antwort*). Heute ist *Sache* auf fast alle Gegenstände und Sachverhalte beziehbar: *Räum deine Sachen auf! Mir ist heute eine blöde Sache passiert*.

Schließlich hat auch das Allerweltsverb *machen* eine immense Erweiterung vollzogen, wenn man bedenkt, dass es ursprünglich 'kneten, Lehm zubereiten und verarbeiten' bedeutet hat (vgl. noch engl. *make-up*). Über 'zusammenfügen, bauen, herstellen' gelangte es zu 'tun' und lässt es sich auch auf Abstrakta beziehen. Es wird also deutlich, dass die semantischen Merkmale der Handarbeit und des Verarbeitungsstoffes (Lehm) abgebaut wurden und damit die Verwendbarkeit des Verbs zunahm. Geht eine solche Verallgemeinerung so weit, dass sich eine Art Funktionswort entwickelt, so wird der Bereich der Grammatikalisierung betreten. Das Verb *machen* ist schon ein Grenzfall, da es in ziemlich vielen Verbindungen als sog. Stützverb vorkommen kann (*Sport machen, Hausaufgaben machen, Ärger machen*) und manchmal auch sog. kausative Funktion übernehmen kann im Sinne von 'etwas bewirken': *jemanden lachen machen* oder *jemanden vergessen machen; der Lärm macht mich nervös*. In der Konstruktion *sich an etwas machen* übernimmt es sog. inchoative Funktion, d.h. es drückt den Beginn einer Handlung aus: *Er macht sich ans Aufräumen* (zu weiteren Funktionen s. DUDEN-Grammatik [7]2005).

Damit kommen wir zum zweiten Typ der Bedeutungserweiterung, die so weit voranschreiten kann, dass man von einer Art Bedeutungsentleerung sprechen kann. In jedem Fall wird das Wort grammatikalisch genutzt, d.h. es verliert seine lexikalische Bedeutung und nimmt grammatische Funktion(en) an. Um mit einem Extrembeispiel zu beginnen, nehmen wir *werden*, das heute gar nicht mehr als Vollverb existiert – umso mehr aber als Hilfsverb (Auxiliar), und hier gleich in mehrfacher Funktion (sog. Polygrammatikalisierung – s. Kap. 10.2). Nhd. *werden* ist urverwandt mit lat. *vertere* 'sich wenden, umdrehen' (und enthalten in dem Lehnwort *konvertieren*). Im Ahd. kann es noch 'wenden' bedeuten, auch 'entstehen, geboren werden, wachsen, stattfinden' – neben abstrakteren Bedeutungen, die den heutigen ähneln. Es wird auf die idg. Wurzel **u̯er-* 'drehen, biegen' zurückgeführt. In dem mit ihm verwandten Wortbildungselement *-wärts* (*seitwärts, westwärts* – bei Luther noch *werds* geschrieben) ist noch eine deutliche Richtungsbewegung enthalten. Diese Bewegung ist im heutigen *werden* stark reduziert und verallgemeinert worden, etwa wenn man an die Kopula in *sie wird krank/Ärztin* denkt. Als Passivhilfsverb, z.B. in *sie wird gesehen*, fällt es schwer, nur eine Reduktion der Ursprungsbedeutung anzunehmen. Oft bestehen Grammatikalisierungen nicht nur in semantischen Reduktionen (sog. Desemantisierungen), sondern auch im Aufbau neuer grammatischer Informationen (LEISS 1998). Mit anderen Worten: Dass *werden* als Passivhilfsverb nur seine reduzierte Semantik von ursprünglich 'wenden, drehen, entstehen' einbringt, ist nicht mehr plausibel – hier hat nach der lexikalischen Desemantisierung ein Aufbau grammatischer Semantik (Funktion) stattgefunden. Als inchoative Kopula (*sie wird krank*) dagegen ist eine solche Reduktion noch plausibel, wenn man diese Funktion mit 'in den Zustand von X übergehen' umschreibt.

Ein gutes Beispiel für die Reduktion semantischer Merkmale und den Übergang vom Lexem zu einem grammatischen Funktionswort liefern die sog. **Intensitätspartikeln** (auch: Gradpartikeln). Deren Funktion besteht darin, den Intensitätsgrad eines Sachverhalts oder einer Eigenschaft auszudrücken. Die häufigste Partikel zum Ausdruck eines hohen Grades ist *sehr*: *Sie freut sich sehr; sie ist sehr zufrieden*. Diesem Wort sieht man seine Herkunft nicht mehr an, doch hat es einen typischen Grammatikalisierungspfad durchschritten. *Sehr* ist verwandt mit *versehrt* (oder *unversehrt*), also 'verletzt, verwundet'. Es geht auf ahd. *sēro*, mhd. *sēr* 'schmerzhaft, wund/verwundet' zurück. Aus süddeutschen Dialekten kennt man *arg*, eigentlich 'schlimm, böse' (enthalten in *ärgern*), in intensivierender Funktion: *Sie hat sich arg gefreut*. Diesen Pfad nennt HENTSCHEL (1998) in ihrem Aufsatz "Die Emphase des Schreckens: *furchtbar nett* und *schrecklich freundlich*" die "schreckliche" Intensivierung, d.h. *sehr* speist sich aus ursprünglich negativen Empfindungen wie Schmerz, Furcht, Schrecken. Es hat aber im Laufe der Zeit (seiner Grammatikalisierung) diese negativen Komponenten abgebaut, um nur den hohen Grad an emotionaler Intensität "herauszufiltern", die Qualität aber zu neutralisieren. Dies lässt sich durch die Kombinierbarkeit mit positiven Sachverhalten oder Eigenschaften testen: *Sie genießt die Musik sehr*. Heutige Intensivierer, die bereits mit positiven Einheiten kompatibel sind, sind *schrecklich, furchtbar, fürchterlich, ungeheuer* und *unheimlich*: *sie ist unheimlich nett*. Auch Ausdrücke des Wahnsinns haben eine solche Bedeutungserweiterung via Desemantisierung vollzogen: *irre, irrsinnig, wahnsinnig, toll*, teilweise auch *verrückt*. Hier hat jedoch eine Aufspaltung stattgefunden, denn als Lexeme bestehen sie parallel fort (im Gegensatz zu *sehr*), und hier drücken sie ausschließlich negative Empfindungen aus: *Die Geschichte ist schrecklich/furchtbar/unheimlich.* Zur Verstärkung ausschließlich negativer Sachverhalte/Eigenschaften eignen sich weitere "schreckliche" Intensivierer wie *entsetzlich, grauenhaft, schauderhaft*: *Es hat entsetzlich geregnet*, aber **sie hat die Musik entsetzlich genossen.* Diese sind also noch nicht so stark desemantisiert und damit weniger grammatikalisiert.

Weitere semantische Quellbereiche solcher Intensitätspartikeln zur Anzeige eines hohen Grades sind:

- Mengenangaben (*viel, voll*): *Sie arbeitet viel; sie ist voll/völlig überarbeitet;*
- Gewicht, Stärke, Größe (*schwer, stark, groß*): *etwas stark annehmen; schwer verletzt, schwer in Ordnung; schwer angesagt; schwer im Kommen;*
- Wahrheitsbeteuerungen (*wirklich, echt*): *sie ist wirklich/echt müde;*
- lokale Adverbiale (*höchst, zutiefst, äußerst, durch und durch*): *sie ist höchst zufrieden/zutiefst enttäuscht.*

Teilweise bestehen, wie ersichtlich ist, noch Kombinationsbeschränkungen, die gegen eine starke Grammatikalisierung sprechen (*sehr* ist viel breiter einsetzbar). Nicht genutzt werden jedoch starke positive Empfindungen wie **freudig, *beglückend, *begeisternd* o.ä. Dies gilt auch für andere Sprachen und Kulturen, die HENTSCHEL (1998) vergleichend hinzuzieht. Sie erklärt die "Emphase des Schreckens" mit der Komponente des Unerwarteten, der Plötzlichkeit, mit der Schrecken im Gegensatz zu Freude und Glück wirkt:

> Im Weltwissen der Sprecherinnen und Sprecher von Arabisch bis Yoruba, von Afrikaans bis Urdu ist offenbar die Erkenntnis verankert, dass negative Sinneseindrücke besser als positive für den Ausdruck der Emphase geeignet sind: um den größtmöglichen verbalen Effekt zu erreichen, wird der Ausdruck des Unerwarteten gewählt, das in der außersprachlichen Wirklichkeit mit besonderer Intensität auf den emotionalen Zustand einwirkt – und so entsteht die sprach- und kulturübergreifende Emphase des Schreckens (131).

All diesen grammatischen Intensivierern gehen metaphorische Prozesse voraus, die unter 5.2.1 behandelt werden (s. hierzu auch CLAUDI 2006).

5.1.2 Bedeutungsverengung

Auch **Bedeutungsverengungen** oder -spezialisierungen sind häufig. Hier nimmt ein Wort zusätzliche Merkmale an und verringert damit seinen Anwendungsbereich. Zwei Beispiele mögen dies verdeutlichen:

Wir kommen auf die Wortfamilie von *fahren/Fahrt/fertig* zurück und betrachten nur das Verb *fahren*. Im Ahd. bezeichnete *faran* jegliche menschliche Fortbewegung. Das *Georgslied* (9. Jh.) beginnt mit folgendem Satz:

> *Georio fuor ze malo* 'Georg ging/zog zum Gerichtstag'.

Der erste Satz des christlichen Gedichts *Jesus und die Samariterin* lautet:

> *Lesên uuir thaz fuori the heilant fartmuodi* 'Wir lesen, dass der Heiland unterwegs war und von der Reise müde'.

Heute dagegen setzt *fahren* ein Fortbewegungsmittel voraus, wobei im Fall eines Pferdes das Verb *reiten* erhalten blieb (hier hat bei engl. *ride* eine Bedeutungserweiterung stattgefunden). Ansonsten aber *fährt* man. Bei *fahren* ist also das semantische Merkmal 'mit Hilfsmittel' hinzugekommen, die Bedeutung hat sich damit verengt. Nur noch in festen Verbindungen wie *aus der Haut fahren* oder *vor Schreck in die Höhe fahren* ist die alte, weitere Bedeutung erstarrt. Die alte Bedeutung erahnt man noch in (mittlerweile lexikalisierten) Wortbildungen wie *etwas erfahren, die Erfahrung* und im sog. Kausativum *führen,* das ursprünglich aus der 2. Stammform (ahd. *fuor* 'ging') abgeleitet wurde und 'jemanden gehen (fahren) machen, führen' bedeutete. Heute kann man selbstverständlich jemanden *durch die Stadt führen,* indem man zu Fuß geht.

Ein anderes Beispiel ist *fällen,* auch dies ein sog. Kausativum zu *fallen* mit der Bedeutung 'veranlassen, dass jemand/etwas fällt'. So konnte man im Kampf Krieger *fällen* (zum Fallen bringen), jemanden ins Feuer *fällen* (stoßen), ein Pferd konnte seinen Reiter *fällen,* und selbst der Herbst konnte die Blätter *fällen* (FRITZ 1974:46). Heute dagegen kann man nur noch *Bäume fällen* (fachsprachlich auch den *Anker*). In einer davon weit abgeschlagenen Sonderbedeutung – das Band an Bedeutungen dazwischen ist längst abgerissen – kann man auch *Urteile* und *Entscheidungen fällen.* Hier sieht man, wie Bedeutungsaufspaltungen entstehen können: *fällen* bezeichnete ursprünglich alles, was man zu Fall bringen kann. Die meisten Verwendungen (Objekte wie *Blätter*) sind nicht mehr möglich. Zurück bleiben ein paar Reliktverwendungen von *fällen,* deren gemeinsamer Nenner kaum mehr erkennbar ist. In diesen Fällen liegen nur noch sog. Kollokationen (feste Verbindungen) vor, d.h. *fällen* lässt sich nur noch in Kombination mit *Baum, Urteil* und *Entscheidung* verwenden (FRITZ 1998:96). Für die Lexikographie stellt sich hier die Frage, ob *fällen* zwei verschiedene Bedeutungen hat (dann bestünde Homonymie) oder nur zwei Bedeutungsvarianten (dann bestünde Polysemie) – oder ob es sich bei den Verbindungen schon um sog. Phraseologismen (feste Mehrwortverbindungen) handelt. Dass anstelle von ahd. *fellen,* mhd. *vellen* heute Verben wie *fallen lassen, zu Fall bringen, zu Boden werfen, hinunterwerfen, hinabstürzen* (FRITZ 1998:125) verwendet werden, fällt in die Rubrik lexikalischen Wandels.

5.1.3 Bedeutungsverschiebung

Verändert sich eine Bedeutung 'A' dergestalt, dass die neue Bedeutung 'B' synchron nichts mehr mit 'A' zu tun hat, so spricht man von **Bedeutungsverschiebung**. Bedeutungsverschiebungen können auf Bedeutungserweiterungen und -verengungen zurückgehen. Die Übergänge dazwischen sind oft fließend. Man könnte z.B. das oben behandelte Wort *fertig* 'zur Fahrt gerüstet' > 'zu etwas bereit sein, etwas abgeschlossen haben' auch unter die Bedeutungsverschiebung einordnen. KELLER/KIRSCHBAUM (2003) postulieren für die von ihnen untersuchten Adjektive, dass Bedeutungsvarianten, also Polysemien, oft abgebaut werden aus Gründen der Eindeutigkeit. Dies bezeichnen sie als "Polysemenflucht" (159). Auf diese Weise kann eine Drift von Bedeutung A zu Bedeutung B bewirkt werden.

Dass es auch richtige "Pfade" des Bedeutungswandels gibt, zeigen interessante Parallelentwicklungen wie die von *komisch* und *witzig*. Während *witzig*, ursprünglich 'klug, vernünftig, verständig', über 'geistreich' zu 'witzig, lustig' wurde, startete *komisch* bei der Ursprungsbedeutung 'lustig'. *Komisch* hat aber schon die Hauptbedeutung 'seltsam, merkwürdig' erlangt und mit Belustigung nicht mehr viel zu tun (schlechte Übersetzungen aus dem Englischen und Französischen verwenden *komisch* oft in dieser alten Bedeutung, eventuell beeinflusst von engl. *comical*, frz. *comique*). Längst sind ein *komischer Film* oder ein *komischer Mensch* nicht mehr lustig, sondern seltsam (KELLER/KIRSCHBAUM 2003:25-28). Auch *witzig* betritt diesen Pfad von 'lustig' > 'seltsam': *Das ist aber eine witzige Geschichte* ist (noch) doppeldeutig, kann aber durchaus schon 'seltsam' bedeuten. Allerdings sind hier zwei Verschiebungen festzuhalten: bei *witzig* zunächst die von 'klug' > 'lustig' und derzeit die von 'lustig' > 'seltsam', die zur Polysemie von *witzig* führt. Sollte "Polysemenflucht" zu Ungunsten von 'lustig' eintreten, so wäre eine weitere Verschiebung vollzogen.

Auch *billig* hat eine Bedeutungsverschiebung hinter sich. In den Verben *etwas billigen* oder *missbilligen*, ebenso in der sog. Paarformel *recht und billig*, ist die einstige Bedeutung von *billig* noch erhalten. Den Bedeutungswandel von *billig* skizzieren KELLER/KIRSCHBAUM (2003:84) ungefähr wie folgt:

a) um 1800 'angemessen, fair': *eine billige Strafe, ein billiger Lohn;*
b) um 1900 'preiswert' (hier *wohlfeil* ersetzend): *ein billiger Lohn, ein billiges Buch;*
c) um 2000 'minderwertig, wertlos', auch 'geistlos' (FRITZ 1998:135): *ein billiges Buch, ein billiger Witz, eine billige Ausrede.*

Heute sind noch Bedeutung b) und c) aktuell, doch wird *billig* mit der Bedeutung b) zunehmend durch die Wörter *preiswert, preisgünstig* ersetzt. *Billige Witze* können nur noch mit c) wiedergegeben werden. Im späten 19. Jh. koexistierten die Bedeutungen a) und b), damals war *ein billiger Lohn* doppeldeutig im Sinne von 'angemessen' und 'niedrig' (zu Näherem, auch zu *teuer*, s. KELLER/KIRSCHBAUM 2003:81-91, FRITZ 1998:135f.).

5.1.4 Bedeutungsübertragung

Manchmal kommt es durch Einwirkung eines anderen Wortes zu Bedeutungswandel. Zum einen gibt es sog. **Bedeutungsentlehnungen**, d.h. unter dem Einfluss eines ähnlichen, meist entlehnten Wortes B verändert bzw. erweitert sich die Bedeutung von Wort A. So hat *realisieren* zu der ursprünglichen Bedeutung 'verwirklichen' (*Sie realisiert all ihre Pläne*) die Bedeutung 'bemerken' hinzugewonnen (*Plötzlich realisierte sie, dass er weg war*). Vermittelt wurde dies durch engl. *to realize*. Damit ist nhd. *realisieren* mehrdeutig geworden. Ähnliches vollzog sich mit *kontrollieren*, erst nur 'prüfen', jetzt auch 'ein Gebiet beherrschen', sowie mit *feuern*, erst nur 'Feuer machen', jetzt auch 'jemanden kündigen', jeweils vermittelt durch engl. *to control* bzw. *to fire*. Derzeit übernimmt *lieben* den Verwendungsbereich von engl. *to love*: Konnte man bisher nur Menschen und vielleicht auch Tiere lieben, so kann man heute auch Erdbeereis lieben (zur Entlehnung s. Kap. 6.1).

Zum anderen kann es auch über sog. **Volksetymologie** (ein in die Irre führender Begriff, der nichts mit Etymologie zu tun hat) zu meist nur leichten Bedeutungsveränderungen kommen. Hierbei handelt es sich um semantische Neu- oder Remotivierungen von Wörtern, die im Wortschatz isoliert dastehen (s. Kap. 6). Diese werden kognitiv an ähnlich klingende Wörter angeschlossen, obwohl sie mit denen gar nichts zu tun haben. Einige Beispiele machen das deutlich: Mhd. *smutze lachen* war ein Ausdruck für 'schmunzeln, verhalten lachen', wurde aber später an *schmutzig* 'unsauber' angelehnt und erlangte dabei die Bedeutung 'derb loslachen, auslachen'. Sekundär dazu wurde dann auch *dreckig lachen* gebildet. – Auch *Brosame* hatte ursprünglich nichts mit *Brot* zu tun (es bedeutete nur 'abgebröckeltes Stückchen'), wird aber heute im Sinne von 'Brotkrümel' semantisch daran angelehnt (zur Volksetymologie s. OLSCHANSKY 1996, 1999). – Ein besonders prominentes Beispiel für Volksetymologie liefert das Wort *Habseligkeiten*, das 2004 zum schönsten Wort des Jahres gekürt wurde – angeblich wegen der Verbindung von geringem Besitz mit *Seligkeit*, also weil es "spirituelles Glück" angesichts einiger Gegenstände geringen Wertes ausdrücke (LIMBACH 2005:122f.). Hier hat eine volksetymologische (assoziative) Anbindung an *Seligkeit*, das sich aus *Seele* ableitet, stattgefunden. Tatsächlich aber geht dieses Wort auf eine nicht mehr vorhandene Bildung **Habsal* 'Habe' zurück (ähnlich wie *Mühsal*, *Trübsal*). Daraus leitet sich das (heute ausgestorbene) Adjektiv *habselig* ab (ähnlich wie *trübselig*), das wiederum über das Suffix *-keit* zum neuen Substantiv *Habseligkeit* erweitert wurde. Während der Singular heute ungebräuchlich geworden ist, hat sich der Plural *Habseligkeiten* durchgesetzt. Mit *Seele* und *Seligkeit* haben diese nichts zu tun, sie werden aber damit assoziiert und insofern in ihrer Bedeutung modifiziert.

5.1.5 Bedeutungsverschlechterung (Pejorisierung)

Eine andere Kategorie, die quer zu den bisherigen liegt, bildet die **Bedeutungsverschlechterung** und die Bedeutungsverbesserung. Diese bringen qualitative Bewertungen durch die Sprecher zum Ausdruck: Bis dato positive oder einfach nur neutral bewertete, also rein beschreibende Wörter (z.B. *billig* als 'preiswert') entwickeln nach und nach eine negative Bewertung, die sich in ihrer denotativen Bedeutung festsetzt (*billig* als 'wertlos'). Dies hat nichts mehr mit Konnotationen, die zusätzlichen individuellen Assoziationen entsprechen, zu tun. Solche "evaluatorischen" Veränderungen können zu den bisherigen Wandeltypen hinzukommen, sie schließen einander also nicht aus.

Paradebeispiel für immer wieder eintretende Pejorisierungen sind die meisten **Bezeichnungen für die Frau**, die im Laufe der Jahrhunderte Bedeutungskomponenten wie 'schlampig', 'liederlich', 'sexuell verfügbar' angenommen haben. Abstrakter ausgedrückt besteht die Pejorisierung in (sozialer und moralischer) Degradierung sowie Sexualisierung. In KÖNIG ([14]2004:112f.) ist dies exemplarisch dargestellt. Dies legt die Folgerung nahe, dass Frauen aus der Perspektive des Mannes betrachtet und bewertet werden (KOCHSKÄMPER 1993, anders KELLER [2]1994, hierzu später unter 5.2.6). Bekanntestes Beispiel ist *Weib*, das heute nur noch als Schimpfwort vorkommt, im Ahd. (*wīb*) und im Mhd. (*wîp*) aber die übergreifende, neutrale Bezeichnung für 'Frau' schlechthin war. Dagegen ist die alte (neutrale) Bedeutung in *weiblich* weitgehend erhalten: *weibliche Erscheinung* oder *weibliche Begleitung*. Hier wurde die Abstufung (Degradierung) nicht mitgemacht, ebenso wenig bei der Tierbezeichnung *Weibchen*, die sich zu *Männchen* stellt. Das heutige Pendant zu *Mann* ist aber nicht mehr das *Weib*, sondern die *Frau*. Auch diese hat eine Degradierung erfahren: Ahd. *frouwa* und mhd. *vrouwe* bezeichneten die sozial hoch stehende (adlige) Frau, die Herrin. Indem *Frau* heute nur noch den Oberbegriff für 'weiblicher erwachsener Mensch' stellt, hat eine soziale Abstufung stattgefunden. Die hoch stehende Frau wurde daraufhin zunächst durch die (merkwürdige) Bildung *Frauenzimmer* ersetzt. Nachdem auch *Frauenzimmer* in Richtung 'liederlich' abgewertet worden war, wurde im 17. Jh. *Dame* aus dem Französischen entlehnt. – Die junge Frau, also das Mädchen, war im Ahd. die *diorna*. Mhd. *dierne* bezeichnete schon die (sozial niedriger stehende) Dienerin. Nhd. *Dirne* schließlich ist synonym mit *Prostituierte* (Sexualisierung). – Das *Fräulein*, bis in die 1970er Jahre die normale Anrede für unverheiratete Frauen, wurde auf Druck der Frauenbewegung abgeschafft, da es mit 'ledig' eine diskriminierende Information transportierte, die nur aus männlicher Sicht interessant war und im Wortfeld 'Mann' ihresgleichen suchte (**Herrlein*). Kritisiert wurde auch, dass es sich um eine "verkleinerte" *Frau* handelt, die erst dann zur "vollen Frau" wurde, wenn die Betreffende in den Ehestand trat. D.h. der Status der Frau war von ihrer Beziehung zum Mann abhängig und nicht von ihrem eigenen Alter, Beruf oder ihrer sozialen Stellung. Dagegen hat sich der Mann zu keiner Zeit über die Frau definiert (KOCHSKÄMPER 1993). – Die diminuierte französische Form *Mademoiselle* ist als *Mamsell* (z.B. *Küchenmamsell*) ebenfalls in den unteren Dienstleistungsbereich abgesunken. Mhd. *maget* bezeichnete ursprünglich die Jungfrau (auch Maria), heute verrichtet die *Magd* eine sozial niedrig stehende Tätigkeit. Untersuchungen zum Englischen und Französischen (SCHULZ 1975) bestätigen diese auch heute noch stattfindenden Pejorisierungen.

5.1.6 Bedeutungsverbesserung (Meliorisierung)

Viel seltener kommen **Bedeutungsverbesserungen** vor, und bezeichnenderweise betreffen die Beispiele oft Wörter für den Mann. Hier soll das Beispiel des *Marschalls* genügen. Das Wort geht auf ahd. *mar(a)hscalc* 'Pferdeknecht' zurück (vgl. nhd. *Mähre* für 'Pferd'). Im Mhd. war der *marschalc* bereits ein höfischer Beamter, der für Reisen und Heereszüge zuständig war. Der heutige *Marschall* hat einen hohen militärischen Rang inne.

5.2 Verfahren semantischer Neuerungen

Bisher haben wir die wichtigsten Resultate von stattgefundenem Bedeutungswandel sowie eine Reihe von Beispielen kennengelernt, die im Folgenden bei der Frage nach der Motivation und den Verfahren semantischer Neuerungen wieder zur Sprache kommen. Die folgenden Unterkapitel liegen nicht alle auf einer Ebene, sie liefern aber wichtige Auskünfte bei der Frage nach den Gründen des Bedeutungswandels.

Jede semantische Neuerung besteht darin, dass jemand ein Wort in bisher ungebräuchlicher Weise verwendet – aus welchen Gründen auch immer: Vielleicht fällt einem das passende Wort nicht ein, oder man möchte sich originell ausdrücken und dadurch auffallen, oder man ist emotional so stark beteiligt, dass man sich expressiver ausdrückt. Das übliche Wort kann einem auch anstößig erscheinen, weshalb man einen ausweichenden Ausdruck verwendet. Ob sich diese Neuerung auch ausbreitet und langfristig durchsetzt, ist eine ganz andere Frage, der hier nicht nachgegangen werden kann (FRITZ 1998).

5.2.1 Metapher

Das mit Abstand häufigste Verfahren der semantischen Neuerung besteht in der **Metapher** als einer Form bildlicher Übertragung. Es handelt sich hierbei um sprachliche Bilder, wobei – um diese hörerseitig auch verarbeiten zu können – zwischen dem bildlichen Spenderbereich und dem damit zu bezeichnenden Zielbereich eine Ähnlichkeit, eine Vergleichbarkeit also, vorhanden sein muss. Ein Beispiel aus dem Bereich der Redewendungen:

a) *Sie spielt immer die erste Geige.*
b) *Sie hat ihre Schwester durch den Kakao gezogen. – Sie hat ihrer Schwester einen Bären aufgebunden.*

Bild a) ist direkt interpretierbar als 'Sie hat immer das Sagen'. Die beiden Bilder unter b) sind dagegen nicht eindeutig interpretierbar. Sie sind verdunkelt.

Solche Bilder gibt es auch bei Einzelwörtern. Oft handelt es sich dabei um besonders anschauliches Sprechen, indem abstrakte Sachverhalte durch konkrete Bildlichkeit zugänglich gemacht werden. So spricht man von den *Früchten* der Arbeit und meint damit die positiven Auswirkungen. Auffallend ist, dass geistige Verstehens- und Erkenntnisprozesse oft durch körperliche Greifbewegungen ausgedrückt werden: *etwas erfassen, etwas begreifen*, ugs. auch *etwas raffen, etwas schnallen*. Hat man ein Problem *im Griff*, so hat man es unter Kontrolle. Oft ist die Metaphorik schon so verblasst, dass man sie erst auf den zweiten Blick erkennt (wie bei *begreifen*) oder erst bei etymologischen Untersuchungen entdeckt. Auch im konkreten Bereich finden laufend Metaphorisierungen statt, man betrachte nur die Wörter *Tischbein, Fingerhut, Spargelkopf*. Metaphern kann man als Form sprachlicher Ökonomie betrachten, da ein und dasselbe Wort mehrfach eingesetzt wird. Als Zwischen- oder auch Dauerstadium entsteht Polysemie, d.h. die wörtliche und die übertragene Bedeutung existieren nebeneinander wie z.B. bei *etwas im Griff haben*: *Sie hat das Steuer/das Problem fest im Griff*. Bei *begreifen* hingegen ist die konkrete Ursprungsbedeutung nicht mehr vorhanden, hier hat bereits Bedeutungswandel gegriffen (sic): **Sie begreift das Steuer*, aber: *Sie begreift das Problem*. Diese einstige Metapher ist also mittlerweile fest lexikalisiert, d.h. sie hat eine neue Bedeutung entwickelt, die sich nicht mehr aus den Bedeutungen ihrer Teile erschließen lässt (s. Kap. 6.2). Manche Erfahrungsbereiche werden sogar ausschließlich über Metaphern abgedeckt, so etwa die meisten Geschmackswahrnehmungen (*scharf* – engl. *hot* –, *mild, fruchtig, spritzig*), insbesondere beim Wein (*erdig, holzig, blumig, trocken, metallisch, lieblich*). Auch die unter 5.1.1 behandelten Intensitätsausdrücke wie *sich schrecklich freuen* haben ein Stadium der Metaphorisierung durchschritten. Genau genommen gilt dies für die meisten der unter 5.1 genannten Beispiele (*Sache, machen* etc.).

Sucht man nach den sog. Spender- oder Quellbereichen, denen diese Bilder entstammen, so sind dies heute vor allem Wissenschaft, Sport und Spiel (früher eher Jagd und Krieg), z.B. *jemanden ins Aus schießen, sich ins Abseits stellen, ein Eigentor schießen*. Besonders häufig werden innere, geistige Verfassungen und Vorgänge durch äußere, körperliche Verrichtungen ausgedrückt (*jmdn. nicht riechen können* 'nicht leiden können').

Eine Art semantisches Wandelgesetz in Form unidirektionaler metaphorischer Übertragungen hat WILLIAMS (1976) für sog. sensorische Adjektive entdeckt (Adjektive der Wahrnehmung wie *hart, laut, hell, rot, süß*). Anhand diachroner Daten aus dem Englischen, einigen anderen idg. Sprachen und dem Japanischen beschreibt er Pfade der Synästhesie, die wie folgt verlaufen (nach Abb. 1 in WILLIAMS 1976:463):

Abb. 21: Pfade der synästhetischen Metaphorisierung

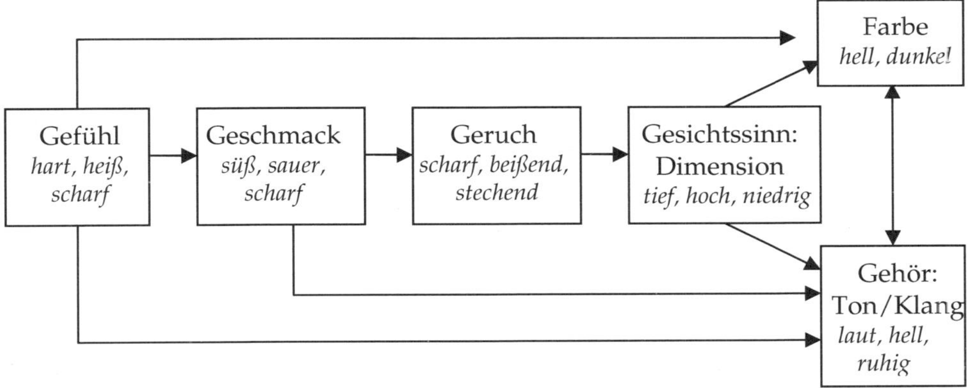

Die metaphorische "Schiene" verläuft also immer von links nach rechts. Einzig zwischen Farbe (Gesichtssinn) und Ton/Klang (Gehör) bestehen gegenseitige Übertragungen. Diese metaphorischen Übertragungen äußern sich synchron in Polysemie, diachron in semantischem Wandel. Bis zu über 90% der englischen Adjektive haben solche Rechtsverschiebungen durchlaufen. Für das Japanische kommt WILLIAMS auf 91%. Für das Deutsche seien folgende Beispiele aufgeführt:

- Gefühl → Geschmack → Geruch: Oben bereits erwähntes *scharf* hat fast alle möglichen Stadien durchlaufen: *scharfes Messer, scharfer Curry, scharfer Geruch;*
- Gefühl → Gehör (Ton): Mit der *scharfen Terz* ist zumindest fachsprachlich schon die Übertragung auf den Gehörsinn vollzogen. FRITZ (1998:137) erwähnt auch *scharpfe nötlin* 'hell klingende Töne', was heute ungebräuchlich ist;

- Gefühl → Farbe: *scharf* (*scharfes Messer, scharfes Licht*); *warm* (*warme Füße, warme Farben*); *kalt/kühl* (*kühle Temperaturen, kühle Farben*);
- Geschmack → Gehör (Ton/Klang): *süß* (*süße Töne, Klänge*);
- Geschmack → Geruch: *süß* (*süßer Geschmack, süßer Geruch*);
- Farbe → Gehör (Ton/Klang): *klar* (*klares Licht, klarer Ton*); auch: *dunkel*;
- Gehör → Farbe: mhd. *hel* 'laut' (verwandt mit nhd. *hallen*) > nhd. *hell* 'licht, glänzend'; ebenso: *ruhig, schreiend*. Auch das Kompositum *Farbton* zeugt von der Nähe des visuellen und akustischen Sinns.
- Dimension → Farbe: *tief* (*tiefes Wasser, tiefe Farben*);
- Dimension → Gehör (Ton): *hoch* (*hoher Baum, hoher Ton*).

Weitere Beispiele lassen sich unschwer finden. Dagegen gibt es keine **lauten Höhen, *hellen Geschmäcker* oder **dunklen Speisen*. WILLIAMS begründet diese Gesetzmäßigkeiten biologisch (phylo- wie ontogenetisch), indem die primitiveren (und beim Kind zuerst entwickelten) Wahrnehmungen die differenzierteren metaphorisch bestücken. WILLIAMS (1976:463) sieht hierin "the strongest statement about semantic change that has been suggested for English or for any other language".

5.2.2 Metonymie

Bei der **Metonymie** bleibt man im gleichen sog. Sinnbezirk, d.h. man stellt keine Vergleiche an, sondern verwendet "Ersatzausdrücke", die bereits dem gleichen Komplex angehören (hier spricht man auch von sog. Bezugsrahmen oder *frames*). So weiß man (d.h. es gehört zum Weltwissen), dass sich in Paris auch die Regierung Frankreichs befindet (die französische Regierung ist also Teil des Komplexes *Paris*). Hört man in den Nachrichten, dass auf einer internationalen Konferenz auch Paris auftritt und sich dort äußert, dann liegt ein Fall von Metonymie vor (hier eine Ganzes-Teil-Beziehung, auch "totum pro parte"). Es finden hier also "nur" Verschiebungen *innerhalb* des gleichen Bezugsrahmens statt (man nennt dies Kontiguität) – also z.B. vom Ganzen auf einen Teil desselben. Eine Teil-Ganzes-Beziehung ("pars pro toto") liegt vor, wenn man von einem klugen Kopf spricht und damit die Person meint. Wenn Vergleiche *zwischen* verschiedenen Bezugsrahmen vorgenommen werden (man nennt dies Similarität), spricht man von Metapher.

Oft werden bei Metonymien auch die eine Gemütsbewegung begleitenden oder dieser folgenden Symptome für die Bezeichnung der Gemütsbewegung selbst verwendet, also: *aufatmen* für 'erleichtert sein', *zittern* für 'aufgeregt sein, Angst haben'. Fest konventionalisiert ist eine solche Metonymie in *erschrecken*, das heute den Gemütszustand des Schrecks bezeichnet, ursprünglich aber körperliches 'Aufspringen' bedeutete (als Reaktion auf den *Schreck*). Um 1700 hieß es:

Das glasz wird im feuer schricken (DWB) – 'zerspringen'.

In *Heuschrecke* als 'Grasspringer' (vgl. engl. *grasshopper*) ist diese alte Bedeutung noch bewahrt.

Zum Frame 'Essen' gehört, dass die Gerichte (zumindest in unserem Kulturkreis) auf Tellern zu sich genommen werden. In Sätzen wie *Iss deinen Teller auf!*

wird damit metonymisch dessen Inhalt und nicht etwa der Teller selbst bezeichnet. Lexikalisiert wurde diese Metonymie in engl. *dish* (verwandt mit nhd. *Tisch*), das – neben diversen Essensutensilien auf dem Tisch – die feste Bedeutung 'food', 'Gericht' trägt (hier liegt Polysemie vor): *Which dish would you like to order?* 'Welches Gericht möchten Sie bestellen?'. Im Deutschen käme dem (vor dem Hintergrund, dass Kinderteller kleiner sind als Seniorenteller) folgender Satz nahe: *Möchten Sie einen Kinder- oder einen Seniorenteller?* (Zu weiteren Beispielen s. KELLER/KIRSCHBAUM 2003:58-79).

Die *Brille* geht ursprünglich auf das Material zurück, aus dem sie gefertigt wurde, nämlich auf den Halbedelstein *Beryll*. Dieser hatte optisch vergrößernde Wirkung und glänzte hell (daraus wurde frz. *briller* 'glänzen' abgeleitet, was wiederum als *brillieren, brillant* ins Deutsche entlehnt wurde). Mhd. *berille* wurde zu nhd. *Brille* 'Sehhilfe', d.h. hier steht das Material für das Produkt.

Manche Wörter haben sowohl metonymischen als auch metaphorischen Wandel vollzogen: KELLER/KIRSCHBAUM (2003) erwähnen *toll*, das ursprünglich 'laut, lärmend' bedeutete (vgl. noch *herumtollende Kinder/Hunde*). Aus der Erfahrung (oder dem Vorurteil) heraus, dass geistig Behinderte laut und impulsiv sein können, wurde *toll* metonymisch auf den Geisteszustand einer Person übertragen: Lange bedeutete *toll* 'verrückt' (vgl. noch *Tollhaus, Tollwut*).

> Es ist dies ein typisch metonymischer Schluss – je nach Interpretation – von der Wirkung (dem Lärmen) auf die Ursache (den Wahnsinn), oder vom Teil (dem lärmenden Verhalten) aufs Ganze (den Wahnsinn). (KELLER/KIRSCHBAUM 2003:53)

Dass heute aber *toll* ausschließlich zum Ausdruck der Begeisterung gebraucht wird (*ein tolles Auto, ein toller Vortrag*), ist Ergebnis einer Metapher, deren Pfad unter 5.2.1 beschrieben wurde. Für vielfältige metonymische und metaphorische Verwendungen von *scharf* sei auf FRITZ (1998:136), von *hart* auf FRITZ (2005:130ff.) verwiesen. Ähnlich wie bei der Metapher handelt es sich bei der Metonymie um ein ökonomisches Verfahren, da gleiche Wörter für Verschiedenes gebraucht werden. Expressives Sprechen bildet dabei oft die anfängliche Motivation.

Einige typische metonymische Beziehungen oder Muster (und entsprechende Pfade des Bedeutungswandels) sind:

- Ganzes → Teil: *Dirndl* ('Mädchen' > 'Kleidungsstück');
- Teil → Ganzes: *Dummkopf, pro Nase, Zweibeiner, Vierbeiner;*
- Autor/in → Werk: *Bachmann (lesen);*
- Material → Produkt: *Brille* ('Halbedelstein' > 'Sehhilfe'); *Glas (austrinken)*
- Reflex → Empfindung: *erschrecken* ('aufspringen' > 'erschrecken');
- Wirkung → Ursache: *toll* ('laut' > 'wahnsinnig');
- Begleiterscheinung → Empfindung: *zittern, aufatmen;*
- Behälter → Inhalt: *Teller aufessen*, engl. *dish;*
- Handlung → Ergebnis: *Ernte, Rechnung, Presse;*

und viele andere mehr.

5.2.3 Implikatur

Bei der **Implikatur** handelt es sich um sog. Deutungs- oder Schlussprozesse, die von Seiten des Hörers vollzogen werden. Ein alltägliches Beispiel: Zwei Personen befinden sich im Aufbruch zu einem Spaziergang. Person A sagt: "Es ist bewölkt". Person B sagt daraufhin: "Ich nehme meinen Schirm mit". Person B schließt aus der Äußerung von A, dass es bald regnen könnte und steckt einen Schirm ein. Dies ist eine sog. konversationelle Implikatur. Die außersprachliche Umgebung, der pragmatische Kontext fließt beim Schlussprozess mit ein. In einem anderen Kontext, z.B. in Wüstengegenden, könnte dieser Satz andere Implikaturen auslösen (etwa sich zum Tanz zu rüsten).

Bei der Implikatur äußert also der Sprecher einen Satz, der eine wörtliche Bedeutung hat, die vordergründig auch als solche aufgefasst werden kann, dann aber oft etwas Banales, Offensichtliches bezeichnet. Die obige meteorologische Äußerung ist fast zu banal, als dass sie nicht einen Schlussprozess auslösen müsste. Solche Schlussprozesse fallen in den Bereich der Pragmatik und werden in Kap. 7.3 behandelt.

Nun gibt es Wörter, die so häufig Gegenstand oder Auslöser bestimmter Implikaturen sind, dass sie das ursprünglich nur Hinzugedachte in ihrer Semantik fest verankert (konventionalisiert) haben. Bei Grammatikalisierungen kommt es oft zu solchen Umdeutungen, die man mit 'Zeit' > 'Logik' beschreiben kann. Paradebeispiele sind die Konjunktionen a) *seit*, b) *während*, c) *weil* und d) *nachdem* (s. Abb. 22).

Zu a) *seit*: Diese Konjunktion drückt ein temporales Verhältnis aus: *Seit Otto hier ist, regnet es ununterbrochen*. Niemand käme hier auf die Idee, eine andere als eine zeitliche Beziehung zwischen beidem sehen zu wollen. Anders aber in *Seit Otto hier ist, ist die Stimmung schlecht*. Hier ist eine zweite Lesart nicht unwahrscheinlich, nämlich dass Otto ursächlich für die schlechte Stimmung verantwortlich ist, paraphrasierbar mit 'weil Otto hier ist, ist die Stimmung schlecht'. Noch aber ist dies eine optionale Deutung; *seit* ist weiterhin eine temporale Konjunktion und auch nicht polysem. Anders im Englischen, wo *since* sowohl zeitliche als auch kausale Verhältnisse ausdrückt: *It hasn't stopped raining since we have been waiting* 'seit, seitdem'; aber: *Since I will not be home, Lizzy will answer the phone* 'weil, da'. Dass 'zeitlich' oft als 'kausal' umgedeutet wird, hängt damit zusammen, dass eine Ursache ihrer Wirkung zeitlich immer vorausgeht. Die Implikatur besteht darin, anderen zeitlich aufeinander folgenden Ereignissen einen solchen kausalen Zusammenhang zu unterstellen: "danach, also deshalb" (*post hoc ergo propter hoc*).

Zu b) *während*: Auch bei *während* handelt es sich um eine temporale Konjunktion (abgeleitet aus *währen* 'dauern'), die die Gleichzeitigkeit zweier Sachverhalte ausdrückt: *Während es regnet, wachsen die Pflanzen*. Es können aber auch zwei gegensätzliche Handlungen mit *während* als gleichzeitig dargestellt werden: *Während sie sich ausruht, kocht er*. Hier kann theoretisch nur die reine Gleichzeitigkeit ausgedrückt werden, doch kann darin auch ein leiser Vorwurf enthalten sein. Dies wäre die adversative Lesart, die die Gegensätzlichkeit zweier Handlungen oder zweier Sachverhalte betont. *Während* ist im Gegensatz zu *seit* bereits polysem, da es auch ausschließlich adversativ verwendet werden kann, ohne die temporale Lesart zu ermöglichen, weil die beiden Sachverhalte gar nicht gleichzeitig stattfinden: *Während die Frauen früher vom Studium ausgeschlossen waren, stellen sie heute die Mehrheit der Studierenden. – Während es gestern noch gefroren hat, ist es heute über 20 Grad warm.* Hier wird der logische Kontrast und keinerlei temporale Relation mehr bezeichnet. Die Tatsache, dass es bei *während* eindeutig adversative Lesarten gibt, nicht aber ausschließlich kausale bei *seit*, ist der Grund dafür, dass *während* in Abb. 22 weiter rechts steht und damit grammatikalisierter ist als *seit*.

Zu c) *weil*: Rein äußerlich besteht noch ein Bezug zum Substantiv *Weile*, das eine Zeitdauer bezeichnet, inhaltlich aber nicht mehr. Das Sprichwort *Man muss das Eisen schmieden, solange es heiß ist* lautete noch vor wenigen Jahrhunderten *Man muss das Eisen schmieden, weil es heiß ist*. Seit dem 16./17. Jh. hat sich *weil* seines temporalen Gehalts entledigt und zur häufigsten kausalen Konjunktion gewandelt (ARNDT 1959). Dem lag eine Implikatur zugrunde, wie sie heute bei *seit* zu beobachten ist (s. oben unter a)). Bis ins 16. Jh. hinein hat *weil* verschiedene temporale Bezüge ausgedrückt (hier nur drei von mehreren aus ARNDT 1959):

- 'während': *weil der hund bellt, so frist der wolff das schaaf;*
- 'seit': *kein vieh hat besser heu, weil grasz wächst, je genossen.*
- 'solange': *sie legte die trauerkleider nicht wieder ab, weil sie lebte.*

Folgende Sätze (und davon gibt es im Fnhd. viele) sind ambig, d.h. sowohl temporal ('während', 'solange') als auch kausal ('weil') zu verstehen:

> *Weil der meister die werkstatt verliesz, arbeitete der gesell lässiger.*
>
> *... dem starb ein prinz, und weil die gemahlin sehr betrübt war, schickte er seinen tantzmeister mit einer gantzen compagnie hin.*

Seit dem 17. Jh. dominieren die kausalen Relationen, doch existieren bis ins 18./19. Jh. hinein auch noch temporale Bezugsmöglichkeiten. Dieser Wandel ist also noch relativ jung. *Wante* war der Vorläufer von *weil* und ist ausgestorben. Interessant ist, dass die formal entsprechende engl. Konjunktion *while* eine andere Implikatur, nämlich die der Gegensätzlichkeit (Adversativität) vollzogen hat: *While 200 years ago no woman was allowed to study, today female students are in the majority. While* wäre hier ersetzbar mit *whereas*, also adversativem 'während'.

Zu d) *nachdem*: Hierbei handelt es sich vordergründig klar um eine temporale Konjunktion: *Nachdem sie gegessen hatte, schaute sie fern.* In regional geprägter Umgangssprache hört man jedoch durchaus logische (kausale) Verwendungen im Sinne von 'da, weil', die für manche Ohren noch ungewöhnlich klingen mögen (die folgenden Beispiele sind Hörbelege): *Nachdem du am nächsten zum Fenster sitzt, bitte ich dich, es zuzumachen. Nachdem sie morgen wirklich kommt, backe ich jetzt einen Kuchen.* Bei *nachdem* vollziehen die Sprecher also eine ähnliche Implikatur, die bei *weil* bereits zu einem semantischen Wandel geführt hat. Noch aber ist *nachdem* polysem, wobei es, vor allem in der Standardsprache, vorrangig temporale Bezüge ausdrückt.

Auch kausales *da* hat die Entwicklung von 'temporal' > 'kausal' längst hinter sich gebracht: *Da es regnet, bleiben wir zuhause.* Es gibt aber noch ältere Verwendungen von *da*, die mit temporalem *als* zu übersetzen sind: *Da er das Zimmer betrat, rutschte er aus* (hierzu ARNDT 1960). Beide Lesarten ('als' und 'weil') sind enthalten in: *Da die Flasche leer war, gingen sie nach Hause.*

Zeitliche Relationen tendieren also immer wieder dazu, logisch interpretiert zu werden. Dabei gibt es, wie der Blick aufs Englische gezeigt hat, unterschiedliche Ausprägungen der Logik. Die Sprachgeschichte zeugt von vielen Implikaturen früherer Jahrhunderte, die so stark konventionalisiert wurden, dass sie sich – wie im Fall von *weil* und *da* – semantisch fest etabliert haben. Die temporale Ursprungsbedeutung wurde jeweils aufgegeben.

Zu anderen, auch metaphorischen Implikaturen, z.B. Raum > Zeit, s. Kap. 7.3.

Abb. 22: Die semantischen Grammatikalisierungsgrade von *seit, während, weil* und *nachdem*

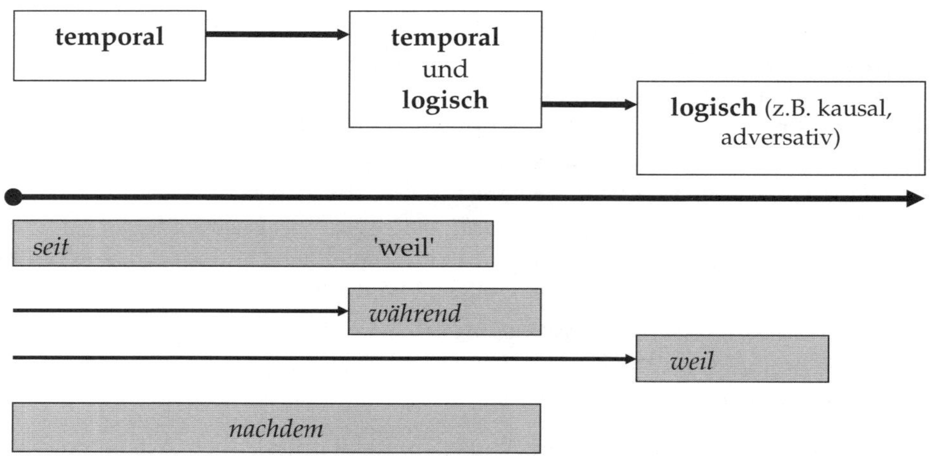

Für *weil* lässt sich diese Achse zeitlich wie folgt lesen:

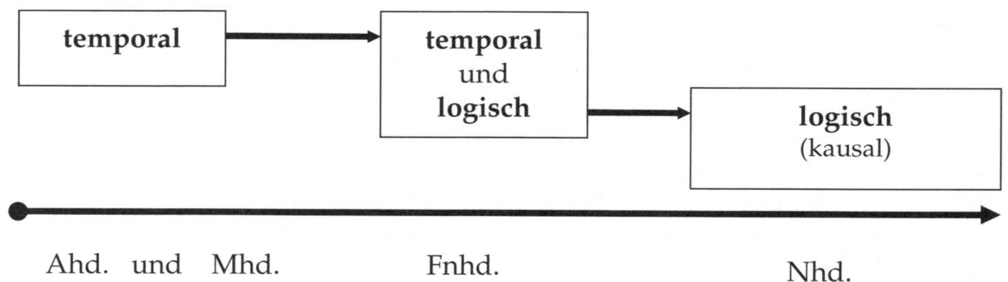

5.2.4 Euphemismus

Auch durch **Euphemismen** kann semantischer Wandel ausgelöst werden: Tabuisierte oder affektbeladene Gegenstände bzw. Sachverhalte werden verhüllend oder beschönigend umschrieben. Solche Euphemisierungen betreffen häufig die Bereiche des Todes, der Krankheit, des Krieges und der Sexualität. So wird *sterben* oft durch *heimgehen, dahinscheiden* oder *einschlafen* umschrieben, *sterben im Krieg* durch *fallen*. Auf diese Weise kann sich die Bedeutung 'sterben' auf seine Ersatzwörter übertragen. Auch der Gang zur Toilette wird häufig umschrieben mit *austreten* oder *verschwinden*. *Fieber haben* wird verharmlosend durch *Temperatur haben* ersetzt, das *künstliche Gebiss* durch die *dritten Zähne*. Die *Abtreibung* wird zur *Schwangerschaftsunterbrechung* und das *Altersheim* zur *Seniorenresidenz*.

Die gesamte Bewegung der sog. *political correctness* besteht in einer Euphemisierung, und nicht selten haben die neuen Wörter schon die Bedeutungen bzw. Konnotationen ihrer Vorgänger angenommen (GLONING 1996). Einen solchen Euphemisierungsprozess hat GERMANN (2007) in ihrer Arbeit "Vom *Greis* zum *Senior*. Bezeichnungs- und Bedeutungswandel vor dem Hintergrund der 'Political Correctness'" minutiös auf vorbildhafte Weise untersucht.

Im Ahd. bedeutete *stincan* 'riechen', später 'schlecht riechen, stinken'. Heute würde man schon in vielen Situationen *stinken* durch *riechen* ersetzen: *Der Hund riecht ein bisschen*. *Riechen* hat seine euphemisierende Wirkung bereits teilweise verloren und ist auf dem Weg, die Bedeutung von *stinken* zu übernehmen: *Hier stinkt's = Hier riecht's*.

So wie man heute für beleibte Personen eher die Adjektive *kräftig* oder *stark* statt *dick* verwendet, so hat man früher statt 'krank' (mhd. *siech*) eher 'schwach' (mhd. *kranc*) gebraucht. Im Grimmschen Wörterbuch (DWB) wird als älterer Ausdruck für das weibliche (*"schwache"*) Geschlecht *daz kränker gesläht* verzeichnet. Schwäche als Begleiterscheinung von Krankheiten wurde also zunächst zum Euphemismus für die Krankheit selbst. Später ist dieser Euphemismus verblasst: *krank* hat *siech* vollkommen ersetzt. Das Wort *siech* ist heute ausgestorben (es steckt noch in *Seuche, Sucht* und *dahinsiechen*).

5.2.5 Ellipse

Nicht selten wird – übrigens auch meist aus Gründen der Euphemisierung – ein Ausdruck verkürzt. Langfristig kann es passieren, dass das verbleibende Wort die ursprüngliche Gesamtbedeutung auf sich konzentriert und dadurch Bedeutungswandel vollzieht. Aktuelles Beispiel ist das Wort *Pille*, das für die meisten synonym ist mit 'Verhütungsmittel'; tatsächlich stellt *Pille* eine **Ellipse** aus *Verhütungs-* oder *Anti-Baby-Pille* dar. Daher wirken Sätze wie "Nachher muss er noch seine Pille nehmen" für manche schon merkwürdig oder belustigend.

Gegenwärtig vollzieht sich ein elliptisch (und euphemistisch-verhüllend) motivierter Wandel bei *trinken*, das oft 'Alkohol' impliziert. In dem Satz "Heute abend trinke ich nichts, ich muss noch fahren" ist natürlich nur 'Alkohol trinken' gemeint. Auch werden Alkoholiker verharmlosend als *Trinker* bezeichnet.

Unser heutiges Verb *aufschneiden* mit der Bedeutung 'angeben, prahlen' geht auf eine Ellipse von *mit dem großen Messer aufschneiden* zurück. Ursprünglich war das Objekt des Aufschneidens ein Braten, und zwar bei Tisch (also in einer gewissen Öffentlichkeit). Dieses *Aufschneiden* (des Bratens vor den Tischgenossen) *mit dem großen Messer* wurde zunächst zu einem Bild (einer Metapher) für 'prahlen'. Später wurde *mit dem großen Messer* elliptisch verkürzt, womit sich die Bedeutung 'prahlen' nun auf das verbleibende Verb *aufschneiden* konzentriert (FRITZ 1998:124).

Besonders häufig sind Ellipsen in festen Wendungen (Phraseologismen) enthalten wie *mal müssen* 'zur Toilette gehen', *du kannst mich mal* 'Verachtung', *du hast sie wohl nicht alle* 'verrückt sein', *sich einen hinter die Binde kippen* 'sich betrinken', *jemandem eine reinwürgen* 'eins (sic) auswischen'.

Soweit die wichtigsten semantischen Innovationsverfahren. Darüber hinaus gibt es weitere wie Ironie (*ein schöner Freund*), Übertreibung (*die E-Mail-Flut*), Untertreibung (*sich hinlegen* für 'stürzen') etc. Zu Näherem sei auf FRITZ (1998, 2005) verwiesen. Auch ist nochmals zu betonen, dass es hier Überschneidungen gibt: So können z.B. Euphemismen von Metaphern Gebrauch machen, Untertreibungen darstellen etc.

5.2.6 Erklärungen der unsichtbaren Hand

KELLER (1982, 1984, [2]1994) hat mit seiner Sicht von Sprachwandel als **Wirkung der unsichtbaren Hand** (oder als sog. **Phänomen der dritten Art**) in den letzten Jahren größere Beachtung gefunden. Sprachwandel folgt dabei weder naturgesetzlichen Regeln noch ist er das Ergebnis des menschlichen Willens. Er ist etwas Drittes (ein Phänomen der dritten Art): Sprachwandel ist das Ergebnis menschlichen Handelns, aber nicht menschlicher Absichten. Dies ist ein wichtiger Unterschied, der durch das mittlerweile berühmt gewordene (nichtsprachliche) Beispiel des Trampelpfads illustriert werden kann: Im Allgemeinen mögen Menschen nicht unbedingt Trampelpfade, die bei Regen womöglich aufweichen, noch wollen sie sie bewusst herbeiführen – dennoch verursachen sie sie, indem sie Wege abkürzen und lieber – um Zeit zu sparen, dies ist die eigentliche Intention – diagonal laufen statt über Eck. Indem viele auf diese Weise zeitsparend handeln, kreieren sie unintendiert Trampelpfade.

Ähnlich sieht KELLER Sprachwandel als vom Menschen nicht intendiertes, aber verursachtes Resultat: Wie von unsichtbarer Hand entstehen dabei Strukturen, die niemand plant, die aber alle Sprachbenutzer durch ihr (anderweitig motiviertes) sprachliches Handeln kausal schaffen:

> Ein Phänomen der dritten Art ist die kausale Konsequenz einer Vielzahl individueller intentionaler Handlungen, die mindestens partiell ähnlichen Intentionen dienen (KELLER [2]1994:92).

Allerdings ist damit das alte Problem der Sprachwandelforschung nicht gelöst, Sprachwandel weder vorhersagen zu können (also *ob* und, wenn ja, *wann* er eintritt) noch die mögliche Richtung, in die er verläuft. Eine solche Theorie gibt es bis heute nicht (wohl aber Ansätze, die Richtung zu bestimmen), und dies löst auch nicht die Theorie der unsichtbaren Hand – sie beansprucht es auch gar nicht: Sie ist "weniger von prognostischem als vielmehr von diagnostischem Wert" (KELLER 1982:14).

So haben Sprecher das Bedürfnis, sich möglichst artikulations- und damit energiesparend zu verhalten, d.h. sich möglichst knapp auszudrücken oder zu nuscheln. Dies kann zum Abbau von Lauten führen, auf denen Informationen liegen, auch zu Verschmelzungen (Assimilationen) zwischen benachbarten Wörtern. Auf diese Weise kann, wie wir wissen, auf ganz anderen Ebenen Sprachwandel ausgelöst werden (etwa durch Endungsschwund der Aufbau neuer Formen), was keineswegs intendiert ist.

Leider wird dieses eingängige Konzept nur durch wenige sprachliche Beispiele untermauert. Überwiegend handelt es sich um semantisch-pragmatischen Wandel, und zwar um solchen euphemisierender und anschließend inflationierender Art: Frisöre, die sich *Coiffeur* nennen, intendieren damit nicht, das Wort *Frisör* zu pejorisieren, sie tun es aber faktisch. Was sie eigentlich intendieren, ist eine Statuserhöhung, sich einen künstlerischen Anstrich zu geben und besser bezahlende Kundschaft anzuziehen. Unwillentlich verursachen sie, indem viele Frisöre so handeln, die Bedeutungsverschlechterung von *Frisör* (und langfristig auch eine graduelle Absenkung des nunmehr inflationär verwendeten *Coiffeurs),* da man nun die Bezeichnung *Frisör* meidet (KELLER 1982:20). Dies gehört also in den Bereich der Euphemismen und ihrer Auswirkungen. Eine ähnliche Motivation, in diesem Fall der Wunsch, gebildeter und weltläufiger zu wirken, dürfte vorliegen, wenn man statt von der *Erklärung der unsichtbaren Hand* von der *Invisible-Hand-Theorie* spricht. Darunter dürfte generell der Gebrauch von Anglizismen fallen.

Das andere Beispiel ist ähnlich geartet und betrifft die Pejorisierung der weiblichen Personenbezeichnungen, was als Phänomen bereits in Kap. 5.1.5 dargestellt wurde. Hierfür macht KELLER nicht frauenfeindlichen Sprachgebrauch, sondern ganz im Gegenteil eine besonders frauenfreundliche Ausdrucksweise verantwortlich: In unseren Kulturen herrsche ein sog. Höflichkeits- bzw. Galanteriegebot speziell Frauen gegenüber, das sich im Alltag in Handlungen wie die Tür aufzuhalten oder Frauen in den Mantel zu helfen manifestiere. Ebenso habe man Frauen auch sprachlich zuvorkommend zu behandeln, indem man sie "lieber eine Stilebene zu hoch als zu tief" (KELLER 1982:217) adressiere:

> Diese Strategie ist selbstzerstörend. Denn sie führt dazu, daß auf längere Sicht immer das "nächsthöhere" Wort zum normalen wird, wodurch automatisch das ehedem normale eine Bedeutungsverschlechterung erfährt. Das allgemeine Muster heißt: Wer höflich sein will, muß das Besondere wählen. Wenn aber viele das gleiche Besondere wählen, verliert es den Charakter des Besonderen und wird zum Normalen, so daß etwas neues Besonderes gewählt werden muß. Das ist immer wieder passiert mit den frauenbezeichnenden Wörtern [...]. Dieser Prozeß wird so lange andauern, wie in unserer Kultur das Spiel der Galanterie gespielt wird. (KELLER 1995:217).

Sprache, so KELLER, sei damit nicht etwa Spiegel, sondern Zerrspiegel der Kultur. Kritisch zu dieser vordergründig bestechenden Inflationstheorie ist zunächst anzumerken, dass Frauen umgekehrt auch Männer eher "eine Etage zu hoch als zu niedrig" adressiert haben – handelt es sich hier doch keineswegs um ein einseitiges Höflichkeitsgebot. Dennoch haben die Männerbezeichnungen keine Pejorisierung erfahren. Auch bleibt offen, weshalb sich nur der männliche Sprachgebrauch durchsetzen soll und nicht auch der weibliche. Des Weiteren erklärt diese Inflationierung nicht die Qualität der meisten Pejorisierungen, nämlich die der Sexualisierung: Dass Frauen auf diese Weise von 'adlig' oder 'sozial hochstehend' zu 'normal' abgestuft werden (ähnlich wie der *Frisör* durch den *Coiffeur* degradiert wird), mag nachzuvollziehen sein – sowohl die Anrede *Frau* als auch *Herr* haben diese Abstufung mitgemacht. Weniger nachvollziehbar ist jedoch, dass die Pejorisierungen in Richtung 'Prostituierte, liederlich, sexuell verfügbar' verlaufen. Sexualisierungen legen vielmehr die Sicht von Männern auf potentielle Geschlechtspartnerinnen offen. Weiter wissen wir mit Blick auf historische Texte, dass auch Verwandte, z.B. die Eltern, sehr höflich und distanziert angesprochen wurden, die Verwandtschaftsbezeichnungen wie *Mutter, Schwester* etc. aber seit Jahrtausenden semantisch stabil sind – möglicherweise, weil weibliche Verwandte nicht als Geschlechtspartnerinnen in Frage kommen. Schließlich hat die kontrastive Genderforschung erwiesen, dass solche Pejorisierungen (meist in Form von Sexualisierungen) weiblicher Personenbezeichnungen auch in Kulturen fern jeglichen Galanteriegebots vorkommen (s. auch CROFT 1997). KELLER (²1994, 1995) aber verknüpft diesen Wandel damit. CROFT (1997) fügt dem noch hinzu, dass die Abwertung der Bezeichnungen für Schwarze in den USA (*colored, negro, black*) keinesfalls auf Galanterie oder eine einstige begriffliche Aufwertung zurückgehen könne (da nie vorhanden), sondern einzig auf Rassismus. Auch dass Bezeichnungen für tabuisierte Körperfunktionen und -teile immer wieder pejorisieren, kann kaum auf ein Aufstocken von oben zurückgeführt werden.

Bis heute ist diese gesamte Pejorisierungskette kaum erforscht, doch zeigt das Beispiel, wie komplex das Thema ist und wie problematisch monokausale Erklärungen sind (s. auch KOCHSKÄMPER 1994). Es zeigt auch, dass immer das gesamte Wortfeld (als Gesamtheit der sinnverwandten Wörter) berücksichtigt werden muss, nicht nur ein Einzelwort, und dass möglichst vergleichend zu anderen Sprachen gearbeitet werden sollte, um den Einfluss außersprachlicher Faktoren besser bemessen zu können.

Insgesamt gesehen vermag die Theorie der unsichtbaren Hand einige Prozesse inflationären Wandels zu erklären. Die meisten Ebenen der Sprache (etwa die Morphologie, die Syntax, weitestgehend auch die Phonologie) bleiben ausgespart, vermutlich wegen der begrenzten Erklärungskraft dieser Theorie (zu einem Überblick über die weitere Diskussion s. LADSTÄTTER 2004).

5.3 Fallstudie eines Wortfeldwandels: Die Verwandtschaftsbezeichnungen

Abschließend verlassen wir den Bereich des rein semantischen Wandels und nehmen die **onomasiologische Perspektive** ein, verfolgen also die Fragestellung: Welchen Bezeichnungswandel haben unsere Verwandtschaftsbeziehungen durchlaufen? Wir zeigen in aller Kürze auf, dass sich, wie eben angesprochen, semantischer Wandel meist nicht nur auf ein Einzelwort beschränkt, sondern das gesamte **Wortfeld**, also die sinnverwandten Wörter im Umkreis des Wortes, verändern kann. Dabei kommt es nicht selten zum Schwund und Ersatz von Wörtern. Durch semantischen Wandel wird also lexikalischer Wandel ausgelöst, verstanden nicht nur als inhaltsseitiger Wandel von Lexemen, sondern als Bezeichnungswandel, d.h. mit Umschichtungen und Neubesetzungen des Wortfelds (s. Kap. 6). Dies macht das folgende Beispiel der **Verwandtschaftsbezeichnungen** deutlich: Wörter befinden sich in einer Art Netzwerk, Einzelwortveränderungen können gesamtstrukturelle Veränderungen zur Folge haben. So heißt die Untersuchung von RUIPÉREZ (1984) zu diesem Thema: "Die strukturelle Umschichtung der Verwandtschaftsbezeichnungen im Deutschen. Ein Beitrag zur historischen Lexikologie, diachronen Semantik und Ethnolinguistik". Eine strukturelle Darstellung der Geschichte der Verwandtschaftsbezeichnungen bietet sich v.a. deshalb an, weil diese feste Positionen in einer Familie bezeichnen, zwischen denen es keine fließenden Übergänge gibt, sondern die aus mehrheitlich dichotomisch angelegten semantischen Merkmalen wie '+/- weiblich', '+/- blutsverwandt', '+/- mütterliche Linie', '+/- "Ego"-Generation' etc. bestehen. Dabei wird als Fixpunkt immer von einem sog. Ego ausgegangen, von dessen Warte aus die Verwandtschaftsbeziehungen definiert werden (zu den universell möglichen Verwandtschaftsbezeichnungen s. den klassischen Beitrag "Universals of Kinship Terminoloy" von GREENBERG 1966/2005:72-87).

5.3.1 Stabilität der Bezeichnungen für die Kernfamilie

Grundsätzlich fällt auf, dass die Bezeichnungen für die direkte Blutsverwandtschaft, die Kernfamilie, seit frühester schriftlicher Überlieferung sowohl formal als auch vor allem semantisch stabil sind:

Abb. 23: Zur Stabilität der Bezeichnungen für die Kernfamilie (in Klammern ahd.)

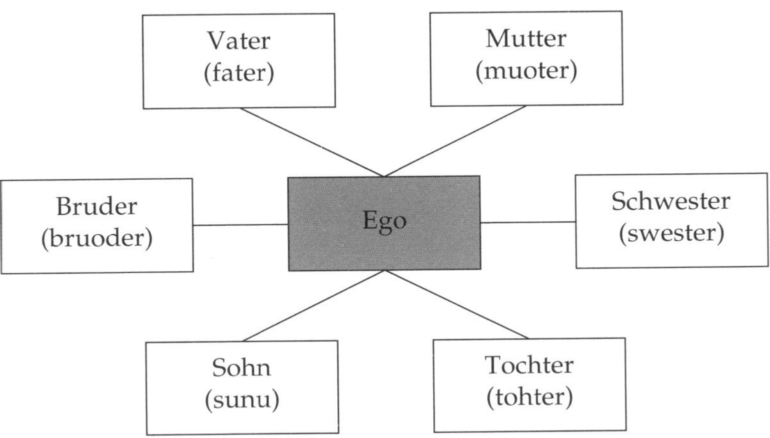

5.3.2 Umschichtungen bei der weiteren Verwandtschaft

Ganz anders verhält es sich bei der weiteren Verwandtschaft, wobei wir uns hier nur auf die Blutsverwandtschaft beschränken (zur Heiratsverwandtschaft s. DEBUS 1958). Hier haben vom Ahd. zum Nhd. hin tiefgreifende Verschiebungen, aber auch Vereinfachungen bei der Unterscheidung der Verwandtschaft stattgefunden. Abb. 24 und Abb. 25 zeigen die Unterschiede zwischen dem Ahd. und dem Nhd. Kursiv werden die männlichen Personen gesetzt, recte die weiblichen.

Abb. 24: Das ahd. Verwandtschaftsbezeichnungssystem (nach FRITZ 1974:32)

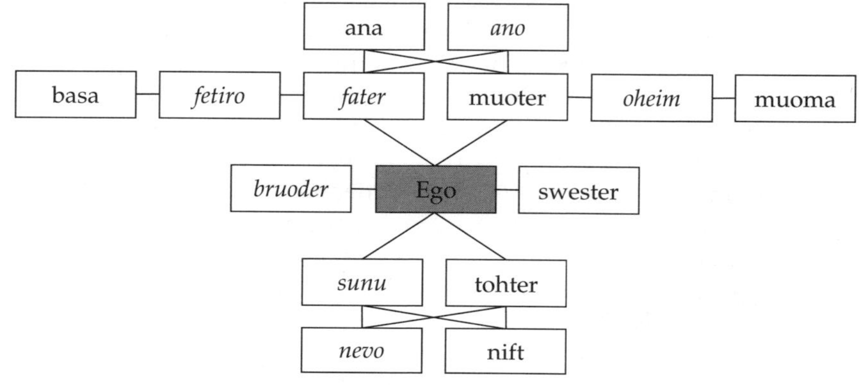

Abb. 25: Das nhd. Verwandtschaftsbezeichnungssystem

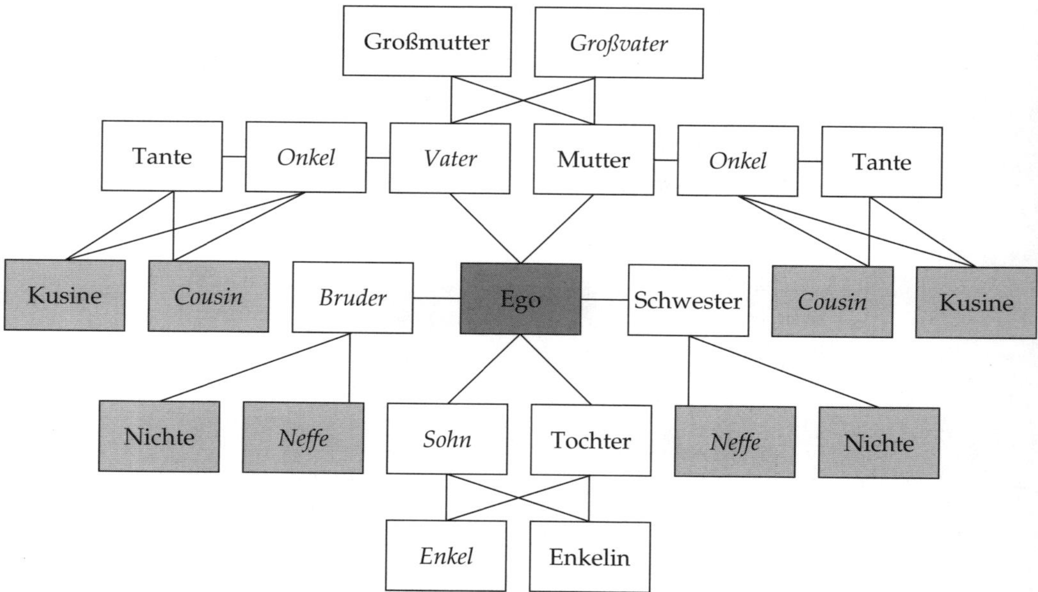

An Unterschieden fällt auf:

- Die Großeltern ahd. *ano/ana* wurden nur nach ihrem Geschlecht, nicht nach der Linie (ob mütterlicher- oder väterlicherseits) unterschieden. Der heutige *Ahn*, Pl. *die Ahnen*, wird (außer in Dialekten) nicht mehr generationsspezifisch gebraucht, sondern ganz allgemein im Sinne von 'Vorfahre'. MÜLLER (1979) sieht als Grund für das Verschwinden von ahd. *ano/ana* deren lautlichen Zusammenfall zu mhd. *ane* und die damit verunmöglichte Geschlechtsunterscheidung. Die Ersatzbildungen *Großvater* und *Großmutter* sind Lehnübersetzungen aus frz. *grand-père* und *grand-mère*, die bereits ab dem Spätmhd. aufkommen.
- Auf der Tante/Onkel-Ebene wurde im Ahd. streng nach Linie differenziert: Väterlicherseits *basa* (> nhd. *Base*) für die 'Vaterschwester' und *fetiro* (> nhd. *Vetter*) für den 'Vaterbruder' (etymologisch ist ahd. *fetiro* auch mit *fater* verwandt). Mütterlicherseits korrespondierte damit ahd. *oheim* 'Mutterbruder' und *muoma* 'Mutterschwester'.
- Für die Kusinen und Cousins – also die Tanten- und Onkelkinder – (hellgrau hinterlegt) gab es im Ahd. keine spezifischen Bezeichnungen. Später wandern *Base* und *Vetter* zu deren Bezeichnung eine Generation nach unten. Im Ahd. aber benennen *basa* und *fetiro* Tante und Onkel der Vaterlinie.
- Der weibliche Enkel war die *nift*, etymologisch verwandt mit nhd. *Nichte* (*nift* ist oberdeutsch, *Nichte* niederdeutsch), der männliche der *nevo*. Heute dagegen stehen *Nichte* und *Neffe* eine Generation höher für die Geschwisterkinder (auch hellgrau hinterlegt).

Festzuhalten ist also Gegenläufiges: *Vetter* und *Base* sind eine Generation nach unten, *Neffe* und *Nichte* dagegen nach oben "gerutscht". Dies begründet man "ethnolinguistisch"-außersprachlich mit der Auflösung der Großfamilie und der Konzentration auf die Kernfamilie. *Oheim* und *Muhme* veralten nach und nach. Stattdessen tritt hier aus dem Frz. entlehntes *Onkel* und *Tante* ein, wobei die Linienunterscheidung (mütterlicher- vs. väterlicherseits) aufgegeben wird. Damit finden neben Umschichtungen auch Differenzierungsverluste statt. "Dafür" wurden die Kinder von Tante und Onkel mit *Kusine* und *Cousin* erstmals eigenständig benannt (auch diese Bezeichnungen wurden aus der Prestigesprache Französisch entlehnt).

Natürlich verliefen diese dramatischen Veränderungen (es gibt noch weitere, hier nicht behandelte) nicht sprunghaft. Es gab lange Phasen, in denen die betreffenden Wörter sowohl die alte als auch die neue Bedeutung in sich vereinigten – und nicht nur dies: Oft bezeichneten sie zwischenzeitlich noch mehr. Am Beispiel von ***Vetter***: Im Ahd. bezeichnete *fetiro* ausschließlich den Vaterbruder, später auch den Mutterbruder, wo er den *Oheim* verdrängte. Gleiches geschah mit *Base*, die die *Muhme* verdrängt. Schließlich erweiterte sich die Bedeutung von *Vetter* (bzw. reduzierten sich seine semantischen Merkmale) so stark, dass damit im Fnhd. alle möglichen entfernten männlichen Verwandten (auch angeheiratete) bezeichnet werden konnten: Neben den Onkeln auch die Cousins und sogar die Enkel (hierzu s. ausführlich JONES 1990, 2005). Der im 17. Jh. erfolgende Entlehnungsschub aus dem Frz. (*Cousin*, *Cousine*, *Tante*, *Onkel*) verdrängte nicht nur den

Vetter, sondern auch die *Base*, den *Oheim* und die *Muhme*. Zunächst galten die frz. Fremdbezeichnungen als stilistisch gehoben und höflicher, später wurden sie dann zu den Normalbezeichnungen (zu Höflichkeit s. Kap. 7.4.1). Die Unterscheidung '+/- Mutterlinie' war schon vorher aufgegeben und bleibt es bis heute. Man führt die generelle Aufgabe der Liniendistinktion auf das außersprachliche Faktum zurück, dass das die männliche Linie begünstigende germanische Erbrecht obsolet wurde. In *Vetternwirtschaft* ist das alte Wort noch konserviert, hier in seiner allgemeinen Bedeutung als 'männlicher Familienangehöriger'.

Dass bei solchen Umschichtungen auch die Generationen vermischt wurden, ist nur schwer erklärbar. Dies scheint etwas mit dem Fixpunkt des Ego zu tun zu haben, der ja nicht mit dem Sprecher identisch zu sein braucht: Spricht man innerhalb der Familie über ein bestimmtes Mitglied, so wird dieses je nach Sprecher und damit Perspektive anders bezeichnet: Eine *Kusine* (aus Sicht des Ego) kann von anderer Warte die *Schwester*, die *Tochter* oder die *Mutter* sein. Auf diese Weise lassen sich eventuell solche Verschiebungen zwischen den Generationen erklären.

Auch ***Neffe*** hat langfristig einen Generationensprung (nach oben) vollzogen: von 'Enkel' zu 'Neffe'. Zwischenzeitlich wurde auch *Neffe* (ähnlich wie *Vetter*) für entferntere männliche Verwandte gebraucht, auch auf der Onkelebene. Für die Kindeskinder etabliert sich der *Enkel*, eine Verkleinerungsform zu ahd. *ano* 'Großvater', *eniklīn* > mhd. *ene(n)kel* > nhd. *Enkel*. Seit dem 17. Jh. existiert auch die mit *-in* abgeleitete Form *Enkelin* für das Mädchen. Die ursprüngliche Bedeutung von ahd. *eniklīn* war also 'kleiner Großvater' – eine ziemlich merkwürdige Bezeichnung für den Enkel. Man vermutet als Grund hierfür, dass die Germanen glaubten, dass die Seele des Großvaters im Enkel und die der Großmutter in der Enkelin fortlebte. Wegen der damals geringeren Lebenserwartung war es tatsächlich so, dass die Großeltern i.d.R. in der Zeit starben, wenn die Enkel kamen. Auch weiß man aus der Namenforschung, dass die Neugeborenen sehr oft die Rufnamen ihrer Großeltern bekamen.

MÜLLER (1979:73) sieht dagegen als Grund einen Anredetausch zwischen den beiden Generationen (wofür auch GREENBERG 1966:75, der als Typologe den "Universals of Kinship Terminology" nachgeht, Evidenz liefert):

> Der Großvater gibt die Anrede *ano* dem Kind freundlich im Diminutiv zurück. Er kann auch Drittpersonen gegenüber von seinem *Ähnlein* sprechen. Schließlich wird, was sich in der Anredesituation herausgebildet hat, von den übrigen Familienmitgliedern als Appellativ übernommen und rückt ins Bezeichnungsgefüge ein.

Vergleicht man noch einmal Abb. 24 und Abb. 25, so fragt man sich, ob das Ahd. wirklich kein Wort für die heutigen *Kusinen/Cousins* sowie für die heutigen *Nichten/Neffen* hatte. Natürlich gab es auch hierfür (dialektal variierende) Bezeichnungsmöglichkeiten, meist über Komposita, z.B. mittelfränkisch *wasensun* 'Basensohn' für den Cousin (= Sohn der Schwester des Vaters), *muamunsun* (= Sohn der Schwester der Mutter) oder über Diminutiva, z.B. *Bäslein* (= Tochter der Base; *Base* als 'Tante' i.S.v. Vaterschwester) oder *Vetterlein* (= Sohn des Vaterbruders). Auf dem Kompositionsprinzip basiert übrigens noch stark das heutige Schwedische: *mormor* "Muttermutter" für die Großmutter mütterlicherseits, *farmor* "Vatermutter", *morfar*, *farfar*, aber auch *morbror* "Mutterbruder" für den Onkel mütterlicherseits usw. Hier also liegt noch ein vom Frz. unbeeinflusstes System vor, das die alte Linienunterscheidung konserviert hat. Nur schwed. *kusin* wurde aus dem Frz. entlehnt und bezeichnet, übrigens geschlechtsneutral, sowohl die Kusine als auch den Cousin.

Heute hat man im Deutschen oft das Bedürfnis, die Großeltern nach der Linie zu unterscheiden, doch regelt dies jede Familie anders. Häufig wird *Oma* vs. *Großmutter/-mutti* bzw. *Opa* vs. *Großvater/-papa* etc. linienspezifisch verwendet, manchmal kombiniert mit Wohnortsbezeichnungen (*Freiburger Omi*).

Das Semantik-Kapitel abschließend sei noch ein Wort zur **Etymologie** gesagt: Manche vermissen in dieser Einführung vielleicht ein entsprechendes Kapitel, und tatsächlich handelt es sich bei der Etymologie um eine faszinierende historische Forschungsdisziplin, die gerade in diesem Kapitel immer wieder gestreift wurde. Die Etymologie befasst sich mit dem "Ursprung", d.h. der Herkunft und der formalen und semantischen Entwicklung einzelner Wörter. Normalerweise geht man diachron möglichst weit zurück, oft ins Idg., und stellt dabei Verwandtschaftsbeziehungen zwischen Wörtern innerhalb einer, durchaus aber auch mehrerer idg. Sprachen her. Genau genommen bildet die Etymologie die Verbindung von historischer Phonologie und Semantik, ergänzt von der historischen Wortbildung. Da diese Ebenen hier alle repräsentiert sind, bedurfte es u.E. keines eigenen Etymologiekapitels. Die wichtigsten etymologischen Wörterbücher zum Deutschen sind KLUGE (^{24}2002), PFEIFER (^{6}2003) und DUDEN-Etymologie (^{3}2001).

Zum Weiterlesen:
Standardlektüre für Einführungen in die historische Semantik sind FRITZ (1998) und FRITZ (2005). Beide liefern dabei eine Menge an Beispielen, so dass nie ohne Grundlage theoretisiert wird. Auch zur Wissenschaftsgeschichte erfährt man einiges. Nur vom adjektivischen Bedeutungswandel handeln KELLER/KIRSCHBAUM (2003), denen ebenfalls sehr an Anschaulichkeit gelegen ist. Besonders aufschlussreich sind die historischen Belege, in die die Adjektive eingebettet sind.

Aufgaben:

1) Bitte erkunden Sie anhand etymologischer Wörterbücher, wie *Gift* semantisch zu *geben* steht. Beschreiben Sie dann den Pfad des semantischen Wandels, den dieses Wort vollzogen hat (kontrastieren Sie es dabei gerne mit engl. *gift*).
2) Bitte schlagen Sie die Etymologie von *Haupt* und *Kopf* nach und überlegen Sie, welcher semantische Wandel bei *Kopf* stattgefunden hat (wenn Sie Romanistik studieren, so tun Sie bitte das gleiche mit frz. *chef* und *tête*). Welche Bedeutungen haben *Haupt* und *Kopf* heute? Berücksichtigen Sie dabei auch Wortbildungen mit *Haupt-* sowie *Kopf-* als Erstglied. Wie unterscheiden sich diese semantisch? Und welche (durchaus auch ugs. oder dialektalen) Bezeichnungsmöglichkeiten für den Kopf kennen Sie sonst noch?
3) In der Luther-Bibel 1545, ganz zu Ende des "Prophet Jona", heißt es: "DA ſprach Gott zu Jona/Meinſtu/ das du billich zůrneſt um den Kůrbis? Und er ſprach: Billich zůrne ich/bis an den tod." Bitte nehmen Sie zu Bedeutung und Wandel von *billich* Stellung.

6 Lexikalischer Wandel

Im sprachlichen "Zwiebelmodell" bildet der Wortschatz (die Lexik) eine der äußersten Schichten. Damit wird zum Ausdruck gebracht, dass die Lexik sich relativ leicht wandelt. Sie unterliegt kulturhistorischen, sozialpolitischen, auch ökonomischen Veränderungen, selbst Moden. Wir akzeptieren also relativ schnell einen neuen Ausdruck, während eine grammatische Innovation (wie der *i*-Umlaut, die schwache Verbkonjugation oder der Ausbau der Klammerbildung) Jahrhunderte braucht, um sich durchzusetzen. Dabei übernehmen wir aus anderen Sprachen zwar ohne weiteres neue Bezeichnungen, aber normalerweise keine grammatischen Strukturen. So hat das Deutsche massenweise Substantive aus dem Lateinischen entlehnt (*Mauer, Tisch, Ziegel*), bei manchen sogar mit den lat. Pluralformen (*Tempus – Tempora*). Dennoch hat dies nicht zur Herausbildung einer neuen, produktiven Pluralendung geführt. Umgekehrt kann auch ein Wort relativ schnell in Vergessenheit geraten, z.B. ahd. *korunga* 'Versuchung'. Dieses Wort kommt noch im ahd. Vaterunser vor, das zusammen mit dem ältesten deutschen Buch, dem sog. *Abrogans* (ca. 790 n.C.), überliefert ist. Eine größere Fluktuation als in der Lexik (appellativer Wortschatz) gibt es nur noch bei den Namen (MUNSKE 2005b:1394), etwa die immer wieder neu entstehenden Institutions- und Produktnamen wie *comdirect bank AG* oder *Wünstenrot AG; Labello, Blend-a-med* oder *Maoam* oder die den Moden unterliegenden Rufnamen, z.B. *Leonie, Hannah, Lukas* oder *Leon* (s. Brendler/Brendler 2004).

Während im vorangehenden Kapitel semantischer Wandel beschrieben wurde (semasiologische Perspektive), wird das Augenmerk hier auf die ganze Bezeichnung gerichtet (Bezeichnungswandel). Nach dem Zeichenmodell von Ferdinand DE SAUSSURE hat jedes Wort als sprachliches Zeichen zwei Seiten:

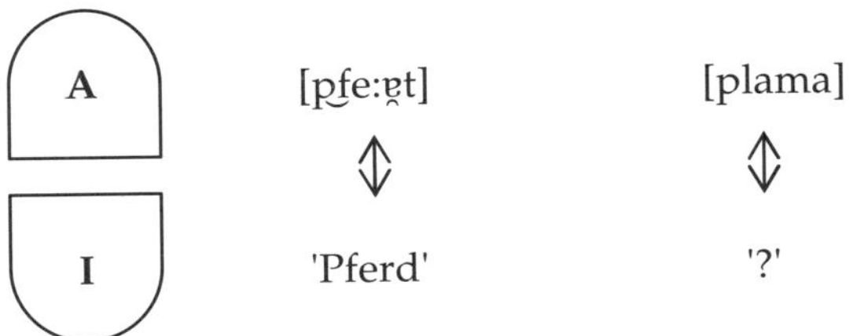

Die erste ist die sog. Ausdrucksseite oder Bezeichnung (A). In der gesprochenen Sprache ist das die Lautkette. Wenn wir eine uns unbekannte Sprache hören, ist es auch die einzige Seite des sprachlichen Zeichens, die uns zugänglich ist: Wir können etwas hören, aber nicht verstehen. Das liegt daran, dass wir nicht wissen, welcher Inhalt damit bezeichnet wird. Dieser stellt die andere Seite des sprachlichen Zeichens dar (die sog. Inhaltsseite oder Bedeutung – I). Um uns in einer Sprache verständigen zu können, ist es eine der wichtigsten Voraussetzungen, dass wir der Bezeichnung eine Bedeutung zuordnen können und umgekehrt. Wenn eine Sprache verschriftlicht wird, dann existiert auch eine visuelle Form der Bezeichnung, ein Schriftbild wie <Pferd>.

Ein Blick in einen ahd. Text genügt, um festzustellen, dass Wörter ihre Ausdrucksseite verändert haben. Ihr Wandel beschränkt sich jedoch nicht nur auf lautliche Veränderungen wie ahd. *himil* > nhd. *Himmel* oder mhd. *saf* > nhd. *Saft*. In der Geschichte der deutschen Sprache sind viele, z.T. ganz elementare Wörter ausgestorben wie ahd. *quedan* 'sprechen', *beran* 'tragen' oder mhd. *lütze* 'klein'. Umgekehrt sind viele andere hinzugekommen, z.B. *Pferd*, *Mauer* oder *Welt*. Natürlich besteht auch die Möglichkeit, einen neuen Inhalt mit einer Wortbildung (Derivation oder Komposition) zu bezeichnen (hierzu s. Kap. 3.2; s. auch Barz 2005). Dies ist die wichtigste Quelle für die Wortschatzanreicherung (TANEVA 1999). Einen Einblick in die aktuellen Neubildungen, darunter *Schiebehandy* oder *Alphablogger*, bietet die Internetseite "Wortwarte" (http://www.wortwarte.de).

Wie bereits erwähnt, kommt es neben der Erweiterung der Lexik auch zum Schwund von Wörtern. Dieser ist weitgehend unerforscht. Eine nahliegende Erklärung für den Schwund bestimmter Wörter wäre eine mangelnde Verankerung im Wortschatz. Damit ist gemeint, dass bestimmte Wörter nur sehr kleine Wortfamilien bilden, d.h. Wortgruppen mit einem gemeinsamen Stamm, z.B. *Himmel*, *himmlisch*, *jdn. anhimmeln*, *Himmelsrichtung* usw. SPLETT (2005) untersucht mehrere ahd. Wörter, die ausgestorben sind. Er stellt zwar fest, dass viele der Wörter im Ahd. tatsächlich sehr kleine Wortfamilien bildeten, z.B. ahd. *lēo* 'Grabhügel' oder *liohsan* 'hell', mit jeweils nur zwei Wortfamilienmitgliedern. Allerdings hatte *luzzi* 'klein' 19 Mitglieder und *quedan* 'sprechen' sogar 48 (s. auch Splett 1993). Dennoch wurden sie von *klein* und *sprechen/sagen* verdrängt. Wortschwund ist zum einen auf sich verändernde Lebensumstände zurückzuführen. Hiervon sind oft ganz bestimmte Wortschatzbereiche betroffen. So kann ein Wort aussterben, wenn der Inhalt nicht mehr gebraucht wird, z.B. *Schecke* 'Leibrock' oder *Heuke* 'Mantel mit Kragen'. Zum anderen wird lexikalischer Wandel dadurch initiiert, dass neben einem existierenden Wort ein Konkurrent entsteht, der seine Bedeutung übernimmt. Dieser ist nicht selten aus einer anderen Sprache entlehnt. Mit einem solchen Fall haben wir zu tun, wenn das ahd. Wort für 'Pferd', *hros* (vgl. engl. *horse*), allmählich durch das im Ahd. entlehnte lat. Wort *paraveredus* > ahd. *pfarifrit* > mhd. *pfärvrit* > *pfert* ersetzt wird. Das ursprüngliche Wort (nhd. *Roß*) ist zwar nicht ausgestorben, seine Semantik ist jedoch deutlich verengt, so dass es nur noch ein edles (Reit-)Pferd bezeichnen kann und daher viel seltener benutzt wird. Das ahd. Wort *lāhhināri* 'Arzt' wird hingegen durch das aus dem Lat. entlehnte *arzat* vollkommen verdrängt. Heutzutage gibt es die Form *Lachner* nur noch als Familienname. Nicht selten konservieren unsere Familiennamen heute ausgestorbene Wörter. Viele (wie *Lachner*) gehen auf einstige Berufsbezeichnungen zurück (hierzu eingehend KUNZE [5]2004). Unabhängig davon, ob das konkurrierende Wort entlehnt ist oder nicht, wird Wortschwund oft auch durch technische Innovation ausgelöst. Dies könnte auch der Grund dafür sein, dass eine große Anzahl germanischer Wörter für 'Kampf' wie ahd. *wīg*, *hadu* oder *hiltia* durch die lat. Entlehnung *campus* > ahd. *kampf* ersetzt wurde. Auch der Drang der Sprecher zu

Originalität und Expressivität kann zur Entwicklung von Konkurrenzen und zur Verdrängung des ursprünglichen Wortes führen (s. KOCH/OESTERREICHER 1996). So hat das expressivere Wort *Kopf*, das im Ahd. noch 'Becher, Schale' bedeutete, das Wort *Haupt* (ahd. *houbit* 'Kopf') verdrängt. Bei diesem Prozess wandelte sich die Bedeutung von *Kopf* als 'Becher, Schale' > 'Kopf', wodurch die Expressivität verblasste. Heutzutage verwenden wir wieder neue expressive Ausdrücke wie *Rübe, Birne* oder *Deckel*.

Zu ähnlichen Ursachen des Wortschwundes gelangt OSMAN ([7]1993), der den Untergang von Wörtern seit dem Ende des 18. Jhs. dokumentiert. Als Grundlage dient ihm das 1811 erschienene, vierbändige "Wörterbuch der Hochdeutschen Mundart" von Johann Christoph ADELUNG. Trotz alledem ist der Bestand an nativen Simplizia im Vergleich zu den Fremdwörtern relativ konstant geblieben (s. MUNSKE 1990, 1992; SPLETT 1985a).

Nach Munske (2005) umfasst der Wortschatzwandel drei Hauptaspekte:

1) den quantitativen Lexemwandel (Vermehrung und Verminderung des Wortschatzbestandes),
2) den Wortbildungswandel (Entstehung, Wandel und Schwund von Wortbildungsmodellen; s. dazu Kap. 3.2) und
3) den Bedeutungswandel (Entstehung, Wandel und Schwund von Bedeutungsaspekten; s. dazu Kap. 5).

Da die Punkte 2) und 3) in Kap. 3.2 und 5 abgehandelt sind, werden wir uns im Folgenden nur auf zwei Aspekte des quantitativen Lexemwandels konzentrieren. In Kap. 6.1 wenden wir uns der Erweiterung des Wortschatzes durch Entlehnung zu. Hier wird die Lexik von außen beeinflusst. In Kap. 6.2 wird gezeigt, dass neue Wörter auch als Ergebnis der Lexikalisierung von Wortbildungen entstehen können. So hat sich das einfache Wort (Simplex) *Welt* aus dem ahd. Kompositum *weralt* (*wer* 'Mann' + *alt* 'Alter') entwickelt.

6.1 *Auf gut Deutsch* – Entlehnungen ins Deutsche

Das Deutsche wurde schon immer durch entlehnte Wörter bereichert (s. u.a. SCHIRMER [3]1949, MAURER/STROH [2]1959, HUNDSNURSCHER 2005, WELLS 2005). Im Folgenden wird die Chronologie der wichtigsten Entlehnungsquellen dargestellt. In vorahd. und ahd. Zeit waren es die Kelten, Slawen und dann die Römer, die in Nachbarschaft zu den Germanen lebten. Der Sprachkontakt, der mit kulturellem Austausch verbunden war, brachte die ersten Entlehnungen ins Deutsche (kelt. > nhd. *reich*, slawisch > nhd. *Grenze* – vgl. poln. *granica*). Die meisten Entlehnungen aus der Zeit vom 1. bis 5. Jh. kommen jedoch aus dem Lateinischen. Sie umfassen folgende Lebensbereiche:

- militärische Organisation: *Pfeil, Kampf, Straße*
- Verwaltung und Rechtsprechung: *Kaiser, Pacht, Pfand*
- Handel: *kaufen, Markt, Münze, Pfund, Sack*
- Weinanbau: *Wein, Kelch, Becher, Winzer, Kelter, Essig*
- Obst und Gemüse: *Kohl, Rettich, Senf, Minze, Fenchel, Frucht, Pflanze, Kürbis*

- Steinbau: *Ziegel, Mauer, Kalk, Estrich, Pforte, Keller, Fenster, Kammer*
- Kochkunst: *Küche, Kessel, Pfanne, Schüssel, Tisch, Semmel*
- Haushalt, Kleidung: *Fackel, Spiegel, Socke, Sohle, Pfeife, Arzt, Fieber, Pflaster*

Da diese Wörter schon im Ahd. entlehnt wurden und seither denselben Lautwandelprozessen wie die Erbwörter unterlagen, sehen sie genauso aus wie Erbwörter. So ist das Wort *Kampf* aus lat. *campus* noch vor oder in der Zeit entlehnt worden, als die 2. LV wirksam war. Aus diesem Grund ist das *p* zu *pf* verschoben worden. Spätere Entlehnungen, die erst nach der 2. LV Eingang in die deutsche Sprache gefunden haben, enthalten unverschobene Laute, z.B. *p* und nicht *pf* wie in *Papst* (< lat. *papa*). Dabei handelt es sich zum größten Teil um Entlehnungen aus dem Bereich der Religion (*Altar, Messe, Kapelle, Kloster, Nonne, Pilger*) sowie der dadurch beeinflussten Kultur (*schreiben, Tinte, Brief*) und aus dem Bereich gesellschaftlicher Organisation (*Vogt, Kanzler, Bezirk*). In dieser Zeit werden auch einige latinisierte Wörter griechischer Herkunft ins Deutsche übernommen (*Kirche, Bischof*). Hier spielt das Lateinische die Rolle einer **Mittlersprache**. Seltener werden griechische Wörter durch das Gotische ins Ahd. vermittelt (*Engel, Teufel*).

Im Mhd. wird Latein als sog. **Gebersprache** durch das Französische abgelöst. Die Welle der Entlehnungen aus dem Französischen (Gallizismen), bei der das Niederländische oft als Mittlersprache fungiert, ist mit den Neuerungen der höfischen Kultur verbunden. So werden neue Wörter aus dem Bereich der Gesellschaft (Rittertum) und Literatur ins Deutsche übernommen, darunter *Turnier, Plan, Panzer, Lanze, Tanz, Manier, Preis, Abenteuer*.

Im Spätmhd. beginnt die Ära des Bürgertums, das durch Gewerbe und Handel immer mächtiger wurde. Der Wortschatz wird dabei durch viele italienische (*Bank, Kasse, brutto, Konto*) und, bedingt durch die Hanse, niederdeutsche Ausdrücke (*Makler, Stapel, Fracht*) bereichert.

In der Zeit des Humanismus und der Renaissance kommt eine große Anzahl lateinischer und griechischer Wörter ins Deutsche, während im Barock erneut Italianismen wie *Sonate, Adagio, Allegro, Konzert* und *Oper* entlehnt werden. Eine neue Welle französischer Entlehnungen beschert die sog. *Alamodezeit* (hauptsächlich 17. Jh.), darunter *Galerie, Terrasse, Mode, Frisur, Serviette, Marmelade, Toilette, Torte*.

Seit dem 18. Jh. werden immer mehr englische Wörter ins Deutsche aufgenommen, zuerst aus dem parlamentarischen Bereich, etwa *Parlament, Debatte, Kommission*. Im 19. Jh. folgen Sportausdrücke (*Sport, boxen, Trainer, fair, Spurt*), Wörter aus dem Bereich des Handels (*Scheck, Partner, Konzern, Export*), der Mode (*Smoking, Schal*) und des Gesellschaftslebens (*Flirt, Komfort*). Heutzutage entstehen in den Wissenschaften täglich neue Anglizismen (*checken, Fake, mailen, scannen*). Im kulinarischen Bereich kommen mit den neuen Speisen die Fremdwörter aus vielen Sprachen ins Deutsche: *Sushi, Pasta, Paella, Borschtsch, Gulasch, Kebab*.

Der standarddeutsche Wortschatz wird jedoch nicht nur durch Entlehnungen aus Fremdsprachen, sondern auch durch dialektale (*bekloppt, Vesper, Brotzeit*) und fachsprachliche Ausdrücke (*Verdrängung, Unterbewusstsein, Saurer Regen, Treibhauseffekt*) erweitert.

6.1.1 *Tisch* vs. *Computer* – Lehnwort oder Fremdwort?

Vergleichen wir die ältesten Entlehnungen wie *Mauer, Tisch* oder *schreiben* mit neuen wie *Software, Peeling, Computer, Cappuccino* oder *scannen*. Die fremde Herkunft der Latinismen ist nicht mehr zu erkennen. *Mauer* unterscheidet sich lautlich nicht von einem Erbwort wie *Trauer, Tisch* nicht von *Fisch* oder *schreiben* nicht von *bleiben*. All diese einst entlehnten Wörter weisen also keine phonologischen Besonderheiten auf. Gleiches gilt auch für ihre Morphologie. Sie flektieren wie Erbwörter: *Tische, Mauern, (ich) schreibe, schrieb, habe geschrieben*. Sie können auch umfangreiche Wortfamilien bilden: *auftischen, Tischler, tischlern, tischfertig, Tischtuch, Tischbein; Maurer(in), Maurereibetrieb, mauern, zumauern, untermauern; verschreiben, aufschreiben, Schrift, schriftlich*. Auch semantisch sind sie unauffällig, weil sie Gegenstände oder Tätigkeiten des Alltagslebens bezeichnen. Ihr Schriftbild verrät ebenfalls nichts. Diese Wörter sind vollständig ins Deutsche **integriert**, dem deutschen Wortschatz also gänzlich angepasst (assimiliert). Man bezeichnet solche Wörter als **Lehnwörter**.

Hiervon werden die sog. **Fremdwörter** unterschieden, die fremdsprachliche Merkmale ins Deutsche übertragen (**transferieren**): *Software, Peeling, Computer, scannen, Cappuccino, Konto, Pizza*. Schon ihr Schriftbild verrät, dass es sich dabei nicht um Erbwörter handelt. So wird der Laut [i:] im Erbwortschatz nicht mit dem Doppelbuchstaben <ee> bezeichnet. Die Wörter enthalten auch Lautkombinationen wie [pju:] in *Computer* oder Laute wie [w] in *Software*, die es im Deutschen nicht gibt. Was die Morphologie angeht, so haben sie häufig den fremden *s*-Plural. Auch ihre Fähigkeit, Wortfamilien zu bilden, ist eher beschränkt und betrifft vorrangig die Bildung von Komposita: *scannen, einscannen, Scanner; Cappuccinomachine, Cappuccinotasse* (zu fremden Wortfamilien s. Augst 2005). Fremdwörter bezeichnen häufig neue Inhalte, die erst seit kurzem Eingang in das Alltagsleben gefunden haben und sind nicht (oder nur ansatzweise) assimiliert.

Der deutsche Wortschatz besteht damit aus dem Basissystem der Erbwörter. Die Lehnwörter, die sich dem Erbwortschatz weitgehend angepasst haben, bilden eine direkt daran angrenzende Schicht. Fremdwörter dagegen befinden sich mit ihren phonologischen, morphologischen und/oder graphischen Fremdheitsmerkmalen in der **Peripherie** (nach MUNSKE 1983:567).

Abb. 26: Struktur des deutschen Wortschatzes

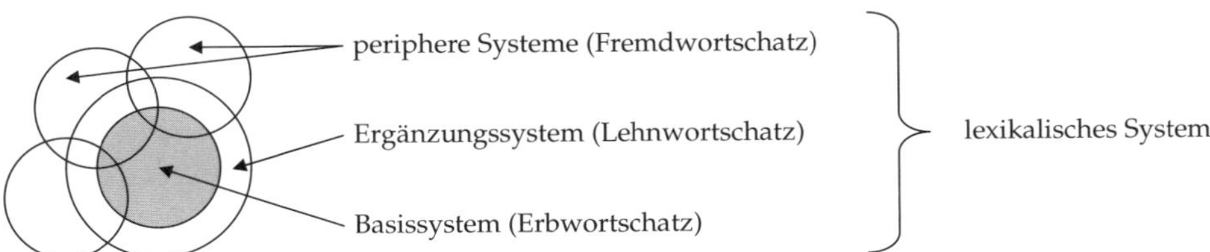

Der Grad der Assimilation hängt durchaus mit dem Alter der Entlehnungen zusammen, d.h. Lehnwörter sind generell älter als Fremdwörter. Da die Assimilation ein langsamer Prozess ist, der auf mehreren sprachlichen Ebenen stattfinden muss, ist häufig eine längere Zeit nötig, bis sich eine Entlehnung vollständig in den deutschen Wortschatz integriert hat, also in Richtung des lexikalischen Zentrums verschoben wird. Nehmen wir noch einmal als Beispiel das Lehnwort *Mauer*, das von lat. *mūrus* stammt. Dieses Wort ist im Ahd. entlehnt worden (ahd. *mūra*). Da es eine wichtige kulturelle Innovation, die aus Stein erbaute Wand bezeichnet, ist es schnell zum festen Bestandteil des ahd. Wortschatzes geworden. Seitdem unterliegt es denselben phonologischen Entwicklungen wie jedes deutsche Erbwort: Im Mhd. wird der unbetonte Vokal zu *e* abgeschwächt (mhd. *mûre*). Im Fnhd. folgt die Apokope zu *mûr*. Danach wird das Wort durch Vokalepenthese zweisilbig (trochäisch). Zusätzlich wird der Langvokal *û* zu *au* diphthongiert: mhd. *mûr* > fnhd. *mûer* > *Mauer*. Eine ähnliche Entwicklung durchlaufen auch Erbwörter wie *Dauer, Trauer, Lauer, sauer* oder *Bauer*. Bereits im Ahd. wird das Substantiv *mūra* auch flexionsmorphologisch integriert: Es erhält feminines Genus und wird wie *Trauer* flektiert. Im Mhd. wird zu *mûre* das Verb *mûren* 'mauern' gebildet. Jede weitere Ableitung oder Komposition erweitert die Wortfamilie und trägt zur lexikalischen Integration des Wortes bei. Das Wort ist auch graphisch völlig integriert und wird wie jedes Substantiv großgeschrieben.

Doch das Alter einer Entlehnung allein ist noch kein Garant für eine vollständige Integration. So zeigt eine jüngere Entlehnung wie *Keks – Kekse* (aus engl. *cake*, Pl. *cakes*) einen höheren Integrationsgrad als älteres *Tempus – Tempora*. Ein Grund dafür ist die Tatsache, dass die Sprecher v.a. in der Anfangsphase der Entlehnung die fremdsprachlichen Merkmale konservieren möchten, um ihre Sprachkenntnisse unter Beweis zu stellen. Gerade auch im Bildungswortschatz wird Fremdheit gern erhalten. Dies können morphologische Besonderheiten sein wie der Plural *Tempora, Korpora, Schemata* und *Atlanten* oder orthographische wie <Chocolade> und <Liqueur> in der Werbung.

6.1.2 Das Deutsche – eine Mischsprache

Das Deutsche gehört zu den entlehnungsfreudigen Sprachen. So zählt das erste Fremdwörterbuch mit dem Titel "Ein teutscher Dictionarius" von Simon ROTH (1571) bereits 2000 meist lateinische Fremdwörter. Dem kann das Isländische mit seinem sog. **Purismus** (Fremdwortfeindlichkeit) gegenübergestellt werden. Hier werden die meisten Fremdwörter durch sog. **Lehnprägungen** ersetzt. Dies bedeutet, dass der neue Inhalt nicht mit dem dazugehörigen fremdsprachlichen Ausdruck übernommen wird, sondern dass dafür heimisches (natives) Sprachmaterial verwendet wird, z.B. isl. *sími* 'Draht' → *sími* 'Telefon', *kvikmyndahús* "Lebendige-Bilder-Haus" = 'Kino', *sjónvarp* "Sichtwurf" = 'Fernseher'. Dies gibt es auch im Deutschen, z.B. *Hochschule* für *Universität, Fernseher* für *Television, Fernsprecher* für *Telefon* (s. Kap. 6.1.3).

Seit dem 17. Jh. entstehen in Deutschland Sprachgesellschaften, die bemüht sind, "überflüssige" Fremdwörter auf diese Weise einzudeutschen. Einer der bekanntesten und aktivsten Verdeutscher war Joachim Heinrich CAMPE. Einige seiner Vorschläge, die er im "Wörterbuch zur Erklärung und Verdeutschung der unserer Sprache aufgedrungenen fremden Ausdrücke" 1801 und 1813 veröffentlicht hat, haben sich sogar eingebürgert: *Festland* für *Kontinent*, *Lehrgang* für *Kursus*. Andere wie *Urgemenge* für *Chaos* oder *Menschenschlächter* für *Soldat* haben wiederum keine Resonanz gefunden (DANIELS 1979, v. POLENZ 1979, v. POLENZ 1967, KIRKNESS 1984). Auch heute mangelt es nicht an sprachpuristischen Gesellschaften. Eine der bekanntesten ist der *Verein Deutsche Sprache*. Auf seiner Homepage wendet er sich gegen die "Vermanschung des Deutschen mit dem Englischen". In seinem Anglizismen-Index bietet er Eindeutschungsvorschläge wie *Netzstandort* für *Homepage* oder *Abtaster* für *Scanner*. Trotz solcher sprachpuristischer Bestrebungen ist die deutsche Entlehnungsfreudigkeit nicht aufzuhalten. Wie in der Vergangenheit lateinische und französische, so holen wir heute englische Wörter ins Deutsche. Viele haben dabei nur eine kurze Verweildauer.

6.1.2.1 Phonologische Transferenz vs. Integration

Die Bemühungen der Sprecher, die originale Lautung so gut wie möglich nachzuahmen, führen zur Erweiterung des deutschen Phonemsystems um einige Fremdphoneme. So werden mit den Gallizismen Nasalvokale wie [ã] in *Restaurant* oder [ɛ̃] in *Cousin* sowie der stimmhafte Frikativ [ʒ] in *Garage* oder *Journalist* transferiert. Aus dem Englischen wird der Diphthong [ɛɪ] in *Make-up, Baseball* oder die Affrikate [d͡ʒ] in *Jazz, Job, joggen* entlehnt. Lehnphoneme sind jedoch nicht so stabil wie einheimische Phoneme, weshalb sie häufig ersetzt werden (Substitution). So kann in Gallizismen der Nasalvokal [ã] durch die Kombination Vokal + Nasalkonsonant substituiert werden, z.B. *Restaur*[aŋ], *Cousin* [kʊ'zɛŋ]. Das englische Fremdphonem [d͡ʒ] wird durch [t͡ʃ] wie in *jobben* ['t͡ʃɔḅən] ersetzt. Durch Entlehnungen können auch neue Lautkombinationen eingeführt werden. Solche sog. phonotaktischen Transferenzen haben wir in *Computer* [pju:], *Skat* [sk], *Style* [st] (im Anlaut) oder *Chaos* [a:.o]. Einen erheblichen Eingriff in das phonologische System bedeuten Fremdwörter mit unbetonten Vollvokalen wie *Universität*, *Cappuccino* oder *Konto*. Sie transferieren silbensprachliche Strukturen, z.B. *Cappuccino* [ˌkapʊ'tʃi:.no] (s. Kap. 2). Im Gegensatz zu Erbwörtern kann ihre phonologische Wortstruktur nicht so deutlich hervorgehoben werden. Daher werden solche Fremdwörter auch sukzessive phonologisch-typologisch integriert. Die unbetonten Vollvokale werden ungespannt ausgesprochen, also *p*[o]*litisch* > *p*[ɔ]*litisch*, oder sogar zentralisiert, z.B. *Asp*[i]*rin* > *Asp*[ə]*rin* (s. VENNEMANN 1990, BECKER 1996). In der Umgangssprache wird oft auch die Akzentposition verändert, um das trochäische Betonungsmuster zu erreichen, z.B. *Motór* > *Mótor*. Auch die sog. Volksetymologie als sekundäre Motivation von Lehnwörtern führt zur Optimierung der prosodischen Struktur: *Abenteuer* (< frz. *aventure*) hat dieselbe Struktur wie jedes einheimische Kompositum, z.B. *Freudenfeuer*.

6.1.2.2 Graphische Transferenz vs. Integration

Bei der Übernahme von Fremdwörtern werden oft ihre graphischen Eigenschaften ins Deutsche transferiert. Dies betrifft nicht nur die heutigen Anglizismen (*zoomen, Computer*), sondern auch die schon vor Jahrhunderten entlehnten Latinismen, Gräzismen, Gallizismen und Italianismen. Aufgrund ihrer großen Anzahl hat sich im Deutschen ein komplexes graphisches Teilsystem herausgebildet, das sich deutlich von dem der Erbwörter unterscheidet. So können wir an der Kombination *th* oder *rh* erkennen, dass es sich um ein Fremdwort meist griechischer Herkunft handelt (*Ästhetik, Athlet, Rhetorik, Orthographie*). Im Fnhd. werden Fremdwörter sogar noch deutlicher graphisch hervorgehoben. In der "Ausführlichen Arbeit von der Teutschen HaubtSprache" von J. G. SCHOTTELIUS von 1663 werden sie durch die Schriftart hervorgehoben. So werden native (deutsche) Wörter in Fraktur und lateinische in Antiqua gesetzt (MUNSKE 2001). Während der Herausbildung der Substantivgroßschreibung im 16. Jh. werden in fnhd. Texten besonders die Fremdwörter – übrigens unabhängig von ihrer Wortart – durch Großschreibung exponiert (BERGMANN 1999; Kap. 8.2). Da sich der Fremdwortschatz aus mehreren Sprachen speist, enthält das graphische Teilsystem besonders komplexe Phonem-Graphem-Korrespondenzen (hierzu Kap. 8). So bezeichnet das Fremdgraphem <c> je nach Herkunft des Fremdwortes gleich vier Laute: [k] wie in *Camping*, [t͡ʃ] wie in *Cello*, [t͜s] wie in *circa* oder [s] wie in *City*:

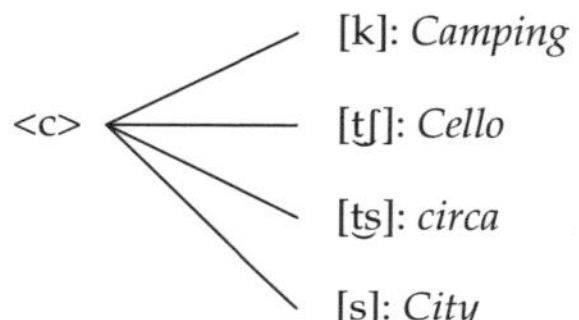

Entlehnte Substantive werden besonders schnell durch ihre Großschreibung integriert. Andere graphische Fremdmerkmale werden dabei nur bei häufig gebrauchten Wörtern nach und nach abgebaut (graphische Integration). So darf das Wort *Telefon* nach der neuen Rechtschreibung nur noch mit <f> geschrieben werden. Auch ermöglicht die neue Rechtschreibung, dass alle Gräzismen mit dem Element {phon} heute auch mit <f> geschrieben werden können, also *Phonologie* neben *Fonologie* (aber *Katastrophe*). In einem Übergangsstadium können also mehrere Schreibvarianten auftreten, z.B. *Photo – Foto, Cognac – Kognak, Cousine – Kusine*.

Die graphische Integration scheint auch davon abhängig zu sein, ob das Fremdgraphem bzw. die fremde Graphemkombination mit einem Fremdphonem korrespondiert. Ist das der Fall, dann hemmt dies die graphische Integration. Dies ist der Grund dafür, weshalb die beiden frz. Verwandtschaftsbezeichnungen *Cousine* und *Cousin* im Deutschen graphisch unterschiedlich stark integriert sind. So wird das Wort *Cousin*, das den fremden Nasalvokal [ɛ̃] enthält, ausschließlich nach der frz. Orthographie geschrieben, auch was die beiden (im Deutschen ja vorhandenen) Laute [k] und [u] betrifft. Dagegen spricht die graphische Varianz von *Cousine/Kusine* für eine fortgeschrittenere graphische Integration, da das Wort keine Fremdphone enthält. Eine ähnliche graphische Integrationsbarriere wegen phonetischer Fremdmerkmale betrifft *Champignon* und *Chance*. Alle Substantive erfahren jedoch Großschreibung.

6.1.2.3 Morphologische Transferenz vs. Integration

Wie bereits erwähnt, wird das Fremdwort *Cappuccino* im Deutschen als Simplex analysiert. Es wird also nicht erkannt, dass *-in* im Italienischen ein Diminutivsuffix ist. Bei Entlehnungen wird die morphologische Struktur der Originalwörter meist "übersehen". Je schlechter unsere Kenntnis der Quellsprache ist, desto häufiger werden morphologisch komplexe Wörter als Simplizia analysiert und so in den deutschen Wortschatz integriert. Manchmal wird dabei sogar die Pluralform der Gebersprache als Grundform reanalysiert, wie das Beispiel *Keks* < engl. *cakes* (Pl.) gezeigt hat. Durch die Pluralisierung von *Keks* als *Keks-e* wird dieses Wort flexivisch integriert (s. HARNISCH 2002). Bei der Entlehnung können jedoch auch fremde morphologische Eigenschaften transferiert werden wie bei *Tempus* 'Sg.' – *Tempora* 'Pl.', *Atlas* – *Atlanten*. Genau genommen werden hier zwei Flexionsformen eines Wortes getrennt entlehnt. Solche einzelnen Transferenzen haben keine Auswirkung auf das sprachliche System, da es nicht dazu kommt, dass die deutsche Grammatik um ein lat. Pluralzeichen wie *-ora* erweitert würde. Dies würde einen schwerwiegenden Eingriff in das sprachliche Zentrum bedeuten (vgl. das "Zwiebelmodell"). Bei dem Beispiel *Pizza*, dessen Plural heute mehrheitlich *Pizzen* lautet, lässt sich diese morphologische Integration noch gut verfolgen: Während anfänglich diejenigen, die sich als Kenner der italienischen Sprache ausgeben wollten, auf dem italienischen Plural *Pizze* bestanden, hat sich der fremde *s*-Plural *Pizzas* etabliert. Mittlerweile ist das Wort so geläufig, dass man das native Pluralmorphem *-en* benutzt, auch wenn dabei das *-a* von *Pizza* wegfällt: *Pizzen*. Ähnliches hat sich bei *Thema, Konto* etc. ereignet: *Themata* > *Themas* > *Themen, Konti* > *Kontos* > *Konten* (s. WEGENER 2004, EISENBERG 2001).

In der Wortbildung wurde das Deutsche im Gegensatz zur Flexion um mehrere fremde Derivationsaffixe bereichert, darunter *-ität* in *Solidar-ität*, *-ismus* in *Natural-ismus*, *-ist* in *Femin-ist*, *in-/il-/im-/ir-* in *in-tolerant*, *il-legal*, *im-plausibel*, *ir-relevant* (VOLLAND 1986, KLOSA 1996). Diese werden jedoch nicht nur transferiert, sondern entwickeln im Deutschen eine eigene Produktivität, so dass sie mit fremden Basen kombiniert werden können. Einen solchen Vorgang bezeichnet man als **Lehnwortbildung**, z.B. *rentabel* + *-ität* > *Rentabilität*. Da die Lehnwortbildungen sich häufig formal nicht von den Entlehnungen wie *Solidarität* unterscheiden, bedarf es einer detaillierten Untersuchung der Belege, um festzustellen, ob das jeweilige Wort als Ganzes entlehnt oder ob es erst im Deutschen gebildet wurde. Generell lässt sich sagen, dass im 19. und 20. Jh. die Anzahl der Lehnwortbildungen die der Entlehnungen übersteigt. Im Fall von *-ismus* sind die Proportionen wie folgt: 32% Lehnwörter und 68% Lehnwortbildungen (MUNSKE 1988:64). Die Tatsache, dass diese Lehnaffixe produktiv geworden sind, bedeutet, dass es im Deutschen Wortbildungsmuster gibt, mit denen man neue Lehnwörter konstruieren kann (Basis+*-ität*, Basis+*-ismus*, *in-/il-/im-/ir-*+Basis usw.). Dies ist einer der Gründe dafür, weshalb MUNSKE (1988) das Deutsche als eine **Mischsprache** bezeichnet. Damit ist gemeint, dass der nhd. Wortschatz aus zwei parallelen Systemen besteht, einem nativen und einem fremden. Das fremde ist durch Lehnwortbildung erweiterbar. Es enthält auch produktive Integrationsmuster, nach denen neue Fremdwörter aufgenommen werden können, z.B. wird das im 17. Jh. entlehnte frz. Wort *solidarité* nach dem Muster Basis+*-ität* als *Solidarität* ins Deutsche integriert, d.h. frz. *-ité* wird durch *-ität* substituiert. Nach diesem Muster können auch Anglizismen integriert werden: engl. *sentimentality* > nhd. *Sentimentalität*.

Eine noch höhere Produktivität erreicht ein Lehnaffix, wenn es sich auch mit heimischen Basen verbindet. Lehnaffixe wie *-ität*, *-ier* oder *ex-* bilden sog. **Hybride**, d.h. Wortbildungen, deren Elemente aus verschiedenen Sprachen stammen, z.B. *Hornist, gastieren, Exgatte*. Der umgekehrte Fall liegt vor, wenn fremde Basen native Suffixe annehmen (*Korrektheit*). Im Ahd. wird das Lehnsuffix *-āri* (> nhd. *-er* in *Lehr+er, Spiel+er*) aus dem lat. Suffix *-ārius* entlehnt. Als zweite Quelle kommt auch germ. **-warja*, das zur Bildung von Herkunftsnamen verwendet wurde, in Frage. Bereits im Ahd. gibt es neben Entlehnungen wie *scuolāri* 'Schüler' (< lat. *scolāriūs* 'Schüler') oder *zolanāri* 'Zöllner' (< lat. *tolonārius*) hybride *āri*-Ableitungen mit deutschen Basen wie *jag-āri* 'Jäger', *garten-āri* 'Gärtner' oder *heilāri* 'Erlöser' (MUNSKE 2001). Heute ist es eines der produktivsten Suffixe, das sich hauptsächlich mit deutschen Basen verbindet. Seine Integration ist damit längst vollzogen (s. Kap. 3.2.1.5). Ein anderes Beispiel ist das Lehnsuffix *-ei* aus altfrz. *-îe*, das im Mhd. entlehnt wird und lokale Einrichtungen wie *Bücherei, Bäckerei* oder dauerhafte, sich wiederholende Tätigkeiten wie *Fischerei, Schreiberei* bezeichnet. Heute ist es sehr produktiv.

Die Lehnwortbildungen sind von den sog. **Scheinentlehnungen** oder Pseudoanglizismen abzugrenzen. Dies sind Wörter, deren Ausdrucksseite ein Fremdwort vortäuscht. In Wirklichkeit handelt es sich aber um eine Prägung, die in der vermeintlichen Quellsprache gar nicht existiert. Das berühmteste Beispiel ist die deutsche Bildung *Handy*, derer engl. Entsprechung *mobile phone* ist. Scheinentlehnungen können auch komplexere Strukturen enthalten, z.B. *Showmaster, Pullunder* oder *Longseller*. Sie werden meist in Analogie zu fremden Ausdrücken gebildet, z.B. engl. *quizmaster* – nhd. *Showmaster*, engl. *bestseller* – nhd. *Longseller*, engl. *pullover* – nhd. *Pullunder* (CARSTENSEN 1981).

6.1.2.4 Semantische Integration

Bis jetzt haben wir uns auf die Ausdrucksseite des sprachlichen Zeichens konzentriert. Doch spätestens bei den entlehnten Derivationsaffixen stellt sich die Frage, inwieweit auch deren originalsprachliche Bedeutung unverändert ins Deutsche übernommen wird. Während das ahd. Fremdsuffix *-āri* ähnlich wie im Lat. für Personenbezeichnungen benutzt wird, vollzieht sich im Zuge seiner Integration ins Deutsche ein semantischer Wandel, so dass *er*-Bildungen heute auch Gegenstände (*Kocher*) oder Vorgänge (*Seufzer*) bezeichnen können. Somit unterliegt dieses Suffix auch einer semantischen Integration. Dabei verdrängt es das native Suffix *-o* (<germ. *-jan*), das im Ahd. noch in Ableitungen wie *becko* 'Bäcker' oder *wurhteo* 'Arbeiter' auftritt. Die Produktivität dieses Suffixes erlischt, nachdem es im Mhd. vokalisch reduziert wurde (WEINREICH 1971). Im Nhd. sind nur noch einige wenige Wörter vorhanden, die auf dieses Wortbildungsmuster zu-

rückgehen, z.B. *der Erbe* oder *der Bote*. Nur noch als Familienname erstarrt existiert *Beck* (zur Produktivitätsentwicklung des *er*-Suffixes s. Kap. 3.2.1.5).

Auch freie lexikalische Morpheme können semantisch integriert werden, d.h. ihre Bedeutung ändert sich im Deutschen. Dabei können sie all den Typen semantischen Wandels ausgesetzt sein, die in Kap. 5.1 besprochen wurden:

Bedeutungserweiterung	frz. *gobelin* 'Wandteppich aus der Manufaktur Gobelin' > nhd. *Gobelin* 'Wandteppich (allgemein)'
Bedeutungsverengung	frz. *champignon* 'Pilz' > nhd. *Champignon* 'Pilzart' engl. *job* 'Arbeit' > nhd. *Job* 'Gelegenheitsarbeit'
Bedeutungsverschiebung	frz. *prégnant* 'befruchtet, trächtig' > nhd. *prägnant* 'knapp, treffend'; frz. *partout* 'überall' > nhd. *partout* 'unbedingt'
Bedeutungs-verschlechterung	frz. *visage* 'Gesicht, Antlitz' > nhd. *Visage* 'pejorativ für Gesicht'; frz. *conversation* 'Gespräch' > nhd. *Konversation* 'unverbindliches Geplauder'
Bedeutungsverbesserung	frz. *collier* 'Halsband, -kette' > nhd. *Kollier* 'wertvolle Halskette'

6.1.2.5 Lexikalische Transferenzen und die Wortschatzstruktur

Wenn ein komplettes lexikalisches Zeichen übernommen wird, spricht man von **lexikalischer Transferenz**. Abhängig davon, ob mit ihm tatsächlich eine neue Bedeutung oder hauptsächlich ein neuer Ausdruck transportiert wird, ist auch der Einfluss auf die Lexik unterschiedlich.

Die Beeinflussung ist minimal, wenn mit dem fremden Ausdruck auch eine neue Bedeutung hinzukommt, z.B. *Smoking, Computer, Kebab, Balkon*. Solche Wörter werden in den Wortschatz aufgenommen, ohne dabei andere Wörter zu verdrängen.

Viel gewichtiger ist der Einfluss auf die Lexik, wenn das Fremdwort zu einem Erbwort in Konkurrenz tritt. Dann können sog. **Wortdubletten** entstehen. Das Dublettenstadium wird meist dadurch beendet, dass eines der beiden Synonyme schwindet. Dies ist das Schicksal vieler Gallizismen, die im 17./18. Jh. entlehnt wurden und sich nicht durchgesetzt haben, z.B. frz. *chagrin* – nhd. *Kummer*, frz. *embrassieren* – nhd. *umarmen*. Umgekehrt kann auch das heimische Wort durch das Fremdwort verdrängt werden, wie wir dies bei den Verwandtschaftsbezeichnungen gesehen haben: Wortpaare wie *Muhme/Oheim* und *Base/Vetter* wurden durch die frz. Entlehnungen *Tante/Onkel* verdrängt. *Base* und *Vetter* unterliegen zunächst einer Bedeutungsverschiebung. Derzeit werden sie durch *Cousine/Kusine* und *Cousin* ersetzt (s. Kap. 5.3).

Dubletten können auch beibehalten werden, wobei sie dann oft semantisch oder stilistisch differenziert werden. Es entstehen sog. **Pseudosynonyme**. Diese sind entweder nur in ganz bestimmten Kontexten gleichbedeutend, oder sie haben einen anderen stilistischen Wert. Während *Resultat* und *Ergebnis* oder *Adresse* und *Anschrift* jeweils synonym sind, handelt es sich bei Wortpaaren wie *aktuell – zeitgemäß, Job – Arbeit, Visage – Gesicht, leger – locker, Dessert – Nachtisch, Souterrain – Keller, Service – Geschirr* um Pseudosynonyme. Schließlich können entlehnte Wörter auch die Semantik anderer Wörter, die ihrem Wortfeld angehören, verändern: So haben die beiden frz. Lehnwörter *lila* und *violett* die Bedeutungen von *rot*, *blau* und *braun* eingeschränkt (v. POLENZ Bd. 1, [2]2000:42), ebenso wie *orange* die von *rot* und *gelb* verändert hat (VOLLAND 1986).

6.1.3 Lehnprägungen

Bis jetzt haben wir uns nur mit solchen Entlehnungen befasst, die einen fremden Ausdruck mit abweichender Lautung, Akzentposition, Morphologie oder Graphie ins Deutsche transportieren. Gleichzeitig haben wir festgestellt, dass es auch eine andere Möglichkeit gibt, der sich v.a. die seit dem 17. Jh. aufkommenden, meist puristischen Sprachgesellschaften bedienten. Dabei wird die fremde Ausdrucksseite durch heimisches Sprachmaterial ersetzt (Lehnprägung, auch: Calque). Abb. 27 zeigt, dass diese sog. **semantischen Transferenzen** einen Teil des Lehnwortschatzes ausmachen. Sie können weiter unterteilt werden, je nachdem, wie präzise der neue Inhalt übersetzt wird.

Wird unter fremdsprachlichem Einfluss die Bedeutung eines Erbwortes um neue Aspekte (Seme) erweitert bzw. unterliegt die Bedeutung einem Wandel, so spricht BETZ ([3]1974) von Lehn**bedeutung** , z.B. ahd. *toufen* 'tief machen' > nhd. *taufen* unter Einfluss von griech. *baptízein*; nhd. *feuern* 'kündigen, hinauswerfen' unter Einfluss von engl. *to fire* (s. auch Kap. 5.1.4). Handelt es sich um Neubildungen mit heimischem Sprachmaterial, die unter dem Einfluss des fremden Wortes entstehen, spricht man von Lehn**bildungen**. Zeigt dabei eine Wortschöpfung keinerlei formale Ähnlichkeiten mit der fremdsprachlichen Vorlage, wie z.B. *Universität – Hochschule, Cognac – Weinbrand*, wird sie Lehn**schöpfung** genannt. Andernfalls haben wir es mit Lehn**formung** zu tun, d.h. mit Wörtern, die formalstrukturelle Ähnlichkeiten mit der fremdsprachlichen Vorlage aufweisen. Bei einer freieren Angleichung handelt es sich um Lehn**übertragung**, z.B. *Wolkenkratzer – skyscraper* < *sky* 'Himmel' + *scraper* 'Kratzer'; ahd. *frīheit* - lat. *libertas* (s. COLEMAN 1965). Bei einer engen Glied-für-Glied-Übersetzung spricht man von Lehn**übersetzungen**, z.B. ahd. (Notker) *truge-bilde* (> nhd. *Trugbild*) - lat. *imago fictis; Rechtschreibung* < *Orthographie*, nhd. *Montag* < ahd. *mānatag* < lat. *Lunae dies* 'Tag der Mondgöttin Luna'.

Abb. 27: Untergliederung des Lehnwortschatzes

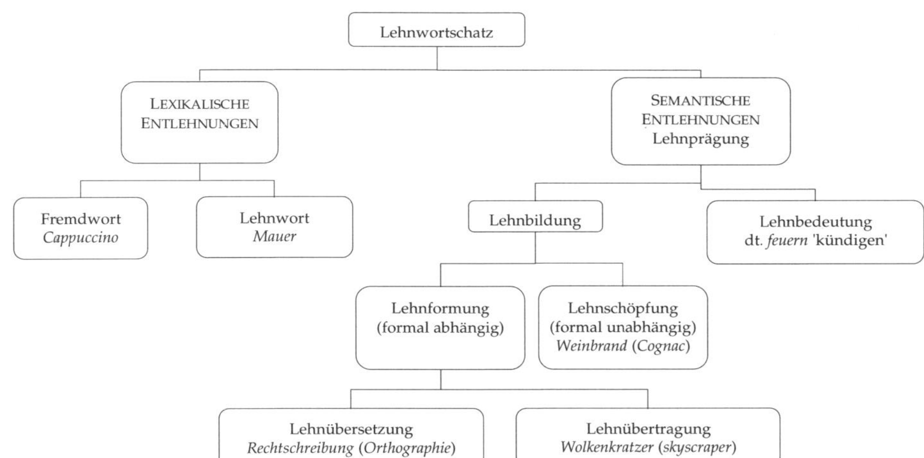

6.2 Lexikalisierung – oder: Wie aus alten Wörtern neue entstehen

Neue Wörter (Simplizia) können in einer Sprache nicht nur durch Entlehnung, sondern auch durch sog. **Lexikalisierung** nativer Wortbildungen entstehen. Damit wird ein gradueller Vorgang bezeichnet, in dem ursprünglich komplexe Wörter (Komposita oder Derivate) zu (eingliedrigen) Simplizia werden (LIPKA 1977). Voraussetzung dafür ist natürlich, dass die Wörter zu festen Bestandteilen des Wortschatzes werden, was BARZ (2005) bereits als Lexikalisierung bezeichnet. Auf diese Weise können okkasionale (kurzlebige) Bildungen aus der Betrachtung ausgeschlossen werden.

Wörter wie *Bräutigam, Kehricht, Vergissmeinnicht, heute, Junggeselle, Rollstuhl, Adler* oder *Frauchen* stellen unterschiedliche Ausprägungen dieses Prozesses dar. An einigen von ihnen können wir noch erkennen, dass sie aus komplexen Wörtern entstanden sind, z.B. *Junggeselle*. Andere sind nicht mehr segmentierbar, z.B. *heute* oder *Adler*. Die Lexikalisierung führt also zum Verlust der Komplexität der ursprünglichen Wortbildung. So ergibt sich die Bedeutung von *Junggeselle* 'unverheirateter Mann' nicht aus der Bedeutung der Kompositionsglieder: *Junggeselle ≠ junger Geselle*. Dies ist aber bei gewöhnlichen Komposita der Fall, z.B. *Frischgemüse = frisches Gemüse* (s. Kap. 3.2.2).

Die "Geburt" neuer Wörter aus Wortbildungen wird durch Prozesse ermöglicht, die das lexikalische Zeichen in unterschiedlicher Art und Weise betreffen (LIPKA 1981, FLEISCHER 1992, BLANK 2001). So kann ausschließlich die semantische Seite verändert werden. Dies geschieht durch Verlust einiger Bedeutungsaspekte und durch Hinzufügung anderer. Eine solche sog. **Idiomatisierung** ist z.B. schon bei *Rollstuhl* zu beobachten. Dieses Kompositum bezeichnet nicht jeden Stuhl, der Räder hat, sondern nur einen, der für Gehunfähige als Fortbewegungsmittel benutzt wird. Der Bedeutungsaspekt 'für Gehunfähige' bildet einen zusätzlichen, **idiosynkratischen** (unvorhersagbaren) Teil der Gesamtbedeutung, der sich nicht aus der Semantik der Bestandteile ergibt.

Roll	+	*stuhl*
'kann gerollt werden'		'Stuhl'
	+	
	'für Gehunfähige'	

Noch komplexer ist der Prozess der **Demotivierung**, in dem mindestens ein Wortbildungselement seinen Zeichencharakter verliert. Dabei wird entweder die Inhalts- (semantischer Wandel) oder auch die Ausdrucksseite (phonologischer Wandel) verändert. Der semantische Wandel ist dafür verantwortlich, dass Wörter wie *Nasenbein* oder *Kindergarten* ihre ursprüngliche Motivation verloren haben. So ist ein *Nasenbein* kein *Bein*, sondern ein *Knochen*, und *Kindergarten* kein *Garten*. Letztendlich verlieren die komplexen Wörter ihre Motivation, so dass sie im mentalen Lexikon als feste Einheiten abgespeichert werden.

Der Verlust der Motivation ist ein gradueller Prozess, wodurch die Wörter einen unterschiedlichen Demotivierungsgrad aufweisen können. Gering ist er bei Wörtern wie *Uhrmacher*, *Wechselstube* oder *Bäcker*. Obwohl wir heute das Wort *Uhrmacher* in zwei Kompositionsglieder *Uhr* und *macher* segmentieren können, ergibt die Addition ihrer Semantik nicht die Gesamtbedeutung von *Uhrmacher*. Dieser Beruf hat sich im Laufe der Zeit so sehr verändert, dass *Uhrmacher* nicht mehr zwangsläufig Uhren herstellen müssen, sondern sie auch nur reparieren können. Ähnlich bezeichnet *Bäcker* keine Privatperson, die etwas bäckt, sondern einen Beruf, der sich aber auch nur auf den Verkauf von Backwaren beziehen kann. Die Motiviertheit in den besprochenen Beispielen ist zwar nicht mehr vollständig vorhanden, doch besitzen wir in diesen Fällen noch kulturelles Wissen über die Umstände ihrer Entstehung. Dieses Stadium der Demotivierung wird durch die Idiomatisierung, also die Hinzufügung einer idiosynkratischen Bedeutungskomponente, ausgelöst. Bei *Bäcker* wird die Beschränkung auf den Bäckerberuf durch die Zusatzinformation 'professionell' erreicht: 'professioneller Bäcker' (s. auch das Beispiel *Rollstuhl*). Eine solche zusätzliche Information ist z.B. in *Fahrer* nicht vorhanden, der sowohl gelegentliche als auch professionelle Fahrer bezeichnen kann.

Der Grad der Demotivierung ist noch höher, wenn wir zwar ein transparentes Wort haben (z.B. *Nasenbein*), dessen freie Einzelbestandteile jedoch semantischen Wandel vollzogen haben, d.h. im Kompositum hat sich die alte Bedeutung erhalten. Die ursprüngliche Bedeutung von ahd. *bein* war 'Knochen' und ist noch in *Gebeine* und *Beinhaus* enthalten. Das selbstständige Wort *Bein* unterlag jedoch semantischem Wandel. Ähnlich ist die Motivation des Derivats *Bürger* 'Einwohner einer Stadt oder eines Staates' verdunkelt wegen des semantischen Wandels von *Burg*, früher 'Stadt', heute 'Burg'.

Völlige Demotivierung ist bei Wörtern zu beobachten, deren Bestandteile, auch wenn sie noch formal segmentierbar sind, ihre Bedeutung aufgegeben haben, z.B. *Junggeselle, Abendmahl, Taschentuch, Frauchen.* Das Wort *Junggeselle* bezeichnet weder nur junge Personen noch Gesellen, sondern unverheiratete Männer. Daher ist *alter Junggeselle* kein Widerspruch. Ein *Taschentuch* kann aus Papier sein und muss sich nicht in einer Tasche befinden. *Frauchen* bedeutet nicht 'kleine Frau', sondern 'Hundebesitzerin'. Die Diminutivbedeutung von *-chen,* wie wir sie in *Häuschen, Tischchen* oder *Äderchen* beobachten, geht verloren. Stattdessen wurde der Bedeutungsaspekt 'Hundebesitzer' hinzugefügt. Völlig demotiviert sind auch Derivate, die ein unproduktives Affix (*Kehr-icht*) oder eine bedeutungslose Basis (*droll-ig, ge-winnen, Mäd-chen*) enthalten.

Phonologischer Wandel kann ebenfalls zum Verlust der Motiviertheit führen. In der Regel folgt er der semantischen Demotivierung, z.B. *Jungfer* (< mhd. *juncvrouwe* 'Jungfrau'). Im Wort *Himbeere* haben wir es bei *Him-* mit einem sog. **unikalen Morphem** zu tun, das nur noch in dieser Verbindung auftritt. *Him-* ist bedeutungslos und dient nur der Differenzierung dieses Wortes von anderen *Beere*-Komposita: *Himbeere* vs. *Erdbeere, Blaubeere.* Wir ahnen nicht mehr, wie diese Bildung überhaupt motiviert gewesen sein könnte. Im etymologischen Wörterbuch von KLUGE ([24]2002) können wir nachlesen, dass *Himbeere* auf das ahd. Kompositum *hintberi* zurückgeht. Das erste Kompositionsglied ist das ahd. Wort *hinta* 'Hinde, Hindin, Hirschkuh', das heute (laut DUDEN-Universalwörterbuch [4]2001) nur noch dichtersprachlich vorkommt. *Hintberi* ist also 'ein Dornstrauch, in dem sich die Hindin mit ihren Jungen verstecken kann'. Im Laufe der Zeit assimiliert der Morphemauslaut an den Anlaut von *Beere,* so dass aus der Kombination zweier Dentale *nt* ein bilabialer Nasal *m* wurde (mhd. *hintber* > nhd. *Himbeere*). Dieser Lautwandel führt zu der heute **opaken** (verdunkelten) Bildung *Himbeere.* Ähnlich kann phonologischer Wandel nach der Demotivation von Derivaten wirken, z.B. *fertig* vs. *Fahrt* (s. Kap. 5.1.1).

Am Ende dieser Skala befinden sich Wörter wie *Adler* (< mhd. *adel* 'edel' + *ar* 'Aar, Adler') oder *Welt* (< ahd. *wer* 'Mensch' + *alt* 'Alter' = 'Menschenalter', vgl. auch engl. *world*), deren ursprüngliche Komplexität nicht mehr zu erkennen ist. Beide Bestandteile sind untrennbar miteinander verschmolzen. Umgekehrt kann auch der phonologische Wandel in einem einstigen Kompositum blockiert werden. Auf diese Weise entstehen Wörter wie *Bräutigam,* die synchron nicht mehr segmentierbar sind. *Bräuti-* (vgl. nhd. *Braut*) enthält nach wie vor ein unbetontes *i.* Der zweite Bestandteil *-gam* geht auf das ahd. Wort *gomo* 'Mann' zurück, das ausgestorben ist (vgl. lat. *homo,* frz. *homme,* span. *hombre*).

In Abb. 28 werden die verschiedenen Lexikalisierungsstufen zusammengestellt, um so den graduellen Charakter dieses Prozesses zu illustrieren, zu dem sowohl die Idiomatisierung als auch die Demotivierung beitragen. Die Herausbildung einer Zusatzinformation gibt den Anstoß zur Demotivierung. Diese wird in zwei Ebenen untergliedert, die semantische und die phonologische, wobei die phonologische Demotivierung terminologisch als Verlust von **Transparenz** (Durchsichtigkeit) bezeichnet wird. Dabei gilt: "form follows function", d.h. der formalen Demotivierung (Transparenzverlust) geht immer eine semantische voraus (vgl. *Himbeere*). Daher kann es durchaus semantische Demotivierung bei formaler Transparenz geben wie bei *Junggeselle* oder *Frauchen.*

Abb. 28: Entstehung neuer Wörter aus Wortbildungen

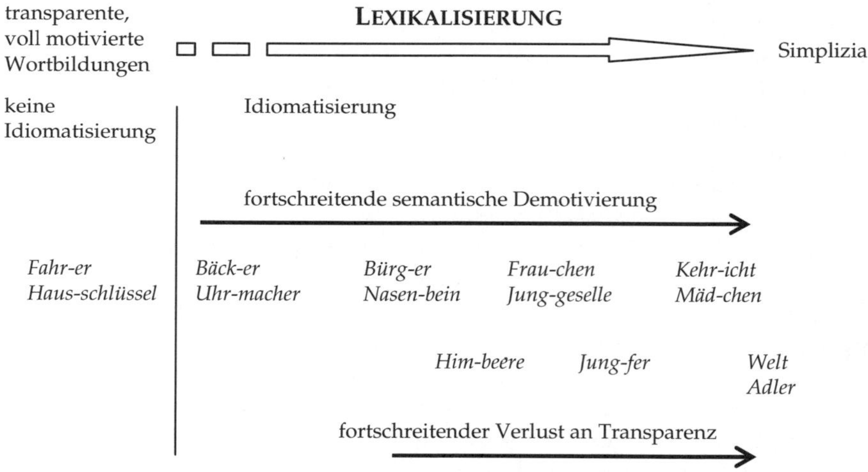

Neue lexikalische Einheiten können auch im Zuge sog. **Univerbierung** entstehen. Diesem Prozess sind wir in diesem Buch schon mehrmals begegnet, u.a. bei der Entwicklung der Fugenelemente (s. Kap. 2.3.7 und 3.2.2.2). Dabei geht es um die Entstehung von Komposita aus NPs, z.B. *der Nasen Spitze* > *die Nasenspitze*. Die NP, die aus einem genitivischen Attribut *der Nasen* und dem Phrasenkopf *Spitze* besteht, ist als komplexes Wort reanalysiert worden. Aus einer Phrase entsteht also ein Wort, daher die Bezeichnung Univerbierung. So entsteht im Fnhd. das Wortbildungsmuster der N+N-Komposita. Wenn die Univerbierung nicht zur Entwicklung solcher produktiven Wortbildungsmuster führt, dann entstehen neue Wörter, deren syntaktische Motiviertheit im Laufe der Zeit aufgegeben werden kann. Die ursprüngliche Phrase wird stufenweise lexikalisiert. Ein Beispiel dafür ist die Blume *Vergissmeinnicht*. Hier liegt zwar eine syntaktische Phrase zugrunde, die jedoch heute schon ein Stück demotiviert ist. Die Rektion des Verbs *vergessen* hat sich verändert. Im Nhd. verlangt es den Akkusativ (*vergiss mich nicht*), während im Fnhd. noch der Genitiv *vergiss mein nicht* üblich war (s. Kap. 4.4). Darüber hinaus unterliegt die univerbierte Einheit phonologischer Anpassung, so dass die Akzentposition fixiert wird, z.B. *Vergíssmeinnicht* oder *Sprínginsfeld*, während man in einem freien Syntagma die Position des Hauptakzents, je nach Emphase, verändern kann. Im Wort *heute* ist die einstige Motivation ganz verloren gegangen. Auch *heute* ist im Zuge der Univerbierung aus der ahd. NP *hiu tagu* 'an diesem Tag' entstanden. Schon im Ahd. sind beide Wörter zu *hiutu* verschmolzen. Heute ist es ein Simplex (zu Verschmelzungen s. Kap. 11.3).

Abschließend ist noch hinzuzufügen, dass sich die Erweiterung des Wortschatzes nicht mit den beiden hier genannten Mechanismen erschöpft. Weitere Verfahren sind die Wiederbelebung von Archaismen, z.B. die veralteten, von Thomas Mann reaktivierten Wörter wie *Frauenzimmer* 'weibliche Person' oder *weiland* 'einst, früher, damals' (Schippan 2005). Ein anderes Verfahren ist die Lexikalisierung von Kurzwörtern wie *Azubi* (< *Auszubildender*), *UFO* (< *Unidentified Flying Object*), *TÜV* (< *Technischer Überwachungsverein*), *BAföG* (< *Bundesausbildungsförderungsgesetz*).

Einen faszinierenden Bereich der Wortschatzerweiterung bilden Phraseologismen. Dies sind feste Verbindungen von zumindest zwei Wörtern mit einer Gesamtbedeutung, die sich nicht direkt aus der Bedeutung der Einzelelemente ableiten lässt. So bedeutet der Phraseologismus *jemandem über den Tisch ziehen* so viel wie 'betrügen'. Bei der Entstehung eines Phraseologismus wird die ursprüngliche Bedeutung der einzelnen Wörter ausgeblendet und von einer neuen Gesamtbedeutung überlagert (Munske 1993, Burger 1998, Fleischer 1997).

Zum Weiterlesen:

Eine systematische Übersicht zu Möglichkeiten des lexikalischen Wandels bietet Munske (1990). Volland (1986) beschreibt am Beispiel der Gallizismen die Transferenz und Integration von Entlehnungen auf allen Ebenen. Die Stellung der Fremdwörter im deutschen Sprachsystem beschreibt sehr systematisch Munske (1988). Eine diachrone Perspektive auf die Integration der Fremdwörter bietet Munske (2001). Die Unterschiede zwischen Lexikalisierung und Grammatikalisierung werden in Wischer (1997) beschrieben. Die einzelnen Stufen der Demotivierung sind anschaulich in Ronneberger-Sibold (2001) dargestellt.

Aufgaben:

1) Um welche Entlehnungsarten handelt es sich bei den folgenden Wörtern? *Babysitter*, *Einsiedler* (lat. *eremita* < griech. *érēmos* 'einsam'), *Flair*, *Jetflug* (engl. *jetflight*), *Job* (engl. *job*), *jobben* (engl. *to job*), *Lautsprecher* (engl. *loudspeaker*), *lesen* (lat. *legere* 'sammeln, auflesen; lesen'), *Musikkiste* (engl. *juke-box*), *Nietenhosen* (engl. *blue jeans*), *Papst*, *Park*, *Pferch*, *realisieren* (engl. *to realize*), *Ritter* (frz. *chevalier*), *Sonntag* (lat. *dies solis*), *Umwelt* (frz. *milieu*), *Vaterland* (lat. *patria*), *Weinbrand* (frz. *Cognac*), *Zeitwort* (lat. *verbum temporale*).
2) Schlagen Sie im etymologischen Wörterbuch (Kluge ^{24}2002) die Herkunft der folgenden Wörter nach: *Messer*, *Junker*, *Wimper*, *Drittel*, *Schuster*, *Kiefer*, *Demut* und *Wurzel*. Wie sind sie entstanden?

7 Pragmatischer Wandel

Wenn wir heute jemanden höflich-distanziert anreden, dann benutzen wir das Pronomen *Sie*, sonst *du*. Das war nicht immer so: Lebten wir im 18. Jh., dann hätten wir – je nach sozialem Verhältnis und Förmlichkeit der Situation – die Wahl zwischen fünf verschiedenen Anredepronomen: *du, ihr, er/sie, Sie* und *Dieselben*. Wie kam es zu dieser Vielfalt und wie zu der späteren Reduktion? – Wenn wir heute jemanden *verfluchen*, ist das dann noch die gleiche Sprachhandlung wie vor der Säkularisierung? Nein: aus einer performativen Sprachhandlung (man glaubte/hoffte ja, der Fluch würde sich erfüllen) ist eine expressive Sprachhandlung geworden (man drückt damit seine Wut aus).

Der Anredewandel und der Wandel der mit dem Verb *verfluchen* ausgeführten Sprechhandlung sind Beispiele für pragmatischen Wandel, der in Einführungen zur historischen Linguistik bisher kaum berücksichtigt wurde. Dieses Kapitel kann in die Thematik nur einführen. Anhand exemplarischer Beispiele wird zum einen der Wandel pragmatischer Phänomene selbst illustriert (Anrede, Diskurs- und Modalpartikeln), zum anderen die wichtige Rolle pragmatischer Prozesse (konversationeller Implikaturen) für andere Ebenen des Sprachwandels (semantischen, syntaktischen Wandel und Grammatikalisierung) aufgezeigt.

7.1 Was ist (historische) Pragmatik?

Betrachten wir zum Einstieg in den pragmatischen Wandel und zu dessen Abgrenzung von den anderen Sprachwandelebenen das Modell des sprachlichen Zeichens von MORRIS (Abb. 29).

Abb. 29: Dimensionen des sprachlichen Zeichens (nach MORRIS 1938/1972)

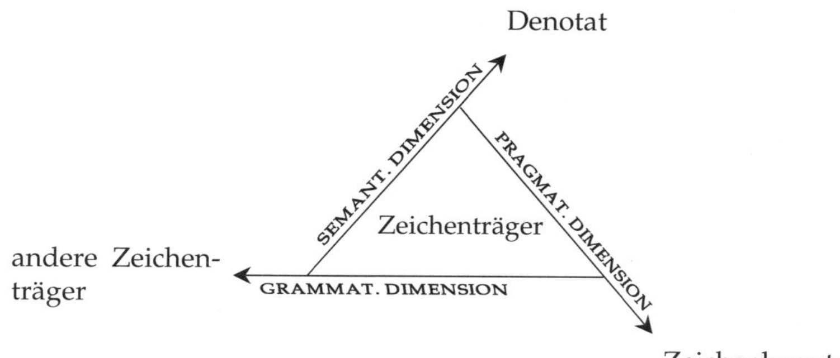

Darin ist das sprachliche Zeichen in dreierlei Beziehungen vernetzt: In grammatischen (phonologischen, morphologischen und syntaktischen) Beziehungen zu anderen sprachlichen Zeichen (Zeichenträgern im Modell), in semantischen Beziehungen zu den Gegenständen und Sachverhalten in der Wirklichkeit, auf die sie verweisen (Denotate), und in pragmatischen Beziehungen zu den Benutzern der Zeichen. Auf den Sprachwandel angewandt, bedeutet das: Bei phonologischem, morphologischem und syntaktischem Wandel, die sich als grammatischer Wandel zusammenfassen lassen, verändern sich Beziehungen von sprachlichen Zeichen untereinander, also Beziehungen auf der Dimension des Sprachsystems. Beim semantischen Wandel verändern sich Bezüge zwischen sprachlichen Zeichen und der außersprachlichen Wirklichkeit. Die beiden Dimensionen Semantik und Grammatik gehören fest zum Sprachsystem, sie sind nur wenig durch den situativen Kontext der Kommunikation beeinflussbar. So ist das Substantiv *Stuhl* fest mit der Vorstellung 'Stuhl' verknüpft, und in dem Syntagma *der blaue Stuhl* ist die Reihenfolge genau festgelegt (**Stuhl blaue der*).

Pragmatischer Wandel fokussiert die dritte Dimension: Hier geht es um die Beziehung zwischen sprachlichen Zeichen und den Zeichenbenutzern, z.B. als Sprecher und Hörer. D.h. es geht darum, wie Sprachbenutzer die sprachlichen Zeichen verwenden, wie sie mit Sprache handeln – entsprechend wurde der Begriff zu griech. *prāgma* 'Handeln' gebildet. Die **historische Pragmatik** fragt dabei zum einen: "Verändert sich die Art, wie Sprachbenutzer Sprachzeichen verwenden?" und zum anderen: "Verändern die Sprachbenutzer Sprache durch ihr Sprachhandeln?" Das ist eine wichtige Frage, denn jeder Sprachwandel hat seinen Anfang darin, dass Sprache in konkreten Kommunikationssituationen auf neue Art **benutzt** wird (s. auch PAUL [5]1920:32).

Die pragmatische Beziehung zwischen Zeichen und Zeichenbenutzern entsteht in konkreten Kommunikationssituationen und basiert damit im Gegensatz zu Semantik und Grammatik stark auf dem Kontext, in dem kommuniziert wird. So lässt sich z.B. aus der Äußerung *Ich finde den Stuhl da drüben sehr schön* nur über die Kommunikationssituation erschließen, auf welchen Stuhl die Sprecherin mit *den Stuhl da drüben* referiert und dass sie damit vielleicht einen Weihnachtswunsch andeutet. – Da die (historische) Pragmatik das Handeln mit Sprache in seiner Interaktion mit dem Kontext fokussiert, ist sie im "Zwiebelmodell" (s. Abb. 1, S. 2) die äußerste Schicht, die Schnittstelle zwischen Sprachsystem und Außenwelt.

Teilgebiete der (historischen) Pragmatik

Die Pragmatik – und damit auch ihre historische Dimension – hat fünf heterogene Teilgebiete mit dem gemeinsamen Nenner, dass Sprache als Handlung und im situativen Kontext untersucht wird: 1) Die **Deixis** (Zeigedimension) untersucht, wie mit Zeigwörtern (deiktischen Ausdrücken) auf Personen, Orte und Zeiten verwiesen wird, z.B. in *jetzt du da drüben*. 2) **Präsuppositionen** sind Voraussetzungen, die Sprecher bei Aussagen machen. Z.B. wird mit *Lisa bereut, den Kuchen ganz aufgegessen zu haben* präsupponiert, dass sie den Kuchen ganz aufgegessen hat. 3) **Implikaturen** sind Schlüsse aus dem Geäußerten, die der Sprecher anbieten und der Hörer erschließen kann. Sie liegen nicht in der lexikalischen Bedeutung des Geäußerten begründet, sondern sind den Beteiligten über ihr gemeinsames Kontextwissen erschließbar. 4) **Sprechakte** sind sprachliche Handlungen, wie z.B. BEHAUPTEN, DROHEN und VERSPRECHEN. 5) Die **Konversationsstruktur** beinhaltet die Mittel, mit denen Gesprächsteilnehmer Gespräche (auch: *Diskurse, Konversationen*) steuern. Zu diesen Mitteln gehören Diskurspartikeln, mit denen man u.a. anzeigt, dass ein Themenwechsel folgt (z.B. wird mit vorangestelltem *jedenfalls* die Rückkehr zum Hauptthema markiert) oder dass ein Sprecherwechsel folgen kann (z.B. mit nachgestelltem *oder?*). Differenzierte Darstellungen dieser fünf Teilbereiche finden sich z.B. in LEVINSON ([3]2000) und MEIBAUER ([2]2001). Prinzipiell können alle Teilgebiete auch aus diachroner Perspektive betrachtet werden. Hier haben wir aber nur Platz, drei Bereiche (1, 3 und 5) in Fallbeispielen (Kap. 7.3-7.5) exemplarisch zu behandeln.

Das Quellenproblem

Bei der Analyse pragmatischer Phänomene, die ja durch ihre Kontextabhängigkeit definiert sind, ist der situative Kontext von Äußerungen besonders wichtig. Außerdem spielen sich viele pragmatische Phänomene in der gesprochenen (Alltags-)Sprache stärker ab als in der Schriftlichkeit, weil sich erstere mehr auf den Kontext stützt, letztere davon unabhängiger ist. Für eine historische Untersuchung ist das ein großes Problem, denn für ältere Sprachstufen muss man sich auf schriftliches Material verlassen, dessen Kontext oft nur unvollständig rekonstruierbar ist und das nicht oder nur schwach widerspiegelt, wie wirklich gesprochen wurde. Trotzdem finden sich auch unter den schriftlich überlieferten Texten solche, die nahe an der Alltagssprache liegen (z.B. Gerichtsprotokolle wie in MACHA 2005) oder diese simulieren (oft in Dramen) und sich daher gut als Untersuchungsmaterial eignen (s. z.B. KILIAN 2005:40f.). Aber auch metasprachliche Äußerungen sind eine gute Quelle, z.B. geben Regeln in zeitgenössischen Grammatiken und Benimmbüchlein zur richtigen Anrede Aufschluss über die Anredekonventionen früherer Zeiten. Dazu kommen historische Wörterbücher (z.B. DWB, PAUL [10]2002, ADELUNG 1793-1801, GOTTSCHED [5]1762).

7.2 Perspektiven auf pragmatischen Wandel

Die historische Pragmatik etabliert sich seit den 1970er Jahren und ist damit das Nesthäkchen unter den Disziplinen der historischen Linguistik. Das liegt neben dem genannten Quellenproblem v.a. daran, dass bis zur sog. "Pragmatischen Wende" Anfang der 70er Jahre in der Linguistik Ansätze vorherrschten, die den Sprachbenutzer weitgehend ausblendeten (Strukturalismus und generative Grammatik). Trotzdem gibt es auch aus dieser und älterer Zeit Arbeiten, die Sprachwandel und Sprachbenutzer in Beziehung setzen, nur noch nicht mit dem Etikett "Historische Pragmatik". Es zeichnen sich zwei grundlegende Perspektiven ab, pragmatischen Wandel zu untersuchen (s. Abb. 30).

Abb. 30: Untersuchungsperspektiven auf pragmatischen Wandel

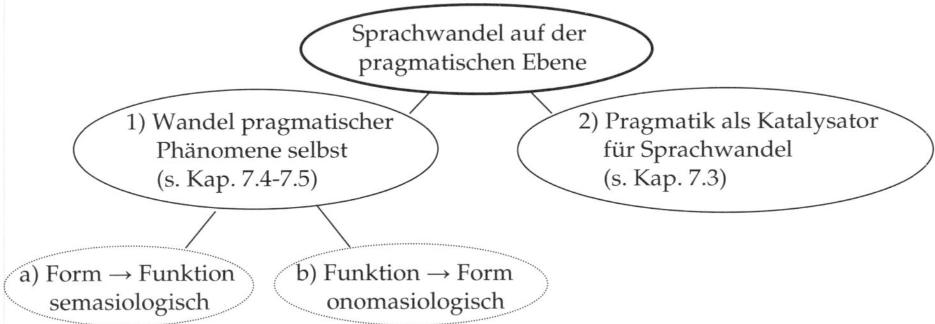

1) Zum einen kann man den Wandel pragmatischer Phänomene selbst ins Zentrum stellen. Weil Pragmatik an der Schnittstelle zwischen Grammatik und außersprachlicher Wirklichkeit "sitzt", kann man dabei unterschiedliche Schwerpunkte setzen. Einerseits kann man untersuchen, mit welchem grammatischen Wandel der pragmatische Wandel korreliert – also im "Zwiebelmodell" gedacht (s. Abb. 1, S. 2) den Verbindungen des pragmatischen Wandels ins Innere der "Zwiebel" auf den Grund gehen. Am Beispiel der Anrede wäre so ein Ansatz, zu untersuchen, wie sich die sprachlichen Mittel verändern, die für die Anrede genutzt werden (wie z.B. bei SIMON 2003a/b). Andererseits kann man den pragmatischen Wandel auf Veränderungen in der außersprachlichen, gesellschaftlichen Wirklichkeit beziehen, also Verbindungen vom Rand der "Zwiebel" nach außen untersuchen. Anredewandel lässt sich z.B. mit gesellschaftlichen Veränderungen korrelieren: Das Anwachsen des Anredepronomensystems auf fünf Pronomen kann man mit der Hierarchisierung der Gesellschaft verbinden, die Titelverweigerung und die starke Expansion des Duzens in ehemalige Siezdomänen (Universität: studentisches *Du*) seit Ende der 1960er Jahre mit der Studentenbewegung (vgl. AUGST 1977, BESCH ^{2}1998, 2003a; zum Barock BEETZ 1990). Meist werden beide Perspektiven, die zum Sprachsystem und die zur sozialen Wirklichkeit hin, in unterschiedlicher Gewichtung gekoppelt und miteinander in Bezug gesetzt (in Sachen Anrede z.B. bei LISTEN 1999).

Wie alle sprachlichen Einheiten kann man den Wandel pragmatischer Phänomene von zwei Seiten aus untersuchen (vgl. JACOBS/JUCKER 1995). a) Aus **semasiologischer Sicht** geht man von der Form aus, verfolgt diese durch die Zeit und untersucht, wie sich deren Funktionen entwickeln. Man kann z.B. untersuchen, wie die syntaktische Konjunktion *weil* eine pragmatische Funktion als Diskurspartikel entwickelt hat (GOHL/GÜNTHNER 1999, s. Kap. 7.5.2) oder wie das Adjektiv *eben* 'flach' sich funktional aufgefächert, einige Funktionen wieder verloren hat und heute v.a. in der Funktion einer Abtönungspartikel benutzt wird, z.B. in *Das ist eben so* (AUTENRIETH 2005). Unter den morphologischen Einheiten könnte man z.B. bei Diminutiven (Verkleinerungsformen) die Entwicklung von pragmatischen Funktionen verfolgen. b) Aus **onomasiologischer Sicht** geht man von einer bestimmten Funktion aus und untersucht, durch welche (unterschiedlichen) Formen diese Funktion diachron erfüllt wird. So kann man zum Beispiel untersuchen, wie sich die sprachlichen Mittel, Sprechakte wie Bitten, Komplimente, Flüche oder Liebeserklärungen auszuführen, verändert haben (s. z.B. LÖTSCHER 1981 zum Fluchen im Schweizerdeutschen diachron, SCHWARZ 1984 zur Diachronie von Liebeserklärungen). Auch die diachrone Anredeforschung arbeitet in dieser Perspektive: Es wird untersucht, wie sich die Formen und Konventionen verändern, mit/nach denen Adressaten angeredet werden. Von der Funktion geht man auch aus, wenn man untersucht, aus welchen grammatischen und lexikalischen Quellbereichen sich pragmatische Gliederungssignale in Gesprächen speisen. Z.B. ist *gell* als Rückversicherungsfrage am Ende eines Redebeitrags aus einer Frage wie *gilt es?* entstanden (s. Kap. 7.5.2).

2) Andere Arbeiten, die man der historischen Pragmatik zuordnen kann, aber nicht muss, untersuchen pragmatische Phänomene weniger um ihrer selbst willen, als vielmehr hinsichtlich der Rolle, die sie generell bei Sprachwandelphänomenen spielen. Wichtig sind dabei die konversationellen Implikaturen (pragmatische Schlüsse aus dem Weltwissen und dem situativen Kontext, s.u. Kap. 7.3), die den Ausgangspunkt für syntaktischen und semantischen Wandel sowie für die Entstehung neuer grammatischer Mittel (Grammatikalisierung) bilden können.

Beide Perspektiven (1 und 2) werden im Folgenden anhand von Fallbeispielen erläutert. Zuerst wird in Kap. 7.3 die Rolle konversationeller Implikaturen beim Sprachwandel skizziert (Perspektive 2). Als Wandel pragmatischer Einheiten selbst (Perspektive 1) werden danach die Entwicklung des nhd. Anredesystems (7.4) und die Entstehung von Diskurs- und Abtönungspartikeln behandelt (7.5).

7.3 Konversationelle Implikaturen – ein Katalysator für Sprachwandel

Konversationelle Implikaturen sind Schlussfolgerungen aus Äußerungen, die nicht Teil der Bedeutung von sprachlichen Zeichen sind, sondern beim Benutzen von Zeichen in der Kommunikation entstehen und auf gemeinsamem Hintergrundwissen der Beteiligten basieren. Zum Hintergrundwissen gehören u.a. der sprachliche Vorkontext der Äußerung, das Wissen, wie man Gespräche führt, das "Wo, Wann, Wie und mit Wem" der Kommunikationssituation und das Weltwissen der Beteiligten. Ein Beispiel:

Lisa: *Hast du ein Taschentuch da?*

Otto: *Meine Jacke liegt da drüben.*

Diese Äußerungen erscheinen zusammenhanglos, wenn man sie isoliert und in ihrer wörtlichen Bedeutung betrachtet. Geht man aber auf die Gesprächsebene und bezieht das gemeinsame Wissen der Gesprächspartner mit ein, dann erkennt man zwei Implikaturen. Otto schließt aus Lisas Frage nicht, dass sie wissen möchte, ob er ein Taschentuch im Haus hat, sondern dass sie ihn indirekt um eines bittet. Lisa schließt aus Ottos Antwort, dass sie, auch wenn es auf den ersten Blick nicht so scheint, mit ihrer Frage zu tun hat und dass Otto ihr auf sparsame Art bestätigen will, dass er ein Taschentuch hat, dass es sich in der Tasche seiner Jacke befindet und dass er ihr erlaubt, es sich von dort zu holen.

Die Basis dafür, dass solche konversationellen Implikaturen funktionieren, bilden ungeschriebene Gesetze, an denen sich jeder im Gespräch orientiert. Als oberste Regel gehen Gesprächspartner gegenseitig davon aus, dass der andere sich im Gespräch kooperativ verhält, und nehmen deshalb an, dass alles, was der Partner sagt, einen Sinn fürs Gespräch hat (**Kooperationsprinzip**). Dem untergeordnet sind weitere sog. **Konversationsmaximen:** 1) der Quantität: "Mache deinen Redebeitrag genau so informativ wie nötig", 2) der Qualität: "Sage nichts, was falsch ist oder sein könnte", 3) der Relevanz: "Sage das, was relevant ist" und 4) der Art und Weise: "Rede klar und eindeutig und in der richtigen Reihenfolge". Diese auf GRICE zurückgehenden Maximen werden in MEIBAUER ([2]2001) und LEVINSON ([3]2000), jeweils Kap. 3, genauer erklärt.

Konversationelle Implikaturen funktionieren nun, indem auf der Basis der Konversationsmaximen Schlüsse vom Sprecher angeboten (implikatiert) und vom Hörer gezogen werden. Dabei müssen die Maximen aber nicht eingehalten werden; auch ein gezielter Verstoß erfüllt seinen Zweck, weil der Hörer der Äußerung – gemäß dem Kooperationsprinzip – weiterhin einen Sinn unterstellt und nach der Motivation für den Verstoß gegen Maximen sucht. Im obigen Beispiel, bei dem Lisa indirekt vorgeht, verstößt ihre Frage, ob Otto ein Taschentuch da hat, auf den ersten Blick gegen die Relevanz- und die Quantitätsmaxime. Deshalb schließt Otto aus der Frage, dass sie nicht wörtlich gemeint sein kann, dass Lisa sich nicht für seine Vorratshaltung interessiert, sondern etwas anderes meinen muss, das er in diesem Fall aus seinem Vorwissen und der Gesprächssituation erschließen kann. Ihm sind schon öfter verkappte Bitten in Frageform begegnet (das Prüfen der Voraussetzungen für das Gelingen einer Bitte steht hier für die Bitte selbst, vgl. LEVINSON [3]2000:388-96). Außerdem hat Lisa gerade etwas von ihrem Tee verkleckert. Also schließt Otto, dass sie ein Taschentuch haben möchte und eine indirekte höfliche Strategie benutzt, um die unhöfliche direkte Aufforderung *Gib mir ein Taschentuch!* zu vermeiden.

Eine wichtige Eigenschaft konversationeller Implikaturen ist, dass sie als Schlussprozesse rekonstruierbar sind – wie eben am Beispiel gezeigt. Außerdem sind sie streichbar, d.h.: Da es sich um pragmatische Bedeutungen handelt, die durch den Kontext entstehen und nicht Teil der Semantik von sprachlichen Zeichen selbst sind, lassen sie sich nivellieren, indem man den Kontext verändert: *Hast du ein Taschentuch da? Ich frage nicht, weil ich eines möchte, sondern weil ich wissen will, ob du ein vorausschauender Mensch bist.* Dass es sich um kontextbedingte Schlüsse handelt, zeigt sich auch daran, dass bei verändertem Kontext auch andere Implikaturen denkbar sind, z.B. aus Ottos Äußerung, dass Lisa statt eines Taschentuchs seine (alte) Jacke benutzen soll.

Konversationelle Implikaturen sind als pragmatische Schlussprozesse ein wichtiger Katalysator für Sprachwandel. Sprachbenutzer weichen in konkreten Gesprächen immer wieder von grammatischen und semantischen Regeln ab, benutzen bzw. kombinieren alte sprachliche Mittel anders als gewohnt und in neuen Funktionen: Sie produzieren sprachliche Neuerungen, sog. **Innovationen**. Dass man sich trotzdem versteht, liegt daran, dass die Abweichungen kleinschrittig und als konversationelle Implikaturen erschließbar sind. Mithilfe des Kooperationsprinzips, der Konversationsmaximen und des Kontexts können Hörer erschließen, was Sprecher meinen, wenn sie Zeichen auf neue Art verwenden und kombinieren, also neue Verwendungsweisen schaffen.

Einige konzeptionelle Muster, die von Sprechern immer wieder für Neuerungen benutzt werden und so charakteristische Pfade semantischen und grammatischen Wandels erzeugen, z.B. Metapher, Metonymie und Euphemismus, wurden schon in Kap. 5.2 vorgestellt. Per Implikatur kann der Hörer auch hier das eigentlich Gemeinte aus dem Gesagten, den Maximen und dem Kontext erschließen. Greifen wir das Beispiel der Konjunktionen aus Kap. 5.2.3 wieder auf: Wenn ein Sprecher die Konjunktion *sobald* in der folgenden Äußerung benutzt: *Sobald du weg bist, geht es mir besser* ist die wörtliche Bedeutung 'von dem Zeitpunkt an' zwischen Wegsein und Bessergehen. Implikatiert wird mit der Äußerung aber eine Kausalbeziehung 'weil' zwischen Wegsein und Bessergehen. Das funktioniert, weil sowohl Sprecher als auch Hörer das Hintergrundwissen haben, dass Geschehnisse, die zeitlich aufeinander folgen, auch ursächlich zusammenhängen können. Aus der zeitlichen Nachbarschaft wird deshalb im geeigneten Satzkontext eine Kausalbeziehung geschlossen (vgl. FRITZ 1998:149-160). Das Sprungbrett für Innovationen bilden dabei immer ambige Strukturen, bei denen prinzipiell **beide** Schlüsse möglich sind – hier die alte temporale und die implikatierte kausale Lesart. Stimmt aber der Kontext nicht, entsteht auch keine kausale Implikatur, wie in *Sobald ich zuhause bin, rufe ich zurück*; oder wenn man die Implikatur streicht: *Sobald du weg bist, geht es mir besser. Hat natürlich nichts mit dir zu tun: Wenn du in einer halben Stunde fährst, müsste meine Tablette so langsam wirken*. Dies zeigt, dass es sich (noch) um eine kontextbasierte pragmatische Bedeutung handelt, nicht um eine semantische, die dem Sprachzeichen *sobald* inhärent wäre.

Die Bedeutung, die mit konversationellen Implikaturen erschlossen wird, beruht zunächst gänzlich auf dem situativen Kontext, sie steckt nicht im sprachlichen Zeichen selbst. Wird nun dieselbe konversationelle Implikatur häufig und von vielen Sprachbenutzern vollzogen, dann kann es passieren, dass die kausale Bedeutung vom konversationellen Kontext auf ein sprachliches Zeichen aus der Äußerung übergeht, also fest in die Zeichenbedeutung aufgenommen wird: Die konversationelle Implikatur wird **konventionalisiert**, und damit wird der Schritt von einer pragmatischen zu einer semantischen Bedeutung gemacht. Die neue Bedeutung ist nicht mehr von einem bestimmten Situationskontext abhängig, in dem sie geäußert wird, sondern gehört zur Semantik des Sprachzeichens (DIEWALD 1997:55). Wie oben gezeigt, ist das bei *sobald* noch nicht passiert. Betrachtet man dagegen *während*, so ist dort dieser Schritt schon vollzogen (vgl. Abb. 22, S. 124): Die Quellbedeutung, auf die sich die konversationelle Implikatur bezog, war hier die Gleichzeitigkeit der Vorgänge in den beiden Teilsätzen, die durch *während* verbunden waren (*Während er die Eier kocht, setzt sie die Milch auf*). In bestimmten Kontexten wurde mit der Gleichzeitigkeit als Sprungbrett konversationell implikatiert, dass die durch *während* verbundenen Teilsätze eine adversative (kontrastierende) Beziehung haben: *Während er schon die Eier kocht, liegt sie noch faul im Bett.* Inzwischen ist diese konversationelle Implikatur konventionalisiert, das heißt, sie ist als 'adversativ' zusätzlich zu 'temporal' in die Zeichenbedeutung von *während* eingegangen und damit vom pragmatischen Kontext unabhängig geworden. Das erkennt man daran, dass nun auch Kontexte möglich sind, in denen zeitliche Überlappung – die ja die Basis für die konversationelle Implikatur war – gar nicht mehr gegeben ist: *Während meine Urgroßmutter selig eine dicke Nase hatte, habe ich große Füße.*

Wie in diesem exemplarischen Beispiel bilden Implikaturen generell den Ausgangspunkt dafür, dass Abweichungen aller Art vom Gewohnten seitens der Sprecher von Hörern interpretiert, verstanden und produktiv gemacht werden können; sie ermöglichen damit die ersten Schritte von Sprachwandel. Konversationelle Implikaturen haben bei den in Kap. 5 vorgestellten und in Kap. 10 noch folgenden Beispielen mitgewirkt, z.B. bei der Entwicklung von *aufschrecken* 'hüpfen' zu 'erschrecken' und von *werden* zum Futurhilfsverb. Sie spielen auch beim Anredewandel eine wichtige Rolle.

7.4 Anredewandel

7.4.1 Einordnung in die Pragmatik, terminologisches Werkzeug

Diese Fallstudie gehört zum Bereich der **Deixis** (zu griech. *deiknynai* 'zeigen'), bei dem es darum geht, wie auf Personen, Orte und Zeiten referiert (d.h. verwiesen) wird. Den Ausgangspunkt der Deixis bildet die konkrete Kommunikationssituation, indem sie festlegt, wo *hier*, wann *jetzt* und wer *ich* ist. Erst von diesem situativen Koordinatensystem aus wird eindeutig, worauf Zeigwörter (Deiktische Ausdrücke) wie z.B. *du*, *hier* und *nachher* verweisen, wer mit *du* gemeint, wo *hier* und wann *nachher* ist. Deixis ist also hochgradig situationsabhängig und damit ein pragmatisches Phänomen. **Personaldeixis** ist das Verweisen auf die Mitspieler im Sprechakt (v.a. mittels Personalpronomen), d.h. auf die Sprecherrolle (*ich/wir*), die Adressatenrolle (*du, ihr, Sie*) und die Rolle Unbeteiligter (*er/sie/es, sie* [Pl.]). Die pronominale Anrede ist Teil der Personaldeixis, sie verweist deiktisch auf die Adressatenrolle (*du, ihr, Sie*).

Viele Sprachen machen innerhalb der Anrede (Adressatendeixis) eine Unterscheidung zwischen höflich-respektvollen und normalen Anredemitteln. Dabei fungiert die Kommunikationssituation als ein soziales Koordinatensystem, das die Höflichkeit im sprachlichen Handeln steuert. In jeder Kommunikation muss man als Sprecher Entscheidungen treffen, welche höflichkeitsanzeigenden Mittel man wählt. Jeder hat dafür ein Hintergrundwissen über soziale Beziehungen und Konventionen erworben. Im Nhd. muss man bei der pronominalen Anrede zwischen "normalen" (*du, ihr*) und höflichen Pronomen (*Sie*) wählen, je nach Kontext: soziale Nähe/informell vs. soziale Distanz/formell. Die Regeln, wann geduzt und wann gesiezt wird, sind durch verschiedene soziale Variablen bestimmt – Sozialstatus, Alter, Geschlecht und Gesprächssituation – und lassen sich auf die

4-*w*-Grundfrage bringen: "**W**er redet **w**en in **w**elcher Situation **w**ie an?" (BESCH 2003a:2601-2604, hier 2601). Diese Variablen haben in unterschiedlichen Sprachgemeinschaften unterschiedliches Gewicht (z.B. ist im Japanischen Geschlecht viel wichtiger als im Deutschen) und können auch zusammenwirken (wie Alter und Sozialstatus im Deutschen). Weil die Anrede durch den sozialen Kontext der Gesprächsteilnehmer gesteuert ist, spricht man auch von **Sozialdeixis** (s. LEVINSON [3]2000:97-102). Die pragmatischen Konventionen der Anrede unterliegen dem Sprachwandel genauso wie grammatische Phänomene.

Das Anredeverhalten wird durch **Höflichkeit** gesteuert. Diese lässt sich über den Begriff **Face 'Gesicht'** definieren (BROWN/LEVINSON 1987:13). Damit sind bestimmte Bedürfnisse gemeint, die der Einzelne gegenüber den Anderen in der Gesellschaft hat. Sein Gesicht möchte jeder schützen, was in Redensarten wie *das Gesicht wahren/verlieren* eingegangen ist. Jede Person hat zwei Gesichter, ein positives und ein negatives (was nicht wertend gemeint ist, sondern die Beidseitigkeit betont). Beide müssen durch Höflichkeit in der Interaktion "gepflegt" werden: Das positive Gesicht braucht Anerkennung von den Mitmenschen, das negative möchte seine persönliche (Handlungs-)Freiheit wahren und vor Zwängen durch andere sicher sein. Höflichkeit besteht darin, in der Interaktion gegenseitig das negative Gesicht des anderen zu schützen und das positive zu stützen. Das funktioniert als stillschweigender beidseitiger Vertrag, indem man idealerweise andere so behandelt, wie man selbst auch behandelt werden möchte. Den zwei Gesichtern entsprechend gibt es auch zwei Sorten von Höflichkeit: **Positive Höflichkeit** stützt und verstärkt das positive Gesicht des Partners – z.B. ist man positiv höflich, wenn man jemandem ein Kompliment macht. Das kann Sprachwandel anstoßen: Auf so ein Kompliment gehen die heute allgemeinen nominalen Anreden *Herr* und *Frau* zurück. Beide wurden im Mhd. als *herre* und *vrouwe* noch exklusiv für Personen hohen Standes benutzt. Dann kam man auf die Idee, auch niedriger gestellte Personen so anzureden, um dadurch positiv höflich zu handeln. Diese Praxis fand Anklang und wurde von immer mehr Sprachbenutzern übernommen. Damit kam es aber zu einer Inflation: Das Kompliment verlor seine distinguierende Funktion und *Herr* und *Frau* wurden als normale nominale Anrede für alle Erwachsenen konventionalisiert (vgl. aber Kap. 5.2.6). **Negative Höflichkeit** besteht darin, die Freiheit des Partners zu schützen, über sich und sein Handeln selbst zu bestimmen. BESCH ([2]1998:151f.) spricht hier von "Stachelschwein-Höflichkeit": Man hält voneinander Abstand, um einander nicht zu verletzen. Alle Sprachhandlungen, die indirekt sind, gehören zu dieser Form von Höflichkeit; sie signalisieren dem anderen, dass man seinen Handlungsspielraum respektiert. Indem man etwa Anliegen und Kritik indirekt formuliert, z.B. als Frage und im Konjunktiv II oder als Feststellung (*Könntest Du mir bitte mal helfen?/Die Musik ist ganz schön laut)*, verletzt man zwar Konversationsmaximen, signalisiert aber damit, dass man das negative Gesicht des Angesprochenen achtet. Negative Höflichkeit wird eine wichtige Rolle beim Anredewandel spielen und ist überhaupt als Faktor des Sprachwandels nicht zu unterschätzen. Sprecher suchen immer neue Wege, indirekt zu sein, die dann oft konventionalisiert werden, wie die Geschichte der pronominalen Anrede im Deutschen zeigen wird.

Man könnte die Diachronie der Anrede in ihren Beziehungen zu gesellschaftlichem Wandel untersuchen, z.B. ausgehend von BESCHs 4-*w*-Grundfrage ergründen, wie sich die Konventionen verändern, die die Anrede steuern: Welche sozialen Variablen gewinnen/verlieren an Priorität? Wird die Anrede asymmetrisch (einer siezt, der andere duzt) oder symmetrisch (es duzen oder siezen sich beide Partner) eingesetzt? Mit welchen gesellschaftlichen Neuerungen korreliert der Wandel in der Anrede? Diese eher soziolinguistische Perspektive ist bei AUGST (1977) und BESCH (2003a) sehr gut aufbereitet. Wir gehen diesen Weg hier nicht, sondern verfolgen, wie sich die sprachlichen Mittel der Anrede verändern.

Adressaten anreden kann man mit nominalen Mitteln wie *Lisa* oder *Frau (Prof.) Mayer* und mit pronominalen wie *Sie*, *ihr* und *du*. Auch das Verb spielt dabei mit (*Haben die Dame wohl gespeist*?). Man kann einen einzelnen (*du*, *Sie*) oder mehrere Adressaten (*ihr*, *Sie*) anreden. Wir konzentrieren uns im Folgenden ausschließlich auf die pronominale Anrede an einen einzelnen Adressaten.

7.4.2 *Immer indirekter*: Die Entwicklung der höflichen Anredepronomen im Deutschen

Das Neuhochdeutsche hat ein zweigliedriges System aus informellem, nähesprachlichem *du/dir/dich* gegenüber formellem, distanzsprachlichem *Sie/Ihnen* entwickelt (also *Gehst du schon?* vs. *Gehen Sie schon?*). Das höfliche *Sie* ist homophon (gleichlautend) mit dem Personalpronomen der 3.Ps.Pl. *sie*. Auch das Verb kongruiert in der 3.Ps.Pl. Trotzdem gibt es Unterschiede zwischen beiden, die zeigen, dass es sich bei nhd. *sie* und *Sie* um zwei verschiedene Pronomen handelt, nämlich ein Personalpronomen der 3.Ps.Pl. gegenüber einem adressatendeiktischen Pronomen der 2.Ps.Sg. mit dem Merkmal 'höflich'. Unterschiede gibt es zum einen in der Orthographie – das Anrede-*Sie* wird immer groß geschrieben (zur pragmatischen Funktion der Großschreibung vgl. Kap. 8.1.7); zum anderen in der Morphosyntax – beim Anrede-*Sie* an einen Adressaten kongruiert das Prädikativ immer im Singular:

Sind Sie eine lahme Ente? (Anrede an einen Adressaten) vs.

Sind sie lahme Enten? (Aussage über eine Gruppe Dritter)

*Sie lahme Ente! *Sie lahme Enten!*

GRIMM rügt das nhd. System in "Über das Pedantische in der deutschen Sprache":

> den einzelnen, der uns gegenüber steht, reden wir unter die augen nicht mit dem ihm gebührenden du an, sondern gebärden uns als sei er in zwei oder mehr theile gespalten und müsse mit dem pronomen der mehrzahl angesprochen werden. [...] wir Deutschen aber sind dabei nicht stehn geblieben, sondern haben den widersinn dadurch pedantisch gesteigert, dasz wir nicht einmal die zweite person in ihrem recht, sondern dafür die dritte eintreten lassen [...]. GRIMM (1864:332f.)

Viele Sprachen – z.B. das Englische und Schwedische – haben gar keine Höflichkeitsdistinktion in den Personalpronomen (aber andere Höflichkeitsmittel im Bereich der nominalen Anrede). Andere Sprachen haben zwar Höflichkeitspronomen, nutzen dafür aber das Personalpronomen der 2.Ps.Pl., z.B. das Französische mit *vous*. Dass wie im Deutschen das Pronomen der 3.Ps.Pl. als Höflichkeitspronomen funktionalisiert wird, ist im Sprachenvergleich selten und erscheint aus kognitiver Sicht zunächst seltsam. Wie kam es dazu, dass wir eine Einzelperson so ansprechen, als handele es sich um mehrere Personen, und noch dazu, als würden wir die Person nicht direkt anreden, sondern über Dritte sprechen?

Diese Entwicklung lief über mehrere Schritte, die z.B. AUGST (1977), BESCH (2003a) und SIMON (2003a/b) beschreiben. Bei SIMON findet sich eine sehr anschauliche graphische Darstellung (s. Abb. 31), der die weiteren Ausführungen folgen.

Abb. 31: Pronominale Anrede an eine Einzelperson diachron nach SIMON (2003a:93)

			(dieselben)	*(dieselben)*	
			Sie	*Sie*	
		er/sie	*er/sie* →	*ihr*	
	ir	*ihr*	*ihr* →	*er/sie*	*Sie*
du	*du*	*du*	*du*	*du*	*du*
Germ.	Ahd.-Fnhd.	17. Jh.	18. Jh.	frühes 19. Jh.	Nhd. Standard
Stufe 1	Stufe 2	Stufe 3	Stufe 4	Stufe 5	Stufe 6

In germanischer Zeit bis ins Ahd. hinein gab es wahrscheinlich (die dünne Quellenlage gibt keine Sicherheit) ein eingliedriges System, das nur aus dem *du*-Pronomen bestand (Stufe 1). Im Ahd. ist dagegen bereits die höfliche *Ir*-Anrede (Stufe 2) dazu gekommen, die die Personalpronomen der 2.Ps.Pl. nutzt. Die ersten Belege finden sich in Texten, die der Alltagssprache nahe stehen, wie in OTFRIDs – seiner Evangelienharmonie beigefügten – Widmung an den Konstanzer Erzbischof Salomo (2. Hälfte 9. Jh.) und in den "Pariser Gesprächen", einer um die Wende zum 10. Jh. verfassten Glossensammlung für romanische Muttersprachler mit "Sprachführerfunktion".

Ófto ırhugg ıh múateſ · theſ mánagfalten gúateſ / thaz ir mih lértut hárto· íueſ ſelbeſ uuórt (OTFRID: Salomoni episcopo, v. 11-12)[1]

Guane cumet gar, brothro? [...] "Woher kommt ihr, Bruder?" (Pariser Gespräche, zit. nach SCHLOSSER [2]2004:160)

Wie es zum *Ir* kam, ist umstritten. Meist wird es lateinischem Kontakteinfluss zugeschrieben. Latein ist in ahd. Zeit die wichtigste Kontaktsprache, Sprache der Gebildeten und mit hohem Prestige belegt. Mit *tu* und *vos* gilt dort dieselbe Höflichkeitsdistinktion wie im Ahd. mit *du* und *ir* (s. BESCH 2003a:2600, 2605, vgl. aber SIMON 2003a:104). Nicht unterschätzen sollte man jedoch pragmatische Motive. Diese lassen sich als konversationelle Implikaturen nachvollziehen, die später konventionalisiert wurden (vgl. BROWN/LEVINSON 1987:23). Indem man vom

1 "Im Geist erinn're ich mich oft – An all' des Guten reichen Schatz, Das ihr mich auf die strengste Art – durch euer eignes Wort gelehrt." (Zit. nach KLEIBER ed. 2004, Übers. KELLE 1967).

Singular auf den Plural übergeht, lässt man zum einen das Gegenüber mächtiger erscheinen – man benutzt die Metapher "Vielzahl steht für Macht" und vollzieht damit einen Akt positiver Höflichkeit. Zum anderen ist die Anrede einer Einzelperson im Plural indirekter: Die Person bekommt die Rückendeckung einer virtuellen Gruppe, in die sie sich zurückziehen kann. Die Anrede im Plural ist damit auch ein Akt negativer Höflichkeit, die durch Indirektheit die Gesichtsbedrohung minimiert (vgl. BROWN/LEVINSON 1987:23, LISTEN 1999:148f., SIMON 2003a:105).

Das zweigliedrige System aus *du* und *i(h)r* wird bis in die fnhd. Phase aufrechterhalten (Stufe 2). Die Regeln für das Duzen und I(h)rzen waren v.a. bestimmt durch die Variablen 'soziale Position' und 'Alter', wobei Asymmetrien häufig vorkamen (die Höherstehende/Ältere duzt die Niedrigere/Jüngere).

Ab etwa dem 17. Jh. (Stufe 3) beginnt sich das Inventar höflicher Pronomen aufzublähen. Dass neue Pronomen nötig wurden, erklärt man u.a. damit, dass das alte höfliche Pronomen *ir* mehr und mehr auch für Personen niedrigerer Stände verwendet wurde. Es wurde sozusagen inflationär gebraucht und verlor damit seine gesellschaftlich distinguierende Funktion (vgl. das Konzept der unsichtbaren Hand in Kap. 5.2.6). Als erste neue Möglichkeit, die an Höflichkeit das alte *i(h)r* übertraf, kam die Anrede in der 3.Ps.Sg. mit Unterscheidung nach Sexus (natürlichem Geschlecht) *er/sie* ins System. Wegbereiter dazu waren nominale Anreden wie *der Herr, die Jungfrau* etc., die im 16. Jh. aufkamen.

> *Wan es mein gnädiges Fräulein im bästen vermärken wolte, so könt' ich Ihm noch wohl den wahren sün gnugsam eröfnen.* (HERZWART, nach KELLER 1904/05:172)

Diese Nominalphrasen wurden zunächst **anaphorisch** (rückverweisend) durch *er/sie/es* wieder aufgenommen. Das erkennt man zum einen daran, dass *er/sie/es* anfangs fast nie ohne vorangehende Nominalphrase vorkommen. Noch deutlicher wird die Anaphorizität des Pronomens aber in Beispielen wie dem obigen, wo das Pronomen *ihm* nicht mit dem weiblichen Sexus der Referentin korreliert, sondern mit dem neutralen grammatischen Genus von *Fräulein* in der vorangehenden Nominalphrase. Damit verweist *er/sie/es* anfangs nicht deiktisch auf einen Adressaten, sondern anaphorisch zurück auf die Nominalphrase. Erst später (1. Hälfte 17. Jh.) verselbstständigen sich die Pronomen *er/sie*; sie werden als Anredepronomen reanalysiert (d.h. neu interpretiert), die auf einen Adressaten referieren. Das erkennt man daran, dass keine grammatische Kongruenz mehr mit der Nominalphrase besteht, sondern das Pronomen dem Sexus der Angeredeten angepasst wird (also im Gegensatz zum obigen Beispiel *Fräulein... sie/ihr* statt *Fräulein... es/ihm* stehen würde).

Der Schritt zur indirekten Anrede *er/sie* lässt sich pragmatisch als konversationelle Implikatur erklären, mit der gesteigerte negative Höflichkeit erreicht wird: Eine Person abweichend vom Normalen (2.Ps.) in der 3.Ps. anzusprechen, als ob man über einen Dritten spricht, sagt der angeredeten Person nicht etwa, dass sie nicht gemeint wäre; vielmehr deutet diese die Abweichung als gezielten Verstoß gegen die Maximen der Relevanz und Modalität, mit dem der Sprecher sie indirekt adressieren und so deutlich machen will, dass er ihren Handlungsspielraum respektiert. Die indirekte nominale Anrede (*Hat das Fräulein...*), die nach der gleichen Höflichkeitsstrategie funktionierte und anaphorische Pronomen der 3.Ps. mit sich brachte, war dabei das formale Sprungbrett.

Neue nominale Anredeformen bildeten auch die Grundlage dafür, dass sich im 18. Jh. die Anrede mit *Sie* herausbilden konnte (Stufe 4). In der nominalen Anrede waren Abstrakta wie *Majestät*, *Gnaden*, *Weisheit* etc. (oft gesteigert durch ehrende Adjektive) ab dem 15. Jh. groß in Mode gekommen.

Auch das ist wieder eine negative Höflichkeitsstrategie, die auf Indirektheit setzt, indem stellvertretend für eine Person eine ihr zugeschriebene abstrakte Eigenschaft angesprochen, also das metonymische Verfahren Teil für Ganzes benutzt wird. Gleichzeitig wirkt mit den ehrenden Abstrakta und Adjektiven auch eine positive Höflichkeitsstrategie.

Wie die nominalen Anreden vorher, so werden auch diese Abstraktbildungen anaphorisch mit Pronomen der 3.Ps. wieder aufgenommen. Und weil Abstrakta im Deutschen meist feminin sind, geschieht das mit femininen Pronomen – also *Eure Weisheit... sie* auch für Männer. Das feminine *sie* war damals schon homophon mit dem pluralischen *sie* und diese formale Gleichheit war eine der Brücken für den Schritt zum pluralischen Anrede-*Sie*. Dazu kommt, dass bei Feminina oft nicht eindeutig war, ob es sich um einen Singular oder einen Plural handelte, weil in der fnhd. Phase Feminina wie *Gnade* auch im Sg. auf *-n* auslauten konnten: Akk., Gen., Dat. (manchmal auch Nom.) Sg. und Pl. aller Kasus lauteten *Gnaden* (vgl. heute erstarrtes *auf Erden* und Kap. 3.1.2.1). Auch weil Abstrakta mit der Zeit immer öfter abgekürzt wurden – also *E.M.* für *Eure Majestät* aber auch *Eure Majestäten* – entstand Ambiguität (Doppeldeutigkeit) darüber, welcher Numerus gemeint war (s. SIMON 2003a:113)

Diese morphosyntaktischen Ambiguitäten wirkten zusammen mit pragmatischen Prozessen. Pragmatisch wird mit dem Übergang von der 3.Ps.Sg. *sie/er* in die 3.Ps.Pl. *Sie* noch einmal dieselbe Höflichkeitsstrategie 'Plural statt Singular' angewandt wie beim Übergang vom *du* zum *Ihr*, allerdings hier innerhalb der 3.Ps. Dadurch kommt noch einmal eine Steigerung zustande, die das Höchstmaß an Höflichkeit erreicht, das das Paradigma der Personalpronomen hergibt. Die Abweichungen in Person und Numerus von der direkten *du*-Anrede, die Indirektheit schaffen, werden in Kombination genutzt (3.Ps. **und** Pl.). Der Schritt von *er/sie* zu *Sie* (Pluralisierung) lässt sich wiederum (wie beim *du* zum *ihr*) pragmatisch als Implikatur von Macht (positive Höflichkeit) und als indirekte Strategie (negative Höflichkeit) erklären (LISTEN 1999:150f., SIMON 2003a:113). Dazu kommt, dass die Pluralisierungsstrategie unabhängig auch beim Verb wirkte, schon bevor sich beim Pronomen Plural durchsetzte (LISTEN 1999:4.2.2, 152; SIMON 2003a:114), also z.B. jetzt *haben* statt *hat* gesagt wird. Im folgenden Beispiel stehen sowohl Verben als auch Pronomen im Plural.

> *Ihr Gnaden haben vielleicht geschlaffen / dass sie ein unangenehmer Traum erschreckt hat. [...] Haben Ihr Gnaden niemanden bey sich gehabt? [...] Kunten sie niemand um Hülffe anruffen?* (Anrede eines Offiziers an einen Herzogssohn, zit. nach LISTEN 1999:223, Unterstreichung A.D.)

Wenn die Sprachbenutzer neue höfliche Anredepronomen einführten, bedienten sie sich also immer aus dem Paradigma der Personalpronomen. Doch passierte das nicht in einer willkürlichen Reihenfolge. SIMON (2003a:129) veranschaulicht den diachronen Pfad, nach dem Höflichkeitspronomen aus dem Pronominalparadigma rekrutiert wurden, in einem Schaubild (hier vereinfacht, Abb. 32). Dieser Pfad zeigt die pragmatischen Schritte der Höflichkeitsstrategie Pluralisierung, 3. für 2.Ps. und wieder Pluralisierung, die oben beschrieben wurden. Die Dialekte des Deutschen haben ältere Stufen auf dem Pfad bewahrt. So nutzen viele Dialekte (z.B. alemannische) Formen von *ihr* als höfliches Anredepronomen, stehen also auf Stufe 2. Einige niederdeutsche Dialekte benutzen *er/sie* und haben damit Stufe 3 erreicht (SIMON 2003a:124-127, GROBER-GLÜCK 1994:89-104).

Abb. 32: SIMONs Pfad der Höflichkeitspronomen durch das Paradigma der Personalpronomen (vereinfacht nach 2003a:129)

er/sie (aus 3.Ps.Sg.)	⟶	*Sie* (aus 3.Ps.Pl.)
	↖ ↘	
du (aus 2.Ps.Sg.)	⟶	*Ihr* (aus 2.Ps.Pl.)

Das Maximalsystem aus *du*, *ihr*, *er/sie* und *Sie* wird vorübergehend gekrönt durch weitere Pronomen, besonders das Definitpronomen *dieselben*. Dieses ist in Abb. 31 allerdings eingeklammert, weil es nie richtig ins System integriert war: Es wurde kaum selbstständig verwendet, sondern meist anaphorisch zu einer vorangehenden Nominalphrase (*Ihre Majestät... Dieselben*), und kaum mündlich gebraucht, sondern nur in bestimmten schriftlichen Texten (SIMON 2003a:119).

Dieses überladene fünfstufige System bricht im 19. Jh. zusammen, was wiederum mit gesellschaftlichen Veränderungen wie dem Aufstieg des Bürgertums korreliert werden kann (vgl. BESCH 2003a:2608, 2615), aber schon die Überbesetzung allein ist ein wichtiger Grund für den Zusammenbruch. Ein erstes Bröckeln des Systems zeigt sich im Plätzetauschen von *ihr* und *sie/er*. Das Pronomen der 3.Ps.Sg. *er/sie* wird abgewertet und bekommt eine despektierliche Konnotation, z.B. in BÜCHNERs "Woyzeck" (zit. nach [6]1997:240, Unterstreichung A.D.):

> *[Hauptmann zu Woyzeck:] "O er ist dumm, ganz abscheulich dumm. (Gerührt.) Woyzeck, Er ist ein guter Mensch, ein guter Mensch – aber (mit Würde) Woyzeck, Er hat keine Moral! Moral is, wenn man moralisch ist versteht Er."*

Im Laufe des 19. Jhs. wird das System radikal auf den heutigen zweigliedrigen Stand reduziert. Seitdem, mit einem starken Schub ab 1968 (vgl. AUGST 1977, BESCH [2]1998, 2003a), weitet das *Du* seine Gebrauchsdomänen aus (studentisches, kollegiales *Du*, Eltern-Kinder-*Du*). Dennoch bleibt das zweigliedrige System gegenüber anderen germ. Sprachen (wie den skandinavischen Sprachen, wo die *Du*-Expansion viel weiter fortgeschritten ist) relativ stabil.

Ein wichtiger Unterschied der mittelalterlichen und frühneuzeitlichen Anredesysteme (Stufen 2-5) gegenüber dem gegenwärtigen (Stufe 6) besteht darin, dass die Variable Gesprächssituation und damit die Pragmatik früher eine weit größere Rolle gespielt hat. Heute gilt: Sind zwei Personen einmal vom *Sie* zum *Du* übergegangen, so ist dieser Schritt i.d.R. irreversibel. Im Mittelalter und in der frühen Neuzeit waren die Anredekonventionen dagegen variabler (SIMON 2003a:96-103, 114; FRITZ 2005:174f.). Ob geduzt oder geirzt wurde, war stärker durch die Gesprächssituation bestimmt, also durch pragmatische Prinzipien geregelt. Eine Analyse dieser Variabilität am Nibelungenlied findet sich in SIMON (2003a:96-103, weitere Beispiele in FRITZ 2005:174f.). Das folgende fnhd. Beispiel stammt aus einem Brief LUTHERs an seine Frau wenige Tage vor dessen Tod durch Krankheit:

> [...] *Allerheiligeste Fraw Doctorin! Wir dancken euch gantz freundlich fur ewer grosse sorge, dafur ir nicht schlaffen kund, Denn seit der Zeit ihr fur vns gesorget habt, wolt vns das feur verzeret haben in vnser Herberge, hart fur meiner stubenthur, Vnd gestern, on Zweifel aus krafft ewer sorge, hette vns schier ein stein auff den kopff gefallen vnd zuquetzscht, wie in einer Mausfalle* [...]. *Ich sorge, wo du nicht auffhörest zu sorgen, es mocht vns zuletzt die erden verschlingen vnd alle Element verfolgen. Lerestu also den Catechismum vnd glauben? Bete du vnd lasse Gott sorgen, dir ist nichts befolhen, fur mich oder dich zu sorgen* [...] (zit. nach BESCH 2003a:2607, Unterstreichung A.D.)

Im ersten Teil wird mittels *Irzen* und pluralischer Selbstreferenz (*wir* etc.) ironische Distanz zu den Sorgen der Frau erzeugt. Der zweite Teil wirkt durch die Aufgabe dieser Distanz in Anrede und Selbstreferenz umso eindringlicher.

Wenn bis ins 19. Jh. situationsabhängig unter den verfügbaren Anredepronomen gewählt wurde, man heute aber auf die konstante Anrede mit *du* oder *Sie* festgelegt ist, dann haben wir die Entwicklung von einer variierenden hin zu einer obligatorischen Verteilung und eine Abnahme pragmatischer Steuerung bei der Anrede. Für SIMON (2003a/b) ergibt sich daraus sowie aus dem morphosyntaktischen Sonderverhalten von *Sie* die These, dass ein Wandel von einer pragmatischen hin zu einer grammatischen Steuerung der Anrede stattgefunden hat. Im "Zwiebelmodell" ausgedrückt, wurden die pragmatischen Prozesse bei der pronominalen Anrede am äußeren Rand der "Zwiebel" verfestigt (konventionalisiert) und haben dazu geführt, dass sich weiter innen in der "Zwiebel", im grammatischen System, etwas verändert hat: dass sich eine neue grammatische Distinktion '+/- Respekt' entwickelt und ein neues für Respekt markiertes Pronomen der 2.Ps.Sg. etabliert hat, das zwar aussieht wie das Personalpronomen der 3.Ps.Pl., aber grammatisch eigenständig ist. Das erkennt man daran, dass bei der Anrede an einen Adressaten die kongruierenden Wörter im Sg. stehen, wie in den eingangs dieses Kapitels zitierten Beispielen *Sie sind eine lahme Ente*, anders als bei einer Aussage über eine Gruppe Dritter: *Sie sind lahme Enten*. Auch in der Anrede *Sie lahme Ente!* wäre Pl. zu erwarten, wenn es sich um ein Personalpronomen der 3.Ps.Pl. handelte (**Sie lahme Enten!*).

7.5 Diskurs- und Modalpartikeln diachron

7.5.1 Einordnung in die Pragmatik, terminologisches Werkzeug

Diskurspartikeln (auch: Gesprächspartikeln oder Diskursmarker) wie *ich mein, ne?, gell?* und *okay?* sowie **Modalpartikeln** (auch: Abtönungspartikeln) wie *eben* und *halt* gehören zu den nicht-flektierbaren, also unveränderlichen Wörtern (sog. Partikeln). Beide sind optional (d.h. man kann sie auch weglassen) und kommen vorwiegend in der gesprochenen Sprache vor.

Dieser Fallbeispiel-Komplex gehört zum pragmatischen Teilgebiet **Konversationsanalyse**, die untersucht, wie Gespräche funktionieren: Wie regeln die Gesprächsteilnehmer, wann im Gespräch Sprecherwechsel stattfindet? Wie signalisiert man, dass man weitersprechen bzw. auch mal was sagen möchte? Mit welchen Mitteln werden Redebeiträge gegliedert (kommt jetzt ein Erzählteil oder eine neue Behauptung etc.) und Themenwechsel angekündigt? Solche Funktionen übernehmen u.a. Diskurspartikeln. Das sind Steuerungssignale im Gespräch, die Redebeiträge gliedern, verknüpfen und den Sprecherwechsel regeln. Sie lassen sich unterteilen in **Sprecher-** und **Hörersignale**: Erstere kann man weiter untergliedern in Startsignale, die den Redebeitrag eröffnen (z.B. *ich mein, ja aber, also*), Haltesignale, die dem Hörer an übernahmerelevanten Stellen signalisieren, dass man weitersprechen möchte (z.B. *äh, ich mein*) und Endsignale, die den Redebeitrag abschließen (z.B. *und so, oder so, ja*). Eine Untergruppe der Endsignale sind die sog. Rückversicherungssignale (auch *tag-questions* genannt), die vom Hörer eine Reaktion einfordern und damit auch anzeigen können, dass Sprecherwechsel stattfinden kann (z.B. *ne?, oder?, gell?*). Mit Hörersignalen (wie *ja, mhm*) zeigt der Hörer Aufmerksamkeit und signalisiert dem Sprecher, dass er die Sprecherrolle behalten kann. Bei aller Unterschiedlichkeit ihrer Funktionen haben alle Diskursmarker den gemeinsamen Nenner, bei der Gesprächsorganisation mitzuwirken. Formal unterscheiden sie sich von anderen Partikelarten v.a. dadurch, dass sie syntaktisch nicht integriert sind: Sie stehen außerhalb, am vorderen oder hinteren Rand von Sätzen. Vorne stehende Diskursmarker haben vorverweisende Funktionen, sie kündigen an, dass etwas folgt, und spezifizieren, was da folgt. Z.B. führt *jedenfalls* nach einer Abschweifung zum eigentlichen Thema zurück. Hinten stehende Diskursmarker sind oft Rückversicherungssignale, die dem Hörer Gelegenheit geben, auf das Gesagte zu reagieren, wie z.B. *ne* und *gell*. Auch prosodisch sind Diskursmarker oft eigenständig, das heißt, sie sind nicht in die Satzintonation der Äußerung integriert, der sie voran- oder nachgestellt sind, sondern haben eine eigene Intonation. Bei Rückversicherungssignalen ist diese oft steigend wie bei einer Frage (woraus sie sich oft entwickeln, s.u.).

Modalpartikeln sind im Gegensatz zu Diskursmarkern in den Satz integriert und stehen in dessen Mittelfeld. Sie haben die Funktion, Haltungen (eigene und als gemeinsam angenommene) zur im Satz gemachten Aussage zu signalisieren. Damit verweisen sie auf den pragmatischen Vorkontext der Äußerung, denn die Haltungen bleiben ja meist unausgesprochen.

Die Mensa hat <u>ja/doch/halt/eben</u> heute Betriebsausflug.

Je nachdem, welche Modalpartikel die Sprecherin hier benutzt, kommuniziert sie unterschiedliche Haltungen hinsichtlich des gemeinsamen Vorwissens zur Satzaussage. So kann man z.B. *ja* mit 'wie du weißt' umschreiben, unbetontes *doch* mit

'wie Du wissen solltest' und *halt* und *eben* mit 'das kann man nicht ändern' (s. DUDEN-Grammatik ⁷2005:597-601).
Sowohl Diskurs- als auch Modalpartikeln sind anhand ihrer formalen und funktionalen Merkmale – Phänomene der gesprochenen Sprache, Optionalität, und besonders die gesprächsorganisierenden (Diskursmarker) bzw. einstellungsbekundenden (Modalpartikeln) Funktionen – eindeutig pragmatische Zeichen: Sie steuern das sprachliche Handeln im Gespräch, liefern Interpretationshinweise, kommentieren es und verankern es im Kontext (AUER/GÜNTHNER 2005).

7.5.2 … *weil* – viele Wege führen zur Diskurspartikel, *gell?*

Auch das Inventar pragmatischer Zeichen wie der Diskurspartikeln unterliegt dem Wandel. Immer wieder wird Nachschub aus verschiedenen Quellen herangrammatikalisiert. Diese Quellen erkennt man oft noch, weil sie neben der Diskursmarkerfunktion weiterexistieren. So sind einige Diskursmarker homophon z.B. mit Adverbien (*jedenfalls*) und Konjunktionen (*weil, obwohl, und*). Dabei sind Adverb bzw. Konjunktion die jeweils ältere Stufe, aus der sich die Diskursmarker entwickelt haben. Andere Diskursmarker wie *bitte, ich mein, weiß nich(t), ne* und süddt. *gell* sind nicht aus Einzelwörtern, sondern aus ganzen Syntagmen – d.h. (Teil-)Sätzen – entstanden, die zu einem phonologischen Wort verschmolzen sind und dann reduziert wurden. Aus welchen Quellen Diskursmarker diachron entstehen und wie man diesen Vorgang pragmatisch erklären und erkennen kann, wird im Folgenden an einigen Beispielen illustriert.

Abb. 33: Quellen für Diskursmarker nach AUER/GÜNTHNER (2005)

Adverb (*jedenfalls, nur, bloß*)
Konjunktion (*weil, obwohl, und*)
Relativanschluss (*wobei*) ⟶ **Diskursmarker**
Imperativ (*schau, komm, geh*)
Syntagma (*ich-mein, bitte, weiß-nich(t), ne, gell?*)
…

Adverb → Diskursmarker am Beispiel *jedenfalls*: In seiner Ausgangsbedeutung für die Entwicklung zum Diskursmarker ist *jedenfalls* ein Adverb, das in den Satz integriert ist. Es hat wie Modalpartikeln die Funktion, die Einstellung des Sprechers zu vermitteln. In diesem Fall wird etwas vorher Gesagtes abgeschwächt, z.B. in *Sie ist eine gute Bauchrednerin. Jedenfalls sagt man das.* Diese Abschwächungskomponente bildet das Sprungbrett für die Entwicklung der neuen Funktion von *jedenfalls* als Diskursmarker. Sie wird übertragen auf die Gesprächsorganisation und zu einem Signal an den Hörer: Nicht mehr die Aussage des vorhergehenden Satzes, sondern der Status des vorangegangenen Redebeitrags wird abgeschwächt, und zwar zur Nebenhandlung. Dadurch kündigt *jedenfalls* an, dass von einer Abschweifung in ein Nebenthema zum Hauptthemenstrang des Gesprächs zurückgekehrt wird. Mit dieser Funktionsveränderung korreliert auf der syntaktischen und prosodischen Ebene, dass das Diskursmarker-*jedenfalls* nicht mehr in den Folgesatz integriert ist, sondern eine eigene Einheit bildet (vereinfacht nach AUER/GÜNTHNER 2005:337):

> [...] *in frauenkrankheiten bin ich nicht so äh bewandert;*
> *jedenfalls – wir fahren da zu äh nach hause zurück* [...]

Die syntaktische Brücke müssen Situationen gewesen sein, in denen *jedenfalls*, um es zu betonen, aus dem Satz ins Vorvorfeld ausgegliedert wurde. Dabei muss Ambiguität (Überschneidung) beider Lesarten bestanden haben: gleichzeitig Abschwächung des Gesagten und Rückkehr zum Hauptthema. Andere Adverbien, die Diskursmarkerfunktion entwickelt haben und dann ebenfalls im Vorvorfeld stehen, sind *nur* und *bloß*. Beide signalisieren, dass ein Einwand folgt.

Konjunktion → Diskursmarker, z.B. *weil* und *obwohl*: Konjunktionen haben die Funktion, (Teil-)Sätze miteinander zu verknüpfen. *Obwohl* verknüpft konzessiv: Die Teilsätze sollten einander ausschließen, tun es aber überraschenderweise nicht, d.h. es wird eine Dissonanz zwischen den Teilsätzen ausgedrückt. *weil* verknüpft kausal: Der Nebensatz liefert den Grund für den Hauptsatz.

> *Sie kommt heute, obwohl sie krank ist.*
> *Sie kommt heute nicht, weil sie krank ist.*

Als sich daraus eine neue Funktion als Diskursmarker entwickelte, wurde die Verknüpfungsfunktion der jeweiligen Konjunktion von der Satzebene auf die Ebene der Text- und Gesprächsorganisation übertragen. So bildet bei *obwohl* die Funktion der konzessiven Konjunktion, Dissonanz zwischen den verbundenen Teilsätzen zu signalisieren, den Ausgangspunkt für den korrektiven (berichtigenden) Diskursmarker *obwohl*, der sich nun nicht mehr auf einen vorausgehenden Teilsatz, sondern auf den vorangehenden Redebeitrag bezieht. (Bsp. nach GÜNTHNER 1999:414f.; Klammern: Pausen, Großschreibung: Betonung):

> W. *Brauchst du noch en KISSEN?*
> N. *hm. ne. das reicht. (0.5) obWOHL (.) des isch DOCH unbequem.*

Bei *weil* wird das vorausweisende Potential der Konjunktion (etwa 'Achtung, es folgt eine Begründung') genutzt. Die Brücke dabei bilden Verwendungsweisen wie b), bei denen nicht mehr der Inhalt eines Teilsatzes (vgl. a) begründet, sondern eine Begründung dafür gegeben wird, dass der Satz geäußert wurde (Äußerungsbegründung im Sinne von "Ich sage/frage/behaupte/vermute das, weil..."). Damit wird *weil* von einem Zeichen der syntaktischen Ebene zu einem Zeichen der Gesprächsebene.

> a) *Sie kommt heute nicht, weil sie krank ist.* (Sachverhalt begründet)
> b) *Sie ist wohl daheim, weil ihr FAHRrad steht vor dem Haus.* (Äußerung begründet)

Den Endpunkt dieser Entwicklung bildet die Verwendungsweise von *weil* als reines Haltesignal, um das Rederecht zu behalten. Hier ist die begründende Komponente ganz weggefallen und nur die vorausweisende Funktion 'es geht noch weiter' geblieben. Das erkennt man in c) daran, dass der *weil*-Satz keine

Begründung mehr liefert, sondern nur den Inhalt des vorangehenden Satzes anders ausgedrückt wiederholt (nach AUER/GÜNTHNER 2005:340):

c) *bisher isch ja – des isch alles immer schön im sand verlaufen;*
und den profs wars eigentlich im grund gnommen au scheißegal;
weil phh – ja   also – des geht denen halt au am arsch vorbei.

Den Funktionsumsprung bei vorangestellten Diskursmarkern, die sich aus Konjunktionen und Adverbien entwickelt haben, erkennt man auch auf der syntaktischen Ebene. Als Diskursmarker wandern diese Einheiten vor den linken Rand, ins sog. Vorvorfeld des Satzes, ihre Integration in den Satz wird aufgehoben. Die Wortstellung im Folgesatz wird unabhängig von ihnen – z.B. bewirken die Ex-Konjunktionen *weil* und *obwohl* keine Verbletztstellung mehr (s.o. *weil – des geht denen am arsch vorbei*). Auch intonatorisch werden die Verwendungen als Diskursmarker oft unabhängig vom Folgesatz realisiert, sind durch eine Pause von ihm getrennt und bekommen eine eigenständige Intonationskurve. Die formale Seite, Nichtintegration in den Satz, spiegelt damit die funktionale Seite, es werden nicht mehr Satzeinheiten, sondern Gesprächseinheiten verknüpft (s. auch Kap. 10.3.1).

Syntagma → Diskursmarker, z.B. *ich mein, bitte, ne* und *gell*: Diskursmarker speisen sich auch aus Hauptsätzen mit Verben des Wahrnehmens und des Sagens. Ein Beispiel ist das Syntagma *ich mein(e)*, das als Haltesignal Selbstkorrekturen, Präzisierungen und Modifikationen von zuvor Gesagtem einleitet (GÜNTHNER/IMO 2003). Auch der Diskursmarker *bitte*, der den Sprechakt einer Bitte markiert, ist aus Syntagmen wie *ich bitte darum, dass* entstanden. Das Syntagma ist hier aber schon so weit zusammengeschmolzen, dass man kein *dass* mehr sagt: *Bitte hilf mir mal kurz.* Das Gegenstück *Danke* ist dagegen noch nicht so weit: *Danke, <u>dass</u> du mir hilfst* (s. AUER/GÜNTHNER 2005:345).

Aus Syntagmen können auch nachgestellte Diskursmarker entstehen. So ist die Rückversicherungsfrage *nicht?* mit ihren Varianten wie *nich, nech, net* und *ne* wohl aus einem Syntagma wie *ist es nicht so?* entstanden und je nach Variante in unterschiedlichem Grad phonologisch reduziert worden (s. Kap. 10.1.1). Diese Entwicklung kann man gut am engl. Gegenstück *isn't it*, umgangssprachlich auch *innit*, nachvollziehen, das in seiner phonologischen Reduktion noch nicht so weit fortgeschritten ist. Eine ähnliche Entwicklung wie *ne* hat auch die süd- und mitteldeutsche Rückversicherungsfrage *ge(ll)/gelt?* vollzogen, die wohl aus einem Frage-Syntagma wie *gilt es?* reduziert wurde (AUER/GÜNTHNER 2005:348).

7.5.3 Wie entstehen *bloß* Modalpartikeln?

Für Modalpartikeln gilt wie für Diskursmarker, dass sie meist mit anderen Verwendungsweisen (z.B. als Adjektiv und Temporaladverb bei *eben* oder als Konjunktion bei *aber*) nebeneinander existieren. Auch hier lassen sich Entwicklungspfade rekonstruieren. BURKHARDT nennt u.a. die folgenden Quellbereiche:

Abb. 34: Quellbereiche von Modalpartikeln (nach BURKHARDT 1994:141)

Konjunktion (*aber, doch*)
Temporaladverb (*denn, eben, halt, mal, eh*)
Satzadverb (*eigentlich, vielleicht*) ⟶ **Modalpartikel**
Adjektiv (*ruhig*)
Gradpartikel (*bloß, nur*)
...

Hier wird nur einer dieser Bereiche, die Entwicklung von Modalpartikeln aus Temporaladverbien, am Beispiel von *eh* skizziert. Diese Modalpartikel war ursprünglich auf den obd. (besonders bair.) Sprachraum begrenzt. Heute hat sich ihr Gebrauch ins Standarddeutsche ausgebreitet (mit leichter Funktionsverschiebung), so dass *eh* funktionsgleich mit *sowieso* und *ohnehin*, aber gegenüber diesen besonders in alltagssprachlicher Kommunikation verwendet wird, z.B.:

Lisa: *Ich hab' leider keine Butter mehr da.*
Otto: *Ich ess' mein Brot eh lieber ohne.*

Otto tröstet hier Lisa über ihr Versäumnis hinweg. Dieser Effekt kommt zustande, weil die Modalpartikel *eh* die Funktion hat, den pragmatischen Vorkontext als irrelevant für die Aussage des *eh*-Satzes hinzustellen – das ist ein gemeinsamer Nenner aller Verwendungen von *eh* als Modalpartikel. Im Beispiel spricht Otto der Aussage von Lisa (*keine Butter da*) die Verantwortung dafür ab, dass er sein Brot ohne Butter isst, und macht stattdessen den in seinem *eh*-Satz angegebenen Grund verantwortlich (*er mag sein Brot ohne Butter lieber*). Allgemeiner ausgedrückt signalisiert der Sprecher mit *eh*, dass seine Aussage unabhängig vom Kontext auf jeden Fall gilt.

Wie kam es zu dieser Verwendungsweise? Zunächst wurde *eh(er)* rein temporal in der Bedeutung 'vorher' gebraucht, vgl. *je eher, desto besser*. Auf dem Weg zur Modalpartikel ist eine Bedeutungsverschiebung von dieser temporalen Funktion hin zur pragmatischen eingetreten. Das kann man sich so vorstellen, dass das temporale 'schon vorher' auf die metakommunikative Ebene übertragen wurde. Wenn man von etwas sagt, dass es 'schon vorher' galt, dann kann man damit implikatieren, dass es unabhängig vom spezifischen Vorkontext, also auf jeden Fall, gilt. Die Brücke bildeten wieder Situationen, in denen beide Lesarten – 'vorher' und 'sowieso' – möglich waren, wie etwa

Das brauchst du mir nicht sagen, das wusste ich eh schon.

Das Gesagte galt schon, ehe es im Gespäch thematisiert wurde. Das, was schon eher galt, gilt auch weiterhin und unabhängig vom spezifischen Kontext (WEYDT 1983:178, HENTSCHEL 1986:53). Der Weg vom Temporaladverb zur Modalpartikel ist in der Geschichte der deutschen Modalpartikeln ein gut ausgetretener Pfad. Er gilt für die Entwicklung von *halt, denn, mal, schon* und möglicherweise auch für *eben* (vgl. aber AUTENRIETH 2005). Einen anderen Pfad können Sie in Aufgabe 4 (S. 173) mit *nur* und *bloß* kennenlernen.

Bei der Entstehung sowohl von Diskurs- als auch Modalpartikeln werden Einheiten, die auf der Textebene Relationen herstellen, also z.B. temporale (wie bei *eh(er)*) oder kausal verknüpfende (wie bei *weil*) Funktionen haben, auf die pragmatische Ebene übertragen. Sie entwickeln Funktionen, die mit ihrer Quellfunktion verwandt sind, die aber nicht mehr auf der Textebene, sondern auf der Gesprächsebene Relationen herstellen und so die Kommunikation steuern. Bei *eh* wird die temporale Relation ausgenutzt und so das Gesagte als unabhängig vom Kontext gültig dargestellt. Bei *weil* wird das vorausweisende Potential der Konjunktion auf der Gesprächsebene für das Fortsetzungssignal genutzt. Man kann Entwicklungen wie diese als Grammatikalisierungsprozesse beschreiben und einen verallgemeinerten Pfad dafür ansetzen (s. z.B. AUTENRIETH 2005:315 und Kap. 10.3.1 dieses Buches):

textuelle Funktion → pragmatische Funktion (modal, gesprächsgliedernd…)

Zum Weiterlesen:
Einen Überblick über Forschungsperspektiven und Arbeiten zur historischen Pragmatik geben JACOBS/JUCKER (1995) und CHERUBIM (1998). Es lohnt sich auch, in der englischsprachigen Zeitschrift 'Historical Pragmatics' zu stöbern.

Implikaturen synchron behandeln LEVINSON ([3]2000:Kap. 3), LIEDTKE (1995), MEIBAUER ([2]2001:Kap. 3) und (2006). Ihre Rolle beim Sprachwandel zeigen z.B. DIEWALD (1997:Kap. 3), HOPPER/TRAUGOTT ([2]2003:Kap. 4), MEIBAUER (1995) und FRITZ (1998:Kap. 2.3, 3.2.5 und 5.4).

Zum Einstieg in den Anredewandel gibt es einen umfassenden diachronen Überblick von BESCH (2003a). Sehr didaktisch gehen AUGST (1977) und FRITZ (2005:171-181) vor, populärwissenschaftlich und zum Schmökern geeignet ist BESCH ([2]1998). Anspruchsvoll sind SIMON (2003a/b) und LISTEN (1999), beide bringen aber wichtige Neuansätze.

Zur historischen Dialogforschung gibt es eine Einführung von KILIAN (2005, hier bes. Kap. 3). Zum Einstieg in die Entwicklung von Diskursmarkern ist AUER/GÜNTHNER (2005) zu empfehlen, außerdem GOHL/GÜNTHNER (1999) GÜNTHNER (1999, 2000), und GÜNTHNER/IMO (2003). Verschiedene Modalpartikeln diachron behandeln AUTENRIETH (2002, 2005), BURKHARDT (1994), DIEWALD (1997:Kap. 4.2), FRITZ (1998:Kap. 5.4., 2005:Kap. 18), HENTSCHEL (1986), MOLNÁR (2002), WAUCHOPE (1991), WEGENER (1998) und WEYDT (1983).

Aufgaben:

1) **Konversationelle Implikaturen:** Vergleichen Sie die Beispielsätze mit den Konjunktionen nhd. *seit* und engl. *since*. Welche Ausgangsbedeutung haben *seit* und *since*? Welche konversationelle Implikatur wirkt bei der neuen Bedeutung? In welcher der beiden Sprachen handelt es sich dabei um eine rein pragmatische Bedeutung (konversationelle Implikatur), in welcher ist diese Implikatur konventionalisiert und semantisiert worden (also Teil der Zeichenbedeutung)? Erklären Sie Ihre Entscheidung mithilfe der Beispiele in 1) und 2). Schauen Sie sich danach die mhd. Beispiele in 3) an (nach PAUL u.a. [24]1998:424, 430) und klären Sie dieselben Fragen für mhd. *sît*. Was fällt im Verhältnis zum Nhd. auf? (Mehr hierzu in Kap. 10.3.1)

   1) a) *Seit wir uns kennengelernt haben, trägst Du immer nur dieselbe Jacke.*
      b) *Seit ich mit dem Rauchen aufgehört habe, fühle ich mich besser.*
      c) * *Seit ich morgen eine Klausur schreibe, kann ich nicht mit ins Kino kommen.*
   2) a) *It hasn't stopped raining since we have been waiting.*
      b) *Since I will not be home, Lisa will answer the phone.*
   3) a) *sît ich her wart verkouft, sô hân ich smæhlîch arbeit gedolt* (WILLEHALM 193,14)
      "Seitdem ich hierher verkauft wurde, habe ich schmähliche Not erduldet"
      b) *ich gib dir strît, sît du des gers* (WILLEHALM 413,17)
      "Ich gebe dir Kampf, da du ihn begehrst."

2) **Anredewandel:** Auf welche Weise und wieso wurde die Anrede im Deutschen immer indirekter? Skizzieren Sie den Pfad der Höflichkeits-Pronomen durch das Personalpronomen-Paradigma und erläutern Sie die pragmatischen Mechanismen dahinter.

3) **Diskurspartikeln:** Skizzieren Sie anhand von GÜNTHNER (2000) die Entwicklungsschritte von *wobei* zum Diskursmarker und belegen Sie diese mit Beispielen.

4) **Modalpartikeln**: Wie und aus welchem Quellbereich entwickelten sich jeweils die Modalpartikeln *nur* und *bloß* (z.B. *Wenn wir nur/bloß einen Schirm mithätten!*)? (Hinweise in DIEWALD 1997:85-88, 96-100 und BURKHARDT 1994:146f.).

8 Graphematischer Wandel

Orthographie bezeichnet eine normierte Schreibung, die Rechtschreibung. Da für das Deutsche erst seit 1902 eine solche Normierung gilt, kann auch erst seitdem von einer Orthographie gesprochen werden. Daher wäre es unangemessen, von orthographischem Wandel zu sprechen. Die Verschriftungsgeschichte des Deutschen bezeichnen wir als **graphematischen Wandel**.

Die Schreibung des Deutschen hat schon vor mehr als tausend Jahren begonnen: Die ersten Textzeugnisse sind ahd. und datieren aus dem 8. Jh. Damit verfügt die Schreibung des Deutschen im Vergleich mit anderen germ. Sprachen über eine beträchtliche diachrone Tiefe. Die Schreibung hat sich stark verändert: Im Laufe der Jahrhunderte haben sich neue Schreib- oder Verschriftungsprinzipien herausgebildet. Dabei hat die Schreibung zunehmend Gesetzmäßigkeiten entwickelt, die keine Entsprechung auf der Lautebene haben. Die Schreibung ist also viel mehr als eine graphische Abbildung des Gesprochenen und bildet deswegen eine eigene Komponente der Grammatik. Die wichtigsten Verschriftungsprinzipien werden in Kap. 8.1 besprochen.

Auf den ersten Blick ist die deutsche Orthographie nicht einfach, wenn man von dem alphabetschriftlichen Ideal der reinen Lautverschriftung (Phonographie) ausgeht, bei dem einem Laut (genauer: einem Phonem) genau ein Buchstabe (Graphem) entsprechen sollte. Von einer solchen 1:1-Entsprechung gibt es zahlreiche Abweichungen, zunächst rein materiell:

a) Dem Laut [χ] entsprechen zwei Buchstaben (Digraph): *Ba*[χ] → *Ba*<ch>, dem Laut [ʃ] sogar drei (Trigraph): *Fi*[ʃ] → *Fi*<sch>. Umgekehrt korreliert das Graphem <x> mit zwei Lauten, [ks]: *Ha*<x>*e* → *Ha*[ks]*e*. Bei der Beziehung der Laute zu den Buchstaben (Schreibperspektive) spricht man von sog. **Phonem-Graphem-Korrespondenzen** (= "PGK"), bei der der Buchstaben zu den Lauten (Leseperspektive) von **Graphem-Phonem-Korrespondenzen** ("GPK"). Nicht selten wird jedoch in beiden Fällen von GPK-Regeln gesprochen.

b) Neben diesen quantitativen Abweichungen gibt es sog. relationale Asymmetrien: Wie Abb. 35 zeigt, kann der Laut [k] auf verschiedene Weise geschrieben werden (von der Groß- und Kleinschreibung wird hier abgesehen). Über dem dicken Strich in Abb. 35 stehen einheimische Wörter (Erbwörter), darunter Fremd- bzw. Lehnwörter. Schon bei den Erbwörtern kommt es zu vielen Verschriftungsmöglichkeiten von [k], wobei deutlich wird, dass das jeweilige Graphem von seiner Position und Umgebung (Kontext) abhängt: <g> nur am Ende von Wörtern (<Tag>), <ck> nur nach Kurzvokal (<Hacke>), <ch> nur vor [s] (<Fuchs>), <q> nur in Verbindung mit dem Halbvokal [w] (<Qualm>). Hier spricht man von kontextabhängigen Schreibregeln. Doch lassen sich nicht alle Schreibvarianten kontextuell erklären (wie z.B. die <v/f>-Schreibung in <Vater>/<Fahrt>; s. am Ende von Kap. 8.1.1).

Abb. 35: [k] und seine graphischen Entsprechungen

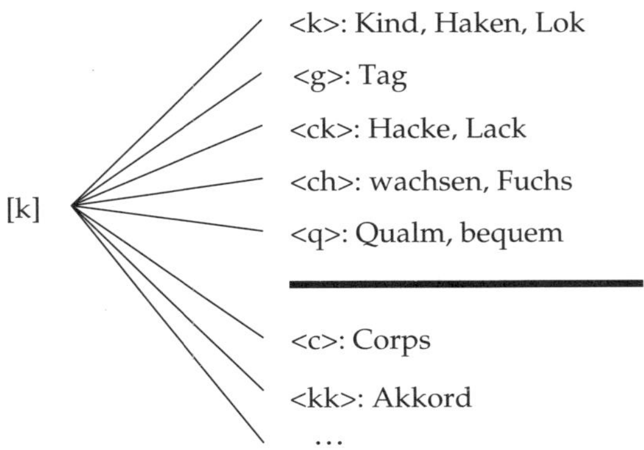

Ebenso enthält umgekehrt die GPK-Richtung viele Asymmetrien:

Abb. 36: <s> und seine phonischen Entsprechungen

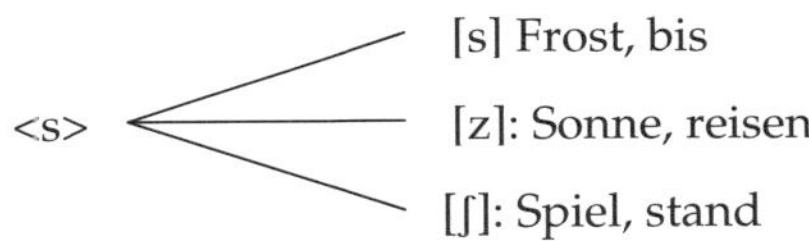

Auch hier gelten Kontextbeschränkungen: Nur im Wortanlaut vor <p> und <t> wird <s> als [ʃ] ausgesprochen, als stimmhaftes [z] dagegen nur vor Vokal im Anlaut oder zwischen zwei Vokalen. Sonst gilt stimmloses [s].

NERIUS ([3]2000:120-123) hat sämtliche Beziehungen zwischen Phonemen und Graphemen schematisch zusammengestellt. Die enormen Abweichungen von einem beidseitigen 1:1-Prinzip ergeben ein eindrucksvolles Bild der Polyrelationalität, die das Deutsche dominiert. Wie es zu diesem Zustand gekommen ist, kann nur die historische Perspektive beantworten.

Als weitere Besonderheiten des Deutschen und gleichzeitig als Schwierigkeit gelten, zumindest aus der Schreiberperspektive, die Substantivgroßschreibung (Kap. 8.2), die Getrennt- und Zusammenschreibung von Wörtern und die Zeichensetzung (Interpunktion). Sondergrapheme sind <ä, ö, ü, ß>, komplexe Grapheme <ch, sch>. Auch über deren Entstehung liefert die historische Linguistik Aufschluss. Fragen zur Normierung werden in Kap. 8.3 behandelt.

Im Folgenden können nur einige wichtige Züge der Schreibung herausgegriffen und historisch beleuchtet werden, doch wird zu weiteren Themen jeweils Literatur genannt.

8.1 Verschriftungsprinzipien und ihre Geschichte

Einleitend wurde herausgestellt, dass das Deutsche die Laute nicht 1:1 in Buchstaben überführt (wie dies Kinder zu Beginn ihres Schrifterwerbs gerne tun). Diese auf den ersten Blick verwirrenden und überflüssig erscheinenden Abweichungen folgen jedoch bei genauerem Hinsehen Regeln oder besser Prinzipien (oft auch nur Tendenzen), die nicht nur auf der Ebene der Lautabbildung zu verorten sind: Das Deutsche repräsentiert bei seiner Schreibung auch silbische, morphologische, lexikalische, syntaktische, ja sogar textuale und pragmatische Informationen (zu den Verschriftungsprinzipien s. RAHNENFÜHRER 1980, GARBE 1980, AUGST 1981, MAAS 1992, THOMÉ 1992, FUHRHOP 2005). In unserem "Zwiebelmodell" in Abb. 1 (S. 2) wurde die (Ortho-)Graphie zwischen dem Kern der Grammatik (Phonologie, Morphologie, Syntax) und der lexikalischen Schicht angesiedelt. Tatsächlich liefert sie neben der Lautabbildung sehr viele Informationen zur Morphologie und zur Syntax (daher eine eigene "Zwiebelschicht"), teilweise (aber nicht so stark) auch zur Lexik. Diese Komplexität veranschaulicht Abb. 37.

Abb. 37: Vom flachen zum tiefen Schriftsystem

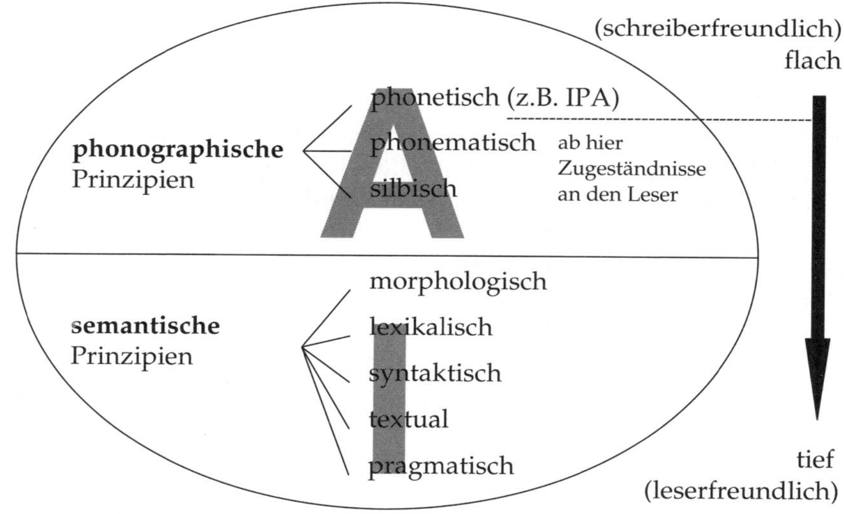

Komplexe Systeme, die auch semantische Informationen berücksichtigen, bezeichnet man als **tiefe Schriftsysteme**, solche, die die Lautung möglichst konsequent und eindeutig wiedergeben, als **flache Systeme** (EISENBERG 1996, 1989b, MEISENBURG 1998 – s. Abb. 38).

Im Deutschen ist es (im Gegensatz zum Englischen) fast immer möglich, ein graphisches Wort auch dann richtig auszusprechen, wenn man es nicht kennt, d.h. die Graphem-Phonem-Korrespondenzen sind (ziemlich) geregelt. Durch die vielen zusätzlichen Informationen auf den höheren, inhaltsbezogenen Ebenen wird der Leser überdies stark bei der Dekodierung, der direkten Informationsentnahme unterstützt (**Erfassungsfunktion**), denn wie Leseforschungen erwiesen haben, verläuft die Erfassung des Inhalts direkt aus dem Schriftbild ohne Rekurs über die Lautung. Nur Kinder nehmen beim frühen Leseerwerb den (Um-)Weg über die Lautung, sei es, dass sie laut, leise oder nur die Lippen bewegend lesen.

Abb. 38: Flache und tiefe Schriftsysteme

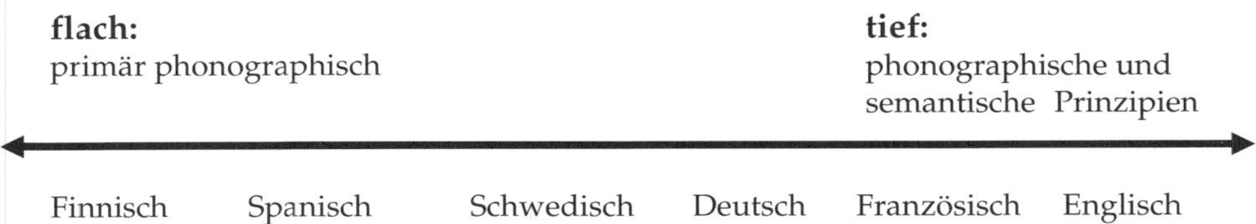

Vor dem Hintergrund der direkten Informationsentnahme ist es zentral, die deutsche Orthographie als ein leserfreundliches System zu begreifen, das sich über viele Jahrhunderte erst zu einem solchen entwickelt hat – ein Faktum, das bei der Diskussion um die Orthographiereform häufiger übersehen wurde. Gerade dem Leser liefert die Orthographie eine Menge an wichtigen Zusatzinformationen, die weit über die bloße Lautwiedergabe hinausgehen. Eine solche Dienstleistung besteht in der Unterscheidung des Artikels bzw. Pronomens <das> von der Konjunktion <dass> (diese Wörter sind lautlich identisch). Dem Schreiber obliegt dabei die Analyse der Wortartbestimmung. Gerade die <das/dass>-Unterscheidung stellt den mit Abstand häufigsten Fehlertyp im Deutschen dar (Eroms 2000). Auch die Großschreibung sowohl der Satzanfänge (Signal: hier beginnt eine neue Äußerung) als auch der Substantive erleichtert dem Leser die grammatische Dekodierung (vgl. <der blonde junge> versus <der blonde Junge>; hier wird in der Regel das Ende, das letzte Klammerelement der NP markiert (Signal: nach <Junge> beginnt die VP, nach <junge> geht die NP aller Voraussicht nach weiter).

Viel schwieriger ist das Deutsche also aus der Schreibperspektive. Wenn man sich aber vergegenwärtigt, wie oft die Schreib- und wie oft die Leseperspektive eingenommen wird, so ergibt sich ein starkes Gefälle zugunsten der letzteren: Wir lesen viel mehr, als wir schreiben (und ein Text von nur einer Autorin kann theoretisch millionenfach gelesen werden, nicht aber umgekehrt). Da alle Schreiber zugleich auch Leser sind, erklärt sich, weshalb sich im Laufe der langen Verschriftungsgeschichte des Deutschen eine so starke Leserzentrierung herausbilden konnte. Gleiches gilt für andere tiefe Schriftsysteme, in extremer Weise für das Französische, das graphisch eine Vielzahl an grammatischen Informationen liefert, die phonologisch gar nicht (mehr) realisiert werden (z.B. die meisten graphischen Endungen am Verb).

Bei den folgenden Prinzipien lässt sich beobachten, dass die Schreibung des Deutschen an Tiefe gewinnt: Zunächst dominiert das phonographische Prinzip. Die anderen Prinzipien haben sich erst nach und nach entwickelt. Besonders wichtig ist dabei das morphologische Prinzip, das sich ab fnhd. Zeit massiv herausbildet und dabei das phonologische und silbische Prinzip überformt.

8.1.1 Das phonologische Prinzip

Das in jeder Alphabetschrift oberste Prinzip (auch in tiefen Systemen) bildet die graphische Abbildung der Laute (**Phonographie**). Dabei sind es idealerweise Phoneme und nicht deren Allophone (Varianten), die verschriftet werden (daher nennt man dieses Prinzip auch **phonematisches Prinzip**). Um zwei Beispiele zu nennen: Im Deutschen gibt es zwei Allophone des Phonems /r/, das mit der Zungenspitze gebildete [r] und das hinten am Gaumen gebildete [ʀ]. Da sie zu keinerlei Bedeutungsunterscheidung führen, wurden und werden sie beide als <r> geschrieben. So wissen wir auch nicht (bzw. können wir nur indirekt erschließen), ab wann das (jüngere) Gaumen-[ʀ] entstand. Ähnliches betrifft den sog. Ich- und Ach-Laut ([ç] versus [χ]), zwei positionsabhängige Allophone des Phonems /χ/. Auch dieser gut hörbare Unterschied wurde nie verschriftet. Älter ist [χ] (s. das Alem., wo bis heute ausschließlich /χ/ gilt: /ɪχ/ 'ich'), das jüngere [ç] stellt eine Assimilation an seinen vorangehenden Laut dar.

Eine phonetische Schrift ist die hier in den eckigen Klammern praktizierte linguistische IPA-Transkription, die nicht nur konsequent die obigen Allophone notiert, sondern auch alle Assimilationen, die wir beim Sprechen vollziehen, z.B. bei *u*[m]*bedingt*, *u*[ŋ]*genau*, *ei*[ŋ]*kaufen*, *we*[m]*an* 'wenn man', *leb*[m], *leg*[ŋ]. Würde man alle diese realen Lautungen verschriften, müssten die Leser unterschiedliche Wortbilder in Kauf nehmen. Da ihnen jedoch an einer möglichst schnellen Informationsentnahme gelegen ist, sollten gleiche Informationen auch möglichst gleich verschriftet werden (sog. Morphemkonstanzprinzip, vgl. Kap. 8.1.3). Die lautgetreue Verschriftung des Negationspräfixes {un} als <um>*bedingt*, <ung>*genau* und <un>*deutlich* würde den Lesern keinerlei Nutzen bringen – im Gegenteil.

Grundsätzlich ist die Schreibung des Ahd. und Mhd. stark phonographisch ausgerichtet. Dabei wurden sowohl Phoneme (phonematische Schreibung) als auch gelegentlich ihre Varianten (Allophone) verschriftet (phonetische Schreibung). Da wir letztlich nur durch die Schreibung Aufschluss über die ahd. und mhd. Lautung erhalten und wir von vielen unterschiedlichen Dialekten ausgehen müssen ("das Ahd." und "das Mhd." sind Idealisierungen), ergibt sich ein großes methodisches Problem bei der Entscheidung darüber, ob phonetische, phonematische oder einfach nur allographische Schreibungen (also Schreibvarianten) vorliegen (BESCH 1961, GLASER 1988, SIMMLER 2000a, b).

Was die phonetischen Schreibungen betrifft, so hat in der Geschichte des Deutschen ein starker Abbau von Allophonieschreibung stattgefunden (und gleichzeitig ein Aufbau an Morphemkonstanzschreibung), nämlich bei der sog. **graphischen Rücknahme der Auslautverhärtung**. Spätestens im Mhd. vollzieht sich ein (wortsprachlich motivierter) Wandel, der die stimmlosen Plosive *b, d, g* im Wortauslaut zu *p, t, k* neutralisiert und so das Wortende markiert (anders MIHM 2004). Dieser positionsbedingte Lautwandel wird im Mhd. häufig verschriftet: <gap> 'gab', <lant> 'Land', <tac> 'Tag' etc. Das Mhd. hat sich also für die phonetisch exaktere Schreibung <p, t, k> bzw. <c> entschieden und leistet sich damit eine Allophonieschreibung. Im Fnhd. wird diese Auslautverhärtungsschreibung wieder aufgehoben (die lautliche Auslautverhärtung aber bleibt; s.

Kap. 8.1.3). Dabei handelt es sich keineswegs um eine historisch motivierte Rückbesinnung auf das Ahd., sondern um eine verstärkte "Phonematisierung" der Schreibung, v.a. aber um eine "Morphologisierung": Wörter wie mhd. <lant> [lant] oder <tac> [tak] alternieren in Flexionsformen wie <lender> [lɛnder] oder <tage> [tage] mit einer stimmhaften Realisierung, denn inlautend blieben diese Plosive ja stimmhaft. Um diese inhaltliche Nähe auch graphisch sichtbar zu machen, ist man zur heute noch gültigen Schreibung mit stimmhaftem Plosiv übergegangen: nhd. <Tag> wegen <Tage>, <Land> wegen <Länder>. Diese graphische Konstanthaltung des Morphems {tag} bzw. {land} entgegen der tatsächlichen Lautung dient der Stabilität des Morphems (Morphemkonstanzprinzip) und erleichtert dem Leser die direkte Informationsentnahme. Auch dass wir heute <Länder> mit <ä> statt <e> schreiben, dient diesem Prinzip, inhaltliche Bezüge graphisch zu unterstützen und dabei das phonographische 1:1-Idealprinzip zwischen Phonem und Graphem zu opfern (s. Kap. 8.1.3).

Die ahd. Schreiber, die alle Latein beherrschten, standen vor einem immensen Problem, als sie sich erstmals an die Verschriftung ihrer Muttersprache machten. Dabei stellte schon die reine Wiedergabe der Lautung eine Herausforderung dar, an der manche gescheitert sind. SONDEREGGER ([3]2003) beschreibt vielfältige Graphemumstellungen wie <th> statt <ht> für [χt] oder die Schreibung <Egibrhet> für den Namen <Egibreht>.

> Das heißt: im Ringen um eine ahd. Orthographie kann zunächst ein phonetischer Befund *ab* als *ab* oder *ba* geschrieben werden, oder ein phonetischer Befund *abc* als *abc*, *acb*, oder *bac* (*maht: maht*, *math*, *mhat* 'Macht') (SONDEREGGER [3]2003:245).

Ein eindrucksvolles Zeugnis dafür legt der Schreiber (oder Abschreiber, dies ist umstritten) des ahd. *Georgslieds* aus dem 11. Jh. ab. Der Text vermittelt den Eindruck, als sei die Lautwiedergabe nur unter größten Mühen bewältigt worden, und bis heute stellen sich Probleme bei seiner Entzifferung. Der Text bricht schließlich unvermittelt ab mit der Bemerkung "ich kann nicht mehr".

Zunächst war es für die Schreiber schwierig, in dem zu verschriftenden Lautkontinuum überhaupt Wörter zu erkennen, denn beim Sprechen gibt es kein Korrelat zu den graphischen Leerstellen (Spatien) vor und hinter dem Wort. Das Ahd. als ausgeprägte Silbensprache (Kap. 2.2.1) lieferte noch weniger Anhaltspunkte für das Wort als das Deutsche heute. So nimmt es nicht wunder, dass frühe ahd. Texte, die nicht auf einer lateinischen Vorlage beruhen, oft ohne Wortabstände verschriftet wurden (in sog. *scriptio continua*). Hier ein Beispiel aus den *Fuldaer Rezepten*, 8. Jh. (*Gegen Fieber*):

> *niindemoniduahe : niindemonipado*

Mit Segmentierungen (Spatien): *ni in demo ni duahe : ni in demo ni pado* (zur Mehrfachnegation mit *ni* s. Kap. 4.5). Die Rede ist hier von Wasser, in dem man sich weder waschen *(duahe)* noch baden *(pado)* möge (ahd. *dwahan* 'waschen', *badōn* 'baden'). Hier werden ganze Wortfolgen zusammengeschrieben, abgegrenzt durch Doppelpunkte. Oft (nicht hier) werden Wörter auch mitten in der Zeile getrennt, wobei die Silbengrenzen die Trennstellen vorgeben (FREY 1988). Für konkrete Beispiele seien die ahd. Schrifttafeln von FISCHER (1966) empfohlen.

Ein weiteres Problem bei der Schreibung bestand darin, dass das Ahd. andere Laute hatte als das Lateinische, dass zu seiner Verschriftung aber nur das lateinische Alphabet zur Verfügung stand. Einer der bekanntesten ahd. (südrheinfränk.) Schreiber, OTFRID von Weißenburg, der Verfasser einer Evangelienharmonie aus dem 9. Jh., äußert sich in seiner auf lateinisch verfassten Vorrede zu genau diesem Problem, dessen Lösung übrigens einen Teil unserer heutigen Sondergraphien begründet hat (GÜNTHER 1985):

- Manchmal müsse man dreimal <u> in Folge schreiben, wo das Lateinische nur zwei habe, wobei die ersten beiden konsonantische, das dritte *u* aber vokalische Qualität bezeichne. – Zweifellos wird hier auf Wörter wie <uuurm> 'Wurm' angespielt, deren Anlaut in einem bilabialen [w] bestand, wie dies noch im heutigen Englischen gilt (vgl. *worm*). Erst später hat sich dieses [w] zum heute labiodentalen [v] in nhd. *Wurm* [vʊɐm] entwickelt. Ein [w] ist einem [u] sehr ähnlich (die Lippen sind nur stärker gerundet), weshalb man zu einem verdoppelten <uu> griff, das später zu <w> verbunden wurde (vgl. seine engl. Bezeichnung als *double u*).
- Man benötige öfter die Zeichen *k* und *z* als im Lat. – Während <k> im Lat. vor *e* und *i* als [ts] ausgesprochen wurde, konnte es im Ahd. in allen Positionen stehen, daher sein häufigerer Gebrauch. <z> stand wahrscheinlich für die in der 2. Lautverschiebung entstandene Affrikate [ts]: ahd. *zehan* 'zehn'.

Weitere Besonderheiten, die allerdings nicht von OTFRID genannt werden:

- Der Reibelaut [χ] (ebenfalls nicht im Lateinischen vorhanden) erfuhr eine digraphische Kompromissschreibung, da der Laut als eine Mischung zwischen [k], das im Ahd. und Mhd. oft mit <c> verschriftet wurde, und [h] empfunden wurde: Neben Konkurrenzschreibungen wie <h>, <hh>, <chh> etc. hat sich langfristig der Digraph <ch> durchgesetzt.
- Die Affrikate [pf] wurde oft als <ph, pph>, aber auch als <pf, ppf> wiedergegeben (ahd. *aphul, apphul, apful, appful* 'Apfel').
- Der interdentale Reibelaut [θ] (stimmlos) bzw. [ð] (stimmhaft) entsprach dem heutigen engl. "th" und wurde erst im Laufe des Ahd. zu [d]. Ähnlich wie im Engl. wurde dieser Laut mit <th> bzw. <dh> verschriftet (ahd. *themo* 'dem').
- Im Mhd. kommt [ʃ] hinzu, das sich u.a. über [sχ] aus [sk] entwickelt hat: ahd. *fisk* > mhd. *visch*. Auch hier kam es zu vielen Schreibvarianten. Dem sich durchsetzenden Trigraph <sch> lag die Analyse als Laut zwischen [s] <s> und [χ] <ch> zugrunde (MUNSKE 2005a:52f.).
- Umlaute: Während der **Umlaut** von kurzem *a* schon im Ahd. als <e> verschriftet wird, entwickelt sich erst im Fnhd. das Graphem <ä>, dessen Punkte (Trema) auf ein darüber gesetztes kleines <e> (<å>) zurückgehen und oft auch nur als Häkchen, Akzent u.ä. über dem Buchstaben geschrieben wurden. Auch die Umlaute von *u* und *o*, die spätestens im Mhd. als feste Phoneme zu gelten haben, erfuhren viele verschiedene Verschriftungen meist über Diakritika, bis sich die heutigen Punkte durchsetzten. Selbst viele Texte des Fnhd. praktizierten noch keine konsequente Umlautschreibung von /y/ und /œ/. Die langen Umlaute wurden u.a. durch sog. **Ligaturen** (Buchstabenverschmelzungen) wiedergegeben: <æ> für /æ:/ (mhd. *mære* 'Geschich-

te') <œ> für /ø:/ (mhd. *schœne* 'Schönheit'). Im Fall von /y:/ wurde häufig der Digraph <iu>: mhd. *hiuser* /ˈhy:sər/verwendet. Erst ab dem 15. Jh. kamen die Vorläufer unserer Umlautbuchstaben auf.

- Das typisch deutsche Graphem <ß> geht auch auf eine Ligatur zurück, und zwar von dem früheren sog. "langen *s*", dem <ſ> (ursprünglich eine graphische Vereinfachung des runden <s>) und dem <ʒ>, das hier aber nicht für /ts/, sondern für stimmloses /s/ stand. Diese Verschmelzung gelangte in die sog. Frakturschrift, aus der sie später (im 16. Jh.) in die anderen Schriftarten gelangte. Die Disziplin, die sich mit Buchstabenformen und ihrer Entwicklung befasst, nennt sich **Graphetik** (analog zu Phonetik). Zu solchen Fragen siehe BREKLE (1994, 1995a, b).

Insgesamt sind sowohl die ahd. als auch die mhd. und selbst die fnhd. Schreibungen von großer **Uneinheitlichkeit** geprägt, oft sogar bei gleichen Wörtern desselben Schreibers (GRUBMÜLLER 1998). NERIUS (2003:2466) erwähnt beispielsweise, dass Luther in seinen Schriften bis 1523 den Namen der Stadt Wittenberg auf 14 verschiedene Weisen schreibt!

Im Deutschen und seinen Vorstufen hat die **Vokallänge** funktionale (phonematische) Funktion (vgl. *Rate* /a:/ vs. *Ratte* /a/). Doch hat das Deutsche nie ein einheitliches Verfahren zur Bezeichnung der Vokallänge entwickelt. Dass wir Langvokale im Ahd. mit einem darübergesetzten Strich markieren (*gābun* 'gaben') und im Mhd. mit Zirkumflex (*gâben*), folgt normalisierender Konvention und findet kaum eine (systematische) Entsprechung in den Handschriften. Im heutigen Deutschen bleibt Vokallänge am häufigsten materiell unbezeichnet: THOMÉ (1992) folgend wird /a:/ zu 90% mit <a>, zu 9% mit <ah> und zu 1,3% mit <aa> verschriftet. Unter den 90% materieller Nichtbezeichnung befinden sich jedoch viele Fälle, in denen das [a:] am Silbenende steht (d.h. ihm folgt in der gleichen Silbe kein weiterer Konsonant = unbesetzter Endrand), was im Deutschen immer lang zu lesen ist: *G*[a:].*be*, *l*[a:].*den* (hier wirkt das silbische Prinzip, s. Kap. 8.1.2). Dagegen ist in Formen wie *begabt* [bəˈga:pt] vs. *Abt* [ʔapt] für einen Nichtmuttersprachler nicht erkennbar, ob das *a* lang oder kurz zu sprechen ist.

Das sog. **Dehnungs-*h*** geht auf einen fnhd. Lautwandel zurück, bei dem /h/ im In- und Auslaut häufig verstummt ist (ahd. *fihu* > mhd. *vihe* > nhd. *Vieh* [fi:]). Das <h> hat sich dann sekundär zu einem Vokallängezeichen entwickelt, führt hier also nur noch ein graphisches Dasein, vgl. nhd. *nehmen* < mhd. *nemen* oder nhd. *Ehre* < mhd. *êre*. Nur selten kommt die (intuitiv nächstliegende) graphische Verdoppelung des Vokals selbst vor. Sie existiert übrigens nur bei <aa> (*Saal*), <ee> (*Seele*) und <oo> (*Boot*), wahrscheinlich weil die Schreibung <ii> mit <ü> und die Schreibung <uu> mit <w> verwechselbar wäre. Die Vokalverdoppelung nimmt vom Oberdeutschen kommend im 15. Jh. zu und beschränkt sich fast nur auf Substantive. Das im 17. Jh. sich festigende Dehnungs-*h* ist mit allen Vokalen kompatibel. Es kommt aber ausschließlich vor den Nasalen und Liquiden <m, n, l, r> vor und nur selten in Wörtern mit anlautendem <kl-, kr-, qu-, t-, sp-, sch->:

Mit <h>: *W*[a:]*hl, f*[a:]*hl, Z*[a:]*hl, Str*[a:]*hl, w*[a:]*hr, n*[a:]*hm;*

Ohne <h>: *T*[a:]*l, Qu*[a:]*l, sch*[a:]*l, kl*[a:]*r, sp*[a:]*rt, Sch*[a:]*m* etc.[1]

Beim langen [i:] hat sich aus historisch gut nachvollziehbaren Gründen die **<ie>-Schreibung** durchgesetzt. Viele heutige lange [i:] gehen auf den mhd. Diphthong [iə] <ie> zurück, der etwa im 14. Jh. zu [i:] monophthongiert, aber weiterhin als <ie> geschrieben wurde:

Mhd. [liəbə] <liebe> > fnhd. [li:bə] (Monophthongierung), geschrieben <Liebe>.

Diese <ie>-Schreibung wurde dann sekundär auch auf Wörter ausgeweitet, die nie einen Diphthong enthielten:

Mhd. [binə] <bine> > fnhd. [bi:nə] (Dehnung), aber geschrieben <Biene>.

Diese <ie>-Schreibregel hat sich bereits Mitte des 17. Jhs. gefestigt (GÜNTHER 1999:175). In bestimmten Fällen kommt es sogar zu <ieh>-Schreibungen wie in nhd. *fliehen* ['fli:ən] < mhd. *fliehen* ['fliəhən]. Exklusiv auf die Wortart Pronomen verweist die <ih>-Schreibung in *ihr, ihn, ihnen, ihm*. Mit dieser Schreibung wird also eine grammatische Information vermittelt: "Bei diesem Wort handelt es sich um ein Personalpronomen der 3.Ps.". Insgesamt wird deutlich, dass die meisten Abweichungen vom phonographischen 1:1-Prinzip Informationen auf anderen, höheren Ebenen der Sprache übermitteln.

Die **Vokalkürze** wird im Deutschen (aus der Fremdperspektive) auf merkwürdige Art bezeichnet, nämlich durch die Verdoppelung des folgenden Konsonanten (*Bett, Schnitt, knapp*) – wenn nicht ohnehin schon mindestens zwei Konsonanten folgen (*Mist, Wurst*). Merkwürdig ist das erstens, weil die Kürze nicht am betreffenden Laut selbst angezeigt wird, sondern am nächsten, zweitens, weil Vokalkürze, also ein "Weniger" an lautlicher Substanz, durch graphischen Mehraufwand, also mehr graphische Substanz, angezeigt wird. Dies nennt man "kontraikonische Verhältnisse" (eine Art Spiegelverkehrtheit), die in der Sprachwandelforschung als "unnatürlich" und instabil bezeichnet werden. Die Sprache tendiere, dies postulieren Markiertheitstheorien wie die Natürlichkeitstheorie (s. Kap. 3.1.1.3, MUNSKE 1994), zu ikonischen Verhältnissen, also klaren Entsprechungen zwischen Funktion (Inhalt) und Form. Ikonisch verfährt z.B. das Finnische, das seine Kurzvokale einfach und seine Langvokale doppelt schreibt (ebenso seine kurzen und langen Konsonanten).

Wie konnte dieses Verfahren im Deutschen entstehen? Noch im Mhd. wurden solche Doppelkonsonanten auch doppelt, d.h. lang ausgesprochen (sog. Geminaten), aber diese Geminaten kamen nur nach Kurzvokal vor. Später wurden diese phonologischen Geminaten vereinfacht, d.h. heute ist das /t/ von *Mitte, Miete* und *mit* gleich kurz. Die Doppelschreibung aber blieb bestehen und wurde dann sekundär umgedeutet (reanalysiert) als Vokalkürzezeichen (<Mitte> → [mɪt̩ə]).

---

[1] Hierfür sind am ehesten silbische Gründe geltend zu machen: Die DUDEN-Grammatik 72005:73f.) sieht hierin eine Tendenz zur Konstanthaltung der optischen Silbenlänge, d.h. indem <h> nach ohnehin schon komplexem graphischem Silbenanfangsrand unterdrückt wird, findet ein Ausgleich zwischen der Länge (dem Gewicht) der Schreibsilben statt.

Heute werden oft Doppelkonsonanten geschrieben, ohne dass dort je eine Geminate gesprochen wurde (sog. "unhistorische", aber heute korrekte Schreibungen wie in *geritten, kommen*). Allerdings hat dieses Vokalkürzeverfahren auch viele Ausnahmen (z.B. in *man, bis, mit, was*). Daher betrachtet man diese Schreibregel neuerdings unter silbischer Perspektive (s. Kap. 8.1.2).

Die **Vokalquantitätsbezeichnung** im Deutschen gilt aus rein phonographischer Sicht als schwierig, da sie uneinheitlich gehandhabt wird, vgl. <bat> /a:/ und <hat> /a/ (AUGST 1991). Eine konsequente Regelung würde sehr starke Eingriffe erfordern und Einbußen auf anderen Ebenen nach sich ziehen. Dass solche durchgreifenden Regelungen aber möglich sind, zeigt eindrucksvoll die Nachbarsprache Niederländisch (allerdings unter starker Beeinträchtigung des Morphemkonstanzprinzips). Auch die deutsche Reform von 1998 mit der neuen <ss/ß>-Regelung hat hier eine Teilregulierung bewirkt, indem nun nach Kurzvokal immer <ss>, nach Langvokal und Diphthong dagegen <ß> geschrieben wird (zu einer silbischen Interpretation s. Kap. 8.1.2). Dass hierdurch das morphologische Prinzip beschnitten wurde, ist Gegenstand von Kap. 8.1.3. Die Orthographie agiert auf so vielen Ebenen, dass kaum eine Optimierung auf der einen Ebene ohne Nachteile auf einer anderen Ebene möglich ist. Nur das folgende und letzte Beispiel wäre ein solcher Kandidat:

Anlautendes /f/ schreibt man manchmal mit <v>, viel häufiger aber mit <f>: *viel, voll, Vater* versus *fahren, finden, füllen*. Die **<v>-Schreibung** bildet dabei ein interessantes Relikt eines ahd. Lautwandels, die sog. Spirantenschwächung, die später wieder aufgegeben wurde. Das Ahd. hatte vom Germ. die stimmlosen Spiranten /f/, /θ/ und /χ/ geerbt, die im Spätahd. geschwächt wurden: Der kräftige Reibelaut /χ/ wurde zum Hauchlaut /h/ (z.B. in *Haus*) und das stimmlose /θ/ (vgl. noch engl. *think*) wurde zum stimmhaften /d/ (vgl. nhd. *denken*). Auch /f/ muss geschwächt worden sein, wovon die vielen <v>-Schreibungen im Mhd. zeugen (z.B. in *vater*). Das andere, neue /f/, das in der 2. Lautverschiebung (aus /p/) entstanden ist, wurde dagegen nie mit <v> verschriftet, d.h. hier muss ein gut hörbarer Unterschied bestanden haben, der heute aber nicht mehr vorhanden ist: Sowohl bei *Vater* als auch bei *schlafen* spricht man das gleiche /f/. Die temporäre Schwächung von germ.-ahd. /f/ bestand wahrscheinlich in einer Sonorisierung (Stimmhaftwerdung). Letzte Zeugen dieses Wandels sind etwa ein Dutzend <v>-Schreibungen, die, wahrscheinlich wegen der hohen Gebrauchsfrequenz der betreffenden Wörter, bis heute konserviert wurden (*Vater, Volk, Vogel, vier, viel, vor, voll, Vieh*, das Präfix *ver-*). Die meisten Wörter sind wieder zur <f>-Schreibung zurückgekehrt, auch <füllen>, das etymologisch mit <voll> verwandt ist. Das Niederländische schreibt hier jedoch weiterhin konsequent <v>, auch vor folgendem Konsonanten (*varen* 'fahren', *vinden* 'finden', *vliegen* 'fliegen', *vragen* 'fragen'), und realisiert diesen Laut stimmhaft und extrem spirantisch.

Die Tatsache, dass viele Abweichungen vom phonographischen 1:1-Ideal in der Konservierung historischer Schreibungen bestehen (<ie> → /i:/ wegen der Monophthongierung, <v> → /f/ wegen der Spirantenschwächung, <h> als Dehnungszeichen), veranlasst EROMS (1997), hier vom "historischen Prinzip" der

Schreibung zu sprechen. Die <ie>-Schreibung dient zwar primär dem phonologischen Prinzip, erfolgt aber mit nur historisch erklärbaren Mitteln.

Durch die Reform von 1998 wurde das phonologische Prinzip in der Fremdwortschreibung gestärkt, indem manche Wörter mit <ph> nun auch mit <f> geschrieben werden dürfen (z.B. *orthographisch* neben *orthografisch*).

8.1.2 Das silbische Prinzip

Das **silbische Prinzip** äußert sich zunächst in der **Worttrennung** am Zeilenende, die durch die phonologische Silbengrenze motiviert ist. Die Orthographiereform (verbindlich seit dem 1.8.2006) hat das silbische Prinzip insofern gestärkt, als man nun auch <s-t> trennen darf, was silbenkonform ist: alt: <We-ste>, neu: <Wes-te>. Des Weiteren können manche bisher morphologisch motivierte Trennungen nun auch dem silbischen Prinzip folgen, besonders in solchen Fällen, in denen die morphologischen Strukturen verdunkelt sind, z.B. *her-auf* neben *he-rauf*. Während die Worttrennungen im Ahd. FREY (1988) zufolge fast nur silbisch motiviert waren (was zu dem silbensprachlichen Typ des Ahd. passt), kann man dies für spätere Perioden nicht mit dieser Klarheit feststellen. Besonders im Fnhd. entwickeln sich auch morphologisch motivierte Trennungen (zur Worttrennung am Zeilenende vom 15.-18. Jh. s. GÜTHERT 2005). Der Grammatiker SCHOTTELIUS aus dem 17. Jh. fordert das morphologische Trennungsverfahren mit dem Argument der Verdeutlichung der Stammwörter (also *Haus-es, Ge-recht-ig-keit, geb-en*). Auch wenn sich diese Forderung nicht durchgesetzt hat, so steht sie doch in Einklang mit dem sich zu jener Zeit vollziehenden Wandel des Deutschen zur Wortsprache (Kap. 2.3.1). Die silbische Trennung begünstigt den Schreiber. Schon Kinder beherrschen das Syllabieren von Wörtern. Dagegen setzt die morphologische Trennung tiefere Einsichten in die Wortstrukturen voraus. Interessanterweise ist die Wortsprache Englisch bei der morphologischen Worttrennung viel weiter gegangen als das Deutsche (z.B. *meet-ing*).

Ob bzw. wie stark auch innerhalb des graphischen Wortes silbische Prinzipien gelten, wird kontrovers diskutiert (NERIUS ^{3}2000, DÜRSCHEID 2004). Das silbische Prinzip wurde in seiner Wirksamkeit v.a. von EISENBERG beschrieben. Die folgenden Beispiele finden sich auch oft (z.B. im Regelwerk zur neuen Rechtschreibung) unter das phonologische Prinzip subsumiert, und auch wir haben sie schon dort abgehandelt, z.B. die Verfahren zur Bezeichnung von Vokallänge und -kürze. Mit dem silbischen Prinzip wird eine andere Perspektive eingenommen, die intuitiv schwerer zugänglich ist (was keine Einschränkung ihrer Gültigkeit impliziert) und die wir hier vorstellen wollen.

EISENBERG (1998, 1989a/b, auch BUTT/EISENBERG 1990) unterscheidet prinzipiell **Schreibsilben** von **Sprechsilben** mit jeweils unterschiedlichen Strukturen. So existiert rein schreibsilbenbezogen das stumme, sog. silbeninitiale <h> in <Schuhe, sehen, blühen, nahe>, das angesichts der fehlenden lautlichen Entsprechung (vgl. [ʃu:.ə] etc.) nur dazu dienen kann, den Anfangsrand (Onset) der zweiten Schreibsilbe zu füllen (lautlich liegt hier ein Hiat vor, d.h. das direkte Aufeinandertreffen zweier Vokale), also: <Schu-he, se-hen, blü-hen>:

[ʃu:.ə] – <Schu-he>; [ze:.ən] – <se-hen>; [bly:. ən] – <blü-hen>

Die **Schreibsilbe** tendiert also zu einer Art quantitativem Gewichtsausgleich, sie hat eine sog. höhere "Formkonstanz" als die Sprechsilbe (DUDEN-Grammatik [7]2005:71). Hierin divergieren Schreib- und Sprechsilbe. Dass auch in Formen wie *blüht* und *siehst* das *h* steht, geht auf das Konto des morphologischen Prinzips, das die möglichst ähnliche Verschriftung gleicher Inhalte vorsieht. Letztlich lässt sich auch das sog. Dehnungs-*h* in Wörtern wie *Zahl* und *hohl*, das wir unter 8.1.1 behandelt haben, silbenstrukturell interpretieren (EISENBERG 1989b:26f.).

Auch die Tatsache, dass /ʃ/ im Anlaut vor /p/ und /t/ nur mit <s> statt mit <sch> geschrieben wird, dient EISENBERG zufolge der Vermeidung von zu komplexen graphischen Silbenanfangsrändern wie *<Schtriche> oder *<schpringen>. Bei <Schlange>, <Schnecke>, <Schrecke> etc. kann dagegen auf /ʃ/ nicht mehr als ein Konsonant folgen, weshalb hier der Trigraph steht.

Wie in Kap. 8.1.1 erwähnt, folgt auch die Vokallängebezeichnung silbischen Prinzipien, indem in betonter, offener Silbe (= auf Vokal endend) der Vokal lang zu lesen ist, ohne dass dies materiell bezeichnet wird: *l*[e:].*ben*, *N*[a:].*me*.

Anstatt (wie in Kap. 8.1.1 getan) davon zu sprechen, dass die Konsonantenverdoppelung dazu dient, die Kürze des vorangehenden Vokals anzuzeigen, spricht man hier von sog. **Silbengelenkschreibung** (z.B. in *Wille*, *hoffen*): Das kurze [ḷ] bzw. [f̣] in *Wille* und *hoffen* verbindet die beiden Silben – es ist ambisilbisch – und bildet dabei das sog. Silbengelenk: /vɪḷə/, /hɔf̣ən/. Die Silbengrenze geht also mitten durch die kurzen Konsonanten (angezeigt durch den Punkt darunter). Früher waren diese, wie wir wissen, lange Konsonanten (sog. Geminaten), die meist nach Kurzvokal standen (Kap. 2.3.4).

Abb. 39: Von der Geminate zum Silbengelenk

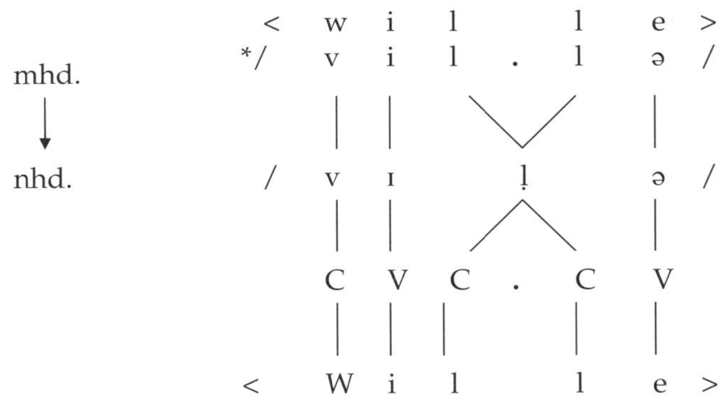

Aus dieser Sicht dient die graphische Konsonantenverdoppelung nicht primär der Anzeige des Kurzvokals (was zwar intuitiv einleuchtender ist), sondern der Bezeichnung des Silbengelenks (s. Abb. 39). – Dass man auch *will* und *hofft* mit zwei <ll> bzw. <ff> schreibt, obwohl hier gar keine Silbengelenke vorhanden sind, ist wieder dem **morphologischen Prinzip** geschuldet, d.h. hiermit soll der morphologische Bezug zu *Wille/wollen* und *hoffen* mit Silbengelenk hergestellt werden – vgl. dagegen *oft*, das kein solches Pendant hat. Dass sich beide Wörter reimen, zeigt die Redewendung "Unverhofft kommt oft!". Das morphologische Prinzip wirkt auch bei den gleichklingenden, aber unterschiedlich geschriebenen Wörtern <fasst> [fast] wegen <fassen>, aber <fast> [fast], ebenso <kannte> [kantə] wegen <kennen>, aber *(die)* <Kante> [kantə]. Auch dass man *Mann, Sinn, Biss* und *dumm* mit Doppelkonsonant schreibt, verweist nur auf deren Plurale *Männer, Sinne, Bisse, dumme* mit Silbengelenk, an die sich die Singulare in ihrer Schreibung sekundär angeglichen haben, damit die Leser ihre jeweils gleiche lexikalische Bedeutung leichter erfassen. Dagegen existieren zu *man, in, bin, bis, um* etc. keine zweisilbigen Formen mit Silbengelenk, also stehen hier auch keine Doppelkonsonanten. Wichtig ist: Das morphologische Prinzip dominiert das silbische (und das phonologische) Prinzip, d.h. es überformt beide stark.

8.1.3 Das morphologische Prinzip

Um die zahlreichen Abweichungen von einem 1:1-Prinzip zwischen Phonem und Graphem auf der phonographischen Ebene verständlich zu machen, kam das morphologische Prinzip schon mehrfach zur Sprache, ebenso bei den Ausnahmen vom silbischen Prinzip. Die Funktion des morphologischen (oder morphematischen) Prinzips ist es, den lautlichen Abstand zwischen zwei Varianten eines Morphems auf der graphischen Ebene so gering wie möglich zu halten: Gleiche Morpheme (Bedeutungsträger) sollen auch möglichst gleich bzw. ähnlich verschriftet werden (***Morphemkonstanzprinzip***, *graphische Schemakonstanz, Stammprinzip, Stammschreibung* etc.). Lautliche Allomorphie wird also auf der graphischen Ebene verringert. Dies beschleunigt die Identifikation der Morpheme und damit die Sinnerfassung durch den Leser – doch ist es auch für den Schreiber einfacher, konstante Formen zu reproduzieren. Interessanterweise bildet sich das graphische Morphemprinzip zu der gleichen Zeit aus, als auch die phonologische Morphemkonstanz auf- und ausgebaut wird (hierzu s. Kap. 2.3.2 und 2.3.5).

Das morphologische Prinzip wirkt am stärksten innerhalb der Flexion, d.h. es kennzeichnet paradigmatische Beziehungen. Daneben, doch oft in geringerem Maße, wirkt es auch in der Derivation (Wortbildung). Ein Beispiel: Zu <alt> stellen sich die Steigerungsformen <älter> und <älteste>, aber das abgeleitete (derivierte) Substantiv <Eltern> wird (auch nach der Reform) mit <e> verschriftet. Je lexikalisierter die Ableitung, d.h. je eher sie eine eigene Bedeutung entwickelt hat, desto weniger greift das morphologische Prinzip (mit 'Eltern' ist weitaus mehr gemeint als nur 'die Älteren'; hierzu NERIUS ^{3}2000:156-158). Ähnliches betrifft *fertig*, das sich eigentlich aus *Fahrt* ableitet (s. Kap. 5.1.1). Dagegen wurde durch die Reform <Stengel> zu <Stängel> wegen <Stange>. Auch historisch breitet sich das morphologische Prinzip insgesamt früher und stärker in der Flexion als in der Derivation aus (RUGE 2004:96-99).

In Kap. 8.1.1 wurde bereits das Beispiel nhd. [lant] – [lɛndɐ] 'Land – Länder' (Sg. – Pl.) genannt, dessen Flexionsformen sich mit <Land – Länder> graphisch ähnlicher sind. Das betrifft sämtliche Umlautphänomene.[2] Noch extremer ist dies bei <Haus/Häuser> mit der lautlichen Entsprechung [haus/hɔizɐ]. Die gesamte Umlautbezeichnung durch Tremasetzung über dem zugrundeliegenden Vokal steht im Dienst des morphologischen Prinzips. Während jedoch im Fall von <ü> und <ö> eigene Phoneme bezeichnet werden (/y/ und /y:/ bzw. /ø/ und /ø:/), haben <ä> und <äu> fast immer morphologische Funktion, denn die zugrunde liegenden Laute /ɛ/ und /ɔi/ könnten ebenso durch <e> und <eu> realisiert werden (vgl. Homonyme wie <Stelle>/<Ställe> und <heute>/<Häute>). Die deutsche Umlautschreibung, insbesondere bei <ä> und <äu>, ist also ein deutliches Signal für morphologisch abgeleitete Wörter, die auf ein Grundwort mit dem entsprechenden Nichtumlaut <a> bzw. <au> zurückgehen (<Ställe> zu <Stall>, <Häute> zu <Haut>). THOMÉ (1992) zufolge wird heute /ɛ/ zu 89% mit <e> und zu 11% mit <ä> verschriftet. Bei /ɔi/ ist die morphologische Auszeichnung mit <äu> noch höher: <eu> zu 73% und <äu> zu 27%.

Neben der Umlautbezeichnung mit Trema dient auch die graphische Aufhebung der Auslautverhärtung der Morphemkonstanz (in Kap. 8.1.1 besprochen), des Weiteren die Beibehaltung bestimmter Buchstabenkombinationen in morphologisch komplexen Wörtern, wo diese aus phonographischer Perspektive gar nicht nötig wären: <fasst> wegen <fassen>, vgl. aber <fast> (beide mit /a/); <stiehlt> wegen <stehlen>, vgl. aber <schielt> (beide mit /i:/); <kann> wegen <können>, vgl. aber <man> (beide mit /a/). Auch das stumme, schreibsilbeninitiale <h> wird aus morphologischen Gründen in Flexions- und Derivationsformen "mitgenommen", wo es gar nicht mehr silbeninitial steht: <sieht, sah, seht> wegen <se.hen>.

Das Zeitalter des morphologischen Prinzips beginnt im Fnhd. und korreliert dabei mit dem wortsprachlichen Ausbau des Deutschen (s. Kap. 2.3.1). Es ist erst jüngst durch RUGE (2004, 2005) für den entscheidenden Zeitraum von 1500-1770 systematisch untersucht worden, und zwar:

a) für die Umlautschreibung,
b) für die graphische Vernachlässigung der Auslautverhärtung,
c) für die graphischen Konsonantengeminaten am Wortende und
d) für die Auflösung der vielen Abkürzungszeichen in den Drucken.

Zu a): Hier erweist sich, dass die **morphologische <ä/äu>-Umlautschreibung** um 1500 beginnt und um 1700 abgeschlossen ist. BESCH (2003b) hat dies für Drucke der Lutherbibel untersucht, in denen dieser Umbruch im 17. Jh. erfolgt (s. auch HATZ 1985).

Zu b): Die **graphische Vernachlässigung der Auslautverhärtung** ist bereits um 1500 weitgehend durchgeführt (hierzu auch EWALD 1997).

Zu c): Interessant ist die späte, aber dann sprunghaft erfolgende, morphologisch bedingte **Konsonantendoppelschreibung** in *will, soll, kann*, auch *willst, wollte* etc., die auf die Silbengelenkschreibung in *wollen, sollen, können* verweist (s. Kap. 8.1.2). Im Mhd. und bis weit ins Fnhd. hinein wird hier noch phonologisch-flach

---

2 Da die Umlautschreibung auf historische Lautentwicklungen hinweist, wird das morphologische Prinzip oft auch "etymologisches Prinzip" genannt.

verschriftet: <wollen> neben <wil, wolte>, <kunnen> neben <kan, konte> etc. Die Durchsetzung dieser morphologischen Doppelschreibung vollzieht sich zügig zwischen 1710 und 1770 (ähnlich GÜNTHER 1999).

Zu d): Von den in den Handschriften überaus zahlreichen **Kürzungen** sind die folgenden auch in die (bei RUGE untersuchten) Drucke gelangt: Der sog. Nasalstrich meist über Vokalen, der sich als folgendes /n/ oder /m/ (<lād>, <tēpel>) auflösen lässt (also sehr häufig vorkam), und der sog. *er*-Haken, der die entsprechende Graphemfolge ersetzt und ebenfalls sehr häufig vorkam (<d', kind', v'borgen>). Daneben wurde *und* häufig als <un̄> abgekürzt. Es ist klar, dass insbesondere die Verwendung von Nasalstrichen und *er*-Haken die schreiberbezogene Aufzeichnungsfunktion unterstützt – zu Lasten der Sinnerfassung durch den Leser, der mit ständig wechselnden Wortbildern konfrontiert wird und rätseln muss, wie diese Zeichen aufzulösen sind. Beide Kürzungsverfahren nehmen zwischen 1500 und 1600 dramatisch ab. Ab 1700 sind sie kaum noch vorhanden (für einen Überblick s. die Darstellung in RUGE 2004:234).

Was die graphische Unterdrückung der Auslautverhärtung und vor allem die morphologische Umlautschreibung betrifft, so ist diese auch schon von manchen zeitgenössischen Grammatikern reflektiert worden (MOULIN 1991, 2004). Zur Auslautschreibung äußert sich der auf lateinisch schreibende Grammatiker CLAIUS (1578:9) wie folgt:

> In his spectanda est deriuatio, & numerus pluralis, vt: *Das Kalb*/Vitulus. non *Kalp*/ quia plurale est *Die Kelber* non *Kelper*.

Die <ä>-Schreibung spielt hier jedoch noch keine Rolle (CLAIUS erwähnt sie allerdings an anderer Stelle als Variante), was mit dem oben beschriebenen Befund korreliert, dass um diese Zeit die graphische Nichtbezeichnung der Auslautverhärtung bereits zugunsten des morphologischen Prinzips durchgeführt war, die morphologische Umlautschreibung aber erst einsetzte. 1530 wird sie jedoch von KOLROSS (1530) beschrieben:

> Der meererntheyl wort/ so mit nachuolgendem diphthongis/ namenlich aͤ. oͤ. uͤ. vnd ü geschriben werden [gemeint sind also die Umlaute]/ haben jren vrsprung von anderen worten/ welche im anfang a o ou vnnd u haben (zitiert nach NERIUS ^{3}2000:295).

Die Beibehaltung der graphischen Geminaten in Endrändern wie *soll* und *kann* fordert HEYNATZ (1770). In ADELUNGs "Vollständige[r] Anweisung zur Deutschen Orthographie" (1788) werden diese drei morphembezogenen Regeln verankert.

Die Durchsetzung des morphologischen Prinzips (wie übrigens auch der Substantivgroßschreibung, s. Kap. 8.2) verlief – dies ist ein wichtiges Ergebnis solcher neuester Untersuchungen – weitgehend unabhängig von den Forderungen der Grammatiker und Orthographen, seien diese für oder gegen die beobachteten Veränderungen (GÜNTHER 1999). Insgesamt re-agierten und kommentierten die Grammatiker, sie agierten aber nicht, hatte sich doch schon der Usus etabliert, als die betreffende Erscheinung beschrieben und eventuell kodifiziert wurde. Auch kam es seitens der Grammatiker immer wieder zu Forderungen, stärker phonologisch zu schreiben, doch setzten sich die morphembezogenen Schreibungen durch.

Weitere morphologisch motivierte Regelungen bestehen in der **Unterdrückung von Assimilationen** und Elisionen (Lautschwund) an Morphemgrenzen (vgl. die verschiedenen Präfixvarianten von {un}- in Kap. 8.1.1, des Weiteren <enttarnen> [t], <Fahrrad> [r]). Auch dass mittlerweile graphische Dreifachkonsonanz zugelassen wird, soll der besseren Morphemidentifizierung dienen: <Betttuch, Brennnessel>.

Komplizierter sind die Konsequenzen der neuen **<ss/ß>-Regelung** für das morphologische Prinzip: Zunächst wurde dieses einerseits gestärkt (alt: *fassen – faßbar*, neu: *fassen – fassbar*; alt: *Fluß – Flüsse*, neu: *Fluss – Flüsse*), andererseits auch geschwächt (alt: *Fluß – fließen*, neu: *Fluss – fließen;* alt: *Schloß/Schluß – schließen/schließlich*, neu: *Schloss/Schluss – schließen/schließlich*). Vor allem aber erfüllte <ß> in der alten Schreibung sehr häufig eine Funktion als Wort- bzw. Stammschlusssignal: Ein Wort wie <Fluß> war nach dem <ß> zu Ende oder Teil eines Kompositums wie in <Flußauen, Flußende> – in jedem Fall konnte das Wort abgespeichert werden. Dagegen deutete eine <ss>-Schreibung an, dass das Wort noch weitergeht: <Schloß, beschloß>, aber <(des) Schlosses, Schlösser, Schlosser, beschlossen>. Mit der Reform wurde diese finale Wortrandmarkierung aufgehoben: <Schlosserbauer, schlussendlich, Flussauen, Flussende> (EROMS 2000, MUNSKE (ed.) 1997, 2005a). Auch kommt es hierdurch zu zahlreichen <sss>-Häufungen vom Typ <Schlusssatz, Schlussstein, Schlosssaal>, was dem Leser die Segmentierung der Komposita eher erschweren dürfte (alt: <Schlußsatz>, neu: <Schlusssatz>). Damit hat die verstärkte "Phonologisierung" bzw. "Syllabisierung" der <ss/ß>-Schreibung (sie ist "offiziell" nur noch von der Länge des vorangehenden Vokals abhängig, genau genommen fügt sie sich den üblichen Silbengelenkschreibungen) einerseits zu Stärkungen, andererseits auch zu Schwächungen der Morphemkonstanz geführt. Vor allem aber wurde ein systematisches Grenzsignal für das phonologische Wort beseitigt und damit das morphologische Prinzip geschwächt. Da es sich hier um ein Wortbegrenzungssignal handelt, könnte man es auch dem folgenden lexikalischen Prinzip zuordnen (s. Kap. 8.1.4). Deutlich wird, dass Schreibervorteile (klare Schreibregeln) durch Lesernachteile (mangelnde Wortrandmarkierung) erkauft werden.[3]

Bei der jüngsten Rechtschreibreform wurde das morphologische Prinzip in Form von vermehrten Umlautschreibungen gestärkt: alt: <aufwendig>, neu: <aufwändig> wegen <Aufwand> (Näheres bei BERGMANN 1998). Weitere Stammprinzipverstärkungen: alt: <As>, neu: <Ass> wegen <Asse>; alt: <numerieren>, neu: <nummerieren> wegen <Nummer>; alt: <plazieren>, neu: <platzieren> wegen <Platz>.

---

[3] Da Wörter syntaktische Einheiten bilden, könnte man diese Funktion, ähnlich wie die der Spatien, auch zum syntaktischen Prinzip schlagen.

8.1.4 Das lexikalische Prinzip

Das **lexikalische Prinzip** befasst sich mit allem, was das Wort exponiert oder in seiner Klassenzugehörigkeit markiert (HERBERG 1980a, b). So kommt der Setzung von Leerstellen (Spatien), die ja keine lautliche Entsprechung haben, höchste Bedeutung bzgl. der Wortmarkierung zu. Während es im frühen Ahd. noch zu zahlreichen Zusammenschreibungen ganzer Wortgruppen kam, beschränken sich diese im Mhd. und Fnhd. vor allem auf nachgestellte Pronomen (<bistu, wilstu, mans>). Bis weit ins Fnhd. hinein gab es zwei *s*-Schreibungen: das sog. lange <ſ> und das runde <s>, das eine Vereinfachung des langen <ſ> darstellt. Ihre Distribution unterstützte die Worterkennung insofern, als das lange <ſ> überall *außer* am Wortende, das runde <s> hingegen *nur* am Wortende vorkommen konnte: <ſchiff>, <ſehen>, <aſche>, <haſt>, aber <kůrbis>, <gros>, <das>. Die Leserfreundlichkeit erweist sich insbesondere bei Komposita wie <Wildſauen> vs. <Himmelsauen>, indem diese beiden positionsbedingten Varianten Segmentierungshilfen liefern.

Lange schwankt die Getrennt- und Zusammenschreibung von Komposita, die sich besonders zahlreich ab dem Fnhd. herausbilden und dabei oft mehr als nur zweigliedrig sind, d.h. komplexer werden. Hier gibt es bis ins 19. Jh. hinein starke Schwankungen zwischen Getrenntschreibung (<Lorber Krantz>), Bindestrichschreibung (<Lorber-Krantz>), Doppelbindestrichschreibung (<Lorber=Krantz>), Zusammenschreibung (<Lorberkrantz>) und der Verwendung sog. Binnenmajuskeln vom Typ <LorberKrantz>, die wir heute als neue Errungenschaft wähnen (<BahnCard>, <RegionalBahn>, <JodSalz>). Langfristig hat man sich zur verstärkten Zusammenschreibung entschieden, die 1880 in DUDENs Wörterbuch festgeschrieben wurde. In der Rechtschreibdiskussion bildete die Getrennt-/ Zusammenschreibung den umstrittensten Punkt, auf dessen Hintergründe hier auch nur oberflächlich einzugehen kein Platz ist, zumal die gesamte Geschichte der Getrennt- und Zusammenschreibung noch kaum erforscht ist. Bei lexikalisierten Mehrworteinheiten (Univerbierungen), d.h. solchen, die eine eigene Bedeutung entwickelt haben, schreibt man (wieder) zusammen. So wird *sich auseinandersetzen* 'diskutieren, streiten' zusammen und *sich auseinander setzen* 'den Platz wechseln' getrennt geschrieben, nachdem zwischenzeitlich auch für den ersten Fall Getrenntschreibung vorgeschlagen worden war, die jedoch keinerlei Akzenptanz gefunden hatte (hierzu s. http://rechtschreibrat.ids-mannheim.de/doku).

Als weitere grundlegende lexikalische Auszeichnung gilt die Substantivgroßschreibung, die in Kap. 8.2 genauer behandelt wird. Sie sieht die Sonderauszeichnung der Wortart Substantiv (inklusive Eigennamen) durch eine Anfangsmarkierung vor und hat sich maßgeblich im Fnhd. entwickelt. Bei der jüngsten Reform hat sie eine Stärkung erfahren, oft bedingt durch die oben erwähnten vermehrten Getrenntschreibungen: alt: *radfahren, recht haben, etwas zum besten geben, heute abend*; neu: *Rad fahren, Recht haben, etwas zum Besten geben, heute Abend*. Hingegen wurde das Pendant zur Wortanfangsmarkierung, die Endmarkierung durch <ß>, aufgegeben (<Fluß> zu <Fluss>) (s. Kap. 8.1.3).

Zum lexikalischen Prinzip zählt auch die unterschiedliche Schreibung gleichklingender Wörter (sog. **Homonymendifferenzierung**), was der direkten Erfassung verschiedener Wortbedeutungen dient: <Lerche> vs. <Lärche>, <Leere> vs. <Lehre>, <Moor> vs. <Mohr>, <Leib> vs. <Laib>, <malen> vs. <mahlen>, <Lied> vs. <Lid>, <wieder> vs. <wider> und vor allem <das> vs. <dass>. Hier zeigt sich, dass gewisse (historisch bedingte) Schreibvarianten wie <oh> vs. <oo> nutzbar gemacht werden können. Allerdings handelt es sich dabei um kein ausgeprägtes Prinzip, allenfalls um eine Tendenz, denn die allermeisten Homonyme werden gleich geschrieben: <Kiefer> 'Gesichtsteil', 'Baum', <Weide> 'Grasland', 'Baum', <Bank> 'Sitzgelegenheit', 'Geldinstitut' u.v.a.m.

8.1.5 Das syntaktische Prinzip

Das **syntaktische Prinzip** kennzeichnet syntaktische Funktionen und Beziehungen in der Schreibung. Diese Kennzeichnung obliegt hauptsächlich der Zeichensetzung (**Interpunktion**), doch auch die Großschreibung der Satzanfänge dient dem syntaktischen Prinzip. Besonders bei der Interpunktion wird die Diskrepanz zwischen Schreiber- und Leserinteressen offenkundig, da sie, zumindest in der Fassung vor der Rechtschreibreform, als schwierig empfunden wurde, den Leser aber bei der Segmentierung verschachtelter oder auch zweideutiger Sätze unterstützte (vgl. *Sie versprach, ihrer Mutter zu helfen* vs. *Sie versprach ihrer Mutter, zu helfen*).

Die wichtigsten **Interpunktionszeichen** sind der Punkt (meist als Satzendzeichen in Kombination mit der Großschreibung des ersten Wortes des Folgesatzes), Fragezeichen und Ausrufezeichen, die den Satzmodus markieren, d.h. ob eine Frage, ein Ausruf oder eine Aufforderung vorliegt; das Komma, das der Binnengliederung des Satzes dient; der (immer nebenordnende) Strichpunkt, der zwar Ganzsätze trennt, aber ihre inhaltliche Nähe betont; und schließlich der (ebenfalls nebenordnende) Doppelpunkt, der zwischen zwei Ganzsätzen stehen kann und vorausweisende Funktion hat. Anführungszeichen markieren die Rede anderer (auch: Ironie), und Gedankenstriche geben Hinweise auf neue Gedankengänge (zu Näherem NERIUS [3]2000, BEHRENS 1989).

Ob man schon in den frühen Phasen des Deutschen von einem **syntaktischen** oder nur von einem sog. **rhythmisch-intonatorischen Prinzip** sprechen kann, wird kontrovers diskutiert und neuerdings eher zugunsten eines schon frühen syntaktischen Prinzips beantwortet. Lange ging man davon aus, dass die ahd. und mhd. Schreiber durch Punkte und Virgeln (die Vorläufer des Kommas) dem laut Lesenden Anleitungen zum Setzen von Pausen und zur Intonation gaben (GÄRTNER 1990, MAAS 1992:46ff.). Allerdings ist die Geschichte des intonatorischen bzw. syntaktischen Prinzips noch zu wenig erforscht, als dass diese Frage als beantwortet gelten könnte (s. aber HÖCHLI 1981, SIMMLER 2003).

Schon früh wird das älteste Zeichen, der Punkt, zur Markierung von Versenden verwendet, was eine Textfunktion erfüllt. Für die Satzabgrenzung wird lange auch die Virgel </> verwendet, vorläufig noch ohne dass das erste Wort des nächsten Satzes groß geschrieben würde. Die Kombination von Satzschlusszeichen (sei es die Virgel, sei es der Punkt) und Großschreibung des Satzanfangs bildet eine doppelte Markierung der Satzgrenze, setzt sich um 1500 durch und festigt das, was AUGST (1981:738) als das "visuelle Superschema" Satz bezeichnet.

SIMMLER hat in mehreren Studien (z.B. 1988, 1997) die Interpunktionsmittel in ahd. Texten untersucht. Im *Weißenburger Katechismus* (9. Jh.) lässt sich z.B. feststellen, dass der Beginn ganzer Sätze mit Großbuchstaben ausgezeichnet wird, die zusätzlich links aus dem Seitenspiegel heraustreten, gelegentlich auch in ihrer Ausdehnung mehr als eine Zeilenhöhe in Anspruch nehmen und manchmal durch Einfärbung markiert werden. Teilsätze, Wortgruppen und Aufzählungen werden – teilweise schon unserer heutigen Kommasetzung entsprechend, teilweise auch nicht – durch mittlere und tiefe Punkte ausgezeichnet (s. Tafel 7 in FISCHER 1966). Hakenförmige Zeichen für Fragen finden sich im *Fränkischen Taufgelöbnis* (9./10. Jh.), während es bei OTFRID (9. Jh.) wellenförmige Zeichen sind. Auch NOTKER (11. Jh.) interpunktiert schon stark.

BESCH (1981) stellt anhand der Gegenüberstellung gleicher Textstellen in verschiedenen Bibelübersetzungen zwischen 1522 und 1956 die These auf, dass sich ein früheres rhythmisch-intonatorisches Prinzip zu einem syntaktisch-grammatischen Prinzip gewandelt bzw. grammatikalisiert habe. Prinzipiell ist dies jedoch nicht einfach nachzuweisen, weil auch heute noch syntaktische Einheiten mit rhythmisch-intonatorischen korrelieren – und weil wir letztlich auch nicht wissen, wo und wie früher intoniert und pausiert wurde, denn dies entnehmen wir ja nur der Schreibung. Ein Beispiel aus BESCH (1981:195):

1736: Denn werden ihm die gerechten antworten, und sagen: HErr, wenn haben wir dich hungrig gesehen, und haben dich gespeist?

1956: Dann werden ihm die Gerechten antworten und sagen: Herr, wann haben wir dich hungrig gesehen und haben dich gespeist?

Während heute zwei Hauptsätze mit gleichem Subjekt (hier zuerst *die Gerechten*, dann *wir*) nicht durch Komma abgetrennt werden, ist dies bis ins 19. Jh. der Fall, vermutlich aus prosodischen Gründen. Dabei nimmt gemäß BESCH die syntaktische Binnengliederung von Sätzen eher ab. Er (und viele andere) erklärt dieses Abrücken vom rhythmisch-intonatorischen Prinzip mit dem neuzeitlichen Übergang vom lauten zum leisen Lesen.

Ebenfalls auf der Basis zahlreicher Bibeldrucke, aber größerer Textmengen und damit anhand von mehr Interpunktionszeichen überprüft GÜNTHER (2000) die These von BESCH. Er zweifelt die Stärke des rhythmisch-intonatorischen Prinzips an und postuliert das viel frühere Wirken des syntaktischen Prinzips. Dabei stellt er fest, dass Frage- und Ausrufezeichen zwar vordergründig durchaus als Intonationszeichen dienen könnten, doch lasse schon die Tatsache, dass diese Zeichen am Ende des Satzes stünden und damit eigentlich für den Leser zu spät kämen, daran zweifeln. Außerdem, so GÜNTHER, komme das Ausrufezeichen erst in der Ausgabe von 1797 auf und ersetze jeweils vormalige Punkte oder Virgeln. Damit stelle sich die Frage, warum erst so spät ein solches Intonationszeichen entstehen sollte. Auch spreche die Tatsache der schon sehr früh erfolgenden

Kommasetzung vor Relativsätzen, die keine lautliche Entsprechung habe, gegen ein rhythmisch-intonatorisches Prinzip. Insgesamt setze also die syntaktische Funktion von Satzzeichen viel früher ein als bisher angenommen. Dies wird von SIMMLER (2003) unterstützt, der dies sogar schon für die ahd. und mhd. Zeit unterstellt und dafür auch Nachweise erbringt. Dies heißt nicht, dass unser heutiges Auszeichnungssystem damals bereits Gültigkeit besäße. Dabei ist, wie gesagt, nicht immer zweifelsfrei entscheidbar, ob ein Zeichen wirklich nur eine syntaktische Zäsur bzw. Funktion ohne Entsprechung im Gesprochenen markiert – sicherlich überlagern sich beide Prinzipien. Somit ist zum gegenwärtigen Zeitpunkt angesichts der defizitären Forschungslage nicht entscheidbar, ob unser heutiges syntaktisches Prinzip auf ein früheres rhythmisch-intonatorisches zurückgeht.

Die **Satzzeichen** sind lange Zeit nicht normiert und außerdem oft mehrdeutig. Umgekehrt kann auch ein und dieselbe Funktion (z.B. Anzeige von Frage- oder Aufforderungssatz) auf unterschiedliche Weise ausgezeichnet werden. Diese beidseitige Varianz wird durch den Buchdruck verringert (mehr geschriebene Texte, größere Leserschaft, überregionale Verbreitung, Entstehung überregionaler Schreibsprachen). Auch die Tatsache, dass vom lauten zum leisen Lesen übergegangen wird, erfordert eine entwickelte, verbindliche Interpunktion, zumal in dieser Zeit die Komplexität der Sätze zunimmt, v.a. bezüglich der Unterordnung (Hypotaxe). Dies macht es verständlich, dass das Deutsche die häufigste Konjunktion *dass* orthographisch vom gleichlautenden Artikel und Pronomen *das* differenziert, wobei sich die Konjunktion *dass* historisch aus dem Pronomen *das* entwickelt hat (s. Kap. 10.1.1).

Erst im Verlauf des 16. und 17. Jhs. entstehen andere Satzzeichen als Punkt und Virgel: Der Doppelpunkt als Ankündigung direkter Rede, oft auch zur Trennung von Haupt- und Nebensatz, das Frage- und Ausrufezeichen, die Klammern etc. Die Kleinform der Virgel, das Komma, setzt sich erst im 18. Jh. durch (HÖCHLI 1981).

8.1.6 Das textuale Prinzip

Der Vollständigkeit halber sei auf das textuale (auch: textuelle) Prinzip verwiesen, das inhaltlich-semantische Komplexe bzw. Sinnzusammenhänge markiert, aber auch den Texttyp selbst kennzeichnet (vgl. etwa den graphischen Textaufbau eines Rezepts gegenüber dem eines Briefes). Insgesamt ist das textuale Prinzip bis heute weniger normiert als die anderen Prinzipien; gleichwohl haben sich Konventionen herausgebildet, etwa was die Gestaltung studentischer Hausarbeiten betrifft. Dem textualen Prinzip dienen sämtliche Möglichkeiten der Textgestaltung (Layout) und Textgliederung, die der leserseitigen Erfassung textsemantischer Strukturen dienen: Schrifttyp, Schriftgröße, Zeilenabstand, Einrückungen, Fett- und Kursivdruck, Absätze, Überschriften, Leerzeilen, Gliederungspunkte, Fußnoten, Kopfzeilen, Inhaltsverzeichnis etc. (MAAS 1992, AUGST/MÜLLER 1996).

Eine Darstellung zur historischen Entwicklung des textualen Prinzips ist noch nicht erarbeitet worden, doch gibt es Einzeluntersuchungen zu Aspekten der graphischen Gestaltung älterer Texte (z.B. KLEIBER 1971, RAIBLE 1991, FRANK

1993a/b, RAPP 1998). Ein Blick auf die ahd. Schrifttafeln von FISCHER (1966) offenbart die Unterschiede der Textgestaltung schon zu frühester Zeit, obwohl man vermuten sollte, dass angesichts des wertvollen Pergaments eine möglichst optimale Nutzung der Schreibfläche gelten sollte. Manche Texte werden fast ohne Wortabstände in enger, oft schiefer Zeilenführung auf die Seite oder in einen anderen Text hineingequetscht (so die *Baseler Rezepte*, der *Wurmsegen*, *Muspilli*), andere lassen sehr elaborierte Textgestaltungsmittel erkennen (z.B. das *Ludwigslied*, OTFRID). Diese Vielgestaltigkeit nimmt im Laufe der Zeit zu und erreicht im Fnhd., unterstützt durch die Möglichkeiten des Buchdrucks und durch die Anforderungen der wachsenden Leserschaft, ihren Höhepunkt.

Das erste Aufkommen von Großschreibungen ist dem Textprinzip geschuldet: Oft ist es nur das erste Wort des ganzen Textes, das durch besondere Größe, auch durch Ausrückung, durch Einfärbung, häufig sogar durch Verzierungen und Ausmalungen exponiert wird. Später gelangt diese Auszeichnung in den Text, indem Absatz-, Strophen- oder Versanfänge (wie in der Dichtung noch heute anzutreffen) groß geschrieben werden. Vermehrte Großschreibung erfahren auch die Wörter in einer Überschrift (wie heute noch im Englischen üblich). Die später aufkommende sog. thematische Großschreibung von (Schlüssel-)Wörtern sowie sogar von deren Pronomen, die in dem betreffenden Text von zentraler thematischer Bedeutung sind (z.B. *Hund, Maul, Pfote, Er, Seine* in einer Hundefabel), gehört ebenfalls zum textualen Prinzip (MALIGE-KLAPPENBACH 1955, KÄMPFERT 1980, BERGMANN/NERIUS 1998:895). Erst im 14./15. Jh. beginnt die Großschreibung das syntaktische Prinzip zu unterstützen (Satzanfangsgroßschreibung).

Auch stehen manche Interpunktionszeichen im Dienst des Textes: So zeichnen die Anführungszeichen Texte wörtlicher Rede im Text aus. Einklammerungen markieren Kommentare, Nachträge oder erklärende Zusätze.

8.1.7 Das pragmatische Prinzip

In der Schriftlinguistik wird gelegentlich auch ein pragmatisches Prinzip postuliert (AUGST 1981). Zunächst müssen das Frage- und das Ausrufezeichen dem pragmatischen Prinzip zugerechnet werden, da sie den Illokutionstyp markieren. Ähnliches gilt für Ironie anzeigende Anführungszeichen. Insbesondere durch die Verwendung von Emoticons in der Mail- und Chatsprache kommt neuerdings eine Vielzahl pragmatischer Auszeichnungsmöglichkeiten zum Einsatz.

Einigkeit besteht darüber, adressatenbezogene Zeichenverwendungen wie die Höflichkeitsgroßschreibung dem pragmatischen Prinzip zuzuordnen. Heute bekommen wir nur noch die letzten Reste eines dereinst stark ausgebauten und hierarchisch strukturierten Höflichkeitssystems zu greifen: Hier handelt es sich um die Großschreibung der Höflichkeitspronomen *Sie, Ihr* und *Ihnen*. Mit der Orthographiereform von 2006 ist die (bisherig verpflichtende und zwischenzeitlich beseitigte) Großschreibung der vertrauten Formen *Du, Dein, Dich* etc. freigestellt worden.

Ein ganz anderes Bild offenbaren Texte zwischen dem 16. und 19. Jh., wo nicht nur Pronomen (wie *Euer, Dieselben*), sondern auch Adjektive, die der Würdebezeichnung und Ehrerbietung dienen, groß geschrieben werden (z.B. *Hochwohlgeboren, Ihro Königliche Majestät, den Hochwürdigsten Herrn*). Dabei gibt es Abstufungen zwischen Höflichkeit, Ehrerbietung und Hochachtung, die sich diachron durch vermehrte Großschreibung manifestieren (ausführlich MENTRUP 1979) und sich zur Mitte des 19. Jhs. auf die reine Höflichkeit zurückziehen. Auch bei den Pronomen der 1.Ps. (*Ich, Wir, Unser*) kam es im Falle hochstehender Personen zu Großschreibungen (zur Pragmatik s. Kap. 7.4).

8.2 Die Entwicklung der Substantivgroßschreibung

Die **Großschreibung des Substantivs** bildet eine deutsche Besonderheit. Deshalb wird ihr ein eigenes Unterkapitel gewidmet. Großbuchstaben (Majuskeln) sind eine Zusatzmarkierung ohne lautliche Entsprechung. Die Funktionen und die Entwicklung der Großschreibung betreffen also, bezogen auf Abb. 37, ausschließlich die semantische Seite. Diachron "arbeitet sich" die Großschreibung vom textualen über das syntaktische zum lexikalischen und pragmatischen Prinzip und schließlich sogar, zumindest temporär, bis hin zum morphologischen Prinzip vor. Die Substantivgroßschreibung wird hier dem lexikalischen Prinzip zugeordnet, da sie die Wortart Substantiv auszeichnet. Man könnte sie aber auch dem syntaktischen Prinzip zuordnen (hierzu GALLMANN 1995).

Erst seit neuester Zeit ist die Geschichte der Großschreibung gut erforscht, v.a. dank eines großen Forschungsprojekts in den 1990er Jahren, dessen Ergebnisse ausführlich in BERGMANN/NERIUS (1998) und resümierend in BERGMANN (1999) dokumentiert sind. Im Folgenden soll vor allem die Entwicklung der Substantivgroßschreibung skizziert werden. Die Vorstufen der Großschreibung wurden in Kap. 8.1 bereits erwähnt und seien nur kurz rekapituliert:

Die Anfangsgroßschreibung von Wörtern erfolgt seit frühester Überlieferung zur **Hervorhebung des Textbeginns**, was mit weiteren Ausgestaltungen der Majuskel einhergehen kann. Schönes Beispiel dafür ist das *St. Galler Vaterunser* aus dem 8. Jh., das mit "Fater unseer" beginnt. Das textinitiale "F" beansprucht dabei die Höhe dreier Zeilen. Später dringt die Großschreibung in kleinere Texteinheiten wie Absatz-, Strophen- und Versbeginn vor. Da solche Textanfänge gleichzeitig auch Satzanfänge darstellen, ist der Weg zur **syntaktischen Satzanfangsgroßschreibung** nicht weit. Erst gegen 1500 setzt sich die Kombination von Satzschlusspunkt + Satzanfangsgroßschreibung zur Markierung der Satzgrenze durch. Davor signalisierte oft nur die Großschreibung allein den Satzbeginn. Majuskeln werden auch zur Teilsatzmarkierung innerhalb eines Ganzsatzes verwendet, v.a. bei adversativen und kausalen Nebensätzen, die wir heute mit Komma abgrenzen.

Auch **untergeordnete Nebensätze** werden im 16. Jh. öfter durch Großschreibung eingeleitet. Manche Typen erreichen dabei Werte von über 20%: So werden mit einer Konjunktion eingeleitete Nebensätze um 1590 zu fast 25% groß geschrieben (BERGMANN/NERIUS 1998).

Es begab ſich aber zu der zeit/Das ein Gebot von dem keiser Auguſto ausgieng/ (Luther-Bibel von 1545, Lukas 2,1)

Diese syntaktischen Großschreibungen innerhalb eines Satzes (hier: <Das>) gehen jedoch ab 1620 zurück und sind bis 1700 abgebaut. Möglicherweise verstärken sie dadurch indirekt die genau zu dieser Zeit massiv aufkommende Substantivgroßschreibung. Auch Zitate werden oft nur durch Großschreibung (ohne Doppelpunkt, ohne Anführungszeichen) markiert, d.h. die Großschreibung übernahm früher manche Funktion, die heute durch die Interpunktion abgedeckt wird.

Die **Großschreibung der Wortart Substantiv** beginnt im 15. Jh. (um 1500 zu 9,5% Großschreibung) und kann um 1700 mit über 90% Großschreibung als fest gelten (BERGMANN 1999:72). Untergliedert man aber diese Wortart in Eigennamen (z.B. *Rom*) und Gattungsbezeichnungen (Appellative wie *Stadt*) und die Gattungsbezeichnungen wiederum in Konkreta (Gegenstände wie *Stadt*) und Abstrakta (wie *Friede*), so tun sich markante Unterschiede auf: Um 1500 werden nämlich schon fast 80% der geographischen Namen und 64% der Personennamen groß geschrieben, was sich in den nächsten Jahrzehnten auf fast 100% steigert, d.h. die Eigennamen bilden die Vorreiter dieser Entwicklung.

Die Großschreibung der Gattungsbezeichnungen (Appellative) steigt ab 1530 steil an, um schon 1620, also knapp 100 Jahre später, bei teilweise über 90% anzukommen. Hierbei spielt eine Rolle, auf was genau sich die Gattungsbezeichnungen beziehen: Sind es Personen, so beträgt die Großschreibung 1620 schon 94%, sind es Gegenstände, beträgt sie 91% – mit weiterhin steigender Tendenz. Anders die Abstrakta, die erst um 1680 zu über 80% groß geschrieben werden. Die Abstrakta stellen also einen "Klotz am Bein" dar, sie werden aber langfristig auch von der Grammatikalisierung der Substantivgroßschreibung erfasst.

Sehr früh wird auch die Gruppe der sog. Nomina sacra (kirchlich-religiöse Bezeichnungen wie *Gott, Kirche, Christentum*)[4] sowie der Titel, Standes- und Amtsbezeichnungen groß geschrieben: Schon 1560 überschreiten sie die 90%-Marke. Lange hinken die Ableitungen und Konversionen hinterher wie *die Begehung, der Gang, das Gehen*, die bis zum Ende der Untersuchungszeit um 1710 zwar dicht an die 90% heranreichen, deren Großschreibung aber erst später zur Norm wird. Deutlich wird also, dass Faktoren wie Individualität, Belebtheit, Zählbarkeit, aber auch Ehrerbietung (Nomina sacra, Standesbezeichnungen) eine große Rolle spielen. Je mehr diese semantischen Faktoren bei der Großschreibung zurücktreten, eine desto stärkere Grammatikalisierung findet statt. Diese Grammatikalisierung setzt BERGMANN (1999:71) um 1700 an. Erst wenn sämtliche artikelfähigen Einheiten wie *das Durcheinander, das Entweder-Oder* etc. groß geschrieben werden, ist es die Funktionsklasse Substantiv, die ausgezeichnet wird. Zu einem tabellarischen Überblick über die Etappen der Substantivgroßschreibung s. BERGMANN (1999:68f.) und NERIUS (2003:2469). Die folgende Tabelle, zusammengestellt aus BERGMANN/NERIUS (1998:Abb. 6.6 und Abb. 6.17), liefert die (gerundeten) Prozentzahlen; "EN" = Eigennamen, "APP gesamt" = alle Appellative insgesamt,

[4] Gerade bei den Nomina sacra kommt es in Drucken öfter auch zu Vollwortgroßschreibungen wie <HERR> oder zu Schreibungen wie <GOtt>.

"NomSac" = Nomina Sacra (als Teil der APP), "PersBez" = Personenbezeichnungen (auch als Teil der Appellative, ebenso die Konkreta und Abstrakta). Bei über 90% (dunkelgrau hinterlegt) gilt die Großschreibung als fest. Hellgrau hinterlegt sind die Werte über 80%.

Tab. 22: Prozentuale Großschreibungswerte substantivischer Subklassen

Zeit	EN	APP gesamt	NomSac	PersBez	Konkreta	Abstrakta
1500	59%	4%	0%	11%	4%	2%
1530	74%	13%	68%	34%	8%	6%
1560	97%	41%	90%	72%	40%	18%
1590	96%	71%	98%	91%	84%	50%
1620	98%	81%	99%	96%	91%	66%
1650	99%	83%	100%	93%	93%	72%
1680	99%	93%	100%	96%	99%	87%
1710	99%	92%	100%	98%	94%	89%

Insgesamt, also unter Einschluss des textualen und syntaktischen Prinzips der Großschreibung, ergibt sich folgende Darstellung:

Abb. 40: Die diachrone Entwicklung der Großschreibung (GS)

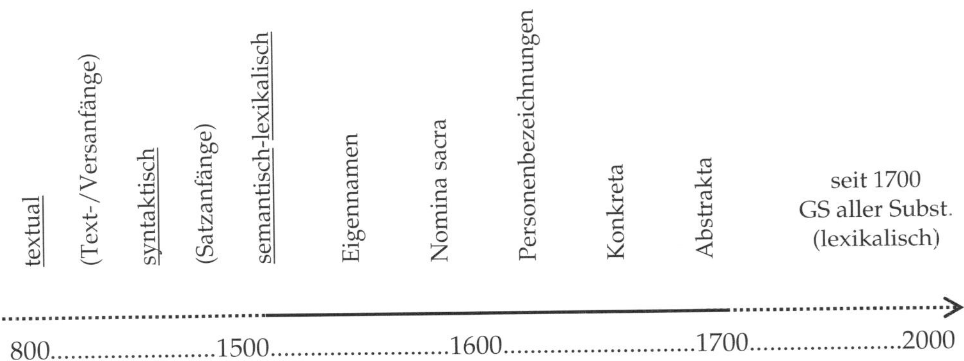

Interessanterweise werden auch die **Adjektive** zeitweise von der Großschreibung erfasst (WEGERA 1996, BERGMANN/NERIUS 1998:873-891). Dabei spiegeln sie, leicht zeitversetzt, die wichtigsten Faktoren bei der Substantivgroßschreibung wider: Großschreibung betrifft vor allem (desubstantivische) Adjektive, die sich aus Namen (<Römisch>), aus Personenbezeichnungen (<Fürstlich>), aus Nomina sacra (<Göttlich>) sowie aus Titeln und Standesbezeichnungen (<Hochlöblich>) ableiten. Betrachtet man sämtliche Adjektive, so bleibt deren Großschreibung immer unter 20%, doch erreichen die Gruppen der eben genannten Ableitungen zeitweise Werte von über 90%. Die Hochzeit der Adjektivgroßschreibung bilden die Jahrzehnte um 1700, danach erfolgt der kontinuierliche Rückgang (BERGMANN/NERIUS 1998:879). Genuine Adjektive wie *schön, klein, gelb* wurden dagegen nur selten groß geschrieben. Auch heute noch gibt es Reste adjektivischer Großschreibung wie *Schweizer Alpen, Grimmsche Märchen, Schwarzwälder Kultur.* Mehr noch hat das Englische die Großschreibung solcher aus Namen abgeleiteten Adjektive tradiert (*German, French*).

WEGERA (1996) berücksichtigt auch die Stellung der groß geschriebenen Adjektive: Es sind die attributiven Adjektive in der Nominalphrase, nicht die prädikativen. WEGERA (1996:389) fasst weitere Bedingungen wie folgt zusammen:

> Danach besteht für ein Adjektiv des 16./17. Jh.s die größte Chance groß geschrieben zu werden dann, wenn es sich um eine desubstantivische Ableitung handelt, die Teil einer Anrede ist und im Superlativ am Anfang dieser Anrede an eine hochgestellte Persönlichkeit steht: *Gnädigster Landesfürst.*

Anlehnend an WEBER (1958) beobachtet WEGERA auch, dass groß geschriebene Adjektive oft am Anfang von Wortgruppen stehen und ihnen dabei ein klein geschriebenes Substantiv folgen kann (*Edles gestein, Ehrliche leut, Hochzeitliches kleid*), d.h. hier scheint eine syntaktische Funktion der Adjektivgroßschreibung zur Markierung der NP durch.

Schließlich dringt ab Anfang des 17. Jhs. die Großschreibung temporär auch ins Wortinnere von Substantiven vor, indem sie die morphologische Binnengrenze von Komposita markiert, oft unterstützt durch Doppelbindestriche: *Lorber=Krantz, Lebens=Mitteln, MelckKnecht, HausVater.* Damit erlangt die Großschreibung zwischenzeitlich morphologische Funktion. Dieser Trend nimmt bis zum 18. Jh. zu und fällt erst dann wieder ab. Heute kommt diese Verwendung der sog. Binnenmajuskel in Schreibungen jenseits des Standards wie *BahnCard* oder *AnlageService* wieder vermehrt auf, insbesondere bei Produktnamen und in der Werbung (GABLER 1995).

BERGMANN (1999:71-72) erwähnt schließlich noch, dass die Großschreibung häufig auch Fremdwörter betraf, also den Fremdwortcharakter hervorhob. Dies galt sowohl für Substantive als auch für Verben, z.B. <Consolidiren, Curiren>.

Zentral ist die erst durch solche korpusbasierten Untersuchungen gewonnene Einsicht, dass die zeitgenössischen Grammatiker und Orthographen den Prozess der Großschreibung weder ausgelöst noch beeinflusst haben, sondern den faktischen Gebrauch – oft mit erheblicher Verspätung – registriert und kommentiert haben (GÜNTHER 1999, BERGMANN 1999).

Zu **weiteren Aspekten** sei auf die folgende Literatur verwiesen: Materialien zur Diskussion über die Groß-/Kleinschreibung enthalten GARBE (1978) und MENTRUP (1980). – Die Entwicklung des Majuskelgebrauchs speziell in deutschen Bibeldrucken des 16. Jhs. untersucht RISSE (1980), diejenige in Luthers Briefen MOULIN (1990): In letzteren ist die Großschreibung noch stark syntaktisch und textual motiviert, während Substantive nur zu 26% bis 48% groß geschrieben werden. Damit fallen die Briefe hinter die Bibeldrucke zurück, was für den Einfluss einer großen Leserschaft auf die Substantivgroßschreibung spricht. – HOTZENKÖCHERLE (1955) hebt die optische Gliederungsfunktion der Substantivgroßschreibung in der sog. Nominalklammer hervor – ein sehr bedeutsamer Gedanke, da der Ausbau der Nominalklammer zeitlich mit dem der Substantivgroßschreibung korrespondiert: Das Kernsubstantiv als Ende der unter Umständen stark gefüllten Nominalklammer wird für das Auge durch Majuskeln profiliert (zur Nominalklammer s.Kap. 4.1.1). – Zur (positiven) Auswirkung der Großschreibung auf den Leseprozess s. die Untersuchungen von AUGST u.a. (1985), GFROERER u.a. (1989), BOCK (1990). – MUNSKE (1995, 1997) befasst sich mit der Groß- und Kleinschreibung in Bezug auf die jüngste Reform. – Einen aufschlussreichen Vergleich zwischen dem Deutschen und Französischen bietet MEISENBURG (1990), bei dem deutlich wird, dass die Substantivgroßschreibung im Französischen schon relativ weit vorangeschritten war und bereits Appellative, besonders Konkreta, erfasst hatte, bevor sie ab dem 17. Jh. wieder abgebaut und langfristig auf die Großschreibung der Eigennamen beschränkt wurde.

8.3 Die Normierung

Nur knapp kann auf die **Normierung der Schreibung** eingegangen werden, also auf den Übergang von der (bis dahin mannigfaltigen) Graphie zur **Orthographie** (hierzu ausführlicher NERIUS [3]2000:Kap.3). Die deutsche Orthographie entstand 1902 im Anschluss an die II. Orthographische Konferenz. Allerdings haben schon Jahrhunderte zuvor Normierungsversuche stattgefunden, für die auf MOULIN (1991), JAKOB (1999) und VEITH (2000) verwiesen sei.

Das Fnhd. ist von starker Dialektalität geprägt. Entsprechend kommt es zu zahlreichen, heterogenen Verschriftungsverfahren, die jedoch im Laufe der Jahrhunderte eine gewisse Überregionalisierung und damit einen Ausgleich erfahren (WOLF 2000). Gefördert wird dies durch den Buchdruck, d.h. durch weitverbreitete und vielgelesene Bibelübersetzungen und andere Literatur (GIESECKE 1990, HARTWEG 2000), weniger durch Grammatiker und Orthographen, die eine Einheitsschreibung zwar fordern, aber wenig beeinflussen. Es entstehen also sog. Schreiblandschaften und Schreibsprachen, die die kleinräumige Dialektalität überwinden. Aus der für heutige Verhältnisse jedoch immer noch unermesslichen Vielfalt an Schreibungen greifen wir nur wenige Phänomene heraus, die im Laufe der Zeit eine Variantenreduzierung erfahren haben (EBERT u.a. 1993).

So hat der Buchstabe <y>, auch <ÿ̋> und <ÿ> geschrieben, der aus einer Verschmelzung (Ligatur) von <i> + <j> entstanden war, relativ frei mit <i> und <j> variiert: <iar, iung>, <eyn, yener>, <yn, jn, in>, <hymel>, <kint, kynt> etc. Besonders häufig kam <y> in der Diphthongschreibung <ay> und <ey> vor (vgl. noch heute die Schreibung der Familiennamen <Mayer, Meyer> oder <Bayer, Beyer>). Langfristig wurde <y> abgebaut zugunsten von <i>. Der Buchstabe <j> zog sich auf den Wortanfang für den Laut /j/ zurück. Auch in Luthers Drucken lässt sich zwischen 1516 und 1545 ein solcher Variantenabbau beobachten, u.a. der Übergang von <ey> zu <ei> (BESCH 2000).

Ein anderes Beispiel ist die Schreibung von /u/, das gemäß EBERT u.a. (1993:46) neun Schreibvarianten hatte: neben <u, ů, ů, ǔ> und weiteren Diakritika (Zusatzzeichen am Buchstaben) auch <v> und <w>. Viele dieser Buchstabenvarianten konnten wiederum für andere Laute wie /u:/, /y/, /y:/, /v/ und /f/

stehen, d.h. es kam zu beidseitigen Mehrdeutigkeiten. Beispiele für die /u/-Schreibung: <wnd, vnd, und>, <zwcht, zucht>, <zw, zu>, <darvm, darum> etc. <w> kam dabei besonders häufig in Diphthongen wie <aw, äw, ew> vor. Ab dem 17. Jh. hat sich <v> stark zurückgezogen, während <u> sich ausgebreitet und <w> sich auf die Wiedergabe von /v/ (<Wasser, wie>) spezialisiert hat. Besonders im 18. Jh. verstärken sich solche Systematisierungsprozesse.

Immens waren auch die Schreibmöglichkeiten des Diphthongs /ai/ mit bis zu 14 Varianten und von /k/ mit 20 Varianten (darunter viele Buchstabenkombinationen). Natürlich herrschte eine solche Vielfalt nicht zur gleichen Zeit am gleichen Ort, doch kam es durchaus innerhalb des gleichen Textes bei gleichen Wörtern zu unterschiedlichen Schreibungen. So ist es verständlich, dass es zu Bestrebungen nach orthographischer Vereinheitlichung kam. Bei den Vorschlägen seitens der Grammatiker und Orthographen gab es verschiedene Positionen: Manche wollten eher den Usus festsetzen, andere hingegen die Schreibung verbessern im Sinne einer Annäherung an die Lautung. Bei der lautnahen Verschriftung gilt es jedoch zu bedenken, dass im 18. Jh. keine Orthophonie, also keine standardisierte Aussprache bestand.

Zu Beginn des 19. Jhs. war es Usus, Substantive groß zu schreiben, das Dehnungs-*h* und die <ie>-Schreibung zu verwenden und morphologisch motivierte Umlaute zu schreiben. RIEKE (1998) stellt anhand des Vergleichs verschiedener Bibeldrucke (z.B. aus Halle, Lüneburg, Frankfurt, Nürnberg, Straßburg) im 18. Jh. bezüglich der (lange besonders uneinheitlichen) Vokallängebezeichnungen fest, dass zu Ende des 18. Jhs. die meisten Drucke zu über 90% mit der heutigen Orthographie übereinstimmen. Das heißt, der Usus war damals schon ziemlich homogen. Im Gefolge der im 19. Jh. eingeführten Schulpflicht und der dadurch bedingten wachsenden Teilhabe der breiten Bevölkerung an der Schriftlichkeit ergab sich die Forderung nach einer einheitlichen, systematischen und verbindlichen Orthographie. Dieser Wunsch wurde durch die Reichsgründung 1871 verstärkt. Was um diese Zeit noch schwankte, war die Verwendung des Dehnungs-*h* (*wohl/wol, Krahn/Kran*), von Vokalverdoppelungen (*Scheere/Schere, Schaar/Schar*), von <ey/ei>-Schreibungen (<beyde/beide>), die auch zur Homonymenunterscheidung genutzt wurden (<seyn>: Hilfsverb vs. <sein>: Possessivpronomen), sowie von <th/t>-Schreibungen (<Noth/Not>) (NERIUS ^{3}2000:323). Schwankungen gab es ebenfalls bei der Groß- und Kleinschreibung (<morgens/Morgens>, <schuld sein/Schuld sein>, <jemand/Jemand), bei der Getrennt- und Zusammenschreibung (<Theil nehmen/theilnehmen>, <statt finden/stattfinden>) und bei der Worttrennung am Zeilenende.

Jacob GRIMM setzte sich dabei für die Abschaffung der Substantivgroßschreibung ein, die er als "misbrauch groszer buchstaben", als deutsches "laster" und als Gipfel "unsrer pedantischen unart" kritisierte (GRIMM 1864:350/1). Er selbst schrieb konsequent klein. GRIMM war auch gegen die <th>-Schreibung und vor allem für eine stark historische, meist sogar re-historisierende Schreibung, die dem Schreiber sprachgeschichtliche Kenntnisse abverlangte und sich daher nicht durchsetzte. So sollten Fälle von unhistorischem Dehnungs-*h* und unhistorischer <ie>-Schreibung wieder rückgängig gemacht werden: <Nat, Bine>. Dem stellte sich die phonetische Richtung entgegen, deren radikale Ausrichtung eine strikte, gegenseitige 1:1-Beziehung zwischen Laut und Buchstabe forderte, artikuliert durch den "Algemeine[n] ferein für fereinfahte rehtschreibung" von 1876. Also: /k/ ↔ <k> (*<q(u), ck, c>), /f/ ↔ <f> (*<v, ph>), /χ/ ↔ /h/ (*<ch>), /ʃ/ ↔ <š> (*<sch>) etc. Doppelbuchstaben waren nicht vorgesehen, und Vokallänge wurde durch einen Strich über dem Buchstaben angezeigt: <bēre>, <mōr>. Nur Eigennamen und Satzanfänge sollten groß geschrieben werden. Hieraus entwickelte sich eine gemäßigte Richtung mit Raumer, Wilmanns und Duden als wichtigsten Vertretern, die gleichzeitig den Anschluss an die Tradition, also an den Usus wahren wollten. Diese gemäßigte phonetische Richtung hat sich langfristig durchgesetzt. Duden verfasste 1872 "Die deutsche Rechtschreibung" und 1880 – also noch vor der Normierung – das "Vollständige orthographische Wörterbuch der deutschen Sprache", das bis 1900 immerhin sechsmal aufgelegt wurde.

Im Januar 1876 fand in Berlin die **I. Orthographische Konferenz** statt, die vor allem aus Vertretern der gemäßigten phonetischen Richtung bestand. Insbesondere der Beschluss, die Vokallängebezeichnungen aufzugeben (wie in <wülen, Har, Par, Folen, Hun, Stul, ungefär>), führte zu so starken Protesten und Widerständen, dass das Regelwerk nicht eingeführt wurde (Lohff 1980). Im Juni 1901 fand die **II. Orthographische Konferenz** statt, die diese Regelung wieder zurücknahm, aber alles andere, was schon 1876 auf dem Plan stand, beschloss: Abschaffung der <th>-Schreibung in einheimischen Wörtern (<Thier> zu <Tier>, <Athem> zu <Atem>, <Noth> zu <Not>), die Suffixe -<niß> und -<iren> wurden zu -<nis> und -<ieren> (<studieren>), <ey> wurde zu <ei>, viele Fremdwörter mit <c> wurden, je nach Lautwert, mit <k> oder <z> geschrieben (*Casse* > *Kasse*, *Cultur* > *Kultur; Medicin* > *Medizin*, *December* > *Dezember*), die Indefinitpronomen <jemand, alle, keiner> etc. wurden nun klein geschrieben, die Silbentrennung wurde geregelt, u.a. auch, dass <st> nicht getrennt werden darf. Die Interpunktion wurde nicht behandelt (dies geschah erst 1915). Diese Beschlüsse traten 1902 in Kraft und wurden auch von Österreich und der Schweiz gebilligt. Das Regelwerk galt bis 1998, doch hat es unter der Hand (also schleichend in den verschiedenen Auflagen des Dudens) immer wieder kleinere Veränderungen gegeben, die sich am allgemeinen Gebrauch orientierten. Im 20. Jh. gab es diverse Bemühungen um weitere Reformen, die teilweise die sog. gemäßigte Kleinschreibung forderten, d.h. die von Substantiven, nicht aber die von Eigennamen (Nerius [3]2000:Kap. 9).

Die **Reform von 2006** hat die Trennung von <s> und <t> zugelassen sowie weitere Trennungsregeln vereinfacht, v.a. aber die <ss/ß>-Schreibung von der Länge des vorangehenden Vokals abhängig gemacht (genauer s. Kap. 8.1.2), die Substantivgroßschreibung verstärkt (*heute abend* > *heute Abend*), die Schreibung mit Bindestrich verstärkt (*2jährig* > *2-jährig*), ebenso das morphologische Stammprinzip (*Bendel* > *Bändel* wegen *Band*), die Zeichensetzung reduziert und den lange umgangssprachlichen Genitiv-Apostroph nach Eigennamen zugelassen (*Rudi's Grillstube*). In vielen Fällen, vor allem bei der Fremdwortschreibung, sind auch Varianten erlaubt. Am umstrittensten waren die Eingriffe in die Getrennt- und Zusammenschreibung zugunsten vermehrter Getrenntschreibung, weil dadurch semantische Differenzierungsmöglichkeiten nivelliert wurden, doch wurde dieser Bereich nochmals überarbeitet und in Richtung Zusammenschreibung vor allem lexikalisierter Einheiten (rück-)überführt (s. http://rechtschreibrat.ids-mannheim.de/doku; zu Einzelheiten und weiterführender Literatur s. VEITH 2000, GARBE 2000).

Zum Weiterlesen:
NERIUS ([3]2000) liefert einen gut lesbaren Überblick sowohl über die synchronen Verschriftungsregularitäten, die Laut-Buchstaben-Zuordnungen etc. als auch über die Entstehung unserer heutigen Orthographie, bei der insbesondere die frühen Bestrebungen um eine Rechtschreibung behandelt werden. MUNSKE (ed.) (1997) stellt viele (auch kritische) Beiträge desselben Autors zur Orthographie und ihrer Reform zusammen. Gerade für Anfänger noch besser verständlich ist MUNSKE (2005a), der die Geschichte unserer Schreibung behandelt. BERGMANN (1999) fasst kurz und bündig die neuesten Erkenntnisse zur Entstehung der Substantivgroßschreibung zusammen.

Aufgaben:
1) Bitte konsultieren Sie die Schöpfungsgeschichte, Vers I, in den Luther-Bibeln von 1534 und 1545. Hier lassen sich unterschiedliche Großschreibungsprinzipien erkennen. Stellen Sie jeweils alle groß geschriebenen Wörter zusammen und beschreiben Sie die ihnen zugrundeliegenden Großschreibungsprinzipien. Berücksichtigen Sie dabei auch die kleingeschriebenen Substantive. Worin unterscheiden sich diesbezüglich die beiden Drucke?
2) Bitte analysieren Sie anhand dieses kurzen Luther-Textes nur von 1545 möglichst schematisch und systematisch die Lautwerte für die Grapheme <i, j, y> sowie die von <u, v, w>. Unterscheiden Sie dabei jeweils die Positionen im Wort.
3) Bitte äußern Sie sich anhand der Schöpfungsgeschichte I-IIII aus der Luther-Bibel von 1545 zur Umlautschreibung: Werden die Umlaute überhaupt verschriftet und, wenn ja, wie genau? Haben Sie dafür eine Erklärung?
4) Zu Beginn von "Der Prophet Jona", Vers II, steht die Trennung "des Fiſch-es": Wie könnte diese Trennung motiviert sein?

TEIL II

EBENENÜBERGREIFENDER SPRACHWANDEL

Der Symmetrie des Formensystems ist also im Lautwandel ein unaufhaltsam arbeitender Feind und Zerstörer gegenüber gestellt.
Man kann sich schwer eine Vorstellung davon machen, bis zu welchem Grade der Zusammenhangslosigkeit, Verworrenheit und Unverständlichkeit die Sprache allmählich gelangen würde, wenn sie alle Verheerungen des Lautwandels geduldig ertragen müsste, wenn keine R e a k t i o n dagegen möglich wäre.
Ein Mittel zu solcher Reaktion ist nun aber in der A n a l o g i e b i l d u n g gegeben. Mit Hilfe derselben arbeitet sich die Sprache allmählich immer wieder zu angemesseneren Verhältnissen durch, zu festerem Zusammenhalt und zweckmäßiger Gruppierung in Flexion und Wortbildung.
So sehen wir denn in der Sprachgeschichte ein ewiges Hin- und Herwogen zweier entgegengesetzter Strömungen. Auf jede D e s o r g a n i s a t i o n folgt eine R e o r g a n i s a t i o n . Je stärker die Gruppen durch den Lautwandel angegriffen werden, umso lebendiger ist die Tätigkeit der Neuschöpfung.

Hermann PAUL ([5]1920/1975): Prinzipien der Sprachgeschichte, §138.

9 Von der Phonologie in die Morphologie: Ablaut und Umlaut

In diesem zweiten Teil der Einführung stehen Wandelphänomene und -mechanismen im Fokus, die mehrere sprachliche Ebenen übergreifen, die "Zwiebel" (s. Abb. 1, S. 2) sozusagen durchdringen. So haben Ablaut und Umlaut, denen dieses Kapitel gilt, ihren Ausgangspunkt in der Phonetik, wurden dann phonologisiert und auf der morphologischen Ebene funktionalisiert (z.B. Tempusbildung durch Ablaut bei den starken Verben oder Numerusmarkierung durch Umlaut am Substantiv). Während der Ablaut ein unproduktives Relikt ist, spielt der Umlaut auch heute noch eine wichtige Rolle und hat neben der Morphologie auf weitere sprachliche Ebenen übergegriffen.

In Kap. 10 wird mit der Grammatikalisierung ein Modell vorgestellt, das die Entstehung grammatischer Einheiten ebenenübergreifend beschreiben und erklären will. Auf dessen Basis und mit dem sprachtypologischen Bezugssystem Synthese vs. Analyse wird in Kap. 11 weiterer ebenenübergreifender Wandel des Deutschen diskutiert: Dies ist zum einen die Entstehung und der Ausbau analytischer Strukturen wie Periphrasen (z.B. des Perfekts) auch auf Kosten synthetischer Strukturen (wie Präteritum). Zum anderen wird die oft übersehene, aber durchaus vorhandene Gegentendenz zu mehr Synthese anhand der Verschmelzung syntaktischer zu morphologischen Strukturen dargestellt. Das abschließende Kap. 12 verbindet die losen Fäden der vorangehenden Kapitel aus sprachtypologischer Perspektive und macht zwei ebenenübergreifende Tendenzen des Deutschen fest: Das Deutsche als typologisch uneinheitliche "gesunde Mischung" synthetischer und analytischer Verfahren und das Deutsche als grenzmarkierende Sprache.

9.1 Ablaut: Fossil ebenenübergreifenden Wandels

9.1.1 Entstehung: Von der Phonologie in die Morphologie

Der Begriff **Ablaut**, der von J. GRIMM geprägt wurde, bezeichnet in den (indo)germanischen Sprachen den systematischen Wechsel von Vokalen in etymologisch verwandten Wörtern wie in *fahren* und *Furt*, *singen* und *Gesang* und in zusammengehörigen Flexionsformen wie *fahren – fuhr*, *singen – sang*. Im Gegensatz zur Affigierung, bei der ein Affix an den Wortstamm angehängt wird, ist Ablaut ein modulatorisches Verfahren, das direkt im Stamm greift. Informationen, die über Stammmodulation kodiert werden, haben einen höheren Fusionsgrad mit dem Stamm als Affixe (s. Kap. 3.1.1.3).

Der Ablaut ist ein sehr altes Phänomen, das die germ. Sprachen aus ihrer idg. Vorstufe ererbt haben. Sein Alter ist so hoch, dass er bereits im Idg. morphologisiert war, d.h. er gehorchte nicht mehr phonologischen Regeln, sondern seine Verteilung war nach morphologischen Prinzipien geregelt. Als eines unter mehreren Verfahren wurde er in der Derivation und Flexion genutzt. Entstanden ist der Ablaut schon vor der idg. Phase – wie, lässt sich nicht genau rekonstruieren. Man vermutet, dass er auf unterschiedliche Wortakzentverhältnisse (Betonungen) zurückgeht. Aus einem Druckakzent, d.h. einem Wortakzent, der hauptsächlich durch Lautstärke bewirkt wurde, entstand der sog. **quantitative Ablaut**, bei dem die Vokalfärbung gleich blieb, aber die Dauer mit den Optionen Normal-, Dehn- und Schwundstufe variierte (zu Ablautresten im Lat. s. die Beispiele unten). War der Vokal (meist ein *e*) stark akzentuiert, so entstand eine gelängte Dehnstufe *ē*, stand der Vokal in der unbetonten Akzentsenke, so entstand eine Schwundstufe, d.h. der Vokal schwand (s. lat. *es* vs. *_sunt* im Bsp. unten: Der Vokal vor *sunt* ist geschwunden). Die zweite Art von Ablaut wird als **qualitativer Ablaut** bezeichnet und war im Idg. meist ein Wechsel zwischen Normalstufe *e* und Abtönungsstufe *o*. Wie es zum qualitativen Ablaut kam, ist bis heute ungeklärt. Möglicherweise entstand die Umfärbung in einer nicht rekonstruierbaren Phase vor dem Idg. aus einem musikalischen oder Tonakzent. Dabei werden Betonungen nicht über Lautstärke, sondern über Tonhöhe bzw. -verlauf hervorgehoben. Daraus hätte sich dann eine andere Vokalqualität, *o* statt *e* entwickelt (zu Näherem s. z.B. SCHWEIKLE ^{5}2002:76-84, TICHY 2000:30-38, dort weitere Literatur). Während sich im Deutschen die Ablautvokale stark weiterentwickelt haben, lassen sich im Lateinischen, das auch zu den idg. Sprachen gehört, die Originalvokale noch ganz gut erkennen:

Normalstufe *tegere*	vs.	Dehnstufe *tēgula*	'decken' vs. 'Ziegel'
Normalstufe *tegere*	vs.	Abtönungsstufe *toga*	'decken' vs. 'Toga (Umhang)'
Normalstufe *es*	vs.	Schwundstufe *_sunt*	'bist' vs. 'sind'

Auch wenn seine Entstehung nicht ganz geklärt ist, lässt sich der Ablaut als vorgeschichtliches Beispiel für ebenenübergreifenden Wandel anführen: Die Ablautalternanzen waren zunächst automatisch an Akzentunterschiede gekoppelt, so dass die alternierenden Vokale den Status kontextabhängiger (kombinatorischer) Allophone hatten (s. Kap. 2.1). Der Ablaut war also anfangs auf der phonetischen Ebene angesiedelt. Er war damit zunächst nur eine zufällige Begleiterscheinung anderer morphologischer Mittel, z.B. verschiedener Flexions- oder Wortbildungsendungen, die einen Umsprung des Wortakzents bewirkten. Im Idg. war der Akzent nämlich noch frei beweglich, ungefähr wie heute im Lehnwortschatz des Deutschen bei *Musík, Musikánt, Músiker, musikálisch, Musikalitä́t*. Als die phonologischen Prozesse, die Schwund, Dehnung und Umfärbung bewirkten, ihre Produktivität verloren (das geschah schon auf dem Weg vom Voridg. zum Idg.), war dies für die Ablautvokale der Übergang von Allophonen zu Phonemen und damit der Schritt auf die phonologische Ebene. Doch war der Ablaut noch immer nur eine Nebenerscheinung anderer morphologischer Mittel und des durch sie bedingten Akzentwechsels. Das änderte sich jedoch spätestens beim Übergang zur germ. Phase mit der Festlegung des Akzents auf die erste Silbe im Wort (**Initialakzent**, s. Kap. 2.1), mit dem Verlust idg. Flexionsaffixe und dem tiefgreifenden Umbau des morphologischen Systems. Damit avancierte der Ablaut vom bloßen Begleiter anderer morphologischer Mittel, einem morphologischen Spielbein sozusagen, zum morphologischen Standbein, d.h. zum Träger eigener morphologischer Funktionen. Spätestens zu diesem Zeitpunkt rückte der Ablaut in die morphologische Ebene der Sprache auf.

Das alles passierte am Übergang von der idg. zur germ. Stufe. Wir steigen mit den folgenden Ausführungen erst viel später ein, und zwar bei den Ablautverhältnissen im Ahd. Inzwischen ist viel passiert: Ablaut wurde v.a. in der Flexion der starken Verben weiter genutzt; das Fundament dafür wurde in der germ. Phase gelegt, in der die idg. Ablautalternanzen in vier Ablautstufen neu systematisiert und mit zwei neuen Ablautreihen ausgebaut wurden. Die weitere Entwicklung des Ablauts in der Verbflexion wird in 9.1.2 diskutiert. Reste von Ablaut lassen sich daneben auch in der Wortbildung fassen. Als Beispiel hierfür wird in 9.1.3 die Ableitung von Kausativa (nach lat. *causare* 'verursachen') vorgestellt. Das sind von starken Grundverben abgeleitete schwache Verben, deren Semantik sich umschreiben lässt mit 'verursachen, dass jmd./etw. die Handlung der Ableitungsbasis vollzieht'. So ist z.B. zur germ. Vorform der Ableitungsbasis *trinken* das kausative Verb *tränken* 'machen, dass jmd./etw. trinkt' gebildet worden.

9.1.2 Fallbeispiel Flexion: Starke Verben

Die alten idg. Ablaute der starken Verben wurden im Germ. und in vorahd. Zeit in vier Ablaut**stufen** (=Teile eines Alternanzmusters) und sieben Ablaut**reihen** (=verschiedene Alternanzmuster) systematisiert. Die vier Stufen bekamen neue morphologische Funktionen zugewiesen (sie markierten jetzt Tempus- und Numerus- statt wie früher Aspektunterschiede, zu Details s. SONDEREGGER 1979:93-96), und wurden systematisch zur Formenbildung genutzt. Im Ahd. und Mhd. bilden sie die folgenden Formen (vgl. auch Tab. 14, S. 64):

Stufe 1	für Inf., Präs.Ind. und Konj.I
Stufe 2	für Prät.Ind.Sg.1./3.Ps.
Stufe 3	für Prät.Ind.Pl./2.Ps.Sg. und Konj.II
Stufe 4	für Part.Perf.

Tab. 23 zeigt stark vereinfacht die mhd. Ablautreihen, wobei nur die Verbstämme angegeben werden, an die dann noch die Person/Numerusendungen treten. Die mhd. entsprechen weitgehend den ahd. Reihen. Die Regularitäten der Ablautreihenzuordnung werden in Einführungen ins Ahd. wie MEINEKE/SCHWERDT (2001) und Mhd. wie WEDDIGE (^{6}2004) erklärt. Hier sei nur darauf hingewiesen, dass es im Unterschied zu den heutigen Formen einen Numerusablaut (Stufen 2 vs. 3) im Prät. gab, dessen Entwicklung in 3.1.2.2 verfolgt wurde. Davon ausgenommen sind die Ablautreihen VI und VII, die sich erst nach der idg. Phase entwickelt haben und nie präteritalen Numerusablaut aufwiesen.

Wie in 9.1.1 gezeigt wurde, gehen die Ablaute ursprünglich auf nur wenige verschiedene Vokale (v.a. verschiedene Längen bzw. Schwund von *e* und dessen Abtönung zu *o*) zurück, die reguläre Alternanzmuster bildeten. Aber sobald das Verfahren nicht mehr produktiv war, wurden die Alternanzen lexikalisiert und damit anfällig für Lautwandel. Je nach phonologischem Kontext entwickelten sich die Vokale unterschiedlich weiter, so dass sich bis zum Ahd. und Mhd. in sich viel "buntere" Alternanzen entwickelt haben (s. Tab. 23).

Tab. 23: Mhd. Ablautreihen der starken Verben

AL-Stufe→ ↓ AL-Reihe	1	2	3	4	Nhd.
I a	*grîf-*	*greif*	*griff-*	*gegriffen*	*greifen*
I b	*dîh-*	*dêch*	*dig-*	*gedigen*	*gedeihen*
II a	*bieg-*	*boug*	*bug-*	*gebogen*	*biegen*
II b	*biet-*	*bōt*	*but-*	*geboten*	*bieten*
III a	*bind-*	*bant*	*bund-*	*gebunden*	*binden*
III b	*helf-*	*half*	*hulf-*	*geholfen*	*helfen*
IV	*nem-, stel-*	*nam, stal*	*nâm-, stâl-*	*genomen / gestolen*	*nehmen / stehlen*
V	*geb-*	*gab*	*gâb-*	*gegeben*	*geben*
VI	*grab-*	*gruob-*		*gegraben*	*graben*
VII	*halt-, louf-*	*hielt-, lief-*		*gehalten / loufen*	*halten / laufen*

Zum anderen haben sich mehrere der sieben Alternanzmuster aufgesplittert, weil sich die Ablautvokale durch kombinatorischen Lautwandel, d.h. abhängig von den sie umgebenden Lauten, unterschiedlich weiterentwickelt haben. Wir betrachten dazu exemplarisch die Ablautreihen IIIa und b:

Stufen	1	2	3	4
Idg.	*e*-Normalst. **bhénd-* **kélb-*	*o*-Abtönungsst. **-bhónd-* **-kólb-*	Schwundst. **-bhn̥d-* **-kl̥b-*	Schwundst. **-bhn̥d-* **-kl̥b-*
Ahd. III a: Nasal+Kons.	*bind-*	*band*	*bund-*	*(gi)bundan*
Ahd. III b: Liquid+Kons.	*helf-*	*half*	*hulf-*	*(gi)holfan*

Die Unterschiede zwischen Ahd. und Idg. lassen sich diachron durch phonologischen Wandel erklären: Vom Idg. zum Germ. sind alle kurzen *o* > *a* geworden (s. Stufe 2) und in allen Schwundstufen mit Nasalen und Liquiden statt Vokalen als Silbenträger wurde im Germ. als sog. Sprossvokal ein *u* eingefügt, damit sie sich leichter aussprechen ließen (Stufen 3+4). Die ursprünglich einheitliche Ablautreihe III hat sich in den Stufen 1 und 4 durch kombinatorischen Lautwandel aufgespalten. In Stufe 1 wurde in Reihe IIIa, ausgelöst durch die folgende Verbindung aus Nasal (*n, m*)+Kons., der germ. Vokal *e* zu westgerm. *i* gehoben. Vor Liquid (*l, r*) + Kons. in Reihe IIIb blieb das alte *e* dagegen erhalten. In Stufe 4 hat sich hingegen Reihe IIIb weiterentwickelt: Hier wurde germ. *u* > westgerm. *o* gesenkt, ausgelöst durch das *a* der Endung. In Reihe IIIa wurde dieser Wandel jedoch durch die Kombination aus Nasal+Kons. verhindert (vgl. z.B. SCHWEIKLE [5]2002:87f.). Schon im Ahd. sind die Ablautreihen also nicht mehr homogen.

Zum Nhd. hin sammeln sich viele weitere solcher Veränderungen an. Zwar wurden die vier Ablaut**stufen** in der fnhd. Phase auf drei (in obd. Dialekten durch den Prät.-Schwund sogar auf zwei) reduziert, indem der präteritale Numerusablaut aufgegeben wurde (s. Kap. 3.1.2.2), z.B. in *helfen* (Ablautreihe III):

	Stufe 1	Stufe 2	Stufe 3	Stufe 4
mhd.	*helfen*	*half*	*hulfen*	*geholfen*
nhd.	*helfen*	*half, halfen*		*geholfen*
obd. Dialekte	*helfe*	–		*g(e)holfe*

Die Ablaut**reihen** wurden jedoch durch phonologischen Wandel und unterschiedlich verlaufende analogische Ausgleichsprozesse sehr viel stärker aufgesplittert (s. Tab. 24).

Tab. 24: Aufsplitterung der Ablautalternanzen der starken Verben im Nhd. (nach DUDEN–Grammatik [6]1998:127, ergänzt um ehem. AL-Reihe, Alternanztyp)

Alternanz		**Beispiel** (< ehem. AL-Reihe)	**zugehör. Verben**	**Alternanztyp**
1.	ai – i – i	*reite – ritt – geritten* (< Ia)	23	A-B-B
2.	i – a – u	*binde – band – gebunden* (< IIIa)	19	A-B-C
3.	ai – i: – i:	*bleibe – blieb – geblieben* (< Ia)	16	A-B-B
4.	i: – o – o	*fließe – floss – geflossen* (< IIb)	11	A-B-B
5.	i: – o: – o:	*biege – bog – gebogen* (< IIa)	11	A-B-B
6.	e – a – o	*berge – barg – geborgen* (< IIIb)	9	A-B-C
7.	e – o – o	*dresche – drosch – gedroschen* (< IV)	7	A-B-B
8.	i – a – o	*spinne – spann – gesponnen* (< IV)	6	A-B-C
9.	a: – u: – a:	*fahre – fuhr – gefahren* (< VI)	6	A-B-A
10.	e: – a: – e:	*gebe – gab – gegeben* (< V)	6	A-B-A
11.	e – a: – o	*spreche – sprach – gesprochen* (< IV)	5	A-B-C
12.	e – a: – e	*messe – maß – gemessen* (< V)	5	A-B-A
13.	e: – o: – o:	*hebe – hob – gehoben* (< VI)	5	A-B-B
14.	a – u: – a	*schaffe – schuf – geschaffen* (< VI)	4	A-B-A
15.	a: – i: – a:	*blase – blies – geblasen* (< VII)	4	A-B-A
16.	a – i: – a	*falle – fiel – gefallen* (< VII)	3	A-B-A
17.	e: – a: – o:	*stehle – stahl – gestohlen* (< IV)	3	A-B-C
18.	ɛ: – o: – o:	*gären – gor – gegoren* (< IV)	3	A-B-B
19.	y: – o: – o:	*lügen – log – gelogen* (< IIa)	3	A-B-B
20.	i – o – o	*glimmen – glomm – geglommen* (< IV)	2	A-B-B
21.	au – i: – au	*laufen – lief – gelaufen* (< VII)	2	A-B-A
22.	au – o: – o:	*saugen – sog – gesogen* (< IIa)	2	A-B-B
23.	a – i – a	*fangen – fing – gefangen* (< IIIa)	2	A-B-A
24.	i – a: – e	*sitze – saß – gesessen* (< V)	1	A-B-C
25.	i – u – u	*schinde – schund – geschunden* (< IIIa)	1	A-B-B
26.	i – a: – e:	*bitte – bat – gebeten* (< V)	1	A-B-C
27.	i: – a: – e:	*liege – lag – gelegen* (< V)	1	A-B-C

Alternanz		Beispiel (< ehem. AL-Reihe)	zugehör. Verben	Alternanztyp
28.	a – o – o	*schalle – scholl (– erschollen)* (< IV)	1	A-B-B
29.	eː – u – o	*werde – wurde – geworden* (< IIIb)	1	A-B-C
30.	eː – aː – o	*nehme – nahm – genommen* (< IV)	1	A-B-C
31.	o – aː – o	*komme – kam – gekommen* (< IV)	1	A-B-A
32.	oː – iː – oː	*stoße – stieß – gestoßen* (< VII)	1	A-B-A
33.	uː – iː – uː	*rufe – rief – gerufen* (< VII)	1	A-B-A
34.	ɛ – i – a	*hänge – hing – gehangen* (< VII)	1	A-B-C
35.	ɛː – aː – oː	*gebären – gebar – geboren* (< IV)	1	A-B-C
36.	œ – o – o	*erlösche – erlosch – erloschen* (< IV)	1	A-B-B
37.	øː – oː – oː	*schwöre – schwor – geschworen* (< VI)	1	A-B-B
38.	au – o – o	*saufen – soff – gesoffen* (< IIa)	1	A-B-B
39.	ai – iː – ai	*heißen – hieß – geheißen* (< VII)	1	A-B-A

Ein Beispiel für zersplitternden Lautwandel ist die fnhd. Dehnung kurzer Vokale (s. Kap. 2.3.5), die bei einigen Verben der Ablautreihe Ia im Prät. und Part.Perf. gewirkt hat, z.B. bei *meiden*, bei anderen aber nicht, z.B. bei *reiten*, wodurch eine Spaltung eintrat: *r*[ɪ]*tt* – *ger*[ɪ]*tten* vs. *m*[iː]*d* – *gem*[iː]*den*. Ein Beispiel für eine Abspaltung durch unterschiedlichen morphologischen Ausgleich ist Reihe IIIb: Hier haben alle Verben das Prät. nach dem Sg.-Vokal ausgeglichen, s.o. *ich warf/sang – wir wurfen/sungen* zu *warf, warfen/sang, sangen*. Ein einziges Verb scherte dagegen aus: Nur *werden* (Nr. 29) verallgemeinerte den Pluralvokal zu heutigem *wurde* und gab dafür *ward* auf. Auch *kommen* (< ahd. *queman*) wurde aus seiner Reihe IV ausgekoppelt und zur einfach besetzten Alternanz (Nr. 31), indem im Präs. das [v] in *qu-* [kv] den folgenden Vokal *e* zu *o* umgefärbt hat und dann selbst geschwunden ist. Beides sind übrigens Irregularisierungen, wie sie für sehr gebrauchsfrequente Verben typisch sind (s. Kap. 3.1.1.4 und 3.1.2.3). Durch Prozesse wie diese wurde das ursprünglich recht einheitliche Ablautsystem in ca. 40 verschiedene Alternanzmuster aufgespalten; die meisten davon haben weniger als zehn Mitglieder, viele sind sogar nur einfach besetzt (s. Tab. 24, nach Mitgliederzahl geordnet). Dies bedeutet einen immensen Zuwachs an Allomorphie in der Kategorie Tempus (vgl. Kap. 3.1.2.2). Als Deutsch-Lerner (egal ob im Erst- oder Fremdspracherwerb) lohnt es sich kaum mehr, Regeln dafür zu formulieren; es ist einfacher, die Verben als unregelmäßig auswendig zu lernen.

Es gibt jedoch durchaus einige relativ mitgliederstarke Reihen (Nr. I-III), die in der Vergangenheit auch vereinzelt neue Mitglieder angezogen haben: In AL-Reihe IIIa trat *dingen – gedungen* ein und in Reihe I ahd. *scrīban*, mhd./fnhd. *preisen, weisen* und *pfeifen*. AUGST hat gezeigt, dass die Muster dieser Reihen von den starken Alternanzmustern am ehesten auf Kunstwörter übertragen werden, also im mentalen Lexikon der Sprecher am besten verankert sind (s. AUGST 1975a:269-274, vgl. auch KÖPCKE 1998, zum Engl. BYBEE/MODER 1983). Ein ausschlaggebender Faktor ist hier die Mitgliederzahl, also die Typenfrequenz, des Musters.

Ein Bündel von Alternanzmustern, die *o*(:) – *o*(:) im Prät. und Part.Perf. aufweisen, hat zudem durch seine einfache Struktur Karriere gemacht: Von den drei vorkommenden Alternanztypen ist der Typ A-B-B (Präs. vs. Prät.=Part.Perf.) einfacher gegenüber A-B-C mit drei Vokalen (Präs. vs. Prät. vs. Part.Perf.) und A-B-A (Präs.=Part.Perf. vs. Prät.) mit zwei Vokalen, die aber den Tempusunterschied nicht eindeutig markieren. Mit der einheitlichen Markierung für Prät. und Part.Perf. kommt der A-B-B-Typ auch dem schwachen Dentalsuffix-Muster X-*en* – X-*te* – *ge*-X-*t* am nächsten. Viele "schwächelnde" Verben aus Mustern mit Alternanztyp A-B-C, z.B. aus den Ablautreihen IIIb (*helfen – half – geholfen*) und IV (*nehmen – nahm – genommen*), sind zwar nicht zu den schwachen Verben übergegangen, aber sie haben ihre Alternanz weitestgehend vereinfacht und sind dem genannten *o-o*-Muster, das für AL-Reihe IIb lautgesetzlich ist, beigetreten. Dazu gehören *melken, scheren, fechten, glimmen, gären, heben, schwören, weben* u.a. All diese Verben hatten schon *-o-* in einer der beiden Formen (Prät. oder Part.Perf.), z.B. *melken – malk – mulken – gemolken*, und haben es auf die andere übertragen: *melken – molk – gemolken*. Dass dies oft ein Schritt auf dem Weg zum schwachen Verb ist, zeigen z.B. *melken* und *weben*, die heute "richtig" schwach werden (*melkte, webte*).

Wenn starke Verben zur schwachen Flexion übergehen, dann ändern sich nicht auf einen Schlag alle Formen, sondern der Ausgleich starker Merkmale verläuft schrittweise und in einer festen Reihenfolge (vgl. BITTNER 1996). In der folgenden Skala (Abb. 41) sind alle starken Merkmale angeordnet. Die Skala ist als gerichtete Implikation (symbolisiert durch ⊃) zu lesen. Hat ein Verb Merkmal a) wie *geben* mit *Gib!*, dann impliziert dies, dass das Verb alle Merkmale rechts davon auch hat. Hat ein Verb aber Merkmal d) wie *salzen* mit *gesalzen*, dann können alle Merkmale links davon fehlen, bzw. – wie sich zeigen wird – abgebaut sein, denn die Formen lauteten früher wirklich *salzen – sielz – gesalzen*. Pfeile deuten laufende, Klammern bereits abgeschlossene Übergänge an.

Abb. 41: Das Stark-Schwach-Kontinuum (modifiziert nach BITTNER 1996:80)

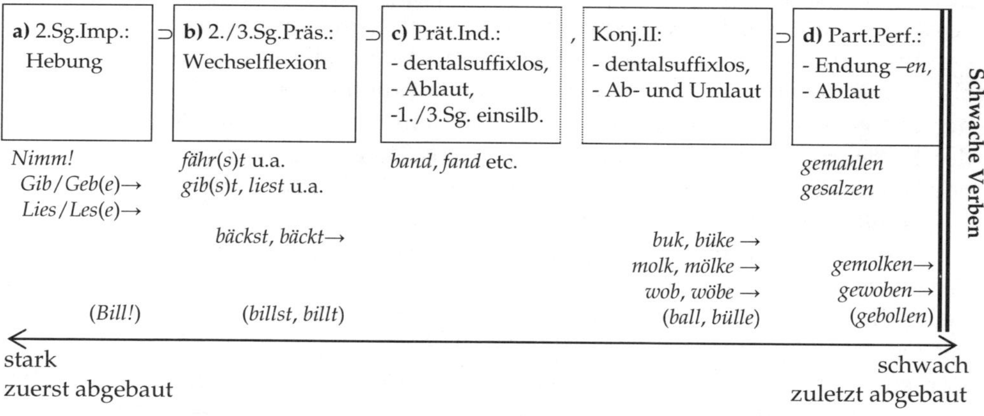

Nicht alle starken Verben sind gleich stark. So weist von Haus aus nur ein Teil der starken Verben die beiden Merkmale links auf der Skala auf: a) Hebung von *e* > *i* im Imperativ Sg. (*Gib!, Nimm!*, nur wenige Verben der ehem. Reihen IIIb-V) und b) die sog. Wechselflexion zwischen 1.Ps.Sg.Präs.+Pl. und 2./3.Ps.Sg.Präs. (ca. 45-55 Verben der ehem. Reihen IIIb-V und VI-VII):

ich gebe, wir geben etc. vs. *du gibst, sie gibt* (auch *nehmen, helfen, werfen* etc.)
ich fahre, wir fahren etc. vs. *du fährst, sie fährt* (auch *graben, laufen, stoßen* etc.)

Der Wechsel zwischen *e* und *i* geht auf die westgerm. Hebung von *e* > *i* zurück (vgl. SCHWEIKLE [5]2002:87) und die Umlautwechsel entstanden durch ahd. *i*-Umlaut (vgl. Kap. 2.2.2), beides durch *i*-haltige Endungen verursacht. Diese Erscheinungen sind auf Verben der Ablautreihen IIIb-V (Hebung) und VI-VII (Umlaut) beschränkt, da Verben mit Stammvokal *i* im Präsens (I, IIIa) beides nicht mitmachen konnten und in Reihe II der Wechsel im Fnhd. abgebaut wurde (vgl. z.B. EBERT u.a. 1993:253-260). Manche Verben, wie *finden, singen* etc., fangen also erst mit dem Merkmal c) an.

Die Hebung im Imperativ a) wird als erstes starkes Merkmal abgebaut, auch wenn ein starkes Verb sonst nicht "schwächelt". So gibt es durchaus umgangssprachlich schon *Nehm' dir nicht so viel Kuchen und geb' mir mal den Senf.* Verben, die wirklich schwach werden, haben dieses Stadium längst hinter sich. Niemand würde heute sagen *Milk die Kuh* – die meisten kennen diese Form nicht einmal mehr.

Als nächstes starkes Merkmal wird die Wechselflexion b) aufgegeben. Auch das ist bei *melken* schon geschehen (*du melkst, sie melkt* statt *milkst/milkt*), bei *backen* und *gebären* läuft dieser Ausgleich gerade: Je nach Sprecher hört man sowohl *bäckst/bäckt, gebierst/gebiert* als auch *backst/backt, gebärst/gebärt*. Den umgekehrten Weg haben regionalsprachlich einige schwache Verben eingeschlagen und analogisch Wechselflexion angenommen: *fragen – du frägst, sie frägt* und *kaufen, du käufst, sie käuft*. Im Luxemburgischen und in westmd. Dialekten ist dieses Phänomen noch stärker verbreitet (z.B. lux. *maachen – du méchs, si mécht* 'machen').

In der nächsten Phase wird auch die Ablautalternanz in c) Prät.Ind. und Konj.II abgebaut und durch das schwache Dentalsuffix ersetzt. Während Verben wie *binden* und *finden* keinerlei Schwächungstendenzen zeigen, gehen gerade z.B. *backen, melken* und *weben* zum schwachen Prät. über. Konj.II wird ohnehin zunehmend mit *würde* + Inf. umschrieben, besonders bei schwächelnden starken Verben, während er bei hochfrequenten Verben, z.B. solchen mit grammatischer Funktion, noch fest verankert ist (vgl. *ginge, wäre, hätte, würde*).

Als letzte starke Form d) "fällt" das Part.Perf., das sich sogar bei sonst völlig schwachen Verben oft noch lange hält. Während die Prät.-Formen *miel* und *sielz* längst vergessen sind, nutzen wir heute noch das starke Part.Perf. dieser Verben *gesalzen* und *gemahlen*. An der Schwelle zum völlig schwachen Verb ist gegenwärtig *weben* mit den Doppelformen *gewoben/gewebt*. Das gesamte Kontinuum durchlaufen haben z.B. *pflegen* und *bellen*, s. die eingeklammerten Formen in Abb. 41.

Die Reihenfolge des Abbaus, sozusagen eine Hierarchie des Vergessens lexikalisierter Formen, lässt sich auf Prinzipien beziehen, die in Kap. 3.1.1 vorgestellt wurden. Zum einen werden wiederum solche Vokalwechsel, die an die Kategorie Person gebunden sind (im Imperativ und Präs.Ind.), früher abgebaut als an Tempus gebundene Stammmodulation (im Prät. und Part.Perf.). Dies lässt sich auf das Relevanzkonzept beziehen (s. 3.1.1.2): Tempus ist relevanter für das Verb als Person, hier halten sich fusionierende Verfahren wie Vokalwechsel besser. Dass das starke Prät. vor dem Part.Perf. abgebaut wird, könnte an Unterschieden in der **Kategorienfrequenz** liegen. Wie in Kap. 11.2.3 gezeigt wird, schwächelt das Präteritum generell als ein Wert der Tempuskategorie und wird zunehmend durch das periphrastische Perfekt ersetzt, von der mündlichen Domäne in die Schrift und von Süden nach Norden fortschreitend – und bei seltener gebrauchten Verben schneller als bei häufig gebrauchten. Das Part.Perf. gewinnt als Teil der Perfektperiphrase an Kategorienfrequenz.[1] Und die frequentere Kategorie ist auch die lexikalisch besser verankerte: Sie hält damit länger dem Abbau stand. Bei hoch- und höchstfrequenten starken Verben (*geben, nehmen, essen, fahren, laufen* etc.) sind daher selbst die an Person gebundenen Merkmale nicht abbaugefährdet.

Das Schicksal des Ablauts ist eng an das der starken Verben, seiner prototypischen Vertreter, geknüpft. In Kap. 10.1.2 wird beschrieben, wie in germ. Zeit die schwachen Verben entstanden sind. Wie wir gesehen haben, sind die starken Verben viel älter, d.h. idg. Erbe. Warum ist überhaupt eine neue Klasse entstanden und warum läuft sie der alten Bildungsweise den Rang ab? Das Problem der starken Verben lag darin, dass neue Verben sich schlecht in die vorgegebenen Alternanzmuster einpassen ließen, denn diese stellten phonologische Bedingungen, die neue Verben oft nicht erfüllten. Z.B. waren in Reihe III (zu der *binden* und *helfen* gehören) nur Neumitglieder zugelassen, die als Stammauslaut eine Sonorantenverbindung, d.h. einen Nasal oder Liquid (*n, m, l, r*) + einen weiteren Konsonanten hatten, und andere Infinitiv-Stammvokale als *i* oder *e* wären ebenfalls problematisch geworden. Das Muster konnte also von vornherein keine hohe Produktivität erreichen, was auch für die übrigen Ablautreihen gilt. Die neuen schwachen Verben dagegen hatten keinerlei Zugangsbeschränkung und eine einfache Bildungsweise: Das additive Dentalsuffix lässt sich an jedes (neue) Verb hängen. Dementsprechend wurden die schwachen Verben zum einzig produktiven Bildungsmuster und haben heute eine Typenfrequenz von ca. 4000 Verben erreicht. Ab dem Ahd. lässt sich verfolgen, wie die Typenfrequenz der starken Verben im Gegensatz dazu sinkt. Vom Ahd. zum Mhd. halten sich noch Ab- und Zugänge fast die Waage, doch vom Mhd. zum Nhd. sind die Verluste drastisch. Sie entstehen v.a., indem Verben außer Gebrauch kommen, z.B. ahd. *beran* 'tragen' und *quedan* 'sprechen' (s. auch Kap. 6), weniger weil Verben zur schwachen Flexion übergehen (s. Tab. 25).

[1] Dass das Part.Perf. nicht nur verbale, sondern auch adjektivische Funktion hat (*versalzene Suppe*), die nicht dem Ausgleichsdruck des Verbparadigmas unterliegt, könnte ebenfalls zu seiner Stabilität beitragen.

Tab. 25: Rückgang der starken Verben seit der ahd. Phase (nach AUGST 1975a:255)

	Anzahl / %	Verlust	Gewinn
Ahd.	349 = 100%	st. > sw. -8 st. > † -41 = -49	sw. > st. +19? neu: +20 (ca.) = +39
Mhd.	339 = 98%	-10	
		st. > sw. -54 st. > † -119 = -173	sw. > st. +3 = +3
Nhd.	169 = 48%	-170	

Dennoch ist ein Aus der starken Verben keineswegs in Sicht. Die heutigen Mitglieder, die zum Grundwortschatz gehören, sind nicht gefährdet, solange sie durch ihre hohe Tokenfrequenz gestützt werden (s. Kap. 3.1.1.4).

9.1.3 Fallbeispiel Wortbildung: Kausativderivation

Kausative Semantik erzeugen wir heute mithilfe von Umschreibungen wie *jemanden/etwas zum X-en bringen*, *X-en lassen/machen* oder mit Ableitungspräfixen wie *zer-*, *er-* u.a. Ein kausatives Verhältnis zu *reißen* z.B. würden wir als *zum Reißen bringen* oder *zerreißen* ausdrücken. Das Germ. und dessen älteste überlieferte Einzelsprache, das Gotische, nutzte dafür den Ablaut, und zwar, indem ausgehend vom Grundverb, z.B. *trinken*, der Stamm der 2. Ablautstufe genommen wurde, also hier *trank-*, und daran ein *j*-haltiges Ableitungssuffix angehängt wurde, so dass sich für das Germ. der Inf. **trank-jan* ergibt. Dass gerade auf die zweite Ablautstufe zugegriffen wurde, erklärt man sich mit deren ursprünglich idg. Handlungssemantik, die Perfektivität, also den Abschluss einer Handlung und damit auch deren Vollzug markierte. Die semantische Brücke zu den Kausativen liegt darin, dass hier jemand jemanden zum Vollzug einer Handlung bringt.

Tab. 26: Kausativableitung im Germanischen (vgl. RAMAT 1981:162-164, 171, 173)

AL-Reihe	Stufe 1	**Stufe 2**	Stufe 3	Stufe 4	
II	**beug-*	**baug-*	**bug-*	**bug-anaz*	'biegen'
IIIa	**drink-*	**drank-*	**drunk-*	**drunk-anaz*	'trinken'
VI	**far-*	*fōr-*		**far-anaz*	'fahren'

**baug-j-an* > ahd. *bougen* > mhd. *böugen* > nhd. *beugen*
**drank-j-an* > ahd. *trenken* > mhd. *trenken* > nhd. *tränken*
**fōr-j-an* > ahd. *fuoren* > mhd. *füeren* > nhd. *führen*

Durch phonologischen Wandel, der durch das *j* der Endung bewirkt wurde, entwickelten sich die Kausative in der Folgezeit divergent zu ihrem Grundverb: So bewirkte das Kausativsuffix *-j-* im Präsens ahd. *i*-Umlaut des Stammvokals, was zur Folge hatte, dass die heutigen Formen *tränken* und *führen* (gegenüber *trank* und *fuhr* beim Grundverb) lauten. Das *j* konnte auch zu konsonantischen Differenzierungen gegenüber dem Grundverb führen: Die westgerm. Konsonantengemination (vgl. Kap. 2.3.4) ließ vor *j* Geminaten entstehen, z.B. germ. **bait-j-an* > westgerm. **baittjan*. Da *tt* in der 2. LV (vgl. Kap. 2.2.3) zur Affrikate [ts] weiterverschoben wurde, entstand daraus ahd. *beizzen*, was nhd. *beizen* entspricht. Im Grundverb wurde dagegen einfaches *t* zu *s* verschoben. Dadurch stehen den starken Grundverben *beißen* und *reißen* heute die Kausative *reizen* und *beizen* gegenüber (auch wenn dieses Verhältnis durch semantischen Wandel undurchsichtig geworden ist), s. Tab. 27.

Die kausativen Ableitungen sind für heutige Sprecher kaum mehr mit ihrer jeweiligen Ableitungsbasis verknüpft: Bei *sprengen* (< germ. **sprangjan*) z.B. denkt niemand mehr an *zum Springen bringen*. Das Ableitungsmuster ist undurchsichtig (opak) geworden und schon lange, wahrscheinlich bereits seit ahd. Zeit, nicht mehr produktiv. Sowohl die formale als auch die frühere semantische Beziehung zwischen Grundverb und Kausativ sind abgerissen.

Tab. 27: Einige Kausative und ihre starken Grundverben

AL-Reihe	starkes Grundverb	(2. AL-Stufe im Ahd.)	Kausativ
I	*beißen*	*(beiȝ)*	*beizen*
	reißen	*(reiȝ)*	*reizen*
II	*biegen*	*(bouc)*	*beugen*
	fließen	*(flōȝ)*	*flößen*
III	*dringen*	*(drang)*	*drängen*
	rinnen	*(rann)*	*rennen*
	sinken	*(sank)*	*senken*
	springen	*(sprang)*	*sprengen*
	schwimmen	*(swam)*	*schwemmen*
	winden	*(wand)*	*wenden*
IV	*stechen*	*(stach)*	*stecken*
V	*essen*	*(aȝ)*	*ätzen*
	sitzen	*(saȝ)*	*setzen*
	liegen	*(lag)*	*legen*
VI	*fahren*	*(fuor)*	*führen*

Der Ablaut ist damit sowohl in der Flexion als auch in der Derivation ein lexikalisiertes "Auslaufmodell". Nichtsdestotrotz hält er sich bei den starken Verben, so sie gebrauchsfrequent genug sind. Dass Totgesagte länger leben und der Ablaut dennoch auch heute noch im Sprachsystem "herumspukt", zeigen wir im folgenden Unterkapitel.

9.1.4 *Jetzt kommt der Bi-Ba-Butzemann:* Ist der Ablaut noch produktiv?

Von vereinzelten Übergängen schwacher zu den starken Verben war bereits die Rede. In Aufgabe 3) (S. 225) begegnen Sie diesem Phänomen auf der sprachgeographischen Ebene. Auch in Dialekten haben sich starke Formen gehalten bzw. wurden schwache gestärkt, wo im Standard schwache Flexion gilt. Beispiele sind regionalsprachlich *schneien – geschnien, winken – gewunken* und scherzhaft *speisen – gespiesen*, wiederum nach den mitgliederstarken Reihen I und IIIa (zu weiteren

Klassenwechseln s. THEOBALD 1992). Nicht ganz ernst gemeinte sprachpflegerische Maßnahmen zur "Stärkung" schwacher Verben finden Sie unter "www.soviseau.de/verben" (08.01.2006) bei der eigens gegründeten "Gesellschaft zur Stärkung der Verben".

Außerdem spuken Ablautmuster (meist IIIa) als Abfolgeprinzip für Vokale latent durch Werbesprache, Zeitungsschlagzeilen, Produktnamen, Phraseologismen, Interjektionen und Kinderreime/-lieder, z.B. in *bimmbamm(bumm)*, *Kitekat*, *Whiskas*, *ticktack*, *wischiwaschi*, *Wirrwarr*, *Mischmasch*, *Zickzack*, *nach Strich und Faden*, *Gift und Galle spucken*, *Nanu*, *La-Le-Lu*, *Tri-tra-trullala* sowie in der Überschrift dieses Kapitels.

9.2 Umlaut

Die zweite das Deutsche kennzeichnende Form ebenenübergreifenden Wandels, der von der phonologischen Ebene auf andere Ebenen übergeht, ist der **Umlaut**. Allerdings ist der Umlaut zum einen viel jünger als der Ablaut. Er setzt mit der ahd. Phase ein und ist damit gut beobachtbar. Zum anderen war – und ist – er weitaus produktiver als der Ablaut. Dies ist eine Besonderheit, die das Deutsche und Luxemburgische von den übrigen germ. Sprachen unterscheidet: Deutsch und Luxemburgisch haben die Möglichkeit zur Funktionalisierung des Umlauts am intensivsten genutzt. In den folgenden Abschnitten wird gezeigt, auf welchen Ebenen diese Funktionalisierung stattfand.

9.2.1 Der Ursprung: Vom phonetischen zum phonologischen Umlaut

In Kap. 2.2.2 wurde der phonetische Ursprung des ahd. und mhd. Primär- und Sekundärumlauts aufgezeigt. Anfänglich ist die Assimilation von velarem, betontem *a* > *e*, *u* > *ü*, *o* > *ö* etc. vor *i*, *ī* oder *j* in der Folgesilbe als phonetischer und nicht als phonologischer Prozess zu betrachten, da er zunächst keine Auswirkung auf das ahd. Phoneminventar hatte, d.h. die Umlautprodukte waren nur Allophone (palatale Lautvarianten, die an Folgesilben mit *i*, *ī* oder *j* gekoppelt waren). Der Umlaut war ursprünglich eine Ausspracheerleichterung, bei der die Zungenstellung an das *i* bzw. *j* der Folgesilbe angepasst wurde (vgl. Abb. 7 in Kap. 2.2.2).

Im Spätahd. beginnt der Prozess der Phonologisierung des Umlauts: Die umlautauslösenden Vokale *i* und *ī* werden zu [ə] zentralisiert. Damit fällt der bedingende Kontext weg, und die früheren Allophone werden zu selbstständigen Phonemen: ahd. *sk*[o:]*no* (Adv.) vs. *sk*[œ:]*ni* (Adj.) > nhd. *schon* vs. *schön* (Minimalpaar). Gleichzeitig werden die Umlaute vermehrt verschriftet. Dass diese neuen Umlaute auch dann erscheinen, wenn ihr Auslöser fehlt, zeigt, dass die Allophone zu Phonemen geworden sind. Dieser Prozess führt im Spätahd. und Mhd. zu einem erheblichen Zuwachs an betonten Vokalphonemen (s. Abb. 11 in Kap. 2.3.3).

9.2.2 Die Nutzbarmachung: Der morphologische Umlaut

Das Spätahd. bzw. Mhd. markiert die Umbruchsphase, in der der Umlaut den Weg in die Morphologie einschlägt, und zwar in mehrfacher Hinsicht: In den Kap. 2.2.2 und 3.1.2.1 wurde die Morphologisierung des Umlauts zum Pluralmarker besprochen. Der Umlaut ist ab jetzt nicht mehr nur ein Produkt lautlichen Wandels, sondern erfährt eine feste Koppelung mit der grammatischen Information 'Plural'. Er breitet sich auch auf Substantive aus, die nie einen Umlautauslöser in der Folgesilbe hatten. Diesen neuen Umlaut (ohne phonologische Grundlage) bezeichnet man als **morphologischen**, **analogischen**, funktionalen, auch tertiären **Umlaut** (SONDEREGGER 1979:299, Kap. 3.1.2.1). Neben der starken Funktionalisierung zur Pluralanzeige der Substantive wird der morphologische Umlaut auch bei der Adjektivsteigerung sowie der Konjunktivbildung starker Verben genutzt.

9.2.2.1 *Krumm – krümmer – am krümmsten*? – Steigerungsumlaut bei Adjektiven

Im Nhd. werden nur etwa 20, also längst nicht alle **Adjektive** im Komparativ und im Superlativ umgelautet, d.h. die Umlautung bildet die Ausnahme. Der Umlaut betrifft Adjektive, die einsilbig sind und die Stammvokale *a*, *o* oder *u* enthalten: *arm – ärmer – am ärmsten, groß – größer – am größten, dumm – dümmer – am dümmsten*. Die einzige Ausnahme von der Einsilbigkeitsbedingung ist *gesund*, das heute Umlaut hat. Adjektive mit *au* werden im Standard nie umgelautet (DUDEN-Grammatik [7]2005:§498, AUGST 1971). Im Substandard hört man aber durchaus Formen wie *braun – bräuner – am bräunsten, faul – fäuler – am fäulsten*.

Die nichtumlautenden Adjektive sind zahlreich, vgl. *stumm – stummer – am stummsten* und viele mehr. Auch gibt es nicht wenige Schwankungsfälle wie z.B. *krumm – krummer/krümmer – am krummsten/krümmsten*. Weitere lassen sich auch mit einer informellen Google-Recherche nachweisen: Diese ergab am 16.01.06 für *braver als* etwa viermal so viele Treffer wie für *bräver als*. Dagegen erzielte *doofer als* nur halb so viele Treffer wie *döfer/dööfer als*. Da Schwankungsfälle oft Indiz für Sprachwandel sind, seien weitere aufgezählt: *bang, blass, glatt, karg, nass, fromm, rot* (nach DUDEN-Grammatik [7]2005:§498).

Im Ahd. erfolgte die Adjektivsteigerung entweder über *i*-haltige (*-iro* und *-isto*) oder *ō*-haltige (*-ōro* und *-ōsto*) Suffixe (Tab. 28 und Abb. 42). Die Verteilung dieser Suffixe ist wegen der geringen Anzahl eindeutiger Belege aus dem Ahd. nicht immer klar, und es gibt durchaus auch Adjektive, die beide Suffixe haben konnten. Allerdings besteht bei abgeleiteten oder zusammengesetzten (und damit mehrsilbigen) Adjektiven (z.B. *managfalt* 'mannigfaltig') eine klare Präferenz für die *ō*-haltigen Suffixe. Da der Primärumlaut im Ahd. nur kurzes *a* > *e* betraf und nur wenige Adjektive die Steigerung mit den *i*-Suffixen vollzogen, tritt der Umlaut im Ahd. nur bei einem Bruchteil der gesteigerten Adjektive auf.

Tab. 28: Adjektivsteigerung im Ahd.

	Positiv	Komparativ	Superlativ
mit UL	*alt* 'alt'	*eltiro*	*eltisto*
ohne UL	*managfalt* 'mannigfaltig'	*managfaltōro*	*managfaltōsto*

Im Mhd. und auch im Fnhd. wird der Sekundärumlaut graphisch nicht systematisch bezeichnet, daher sind Aussagen über den Umlaut immer schwierig. Spätestens im Fnhd. erfolgen jedoch beim Steigerungsumlaut Morphologisierungen, erkennbar daran, dass der Umlaut auf Adjektive überspringt, die nie *i*-haltige Endungen hatten. Umgekehrt verlieren auch einige Adjektive ihren Umlaut, d.h. hier finden analogische Ausgleiche in beide Richtungen statt. Dieses Thema ist leider noch kaum erforscht. Dabei tritt nach AUGST (1971) die Gebrauchsfrequenz (Tokenfrequenz) des betreffenden Adjektivs als wichtigstes Steuerungsinstrument hervor, wobei die Einsilbigkeit eine weitere Bedingung bleibt: Besonders häufig gebrauchte Adjektive lauten bei der Steigerung eher um als seltener verwendete. Ein Blick in das Frequenzwörterbuch von RUOFF (^{2}1990:493) bestätigt diese Korrelation aufs deutlichste: Unter den 25 häufigsten einsilbigen Adjektiven mit umlautfähigem Vokal (also ohne Adjektive wie *schnell, neu, klein*, die gar nicht umlauten könnten) befinden sich 16 mit Steigerungsumlaut (z.B. *alt, jung, groß*), drei Schwankungsfälle (*krank, nass, rot*) und sechs ohne Umlaut, unter denen sich auch sog. absolute, d.h. logisch nicht steigerbare Adjektive wie *tot* befinden (*voll, wahr, froh, klar, tot, rund*). Einige der Nichtumlauter haben früher geschwankt (*voll, froh, klar*). Diese hohe Präsenz (die Gebrauchsfrequenz) des Umlauts in einem beliebigen Text erklärt, weshalb wir ihn intuitiv für die Regel halten, wenngleich er, auf alle Adjektive bezogen (die Typenfrequenz), die Ausnahme darstellt.

Erwartungsgemäß schwanken in der Umbauphase des Fnhd. besonders viele Adjektive (teils auch dialektbedingt, denn das Fnhd. ist ja nicht standardisiert). So zählt SCHOTTELIUS (1663) *stumm* und *voll* zu den umlautenden Adjektiven. Auch gab es im Fnhd. Formen wie *stoeltzer, gleter* (zu *glatt*), *zämer, dünkler* und *fäuler* (vgl. PHILIPP 1980:86, EBERT u.a. 1993:204-205). Noch bei Grammatikern des 18. bis 20. Jhs. gibt es unterschiedliche Auskünfte: Bei vielen wird *gesund* ohne Umlaut verzeichnet, *dumm* und *rund* als Schwankungsfälle, und bei manchen lauten *klar, brav, zart, voll, froh,* auch *dunkel* und *behaglich,* um. Insgesamt ist der Steigerungsumlaut seit dem Fnhd. rückläufig. In Schweizer Dialekten wurde er indessen ausgebaut, hier gibt es Komparative wie *trüriger* zu *trurig* 'traurig', *mägerer* zu *mager* 'mager' oder *lüschtiger* zu *luschtig* 'lustig', d.h. die Einsilbigkeitsbeschränkung wurde durchbrochen (zu diesem Komplex s. HAUBERT 2007).

Als klares Fazit ist zu ziehen, dass der Umlaut beim Adjektiv als Steigerungsmorphem im Fnhd. morphologisiert wird. Allerdings gab es im frühen Ahd. beim Adjektiv noch andere Umlaute, die nicht die Steigerung bezeichneten, sondern Kasus im Singular des Positivs (Grundstufe), und zwar den Gen. und Dat.Sg. (s. Tab. 29 und SONDEREGGER 1979:309). Allerdings wurde dieser kasusmarkierende

Umlaut – genau wie bei den Substantiven (s. die rechte Spalte in Tab. 29) – noch im Ahd. beseitigt (vgl. Kap. 3.1.2.1).

Abb. 42: Diachronie der Adjektivsteigerung

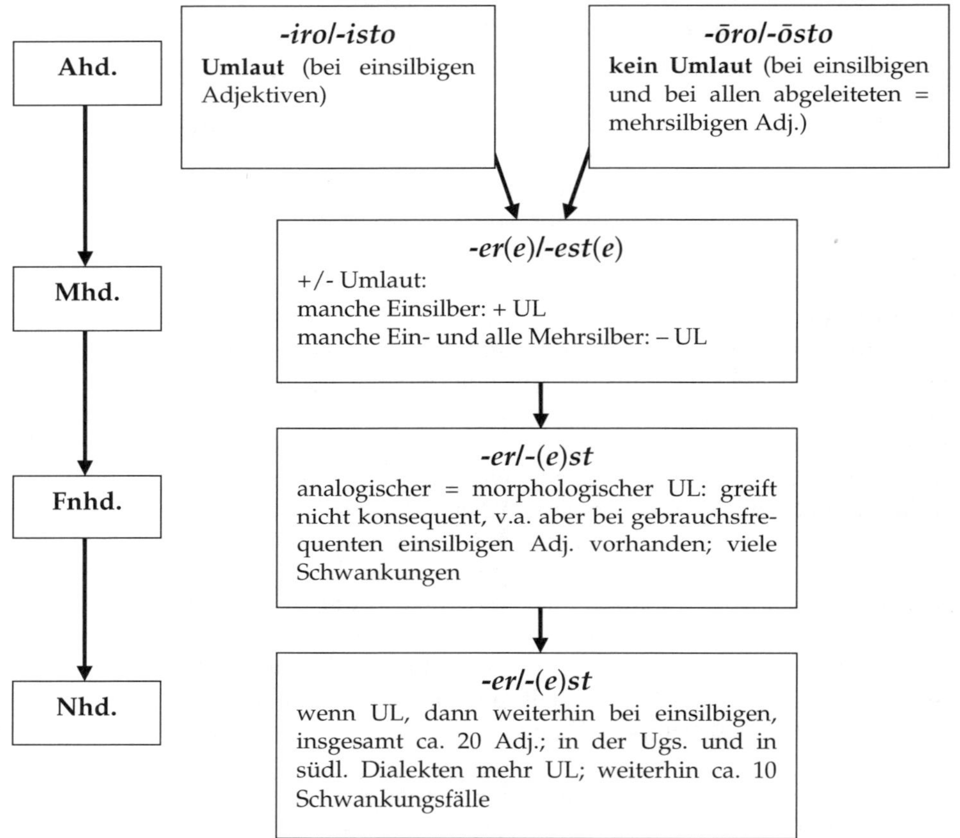

Tab. 29: Ahd. Kasusumlaute im Singular von Adjektiven (und bestimmten Substantiven)

	Adjektive	**Substantive**
Nominativ	*langa*	*namo*
Genitiv	*lengin* → *langin*	*nemin* → *namin*
Dativ	*lengin* → *langin*	*nemin* → *namin*
Akkusativ	*langa*	*namun, -on*

Diese alten adjektivischen Kasusumlaute haben sich jedoch in einigen Ortsnamen erhalten. Namen sind u.a. deshalb für die Sprachgeschichte interessant, weil sie oft sprachliche Relikte bewahren. SONDEREGGER (1979:309) erwähnt hier *Längendorf* < ahd. *ze demo lengin dorfe* (Dat.Sg.) und *Schwerzenbach* < ahd. *ze demo swerzin bahhe*. Im Schwarzwald (bei Titisee-Neustadt) gibt es den Ort (und auch den –

heute noch roten – Bach) *Rötenbach* < *Rotinbah* (819). Sowohl in Österreich wie in der Schweiz gibt es ein *Längenbach.*

Beide Entwicklungen – die Beseitigung des Kasusumlauts aus dem Positiv des Adjektivs sowie die analogische Einführung des Steigerungsumlauts – bestätigen deutlich das in Kap. 3.1.1.2 eingeführte Relevanzkonzept von BYBEE (1985):

Abb. 43: Die Relevanzhierarchie für das Adjektiv

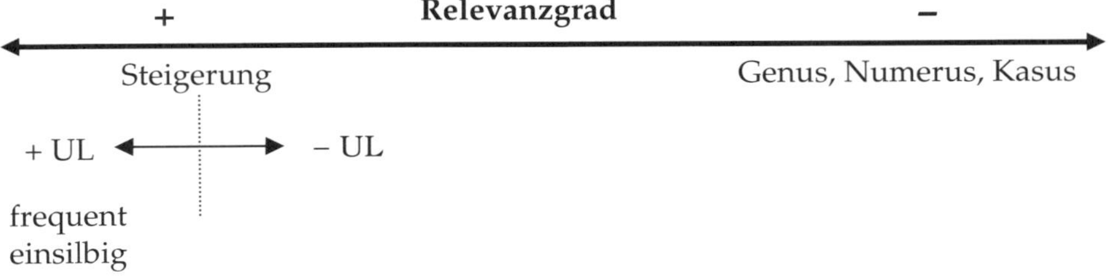

Da ein Adjektiv meist eine bestimmte Eigenschaft, die in der Regel unterschiedlich stark ausgeprägt sein kann, bezeichnet (z.B. *groß, alt* etc.), ist die Angabe der Intensitätsstufe dieser Eigenschaft eine für das Adjektiv viel relevantere Information als eine bloße Kongruenzkategorie wie Genus, Kasus oder Numerus, die nicht vom Adjektiv selbst ausgeht bzw. gesteuert wird. Daher ist es die Steigerung, die fusionierend (über Umlaut) im Stamm, d.h. innerhalb des Lexems, ausgedrückt wird. Durch die analogische (morphologisch motivierte) Ausbreitung des Steigerungsumlauts wird dieses Relevanzprinzip bestätigt. Auch der zweite Faktor, der Fusionierungen begünstigt, tritt deutlich zutage: Die Gebrauchsfrequenz (=Tokenfrequenz) des betreffenden Adjektivs hat großen Einfluss auf die Umlautwahrscheinlichkeit (vgl. Kap. 3.1.1.4).

AUGST (1971) führte einen informellen Versuch mit Kunstwörtern (d.h. erfundenen Adjektiven) durch, um zu testen, ob Probanden auch hier einen Steigerungsumlaut bilden. Seine Ergebnisse bestätigen die starke Neigung zur Umlautung von Einsilbern mit den Wurzelvokalen *a, o* und *u*, und – wenngleich seltener – auch von *au*. Bei Mehrsilbern wurde dagegen unabhängig vom Wurzelvokal sehr wenig umgelautet. Gerade der Faktor der Silbenzahl wirkt also bis heute nach: So lautet das einfache Adjektiv *arm* immer um, aber innerhalb von Komposita wie *kalorienarm, blutarm, risikoarm* kommt es durchaus zu nicht umgelauteten Formen wie *blutarmer als, risikoarmer als.* Dies bestätigt auch eine Recherche bei Google (am 16.01.06) (Eingabe: "blutarmer als" etc.; bei solchen Recherchen immer "Seiten auf Deutsch" auswählen).

9.2.2.2 *Wenn die Vöglein nur sängen*: Konjunktivumlaut bei starken Verben

Im Nhd. gibt es bei starken Verben zwei Möglichkeiten zur Bildung des Konj.II, eine synthetische mithilfe des Umlauts (*ich sänge*) und eine periphrastische (analytische) mit dem Hilfsverb *würde* (*ich würde singen*) – mit deutlicher Tendenz zur Ausbreitung der zweiten Variante. Der Ursprung des Umlauts ist ebenfalls lautgesetzlicher Art. Im Laufe der Zeit wurde er jedoch zum Ausdruck des **Konjunk-**

tivs morphologisiert (funktionalisiert). Dies ist an drei Entwicklungen nachweisbar:

1) Der Konjunktivumlaut hat sich in dieser Position auch analogisch auf Verben ausgebreitet, die nie das umlautauslösende *i* enthielten, z.B. die beiden schwachen Verben *haben* (*hätte*) und *brauchen* (*bräuchte*).
2) Der Umlaut hat sich aus anderen Positionen des verbalen Paradigmas zurückgezogen, was die Verknüpfung zwischen dem Umlaut und der Information 'Konj.II' indirekt verstärkt hat (s. unten die 2.Ps.Sg.Prät. starker Verben).
3) Schließlich hat sich der Umlaut im Zuge des präteritalen Numerusausgleichs im Fnhd. auf die Stammvokale der neuen Präteritalformen übertragen, z.B. jetzt *sänge* zu *sang*(*en*) (2. Ablautstufe) statt früher *sünge* zu *sungen* (3. Ablautstufe) (vgl. NÜBLING 1999a).

Zu 2): Der Konjunktivumlaut betraf lautgesetzlich nur die starken Verben. Die Auslöser des Konj.II-Umlauts, *i*-haltige Endungen, sind im Ahd. noch klar sichtbar (s. Tab. 30). Der Konj. II wird mit der 3. Ablautstufe gebildet (Reihe IIIa: *singan – sang – sungum – gisungan*). Tab. 30 vergleicht die ahd. und mhd. Konj.II-Formen. Im Ahd. ist das umlautauslösende *-i-* zwar vorhanden, der Sekundärumlaut (um den es sich hier handelt) aber noch nicht verschriftet. Im Mhd. und v.a. Fnhd. wird dieser Umlaut geschrieben. Der umlautauslösende Vokal *i* ist inzwischen zu *e* geschwächt worden.

Tab. 30: Konjunktiv Präteritum im Ahd., Mhd. und Fnhd.

Form	Ahd.	Mhd./Fnhd.
Sg. 1.	*sungi*	*sünge*
2.	*sungīs(t)*	*süngest*
3.	*sungi*	*sünge*
Pl. 1.	*sungīmēs*	*süngen*
2.	*sungīt*	*sünget*
3.	*sungīn*	*süngen*

Im Ahd. gibt es jedoch mit der 2.Ps.Sg. des Ind.Prät. *du sung-i* 'du sangst' eine weitere Form mit *i*-haltiger Endung, die sich zu mhd. *du süng-e* entwickelte und den Konjunktivformen äußerlich ganz ähnlich war. Diese Form wird zu Ende des Mhd. analogisch aus dem Paradigma entfernt. Parallel dazu setzt sich die Endung *-st* statt vorher *-e* durch: *du sünge* > *du sangst* (vgl. Tab. 13 in Kap. 3.1.2.2; SONDEREGGER 1979:310, PAUL u.a. [24]1998:§240). Indem der Umlaut aus dem Indikativ entfernt wurde, hat sich seine Koppelung mit dem Konj. II verstärkt, da sich der Umlaut nun exklusiv auf die Konjunktivanzeige beschränkt. Dies wird zusätzlich durch den Abbau der Rückumlautverben ab dem Fnhd. gestützt, wo die Umlautdifferenz zur Tempusmarkierung beseitigt wird, indem sich der Umlaut nun auf das gesamte Paradigma ausbreitet und damit keine grammatischen Kategorien mehr markieren kann: mhd. *küssen – kuste* > nhd. *küssen – küsste, hœren – hōrte* > *hören – hörte* (vgl. Kap. 9.2.2.4). Hier wird der Umlaut also lexikalisiert, d.h. fest mit dem Lexem verbunden. Damit verliert er seine grammatische Funktion.

9.2.2.3 Exkurs: Eskapaden des Umlauts im Luxemburgischen am Beispiel des Pluralumlauts

Der lautgesetzliche Umlaut hat in den germ. Sprachen mit unterschiedlicher Stärke gewirkt. Doch kam es, abgesehen vom Deutschen, kaum zu einer Systematisierung und Funktionalisierung des Umlauts. Das Englische und Niederländische haben den Umlaut bis auf wenige Reste (z.B. engl. *goose – geese, man – men*, nl. *stad – steden*) abgebaut. Nur das Luxemburgische hat die Morphologisierung des Umlauts noch weiter vorangetrieben als das Deutsche, was im Folgenden anhand des Pluralumlauts bei Substantiven gezeigt sei. Im Luxemburgischen lauten nicht nur mehr Substantive im Plural um als im Deutschen, sondern es gibt auch viel mehr Umlautmöglichkeiten, die, anders als im Deutschen, nicht immer vorhersagbar sind, d.h. es besteht keine 1:1-Beziehung zwischen Nichtumlaut und Umlaut. Während im Deutschen z.B. ein [a:] nur zu [ɛ:] werden kann (*Kran – Kräne*), sind hier im Lux. die "Umlaute" [e, e:, ɛ, ɛ:, ie] oder [ɛi] möglich (NÜBLING 2005a:57-58, 2006). Diese massive Zunahme an Komplexität ist weitgehend auf lautgesetzliche Entwicklungen zurückzuführen, doch ist auch viel analogischer Umlaut daran beteiligt. Tab. 31 enthält einige Beispiele.

Tab. 31: Umlaut in der Pluralbildung des Luxemburgischen (nach NÜBLING 2005a:56, 2006:117)

Singular	**Plural**	**Bedeutung**
Aarm	*Äerm*	'Arm – Arme'
Stach	*Stéch*	'Stich – Stiche'
Sam	*Seem*	'Saum – Säume'
Rass	*Rëss*	'Riss – Risse'
Floss	*Flëss*	'Fluss – Flüsse'
Nool	*Neel*	'Nagel – Nägel'
Broch	*Bréch*	'Bruch – Brüche'
Mount	*Méint*	'Monat – Monate'
Fäuscht	*Fäischt*	'Faust – Fäuste'
Numm	*Nimm*	'Name – Namen'
Kuerf	*Kierf*	'Korb – Körbe'

Trotz zunehmender Komplexität des Systems und der damit verbundenen Belastung der Kompetenz hat das Luxemburgische die Auswirkungen des Umlauts nicht beseitigt, sondern den Umlaut als morphologisches Mittel zur Kodierung des Plurals so stark genutzt wie keine andere germanische Sprache. Dafür kann es sich in vielen Fällen erlauben, keine eigene Pluralendung zu verwenden, d.h. der Plural ist oft nicht länger als der Singular (viele der lux. Plurale in Tab. 31 haben nhd. Entsprechungen mit *–e* im Pl.). Die Kompetenzbelastung (Memorierung) wird also durch eine Performanzerleichterung (kürzere Formen) kompensiert (vgl. das Ökonomieprinzip in Kap. 3.1.1.4).

9.2.2.4 *Täubchen im Gebüsch hören*: Umlaut in Wortbildung und Lexik

Die Ausbreitung des **Umlauts in Wortbildung und Lexik** beginnt schon im Ahd. und dauert bis heute an, d.h. alle drei Umlauterscheinungen (Primär-, Sekundär- und morphologischer Umlaut) sind daran beteiligt. Im Nhd. sind viele Relikte des lautgesetzlichen Umlauts erhalten, z.B. *legen* (< germ. **lagjan*), setzen (< germ. **satjan*). In der Diminution ist er heute noch produktiv (vgl. *Skandälchen*).

Ein Beispiel für nicht mehr produktiven Umlaut in der **Wortbildung** sind die Kollektiva vom Typ *Busch – Gebüsch, Land - Gelände*. Diese bezeichnen im weitesten Sinne 'eine Vielheit von X'. Der Wortbildungsprozess ist im Germ. produktiv und hat die Struktur **ga*-WURZEL-*ja* (vgl. Kap. 3.2.1.3). Das *-j-* des Suffixes verursacht Umlaut mit dem Ergebnis, dass einem umlautlosen Grundwort ein umgelautetes Kollektivum gegenüber steht, wie bei *Wasser – Gewässer, Darm – Gedärm, Busch –Gebüsch, Holz – Gehölz*, auch *Mus – Gemüse* (s. WILMANNS ^{2}1899:§191, HENZEN ^{3}1965).

Auch bei der verbalen Wortbildung spielte Umlaut eine Rolle. Eine der drei großen Klassen der schwachen Verben, die sog. *jan*-Verben, erfuhr durch dieses Suffix reguläre Umlautung. Diese Verben wurden i.d.R. von der 2. Ablautstufe starker Verben abgeleitet. So wurde z.B. zu *springen* das *jan*-Verb **sprang-jan* in der Bedeutung 'zum Springen bringen' gebildet (heute: *sprengen*). Durch das *-j-* der Endung wurde der Stammvokal zu ahd. *sprengen* umgelautet (mehr dazu in Kap. 9.1.3). Heute ist dieser Umlaut lexikalisiert. Dies gilt auch für andere ehemalige *jan*-Verben wie *träumen, stürzen, küssen, füllen, hören, brennen, schenken.*

Weitere Wortbildungsmuster, die im Ahd. entweder produktiv oder zumindest noch morphologisch transparent waren, enthielten *i*-haltige Suffixe und sind als Umlautrelikte in der heutigen Lexik verankert. Unter den Substantiven stammen solche Relikte aus bestimmten Substantivklassen, z.B. den *ja-* (ahd. (*h*)*rucki* > nhd. *Rücken*), *jō-* (ahd. *suntia* > nhd. *Sünde*) und *īn*-Stämmen (ahd. *hōhī* > nhd. *Höhe*).[2] Bei manchen dieser Flexionsklassen (z.B. den fem. *īn*-Stämmen) war der Umlaut in allen Positionen des Paradigmas vorhanden. Bei anderen (z.B. den *jō*-Stämmen) war dies nicht der Fall (kein *i* im Gen. und Dat.Pl.), doch wurde auch hier der Umlaut ab dem Mhd. im gesamten Paradigma verallgemeinert und damit lexikalisiert.

In einigen Fällen von **lexikalisiertem Umlaut** entstanden Dubletten, bei denen semantische Unterschiede an das Fehlen bzw. Vorhandensein des Umlauts gekoppelt wurden. Hier kann man aber nicht von einer Funktionalisierung wie z.B. bei der Plural- oder Konjunktivbezeichnung sprechen, da die Semantik sich von Fall zu Fall stark unterscheidet. Beispiele sind: *schon* vs. *schön, fast* vs. *fest, drucken* vs. *drücken*. In manchen Fällen ist kaum ein semantischer Unterschied feststellbar, z.B. bei *nutzen – nützen*. Auch gibt es einige Umlaut-Dubletten mit Bedeutungsunterschied nur in der Pluralbildung, z.B. *Worte* vs. *Wörter* und *Lande* vs. *Länder*.

Bei den heutigen Wortbildungsverfahren variiert die **Produktivität des Umlauts**. Der Umlaut der *in*-Movierung (z.B. *Arzt – Ärztin, Koch – Köchin*) ist lautge-

---

2 Diese Flexionsklassenbezeichnungen gehen auf das Germanische zurück; hier kamen diese Endungen *-ja, -jō* und *-īn* noch vor, im Ahd. erscheinen sie stark verändert und reduziert.

setzlich begründet, heute aber nur gering produktiv. Er geht auf das ahd. Suffix *-inna* zurück: *kuninginna* 'Königin', *friuntinna* 'Freundin'. Bei jüngeren Bildungen und Lehnwörtern fehlt der Umlaut meist (z.B. *Sklavin, Kameradin, Gattin,* aber *Französin, Bischöfin, ?Generälin*) und unterbleibt bei zweisilbigen Nomina agentis auf *-er* wie *Kanzlerin, Malerin* (FLEISCHER/BARZ [2]1995:182-183). Dagegen ist der Umlaut in der Diminution bei den Suffixen *-chen* und *-lein* noch ziemlich produktiv. Sowohl *-lein* (< mhd. *-lîn*) als auch *-chen* (< mhd. *-ichîn*) gehen auf *i*-haltige Suffixe zurück. Dass der Umlaut heute noch bei Entlehnungen wie *Anekdötchen, Skandälchen* oder *Historchen* (FLEISCHER/BARZ [2]1995:180) eintritt, beweist seine morphologische Funktionalisierung auch in der Wortbildung. Hier kann man wieder in BYBEES Relevanzkonzept (Kap. 3.1.1.2) eine funktionale Erklärung finden. Die Diminution verändert das durch das Substantiv bezeichnete Konzept sehr stark: Ein *Bäumchen* evoziert eine andere Vorstellung als ein *Baum*. Dementsprechend ist auch die fusionierende Kodierung im Stamm durch den Umlaut nach BYBEES Relevanzhierarchie zu erwarten (s. NÜBLING 2005a:70-71). Abb. 44 verdeutlicht die Morphologisierung des Umlauts.

Abb. 44: Morphologisierung des Umlauts

zunehmende Morphologisierung

Ahd.

Primär-UL: Umlautung von ***a* > *e***

Pluralbildung: ahd. *gast – gesti*
Kollektiva: ahd. *gilenti* zu *lant*
Adjektivsteigerung: ahd. *alt – eltiro – eltisto*

Mhd.

Sekundär-UL: Umlautung aller Velarvokale

Pluralbildung: mhd. *huon – hüener*
Rückumlaut: ahd *hōren* (<*-*jan*) > mhd. *hœren* 'hören'
Diminutivbildung: ahd. *ougilīn* > *öugelin* 'Äuglein'

Fnhd.

Nhd.

Morphologischer UL: UL, obwohl kein auslösendes *i/j*

Pluralbildung: mhd. *tal – tal* > fnhd. *Tal – Täler*
Diminutivbildung: z.B. *Anekdötchen*
Konjunktivbildung: mhd. *stände, sänge, flöge*

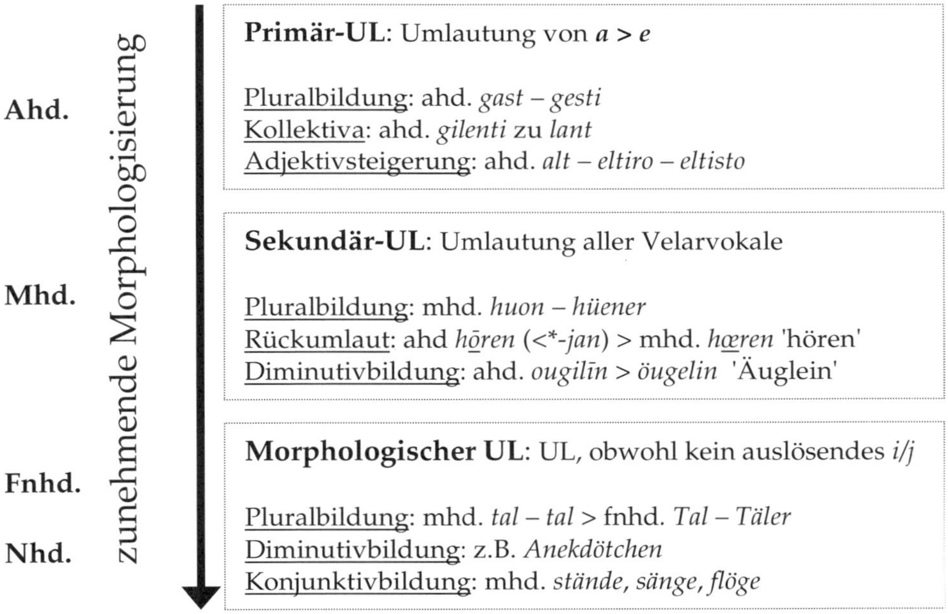

9.2.3 *Dölf* und *Mäx*: Umlaut in der Pragmatik

Ein Beispiel für die **pragmatische Nutzung** des Umlauts erwähnt SONDEREGGER (1979:318) für das Schweizerdeutsche: Hier wird der Umlaut auch zur Bildung von Kosenamen funktionalisiert. Nach SONDEREGGER vermittelt der kosende (sog. hypokoristische) Umlaut eine zusätzliche Familiarität und Vertrautheit. Wichtig ist, dass die Bildungen auch für Namen möglich sind, die niemals einen phonetischen Umlautauslöser enthielten, z.B. *Mäx* < *Max* oder *Dölf* < *Dolf* (<*Adolf*).

So kann man anhand des Umlauts exemplarisch aufzeigen, wie er, auf das sprachliche "Zwiebelmodell" bezogen, sich von der Phonologie (im Kern) auf die verschiedenen Ebenen der Sprache ausbreitet. Dies zeigt Abb. 45. Seine Hauptdomäne hat der Umlaut in der Morphologie, wo er auch seine volle Funktionalität entfaltet, und zwar sowohl in der Flexion als auch in der Wortbildung. Nicht systematisch genutzt wird er dagegen auf der lexikalischen, semantischen und pragmatischen Ebene, daher die Abtrennung in Abb. 45. Zur Ausbreitung des Umlauts auf graphematischer Ebene sei auf Kap. 8.1.3 verwiesen.

Abb. 45: Das Ausgreifen des Umlauts auf die sprachlichen Ebenen

◄——► (ortho)graphisch ◄——►

phonol.	morphol.		lexikal.	semant.	pragmat.
Primär-UL	Konj. II		*nützen*	*drücken*	*Dölf*
Sekundär-UL	Diminutiv		*nutzen*	*drucken*	*Mäx*
	Plural				
	...		*wählen*	*Worte*	
				Wörter	
			Sünde		

Zum Weiterlesen:

Zum Einstieg in die Stark-Schwach-Thematik eignet sich Augst (1975a). Ablaut und die Ablautreihen der starken Verben werden in den meisten Sprachgeschichten und Einführungen ins Ahd. und Mhd. erklärt (s. Kap. 1.5). Zu den Kausativen s. Ramat (1981:166-168), Krahe (^{7}1969, Bd.II, §85-88, Bd. III, §175, 185) und Bleekemolen (2005). Sonderegger (1979) befasst sich unter den sprachgeschichtlichen Darstellungen am stärksten mit den Auswirkungen von Ablaut und Umlaut auf das Sprachsystem. Ronneberger-Sibold (1990) beleuchtet besonders genau die graduell verlaufende Phonologisierung und Morphologisierung des Umlauts. Wurzel (1981) stellt prinzipiell dar, wie sich phonologische Regeln zu morphologischen entwickeln können.

Aufgaben:

1) Schauen Sie in der DUDEN-Grammatik ([7]2005:491-502) nach, welche starken Verben heute in ihrer Formenbildung zwischen stark und schwach schwanken. Suchen Sie sich auf der Basis von Kap. 9.1.2 zehn Schwankungsfälle aus (z.B. +/- Wechselflexion, +/- starkes Prät., Part.Perf.). Untersuchen Sie mit einer Recherche in Cosmas II (www.ids-mannheim.de/cosmas2/) und Google ("Seiten auf Deutsch" anklicken, Suchbegriff in doppelte Anführungszeichen setzen), inwiefern sich die Angaben im DUDEN bestätigen lassen und welche der Konkurrenzformen jeweils dominiert. Vorsicht bei mehrdeutigen Formen: Z.B. kann *fechtet* sowohl 3.Ps.Sg. als auch 2.Ps.Pl. sein. Umgehen Sie dies, indem Sie die Schwankung anhand der 2.Ps.Sg., *fichtst* vs. *fechtest*, testen bzw. ein Pronomen ergänzen: "*sie fechtet*"/"*fechtet sie*", "*er fechtet*"/"*fechtet er*". Machen Sie Stichproben: Prüfen Sie einige Treffer genauer, um ergebnisverfälschenden "Beifang" zu vermeiden.
2) Was haben die Verben *verschwinden* und *verschwenden* diachron miteinander zu tun? Gehen Sie in ihrer Antwort sowohl auf die semantischen als auch auf die formalen Beziehungen der beiden Verben ein (Hinweise in KLUGE [24]2002 und Kap. 9.1.3).
3) Vergleichen Sie die beiden Karten zu *bringen* auf www.germanistik.uni-mainz.de/sprachwandel.htm nach Bd. 5 des "Mittelrheinischen Sprachatlas", einem Dialektatlas, der zwei Sprechergenerationen vergleicht. Welche Entwicklung fällt auf zwischen der linken Karte, die die Formen der älteren Generation von Dialektsprechern zeigt, und der Kontrastkarte, die die Formen der jüngeren Generation dazunimmt? Was bedeutet diese Entwicklung für die Frage, ob der Ablaut der starken Verben noch produktiv ist?
4) Führen Sie eine Recherche zum Umlaut bei der Adjektivsteigerung mit Google und Cosmas II (s. Aufgabe 1) durch. Geben Sie das Suchwort mit *als* ein, z.B. "*bräver als*" (in Anführungszeichen), um Homonyme (z.B. *ein braver Junge*) auszuschließen. Testen Sie das Verhältnis umlauthaltiger und umlautloser Formen im Komparativ von *blass, schmal, rot, gesund, krumm* und *nass*. Testen Sie auch, inwiefern der Umlaut von der Wortlänge/-komplexität abhängig ist, indem Sie *armer – ärmer* mit *kalorienarmer – kalorienärmer* (genauso mit *blut-* und *risiko-*) vergleichen. Stimmen Ihre Ergebnisse mit den hier dargestellten Tendenzen überein? Wenn nicht, inwiefern weichen sie davon ab?

10 Grammatikalisierung: Wie entsteht Grammatik?

Alle natürlichen Sprachen bestehen aus lexikalischen und grammatischen Zeichen. Dieser Unterschied wurde in den Kap. 1 bis 9 zwar noch nicht ausführlich thematisiert, dennoch spielt diese Unterscheidung in vielen der bereits dargestellten Beispiele von Sprachwandel eine wichtige Rolle. Die meisten Menschen sind in der Lage, auch ohne linguistische Vorkenntnisse grammatische Zeichen (Grammeme) von lexikalischen (Lexemen) mehr oder weniger korrekt zu trennen. Konfrontiert mit dem Satz *Lisa fährt mit dem Rad zur Schule* und der Aufgabe, sog. "Inhaltswörter" von "Funktionswörtern" zu unterscheiden, würden die meisten zunächst die sprachlichen Zeichen *Lisa, fährt, Rad* und *Schule* als die inhaltlichen Einheiten des Satzes identifizieren. Diese Zeichen tragen die Kernbedeutung der Äußerung. Die Zeichen *mit, dem* und *zur* tragen nicht zum eigentlichen Inhalt des Satzes bei, sondern sie stellen, obgleich sie zweifellos auch eine Art Bedeutung tragen, in erster Linie Beziehungen zwischen den inhaltlichen Zeichen her. Der Artikel *dem* und die Präposition *zur* werden sogar flektiert: Sie tragen sog. Flexionskategorien, also "Pflichtinformationen" wie Genus, Numerus und Kasus.

Dieses Kapitel beschäftigt sich mit der Herkunft und Entwicklung solcher grammatischer Zeichen. Dabei stellt sich heraus, dass ihre Herkunft der lexikalischer Zeichen ähnelt. Sie werden also nicht aus dem "sprachlichen Nichts" geschöpft, sondern gehen auf Lexeme zurück. Der Prozess, in dem ein lexikalisches Zeichen grammatische Bedeutung bzw. Funktion annimmt oder in dem bereits grammatische Zeichen noch grammatischere Funktionen entwickeln, wird als **Grammatikalisierung** bezeichnet. In den letzten 25 Jahren hat sich die Grammatikalisierungsforschung zu einer zentralen Forschungsrichtung der historischen Linguistik entwickelt. In diesem Kapitel werden zunächst die grundlegenden Annahmen und Prinzipien dieses Sprachwandelprozesses dargestellt und danach anhand ausgewählter Grammatikalisierungen aus der deutschen Sprachgeschichte veranschaulicht. Die aus diesem Kapitel gewonnenen Erkenntnisse zur Grammatikalisierung dienen wiederum als Grundlage zum Verständnis des folgenden Kap. 11. Während Kap. 9 anhand des ebenenübergreifenden Charakters von Ablaut und Umlaut das Zusammenwirken der phonologischen und morphologischen Ebene darstellt, verbindet die Grammatikalisierung noch mehr Ebenen, von der Pragmatik über die Semantik bis hin zur Phonologie.

10.1 Die Einbahnstraße ins Zentrum der Sprache

Wie in Kap. 1.2 erläutert, bestehen natürliche Sprachen aus verschiedenen Teilsystemen, die sich in einem mehrschichtigen, zwiebelähnlichen Modell anordnen lassen. Der gewöhnliche Weg zur Entstehung eines grammatischen Zeichens verläuft von der mittleren, lexikalischen Schicht nach innen hin zu den geschlossenen Bereichen der Grammatik (Phonologie, Morphologie und Syntax). Die Richtung dieser Entwicklung – vom Lexikalischen hin zum Grammatischen – ist dabei entscheidend. Es handelt sich dabei um das Prinzip der **Unidirektionalität**, welches besagt, dass die Grammatikalisierung immer vom Konkreten/Lexikalischen zum Abstrakten/Grammatischen verläuft und *nie* umgekehrt. Somit ist die Grammatikalisierung eine Art Einbahnstraße ins Zentrum der Sprache, die oft mit einem "glitschigen Abhang" (DIEWALD 2000:32-34) verglichen wird (vgl. Abb. 46). Die Unidirektionalität ist das wichtigste Prinzip der Grammatikalisierung, wird aber kontrovers diskutiert. Problematische Aspekte dieses Prinzips werden unter 10.4 erläutert.

10.1.1 Phasen der Grammatikalisierung

Die Entwicklung von einer freien lexikalischen Einheit zu einer grammatischen erfolgt nicht plötzlich, sondern erstreckt sich über einen Zeitraum, der häufig mehrere hundert Jahre dauern kann und verschiedene Phasen durchläuft. HEINE (2003:579) unterscheidet vier Hauptphasen der Grammatikalisierung:

a) **Desemantisierung**: Verlust an Bedeutung bzw. an semantischem Inhalt;
b) **Extension**: Verwendung in neuen Kontexten;
c) **Dekategorialisierung**: Verlust an morphosyntaktischen Eigenschaften der Ursprungsform, u.a. Verlust des Status als unabhängiges Wort (Verschmelzung);
d) **Erosion**: Reduktion phonetischer Substanz.

Diese vier Phasen verdeutlichen den ebenenübergreifenden Charakter der Grammatikalisierung: Die Phasen a) und b) bilden Prozesse auf der semantischen und pragmatischen Ebene. Desemantisierung bedeutet, dass die Semantik einer sprachlichen Einheit abstrakter wird. Man spricht in diesem Zusammenhang auch von einer Bedeutungsverallgemeinerung oder von semantischer Ausbleichung (HOPPER/TRAUGOTT ²2003:100).

Diese ersten beiden Phasen sind in der Praxis oft nur schwer voneinander abzugrenzen, da man erst dann merkt, dass eine Desemantisierung stattgefunden hat, wenn die Extension bereits erfolgt ist. Das Lexem oder Grammem wird in einem neuen Kontext gebraucht, in dem es vorher ausgeschlossen war. Grundlage der Desemantisierung und Extension sind Metapher und Metonymie sowie die Implikatur, die in Kap. 5.2 bzw. 7.3 eingeführt wurden. Die neue abstrakte Bedeutung muss dennoch nicht in allen Kontexten vorkommen. Ein gutes Beispiel für die Beibehaltung von lexikalischer Bedeutung bei gleichzeitiger Entwicklung abstrakterer Bedeutungen in bestimmten Kontexten sind Hilfsverben, die durch den Prozess der sog. **Auxiliarisierung** entstehen. Hier findet eine Aufspaltung des Lexems in Funktion A und Funktion B statt. In Bezug auf solche Fälle ist der Begriff Ausbleichung vielleicht etwas irreführend, da das Lexem eigentlich eine Bedeutungserweiterung erfährt und nun – je nach Kontext – die ursprüngliche Vollverbfunktion (Funktion A) oder eine neue, abstraktere Bedeutung (Funktion B) annehmen kann. Genau dies ist bei *haben* der Fall, das sowohl eine Vollverbfunktion (*Sie hat* 'besitzt' *ein Fahrrad*) als auch eine desemantisierte, grammatische Bedeutung (*Sie hat gelacht*) aufweist. Dabei vollzieht sich jede Desemantisierung langsam in vielen kleinen Schritten (vgl. Kap. 5.1.1). Im frühesten Stadium einer Grammatikalisierung geht man von ambigen (polysemen) Verwendungen eines Lexems aus, in denen sowohl Funktion A als auch Funktion B als Interpretationen möglich sind. In dieser ersten Phase handelt es sich um konversationelle Implikaturen, die im freien Diskurs entstehen. Wenn solche Implikaturen von vielen Sprechern verwendet werden, dann werden sie konventionalisiert. Einige Beispiele für Implikaturen am Anfang des Grammatikalisierungsprozesses wurden in Kap. 5.2.3 und 7.3 geliefert.

Desemantisierung und Extension sind für die Entstehung von Grammemen entscheidend, da diese Einheiten per Definition mit einer möglichst großen Anzahl von Mitgliedern einer Wortart kombinierbar sein müssen und deshalb in ihrer Bedeutung wesentlich abstrakter oder allgemeingültiger sein müssen als ihre Spenderlexeme (s. z.B. BYBEE 1985). Bei der Auxiliarisierung gibt es eine bewährte Methode, um den Grad an Desemantisierung und Extension festzustellen: Man kombiniert das Verb entweder a) mit sich selbst oder b) mit seinem Antonym. Im Fall von *haben* sind beide Kombinationsmöglichkeiten gegeben:

a) *Sie hat das Buch gehabt* und

b) *Sie hat das Buch verloren*.

Diese Tests weisen bei *haben* einen hohen Grad an Desemantisierung und Extension aus.

Prozess c), die Dekategorialisierung, vollzieht sich auf der morphosyntaktischen Ebene. Hierzu gehört jede Veränderung morphosyntaktischer Eigenschaften eines Lexems oder Grammems. Dies kann in einer **Syntaktisierung** bestehen, d.h. eine ursprünglich freie Fügung wird von der Wortstellung her zunehmend fester und schließlich obligatorisch. Dadurch weicht diese Einheit von den sonstigen lexikalischeren Mitgliedern ihrer Wortklasse ab, was zur Dekategorialisierung führt. Dabei spielt ein weiterer Prozess, nämlich die syntaktische **Reanalyse**, eine entscheidende Rolle. Bei der Reanalyse besteht zwischen Sprecher und Hörer eine Diskrepanz in der strukturellen Interpretation einer Äußerung. HOPPER/TRAUGOTT ([2]2003:50) verweisen hierfür auf ein englisches Beispiel mit deutschem Hintergrund. Aus der Form *hamburger* {hamburg} + {er} 'Speise aus Hamburg' segmentiert der Hörer {ham} 'Schinken' + {burger}. Dass diese morphologische Reanalyse stattgefunden hat, wird aber erst durch Neubildungen wie *cheeseburger* oder *bacon burger* deutlich. Wichtig ist, dass diese Interpretation eintritt, ohne dass sich an der Oberflächenstruktur etwas verändert.

Eine entscheidende syntaktische Reanalyse wird auch zur Erklärung der Entstehung der unterordnenden Konjunktion *dass* herangezogen. Aus der freien Fügung [Ich weiß das]: [sie kommt] entstand durch Reanalyse die Struktur [Ich weiß] [das(s) sie kommt]. Erst wesentlich später (im 18./19. Jh.) erfolgte auch die graphische Differenzierung zwischen dem Artikel und Pronomen *das* und der

Konjunktion *daß* bzw. *dass*. Historisch geht die Konjunktion aus dem (reanalysierten) Pronomen hervor.

Zur Dekategorialisierung gehört auch die Verschmelzung von zwei syntaktisch autonomen Elementen zu einer morphologischen Einheit. Dieser Prozess nennt sich **Univerbierung** und zwar unabhängig davon, ob die Elemente eine lexikalische oder grammatische Semantik haben, z.B. *lebewohl* < *lebe* + *wohl* oder *außerdem* < *außer* + *dem*. Bei der **Klitisierung** verliert ein Wort seinen autonomen Status. **Klitika** sind unbetonte, prosodisch unselbstständige Wörter, die sich mit einem selbstständigen Wort, der sog. Basis, verbinden (z.B. *zu* + *der* > *zur*). Sie bilden ein Zwischenstadium auf dem Weg von der Syntax in die Morphologie (hierzu s. Kap. 11.3).

Die letzte der vier Phasen, die **Erosion**, wirkt in erster Linie auf der phonologischen Ebene. Hier manifestiert sich die Grammatikalisierung auf der Ausdrucksseite des Zeichens. Gemeint ist damit die Abschwächung der Lautsubstanz, die auf zwei Faktoren zurückgeht: Zum einen sind Grammeme schwächer betont. Je schwächer die Betonung einer Einheit, desto stärker die Tendenz zur Abschleifung phonetischer Substanz im Redefluss. Zum anderen haben grammatische Einheiten eine erhöhte Gebrauchsfrequenz (sog. **Tokenfrequenz**) gegenüber ihrer Ursprungsform. Die Verschmelzungsform *im* aus der Präposition *in* und dem bestimmten Artikel *dem* kommt laut DUDEN-Grammatik (^{7}2005:§924) in 97% der Fälle vor, während die Vollform *in dem* nur 3% der Belege ausmacht. Tendenziell neigen Einheiten mit erhöhter Tokenfrequenz schneller zur Erosion als weniger tokenfrequente Zeichen. In diesem Sinne spiegelt das abnehmende phonetische Gewicht das abnehmende semantische Gewicht des Zeichens wieder. Die erhöhte Frequenz kann auch eine weitere Auswirkung haben, nämlich die Tendenz zur **Irregularisierung** (hierzu NÜBLING 2000). In den folgenden Grammatikalisierungsbeispielen treten beide Effekte zutage.

Zuvor sollen zwei weitere wichtige Annahmen für das hier angewandte Modell gemacht werden: Erstens ist keiner der Prozesse im Vierphasenmodell exklusiv der Grammatikalisierung vorbehalten. D.h., obwohl es keine Grammatikalisierung ohne Desemantisierung gibt, gibt es durchaus Desemantisierung ohne Grammatikalisierung: Das Verb *begreifen* z.B. bedeutete ursprünglich konkret 'ergreifen, umgreifen', während es heute die abstraktere Bedeutung 'verstehen' hat, ohne eine grammatische Funktion angenommen zu haben. Zweitens müssen bei einer Grammatikalisierung nicht alle vier Schritte eintreten. Sehr oft findet v.a. der letzte Schritt, die Erosion, nicht statt. Wie viele Schritte notwendig sind, um von Grammatikalisierung sprechen zu können, ist allerdings umstritten. Während für manche die Entstehung einer etwas "grammatischeren" Semantik durch Desemantisierung und Extension ausreicht, bestehen andere auf einer klaren Dekategorialisierung (vgl. den semantischen Wandel von *machen* als Grenzfall einer Grammatikalisierung in Kap. 5.1.1). Andererseits gibt es auch Grammatikalisierungen mit Erosion, die bei der phonetischen Reduktion so weit gehen, dass die lexikalische Herkunft verdunkelt ist oder die Form zu Null wird bzw. ganz verschwindet. Dieses getilgte Grammem wird dann oft durch ein Grammem aus einem neuen Grammatikalisierungsprozess ersetzt. Daher kann man in bestimmten Fällen auch von Grammatikalisierungszyklen sprechen. Abb. 46 fasst die Phasen der Grammatikalisierung aus verschiedenen sprachlichen Perspektiven zusammen.

Abb. 46: Prozess der Grammatikalisierung (nach LEHMANN 1995:13)

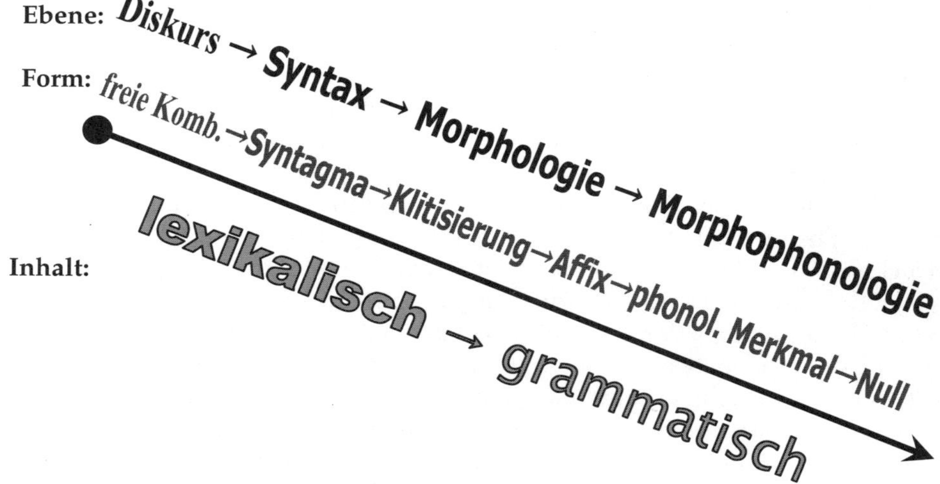

10.1.2 Die Entstehung der schwachen Verben

Um einen Fall von Grammatikalisierung, in dem wahrscheinlich alle der oben dargestellten vier Phasen eingetreten sind, scheint es sich bei der Entstehung der schwachen Verben im Germanischen zu handeln. Das Wort *wahrscheinlich* ist in diesem Fall wegen der spärlichen Quellenlage zum Germanischen angebracht: Es gibt keine schriftlichen Belege, die die Genese dieser wichtigen Flexionsklasse in urgermanischer Zeit nachweisen könnten. Die Entwicklung liegt so weit zurück, dass die ersten Phasen von Desemantisierung und Extension nicht mehr rekonstruierbar sind. Im Germanischen wurde der ursprünglich rein phonetisch bedingte Lautwechsel des Ablautprinzips morphologisiert und ausgebaut (vgl. Kap. 9.1). Zusätzlich entstand die wichtige Klasse der schwachen Verben, die eine sehr hohe Produktivität erreicht hat und bis heute in allen germanischen Sprachen die größte Klasse bildet. Die schwachen Verben bilden ihre Vergangenheitsformen mit Hilfe eines sog. Dentalsuffixes, vgl. *sag-te*. Die Thesen zu ihrer Entstehung lassen sich in zwei Hauptgruppen aufteilen: eine Auxiliarisierungsthese und zwei Analogiethesen, für die hier auf KERN/ZUTT (1977:45-46) verwiesen sei. Der Auxiliarisierungsthese wird höhere Plausibilität zugeschrieben, v.a. weil sie durch sprachliche Fakten in den älteren germanischen Sprachen, in diesem Fall im Gotischen, gestützt wird. Sie geht davon aus, dass das nachgestellte Hilfsverb 'tun' (z.B. germ. 3.Ps.Sg.Prät. **deđē(þ)* 'tat'; RAMAT 1981:177) zu einem Affix wurde. Die Grammatikalisierung lief wahrscheinlich über eine periphrastische Konstruktion mit dem (ehemals reduplizierenden) germanischen Verb 'tun', d.h. dieses Verb wurde eingesetzt, um die Vergangenheit zu umschreiben, also "sie sagen tat".

Dieses Verfahren ersetzte den synthetischen Tempusausdruck der starken Verben (z.B. *singen – sang – gesungen*) und ist viel regelmäßiger. Tab. 32 zeigt die Präterita des schwachen Verbs *salbôn* 'salben' sowohl im Gotischen als auch im Ahd., außerdem ahd. *tuon* im Präteritum.

Tab. 32: Das Präteritum von got. und ahd. 'salben'. sowie von ahd. *tuon*

		got. *salbôn*	ahd. *salbōn*	ahd. *tuon*
Prät.Sg.	1.	*salbô-da*	*salbō-ta*	*teta*
	2.	*salbô-dês*	*salbō-tōs*	*tāti*
	3.	*salbô-da*	*salbō-ta*	*teta*
Prät.Pl.	1.	*salbô-**dêdum***	*salbō-**tum***	*tā**tum***
	2.	*salbô-**dêduþ***	*salbō-**tut***	*tā**tut***
	3.	*salbô-**dêdun***	*salbō-**tun***	*tā**tun***

Links in Tab. 32 bei den gotischen Formen sind die Endungen im Prät.Pl. besonders aufschlussreich (hier fett gedruckt), da sie das alte reduplizierte Präteritum von 'tun' noch enthalten.[1] Damit liefert das Gotische Evidenz dafür, dass das Dentalsuffix tatsächlich auf das Verb 'tun' zurückgeht. Bei den ahd. Formen von *tuon* in der rechten Spalte ist die Reduplikation auch noch zu erkennen. Doch findet sich diese nicht mehr im Präteritum von ahd. *salbōn.* Das Auxiliarisierungspotential von *tun* wird durch weitere Grammatikalisierungen in anderen modernen germanischen Sprachen unterstrichen, z.B. durch die engl. *do*-Umschreibung sowie durch *tun*-Periphrasen im gesprochenen Deutsch. Aus der Periphrase *ich lachen tat* (wörtl. aus dem Germ. übertragen) wurde also *ich lachen=tat*. Das Klitisierungssymbol "=" zeigt an, dass diese Bindung noch nicht die Festigkeit eines Affixes erreicht hat. Das **Klitikon** besitzt noch eine gewisse Autonomie, aber in dieser Phase ist die Dekategorialisierung bereits erfolgt. Die syntaktische Position (Nachstellung) ist fest (Syntaktisierung). Als letzter Schritt erfolgte die Erosion. Die Form wurde gekürzt, ihre phonologische Masse geringer. Bei den ahd. schwachen Verben kam es zu einer weiteren Erosion durch die Tilgung der Reduplikationssilbe von *teta* 'tat'. In anderen germanischen Sprachen ist die Erosion so weit gegangen, dass man nicht mehr von einem Dentalsuffix sprechen kann (vgl. engl. *put – put – put*).

10.2 Das *werden*-Futur

Das Verb *werden* ist eines der wichtigsten Hilfsverben im deutschen Verbalsystem. Im Laufe der deutschen Sprachgeschichte hat es sich zum Hilfsverb par excellence entwickelt. Heute erfüllt es die folgenden Funktionen:

---

1 Die partielle Reduplikation ist ein morphologisches Verfahren, das in der idg. Konjugation genutzt wurde. Dabei wird ein Teil der Stammsilbe kopiert (redupliziert). Reste dieses Verfahrens finden sich im Lateinischen und Gotischen, z.B. lat. *pendere*, ***pe**-pendi* 'wägen, wägte', got. *háit-an* (Inf.), ***hái**-hait* (1./3.Prät.Sg.) 'heißen, hieß'.

- Inchoativ-Kopula *ich werde krank / Ärztin*
- Futurauxiliar *ich werde arbeiten*
- Passivauxiliar *ich werde gesehen*
- Konjunktivauxiliar *wenn ich Zeit hätte, würde ich bleiben*
- Modalverb *sie wird schon nach Hause gegangen sein*

Wie in Kap. 5.1.1 zur Bedeutungserweiterung erläutert wurde, sind die meisten Funktionen aus der ursprünglichen Vollverbbedeutung 'sich wenden, umdrehen' kaum noch abzuleiten. Die semantische Brücke zu den grammatischen Funktionen besteht am ehesten noch in der Inchoativ-Kopula, die den Eintritt in einen neuen Zustand markiert. Ausgehend von dieser Funktion konnte *werden* zum Passiv-, zum Futur- und schließlich zum Konjunktivauxiliar grammatikalisiert werden. Solche Grammatikalisierungen vom selben lexikalischen Spender zu verschiedenen grammatischen Funktionen nennt man **Polygrammatikalisierung**. Die Herausbildung von *werden* zum Futurauxiliar, die im Folgenden beschrieben wird, ist nur ein Ausschnitt aus dieser Geschichte.

Das Germanische verfügte nur über zwei synthetisch gebildete Tempora, die jeweils im Indikativ und Konjunktiv gebildet werden konnten: das Präsens und das Präteritum. Ein synthetisch gebildetes Futur gab es nicht; Futur wurde, wie auch noch im Nhd., durch das Präsens mit ausgedrückt. Was den konkreten Grammatikalisierungsprozess betrifft, so stellt sich zunächst die Frage nach der Semantik von *werden*. Interessanterweise hat keine der heutigen 13 germanischen Sprachen ein synthetisches Futur entwickelt, sondern alle verwenden analytische Verfahren mit Hilfsverben. Dabei kommen in Skandinavien vor allem die Modalverben zur Anwendung (z.B. norwegisch *skulle* 'sollen' und *ville* 'wollen'); auch Bewegungsverben sind beliebte Spenderlexeme für Futurauxiliare: Sowohl das Englische (*be going to*) als auch das Niederländische (*gaan*) (sowie viele romanische Sprachen) haben das Bewegungsverb 'gehen' zum Futurauxiliar grammatikalisiert. Aus dieser Perspektive betrachtet war *werden* eine etwas außergewöhnliche Wahl. In Kap. 10.1 wurde gezeigt, dass die Desemantisierung und Extension kleinschrittig mit Hilfe einer konversationellen Implikatur erfolgen. Findet man eine sog. semantische Brücke für *werden*, die eine ambige Verwendung in Richtung Futurbedeutung zulässt? Hier wird man bei der inchoativen Bedeutung fündig. In Äußerungen mit der Inchoativkopula wie *ich werde Ärztin* stecken zwei wichtige Annahmen: Erstens ist die Sprecherin noch nicht Ärztin, sie wird es erst in der Zukunft. Zweitens wird eine Intention der Sprecherin geäußert (vgl. HEINE 1995). Beide Annahmen zusammen ergeben gute Voraussetzungen für eine futurische Lesart. Dies bestätigt auch die stark vergleichend angelegte Studie von BYBEE u.a (1994), die belegt, dass Verben mit der Bedeutung *sein / werden* zu den semantischen Spenderbereichen gehören, die häufig zur Markierung des Futurs grammatikalisiert werden. Weitere geeignete Kandidaten sind die schon erwähnten Bewegungsverben wie *kommen* und *gehen* oder solche, die einen Wunsch ausdrücken (z.B. *wollen*).

Nun haben wir festgestellt, dass die inchoative Bedeutung des Verbs eine futurische bzw. intentionale Lesart nicht ausschließt. Dennoch erklärt dies noch nicht, wie die futurische *werden*-Konstruktion mit Infinitiv syntaktisch entstanden ist. Hierzu gibt es verschiedene Thesen. Das Problem besteht in erster Linie darin, dass *werden* schon in ahd. Zeit in verschiedenen Konstruktionen (s. die oben erwähnte Polyfunktionalität) erscheint, doch noch nicht mit dem Infinitiv. Zum einen ist es in der eben dargestellten Funktion als Inchoativkopula vorhanden, zum anderen ist *werden* auf dem Weg, zum Passiv-Auxiliar grammatikalisiert zu werden. Zu dieser Zeit gibt es aber keine Anzeichen einer Grammatikalisierung von *werden* als Futur-Auxiliar. Bis zum Mhd. werden dagegen Hilfsverbkonstruktionen mit Modalverben wie mhd. *suln/süln* 'sollen', *wellen* 'wollen' und *müeȥen* 'müssen' verwendet. Wichtig ist, dass diese Modalverben ihre modale Semantik in die Grammatikalisierung einbringen, auch wenn diese Bedeutungen im Ahd. z.T. noch anders waren als im Nhd., z.B. ahd. *sculan* 'sollen, müssen', *muozan* 'können, dürfen', *wellen* 'wollen, wünschen, streben nach'. Wichtig für diese Gruppe von Verben ist, dass sie im Mhd. durch die Kombination mit einem Infinitiv auch futurische Bedeutung ausdrücken konnten (s. Beispiele 6)-8) unten). Obwohl in allen diesen Beispielen ein Zukunftsbezug enthalten ist, waren sie wohl nie ganz frei von modaler Bedeutung (vgl. PAUL u.a. [24]1998:296-297).

6) *swaz der küneginne liebes geschiht, des sol ich ir wol gunnen*
'Was auch immer der Königin Schönes geschieht, das werde ich ihr wohl gönnen.'

7) *der ie ân anegenge was und muoz ân ende sîn*
'der immer ohne Anfang war und ohne Ende sein wird'

8) *du wilt von ir grôzen scaden gewinnen*
'Du wirst an ihr großen Schaden nehmen.'

Bei *werden* dagegen ist in mhd. Zeit eine solche Kombination mit dem Infinitiv nicht möglich oder zumindest extrem selten. Stattdessen gibt es die Möglichkeit, *werden* mit dem Partizip Präsens (*-ende*) zu kombinieren, was "den Beginn einer Handlung oder eines Zustandes, also die inchoative oder ingressive Aktionsart" markiert (PAUL u.a. [24]1998:297). *Werden* konnte in verschiedenen Tempora vorkommen, z.B. im Präteritum wie in Beispiel 9) oder im Präsens wie in den Beispielen 10)-11). Dabei konnte die Kombination von *werden* im Präsens + Partizip Präsens eine futurische Bedeutung ergeben, s. Beispiele 10)-11). Diese letztere Konstruktion kann als die bereits besprochene semantische Brücke zur Futurbedeutung angesehen werden.

9) *Dô sî si vrâgende wart* (*Iwein* V. 5891)
'Als sie anfing, sie zu fragen'

10) *er wirt mich gerne sehende* (*Tristan* v. 3986)
'Er wird mich gerne sehen'

11) *sô wirt er sprechen* (*Flore* v. 4656)
'Dann wird er beginnen zu sprechen/dann wird er sprechen'

Beispiel 11) ist einer der wenigen mhd. Belege von *werden* im Präsens + Infinitiv mit Futurbedeutung, die ab dem 13. Jh. zunächst nur sporadisch zu finden sind.

Viel frequenter dagegen sind sowohl die Konstruktionen mit Partizip Präsens oder mit Modalverb + Infinitiv (HARM 2001:289). Ab dem Fnhd. nimmt die Tokenfrequenz von *werden* + Infinitiv rasant zu, während die Frequenz der Modalverb-Konstruktionen entsprechend zurückgeht (BOGNER 1989).

Abb. 47: Frequenzzunahme von *werden* + Inf. (nach BOGNER 1989:74-78)

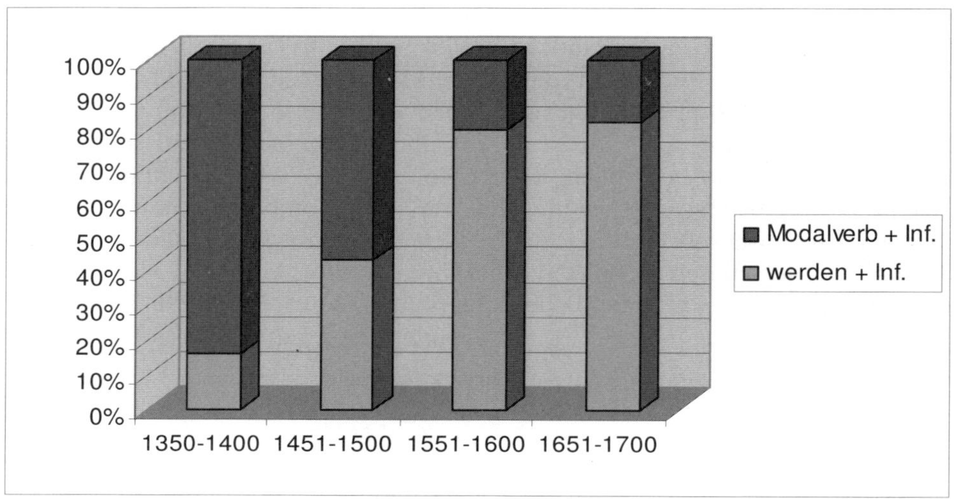

Die Polygrammatikalisierung von *werden* führte letztendlich zu einer starken Erhöhung der Tokenfrequenz. Daher überrascht es nicht, dass das Verb auch eine Irregularisierung erfahren hat: Im Prät. hat sich statt regulär *ward* die Form *wurde* durchgesetzt, und der Imperativ lautet statt regulärem **wird* wie ein schwaches Verb, *werde*. In Passivkonstruktionen wird nur *worden* ohne *ge-* verwendet (*sie ist gesehen worden*), und besonders kurz (kontrahiert) sind die 2./3.Ps.Sg.Präs. mit *wirst* und *wird*.

Hier bleiben zwei wichtige Fragen offen. Die erste betrifft die formale, morphosyntaktische Entwicklung hin zur Konstruktion *werden* + Infinitiv. Es geht hier um die Dekategorialisierung, da eine vorherige syntaktische Beschränkung von *werden* als Hilfsverb (*werden* + Infinitiv nicht zugelassen) aufgehoben wird (*werden* + Infinitiv zugelassen). Wie kommt es zu der neuen Kombinationsmöglichkeit mit dem Infinitiv? Mit anderen Worten: Ebenso wie man bei der Analyse eines Grammatikalisierungsprozesses die **semantische** Brücke bzw. mehrdeutige Konstruktionen als Ausgangspunkt suchen muss, so soll für die Dekategorialisierung auch die **syntaktische** Brücke gesucht werden. Zur Herkunft der Infinitiv-Konstruktion gibt es zwei Hauptthesen.

Die ältere sieht die Konstruktion *werden* + Partizip Präsens als den Ausgangspunkt an (vgl. Beispiele 9)-10)), wobei die Partizipialendung *-ende* durch phonologischen Wandel zu *-en* abgeschwächt wurde (z.B. BECH 1901, DAL [3]1966). An dieser Entstehungstheorie wurde aber mehrfach Kritik geäußert. Um nachweisen zu können, dass der Infinitiv auf phonologischem Wandel beruht, muss sich dieser Lautwandel in einem Dialekt vollziehen, der als Ausgangsgebiet in Frage kommt. Inzwischen setzt sich die Ansicht durch, dass das Ostmitteldeutsche das Ursprungsgebiet der *werden*-Periphrase ist. Die Abschleifung der *-ende*-Form ist für dieses Gebiet aber nicht zuverlässig belegt (vgl. HARM 2001:290-292).

Die zweite Gruppe von Entstehungstheorien setzt auf Analogie zu den anderen Periphrasen mit Infinitiv. In diesem Fall hätten Konstruktionen mit einem Modalverb als Vorlage für die Analogie gedient, s. Beispiele 6)-8). Unterstützend in diesem Zusammenhang hätten die im Mhd. vorhandenen Periphrasen wie z.B. *beginnen* oder *entstân* + Infinitiv wirken können, zwei Verben, deren inchoative Semantik große Parallelen zur Bedeutung von *werden* aufweisen (DIEWALD/HABERMANN 2005:237).

Die zweite offene Frage betrifft die Gründe, weshalb das *werden*-Futur sich in fnhd. Zeit so rasant gegenüber den bereits stärker etablierten Modalverb-Periphrasen (mit *sollen, müssen* und *wollen*) durchsetzt. Die herkömmliche Erklärung sieht den entscheidenden Vorteil von *werden* darin, dass das Verb – im Gegensatz zu all seinen Konkurrenten – frei von modalen Nuancen war (s. aber SALTVEIT 1962). Dadurch sei es als Grammatikalisierungskandidat geeigneter gewesen als die Modalverben, die ihren Modalcharakter partiell bewahrt haben. Obwohl diese Erklärung nach wie vor starken Zuspruch findet, ist sie öfter, z.B. von HARM (2001), in Frage gestellt worden. Seine Kritik lautet: Wenn das Vorhandensein modaler Bedeutung ein so entscheidender Nachteil für die Entwicklung zum Futurmarker ist, warum konnten sich Modalverben in den anderen germanischen Sprachen wie Dänisch, Norwegisch, Schwedisch, Niederländisch und Englisch als Futurmarker durchsetzen? Sowohl HARM (2001:299) als auch DIEWALD/HABERMANN (2005:238) sehen den entscheidenden Vorteil für das fnhd. *werden* in seiner bereits vorhandenen Polyfunktionalität, die auch noch stärker grammatische Funktionen erfüllte (z.B. als Passiv-Periphrase). Dass *werden* weniger modales 'Gepäck' mit sich trug, war sicher kein Nachteil.

Die Tatsache, dass sich nur im Deutschen *werden* als Futurauxiliar durchsetzen konnte, hat zu Spekulationen geführt, die Entstehung könnte auf externe Faktoren, genauer auf Sprachkontakt mit dem Tschechischen zwischen dem 12. und 14. Jh., zurückgehen (LEISS 1985). Das Tschechische hat ein "unvollendetes Futur", ausgedrückt durch das Hilfsverb *budu* (das semantische Ähnlichkeit mit *werden* hat) + Infinitiv. Dennoch scheint diese Entstehungsthese wenig plausibel: Das Tschechische war keine Prestigesprache, was die Entlehnung einer so zentralen grammatischen Konstruktion unwahrscheinlich macht. Bei der Entlehnung einer solchen morphosyntaktischen Struktur müsste man zahlreiche lexikalische und weitere grammatische Entlehnungen erwarten (vgl. THOMASON/KAUFMANN 1988, THOMASON 2001). Solche lexikalischen Entlehnungen waren zwar in den betroffenen Dialekten zweifellos vorhanden, dennoch ist es auffällig, dass nur das grammatisch so tiefgreifende *werden*-Futur in die Hochsprache übernommen wurde. LEISS begründet dies damit, dass das *werden*-Futur als morphosyntaktische Entlehnung den Kanzleischreibern weniger bewusst gewesen sei als die lexikalischen Entlehnungen und es damit unbemerkt in die Schriftsprache gelangen konnte, während lexikalische Elemente wegen ihrer offensichtlichen slawischen Herkunft eher aus der Schriftsprache verbannt wurden. Konkrete Ergebnisse aus der

Sprachkontaktforschung, die eine solche Trennung der spachlichen Ebenen bei Sprechern in Kontaktsituationen plausibel machen, bleibt sie aber schuldig.

10.3 Fallbeispiel Konjunktionen

Konjunktionen stellen Verbindungen zwischen Sätzen, Satzgliedern oder Gliedteilen her. Anders als Präpositionen regieren sie keinen Kasus, und sie haben keinen Satzgliedstatus inne.[2] Konjunktionen können entweder eine nebenordnende (z.B. *und, wie, oder, sondern*) oder unterordnende Funktion haben (z.B. *dass, weil, ob, während, solange, wenn*). Die lexikalischen Quellen von Konjunktionen sind besonders vielfältig: Zu den typischen Spendern gehören Substantive, Verben, Adverbien, Pronomina, Präpositionen oder Kombinationen dieser Elemente (HOPPER/TRAUGOTT ²2003:184). In diesem Abschnitt skizzieren wir den Grammatikalisierungsprozess einiger Konjunktionen. Dabei wird an die Diskussion aus Kap. 5.2.3 zum semantischen Wandel von Konjunktionen wie *weil* angeknüpft.

10.3.1 Konzessive Konjunktionen: Die Entstehung von *obwohl*

Die Konzessivrelation gilt als sehr komplex im Vergleich zu anderen, wie etwa der kausalen (z.B. *weil*) oder adversativen (z.B. *aber, sondern*). In einer Konzessivrelation "werden in der Regel zwei Sachverhalte aufeinander bezogen, die *eigentlich* in einem kausalen Verhältnis zueinander stehen müssten" (RAIBLE 1997:45-46). Dennoch tritt das erwartete Ergebnis nicht ein: *Obwohl es geblitzt hat, hat es nicht gedonnert*. Somit enthält die Konzessivrelation eine Art Überraschung. Viele Sprachen haben keine konzessiven Konjunktionen. Dies war auch im Deutschen bis zum Anfang der fnhd. Periode der Fall. Wollte man im Mhd. oder Fnhd. ein konzessives Verhältnis markieren, konnte man dies durch *ob* tun. Da *ob* jedoch nicht nur konzessive, sondern auch rein konditionale (*wenn-dann-*) oder konzessiv-konditionale (*auch-wenn-*)Relationen markierte, war die Lesart sehr kontextabhängig (DE GROODT 2002:279f.).

- **konditional** (wenn-dann-Relation): *alle dise ding gib ich dir, ob […] du niderfelst und anbetest mich*
- **konzessiv-konditional** (auch-wenn-Relation): *nun so sie mich hat ausserkorn, will ich in Lieb mich ir ergeben, ob es mich kosten solt das Leben*
- **konzessiv** (obwohl-Relation): *ob sterben grausam ist, so bild ich mir doch ein, dasz lieblichers nicht ist, als nun gestorben sein*

Um die Vieldeutigkeit und damit Kontextabhängigkeit von *ob* zu reduzieren, konnte man im Mhd. gerade bei konzessiver Bedeutung bestimmte Partikeln hinzufügen. Diese Tendenz wird im Fnhd. verstärkt, wo sich die Auswahl an Partikeln, darunter *ouch, halt, gleich, schon, wohl* und *zwar*, vergrößert. Anfänglich treten die Partikeln nur getrennt von *ob* auf, d.h., sie erscheinen im Mittelfeld (manchmal sogar sehr weit rechts), also nicht in direktem Kontakt mit der Kon-

[2] Zu den genauen Abgrenzungskriterien von Konjunktionen und Präpositionen sowie für einen Überblick über die Konjunktionen des Nhd. s. DUDEN-Grammatik (⁷2005:626-640).

junktion *ob*. Diese Partikeln markieren die konzessiv-konditionale Funktion und schließen eine rein konditionale aus.

- **konzessiv-konditional**: *und ob ir auch leidet umb gerechtigkeit willen, so seid ir doch selig*
- **konzessiv**: *ob er wol reich gewesen, habe er doch nach hausz bettlen müssen.* – *Ob es ihm nun zwar beschwerlich gefallen / meine verdrüßliche Gegenwart zu gedulden / so hat er jedoch beschlossen / mich bey ihm zu leiden* (beide nach DE GROODT 2002:280f.)

Bereits im Mhd. gibt es die ersten Belege für Kontaktstellungen von *ob* und Partikeln wie *auch* und *halt*, erst im Fnhd. mit *gleich, schon, wohl* und *zwar*. Diese Kontaktstellung bildet die syntaktische Brücke zur Univerbierung. Obligatorisch wird sie erst im 16. Jh., zunächst nur bei den Partikeln *gleich, schon, wohl* und *zwar*. *Halt, auch* und *joch* sind zu diesem Zeitpunkt schon ausgeschieden.

- **Kontaktstellung**: *er regiert sin habe, ob wol die klain ist*
- **Kontaktstellung mit Univerbierung**: *obschon die dörner stechen, sich tröstet er der Pein*

Die Univerbierung markiert eine entscheidende **syntaktische Reanalyse** und Dekategorialisierung der Partikel. Die Partikel verlässt das Mittelfeld und tritt ins linke Klammerfeld über. Ab diesem Zeitpunkt kann man von neuen Konjunktionen sprechen. Tab. 33 zeigt die syntaktische Entwicklung für *obwohl* von der Verwendung ohne Partikel bis hin zur syntaktischen Reanalyse.

Tab. 33: Syntaktische Entwicklung der Konstruktion *ob* + Partikel (nach DE GROODT 2002)

	Vorfeld	Linke Klammer	Mittelfeld			Rechte Klammer	Nachfeld
ohne Partikel	-	Konjunktion **ob**	Subjekt *sterben*		Prädikat *grausam*	Verb *ist*	-
Distanzstellung	-	Konjunktion **ob**	Subjekt *sie*	Objekt *es*	Partikel ***schon***	Verb *hören*	-
Kontaktstellung	-	Konjunktion **ob**	Partikel ***wol***	Subjekt *die*	präd.Adj. *klain*	Verb *ist*	-
mit Reanalyse	-	Konjunktion ***obwohl***	Subjekt *die Dörner*			Verb *stechen*	-

Mit der Reanalyse ist die Dekategorialisierung jedoch noch nicht ganz abgeschlossen: Durch die Verlagerung des Wortakzents auf die zweite Silbe (*óbwohl* > *obwóhl*) wird die Einbettung in das Paradigma der Konjunktionen vollendet. Dieses Merkmal trennt einzelne Konjunktionen von deren homonymen Konjunktionaladverbien, vgl. *dámit* vs. *damít*, *insófern* vs. *soférn*, *séitdem* vs. *seitdém* (vgl. DUDEN-Grammatik [7]2005:§864). Zu einer Erosion von *obwohl, obschon, obgleich* und *obzwar* ist es bislang nicht gekommen, was wohl daran liegt, dass die betreffende Silbe den Akzent trägt. Aus diesem "Wettlauf" von Partikelkonstruktionen ist *obwohl* als klarer Sieger hervorgegangen, auch wenn die Formen *obgleich, obschon* und auch *obzwar* durchaus noch gebräuchlich sind. Interessant ist, dass dieser Gebrauch regional unterschiedlich verläuft. Eine informelle Google-Recherche

(21.11.2005) ergab, dass die Form *obwohl* die mit Abstand häufigste Konzessiv-Konjunktion in Deutschland, der Schweiz und Österreich ist. An zweiter Stelle steht in Deutschland und Österreich *obgleich*, während in der Schweiz *obschon* mehr als dreimal so viele Treffer ergab wie *obgleich*. In allen drei Ländern erzielte *obzwar* die mit Abstand niedrigste Trefferquote.

10.3.2 Kausale Konjunktionen: *weil*

Weil gehört zu den kausalen unterordnenden Konjunktionen. Es leitet einen Nebensatz ein, mit dem der Hauptsatz begründet wird. Die lexikalische Quelle der Konjunktion *weil* ist das ahd. Substantiv *(h)wīla* (mhd. *wîle*), das zu nhd. *Weile* wurde. An der Grundbedeutung des Substantivs hat sich wenig verändert, da es auch im Ahd. und Mhd. die Bedeutung 'Weile, Zeit' trägt. Bereits im Mhd. findet man aber das Syntagma *(al) die wîle daz* mit der temporalen Bedeutung 'solange, während', z.B. *die wîle daz si leben* 'während sie leben' oder *die wîle daz die werten* 'solange sie standhielten' (PAUL u.a. [24]1998:425). Diese Fügung konnte sowohl mit als auch ohne die unterstützende Konjunktion *daz* auftreten. Das Auftreten mit der Konjunktion *daz* 'dass' ebnet den Weg für eine syntaktische Reanalyse und damit zum Übergang in die Klasse der unterordnenden Konjunktionen. Im Fnhd. treten entscheidende Veränderungen sowohl auf der semantischen als auch auf der formalen Ebene auf. Auf der formalen Ebene setzt eine starke Erosion ein: Neben *(al) die weile daz* findet man auch Zusammenschreibungen von *(al)dieweil*, die auf eine zunehmende Festigkeit bzw. Univerbierung der Fügung hindeuten (ähnlich wie bei *obwohl*). Zunehmend treten auch Belege von einfachem *weil* auf. Bei Luther findet man sogar beide Formen: *dieweil Mose seine Hände emporhielt, siegete Israel* aber *weyl die paten das kind noch hallten ynn der tauffe, sol yhm der priester die hauben auffsetzen*. Seit dem endgültigen Wegfall von *daz* noch im Fnhd. fungiert *weil* als Konjunktion.

Auf der semantischen Ebene kommt eine wichtige Veränderung hinzu. Während im Mhd. die Fügung noch temporal war, vermehren sich bis zum Fnhd. die Kontexte, in denen eine kausale Interpretation möglich ist. Bereits in Kap. 5.2.3 wurden mehrdeutige Beispiele dargestellt, in denen sowohl eine temporale als auch eine kausale Lesart möglich war, wie z.B.: ***Weil** der meister die werkstatt verliesz, arbeitete der gesell lässiger*. Dieser ab dem 15. Jh. beobachtbare Bedeutungswandel von Zeit > Kausalität (als Untertyp der in Kap. 5.2.3 dargestellten Zeit > Logik-Implikatur) repräsentiert einen häufig begangenen Grammatikalisierungspfad (vgl. HEINE u.a. 1991). Als kausale Konjunktion steht *weil* aber nicht allein, sondern es konkurriert v.a. mit mhd. *sît* (*daz*) (nhd. *seit*) und auch mit mhd. *wante/wand(e)/wan(e)*, die schon im Ahd. kausale Funktionen trugen.

Interessant ist insbesondere die Entwicklung von *seit*, da dieses sich auch aus einer temporalen Bedeutung entwickelt hat und im Mhd. sowohl temporal als auch kausal verwendet werden konnte. Doch die kausale Funktion verschwindet wieder bis zum 17. Jh. (vgl. EROMS 1980:92). Mit anderen Worten: Sowohl *weil* als auch *obwohl* und viele weitere Konjunktionen spezialisieren sich auf nur eine Funktion (Monosemierung). Dies ist Teil einer umfangreichen Umstrukturierung der deutschen Konjunktionen im Mhd. und Fnhd. Dieser Prozess ist durch eine markante Anreicherung des Inventars der (sich grammatikalisierenden) Konjunktionen gekennzeichnet. Im Fnhd. wird dieses Inventar dann reduziert, d.h. nur wenige Kandidaten bleiben übrig, was durch die Entwicklung von *obwohl* mit den anfänglich vielfältigen Partikelkombinationen veranschaulicht wurde. Solche Konkurrenzverfahren sind in einem Grammatikalisierungsprozess nichts Außergewöhnliches (vgl. *werden* als Futurauxiliar). Die Umwälzung im Gesamtsystem der unterordnenden Konjunktionen wird von vielen als einer "der sprachgeschichtlich wichtigsten Prozesse des Fnhd." (ERBEN 1985:1345) angesehen. Die Herausbildung rein konzessiver Konjunktionen aus konditionalen oder konzessiv-konditionalen Konjunktionen bedeutet eine zunehmende Spezialisierung innerhalb des Inventars der unterordnenden Konjunktionen im Fnhd. Hierdurch werden polyseme Konjunktionen wie *ob* "funktional entlastet" (GELHAUS 1972:23). Ein weiteres auffälliges Beispiel ist *so*, das im Mhd. temporal, konditional, relativ und vergleichend fungieren konnte. Im Fnhd. wird es – ähnlich wie im Fall von *ob* – durch diverse Elemente (in diesem Fall überwiegend von Adverbien) ergänzt. Dies führte zu einer Reihe neuer Konjunktionen im Nhd. wie temporales *sobald*, *solange*, *sooft* und *als* (< *also*) oder konditionales *sofern* (ERBEN 1977:14). Dieses Bedürfnis nach einem präziseren Ausdruck beruht zweifellos auf der Ausbreitung der Schriftlichkeit und der damit verbundenen Herausbildung der Hypotaxe (vgl. auch BETTEN 1987:87). Diese Tendenz wurde bereits in Kap. 4.1.2 im Kontext der Grammatikalisierung der Nebensatzklammer mit ihrer obligatorischen Verb-Letzt-Stellung thematisiert.

10.4 Probleme der Grammatikalisierungsforschung

In diesem Kapitel wurde eingangs erwähnt, dass die Grammatikalisierungsforschung inzwischen einen festen Platz innerhalb der Sprachwandelforschung einnimmt. Doch mit dem zunehmenden Interesse an der Grammatikalisierung haben sich auch kritische Stimmen geäußert. Der größte Anteil dieser Kritik richtet sich gegen das zentrale Prinzip der Unidirektionalität, das in den 1980er und frühen 1990er Jahren noch als ausnahmslos dargestellt wurde. Dies besagt: Affixe und Klitika entwickeln sich aus Lexemen oder anderen, bereits grammatikalisierten Zeichen, aber nie umgekehrt. Wenn eine Grammatikalisierung einmal in Gang ist, müssen zwar nicht alle vier Phasen eintreten, doch läuft der Prozess **nie** in die entgegengesetzte Richtung. In diesem Abschnitt werden wir die Kritik anhand einer Fallstudie erläutern, die die weitere Entwicklung der Konjunktionen *obwohl* und *weil* von Konjunktionen zu Diskursmarkern betrifft.

In Kap. 7.5.2 wurde die Funktion von *weil* und *obwohl* als Diskurspartikeln dargestellt. Diskurspartikeln wie *oder*, *ne* oder *gell* werden eingesetzt, um das Gespräch zu steuern, z.B. um Redebeiträge zu gliedern oder einen Themenwechsel anzukündigen. Dass *weil* und *obwohl* solche Funktionen übernehmen, wirft wichtige Fragen zur Definition bzw. zur Abgrenzung der Grammatikalisierung von anderen Sprachwandelphänomenen auf. Stellt der letzte Schritt von der Konjunktion zur Diskurspartikel eine Fortsetzung der Grammatikalisierung dar, die auch der Unidirektionalität entspricht? Hier gibt es keine klare Antwort, was nicht zuletzt damit zusammenhängt, dass die Klasse bzw. das **Paradigma** der Diskurspartikeln wie auch das der Konjunktionen relativ heterogen ist bzw. nur schwache **Paradigmatizität** aufweist. Die folgende Analyse betrifft ausschließlich die Entwicklung der Konjunktionen *weil* und *obwohl* und bezieht sich in erster Linie auf AUER/GÜNTHNER (2005).

Beginnen wir mit den semantischen Veränderungen: Bei den Diskurspartikeln *weil* und *obwohl* ist deren konjunktionale Bedeutung in ihrer Diskursfunktion eindeutig verblasst. Bei *weil* ist von der ursprünglichen Kausalität nichts mehr übrig, wenn es nur noch als Mittel zur Beibehaltung des Rederechts verwendet wird (nach AUER/GÜNTHNER 2005:340):

> *bisher isch ja – des isch alles immer schön im sand verlaufen;=*
> *=und den profs wars eigentlich im grund gnommen au scheißegal;*
> *=weil phh – ja also – des geht denen halt au am arsch vorbei.*

Bei *obwohl* dagegen bleibt etwas vom Überraschungsmoment der zugrundeliegenden konzessiven Bedeutung auch in der Diskurspartikelfunktion.

> W. *Brauchst du noch en KISSEN?*
> N. *hm. ne. das reicht. (0.5) obWOHL (.) des isch DOCH unbequem.* (GÜNTHNER 1999:414f.)

Dennoch ist die konzessive Semantik eindeutig schwächer als bei der Konjunktion *obwohl*. Eine Dekategorialisierung hat auch stattgefunden: Der Übergang von Konjunktionen ins Paradigma der Diskurspartikeln ist an den syntaktischen Veränderungen erkennbar. Die Diskurspartikeln sind auf das Vor-Vorfeld (*weil, obwohl*) oder das Nachfeld (*gell, oder*) fixiert, was für eine starke Grammatikalisierung spricht. Allerdings war die Position als Konjunktion (Einleiter des Nebensatzes) ebenso fixiert, so dass man weder eine klare Zu- noch Abnahme an syntaktischer Fixierung und damit Grammatikalität feststellen kann. Es findet auch keine formale Erosion statt.

Was sich aber eindeutig verändert hat, ist der sog. **Skopus** des Zeichens. Nach LEHMANN (1995:143f.) besteht der strukturelle Skopus eines Grammems in der syntaktischen Größe der Konstruktionen, auf die es sich bezieht, also die Reichweite. Nach dieser Definition geht der Skopus eines Zeichens bei zunehmender Grammatikalisierung zurück. Der Skopus des Kasus-/Numerus-Suffixes *-(e)s* in nhd. *Haus-es* ist das Nomen, von dem es als Affix abhängig ist. Bei den Konjunktionen *weil* und *obwohl* ist der Skopus, also der Bezugsbereich, der gesamte Nebensatz. Bei den Diskurspartikeln aber geht der Skopus über die Satzgrenze hinaus. Nach LEHMANNs Definition wäre die Konjunktion grammatikalisierter als die Diskurspartikel, da bei letzterer der Skopus deutlich vergrößert wird: Die syntaktische Reichweite ist nicht mehr auf den Satz beschränkt, sondern übernimmt sogar eine textuelle Funktion.

Ein weiterer Parameter, die **Obligatorik** eines Zeichens, nimmt generell bei einer Grammatikalisierung zu. Gesprächspartikeln sind nie obligatorisch, Konjunktionen dagegen sehr wohl. Nach den Grammatikalisierungsparametern Skopus und Obligatorik ist die Diskurspartikel weniger grammatikalisiert als die Konjunktion. Nur die Desemantisierung bei den Diskurspartikeln spricht eindeutig für eine weitere Grammatikalisierung. Zwar findet eine Dekategorialisierung statt, doch rutscht das Zeichen in ein Paradigma, das eine geringere Obligatorik und einen größeren Skopus aufweist. Dies widerspricht der Unidirektionalität.

Bei einer solchen Analyse bleibt aber die Zunahme an pragmatischer Bedeutung völlig unbeachtet. Hier läuft gegenwärtig in der Grammatikalisierungsforschung eine Debatte. Die Entwicklung von *weil* und *obwohl* ist typisch für die sog. **Pragmatisierung**, die Entstehung pragmatischer Bedeutung (zunehmender Skopus, Abnahme an Obligatorik und Semantik bei zunehmender pragmatischer Bedeutung; vgl. AUER/GÜNTHNER 2005:351). Dies ist eine wichtige Feststellung, denn bislang wurden problematische Grammatikalisierungsfälle von Befürwortern der Unidirektionalität oft nur zähneknirschend und mit der Begründung anerkannt, es handele sich um idiosynkratische Ausnahmen und nicht um ein systematisches Problem. Es gibt folglich zwei mögliche Lösungen für das Problem: Entweder ist a) die Entstehung von pragmatischen Elementen nicht mit dem Konzept der Grammatikalisierung fassbar und sollte daher nicht mit denselben Parametern gemessen werden oder b) die Parameter sind unzureichend, um die Entstehung von Pragmatik zu erfassen. Möglichkeit b), die derzeit eher in Betracht gezogen wird, ist besonders interessant, da sie die Fixierung der frühen Grammatikalisierungsforschung auf die Entstehung von Morphologie, insbesondere Flexion, aufbricht. Kann z.B. LEHMANNs Parameter des syntaktischen Skopus überhaupt angewendet werden, sobald der Skopus über die Satzgrenze hinausgeht und textuelle Funktionen übernimmt?

Dieser problematische Fall zeigt, dass bei der Grammatikalisierung noch viele grundlegende Fragen zu klären sind. Sie betreffen nicht nur die Definition von Grammatikalisierung und die Rolle der Unidirektionalität, sondern auch die Parameter, mit denen man den Grad an Grammatikalisierung misst und wie man mit Beispielen umgehen soll, die der Unidirektionalität widersprechen. Von besonderem Interesse ist die Behandlung systematischer Ausnahmen wie beispielsweise der oben dargestellten Fälle von Pragmatisierung. Auch wenn ursprüngliche Annahmen der Grammatikalisierung dadurch revidiert werden müssen, heißt das noch lange nicht, dass die ganze Forschungsrichtung nicht von Nutzen wäre. Ganz im Gegenteil: Die hier dargestellten Phasen und Parameter des Prozesses sind ein wichtiges und nützliches Instrumentarium, um die Entstehung und Weiterentwicklung vieler grammatischer Strukturen zu beschreiben und zu analysieren.

Zum Weiterlesen:

DIEWALD (1997) bietet eine einschlägige, verständlich geschriebene und deutschsprachige Einführung in die Grammatikalisierungsforschung. Sie ist auch zum Selbststudium geeignet. Sehr empfehlenswerte englischsprachige Einführungen sind LEHMANN (1995) und insbesondere HOPPER/TRAUGOTT ([2]2003). Als einführende Überblicksaufsätze sind DIEWALD (2000) und HEINE (2003) zu empfehlen, wobei Letzterer auch auf die hier skizzierte Kritik an der Grammatikalisierungsforschung eingeht. TRAUGOTT (2003) betont die Wichtigkeit der Pragmatik und v.a. pragmatisch orientierter Ansätze für die Grammatikalisierungsforschung. Kritik und weitere Problemfelder der Grammatikalisierungsforschung werden in CAMPBELL (2001), einem Sonderband von *Language Sciences*, und in dem Band von RAMAT/HOPPER (1998) in voller Breite diskutiert. Speziell zum Deutschen ist zusätzlich zu den beiden oben erwähnten Titeln von DIEWALD der jüngst erschienene Sammelband von LEUSCHNER u.a. (2005) zu empfehlen.

Aufgaben:

1) Im Nhd. läuft derzeit die Grammatikalisierung zu einem sog. Dativ- oder Rezipientenpassiv. Das *werden*-Passiv wird bei einer einfachen Umkehrung der Agens- und Patiens-Rollen eingesetzt, z.B. statt aktiv *Wir rufen sie an* passiv *Sie wird von uns angerufen*. Versucht man aber, ein Dativobjekt in die Subjektposition zu heben, kommt es zu Problemen: Während die Äußerung *Sie wird angerufen* (Akkusativobjekt als Subjekt) akzeptabel ist, ist **Sie wird ein Buch geschenkt* (Dativobjekt als Subjekt) ungrammatisch. Diese Funktion übernimmt das sog. Dativ- oder Rezipientenpassiv (z.B. *sie bekommt ein Buch geschenkt*). Ähnlich wie bei den Fallstudien dieses Kapitels sind mehrere Verben "im Rennen" um diese Funktion: *bekommen*, *kriegen* und *erhalten*. Doch haben diese drei Anwärter unterschiedliche Grade an Grammatikalisierung erreicht. Testen Sie folgende Sätze mit allen drei Verben und achten Sie darauf, welches Verb die höchste bzw. geringste Akzeptanzquote bei Ihnen erzielt. Woran liegt das? Benutzen Sie bei Ihrer Antwort das hier angewandte Vierstufenmodell.
   a) *Sie erhält / kriegt / bekommt einen Schlafsack geschenkt.*
   b) *Sie erhält / kriegt / bekommt ein Bier angeboten.*
   c) *Sie erhält / kriegt / bekommt den Führerschein weggenommen.*
   d) *Sie erhält / kriegt / bekommt geholfen.*
2) Die Wortart der Adpositionen umfasst Prä- (z.B. *auf dem Tisch*), Post- (*den Fluss entlang*) und Zirkumpositionen (*um Himmels willen*). Für Adpositionen gibt es diverse Spenderbereiche wie z.B. Adjektive (*gemäß*) oder Substantive (*trotz*). Lesen Sie hierzu DI MEOLA (2001). Aus welchen Wortarten haben sich die deutschen Adpositionen noch entwickelt? Was sind die Bedingungen für eine syntaktische Reanalyse? Welche Eigenschaften sind charakteristisch für Adpositionen bei zunehmendem Grammatikalisierungsgrad?

11 Im Spannungsfeld zwischen Analyse und Synthese

11.1 Was bedeutet Analyse und Synthese?

In der Sprachwandelforschung ist viel darüber diskutiert worden, ob das Deutsche eher eine **synthetische** oder eine **analytische Sprache** ist und ob es sich im Laufe seiner Sprachgeschichte eher in die eine oder in die andere Richtung entwickelt hat (z.B. ROELCKE 1997). Dabei gilt das, was innerhalb eines Wortes ausgedrückt wird, als synthetisch, was mithilfe mehrerer Wörter ausgedrückt wird, als analytisch. Dies impliziert keine starre Zweiteilung in analytisch und synthetisch, vielmehr lassen sich verschiedene Analyse- bzw. Synthesegrade unterscheiden. So verfahren starke Verben im Präteritum mit ihrem modifikatorischen Ablautverfahren (*ga̲b*) synthetischer als schwache Verben, die die gleiche Kategorie zwar auch synthetisch am Wort selbst ausdrücken, doch nur additiv (über das Dentalsuffix: *leb-te̲*; vgl. Kap. 3.1.1.3-4, 9.1.2). Dies lässt sich anhand folgender Skala darstellen:

Abb. 48: Analyse und Synthese (nach RONNEBERGER-SIBOLD 1980:101)

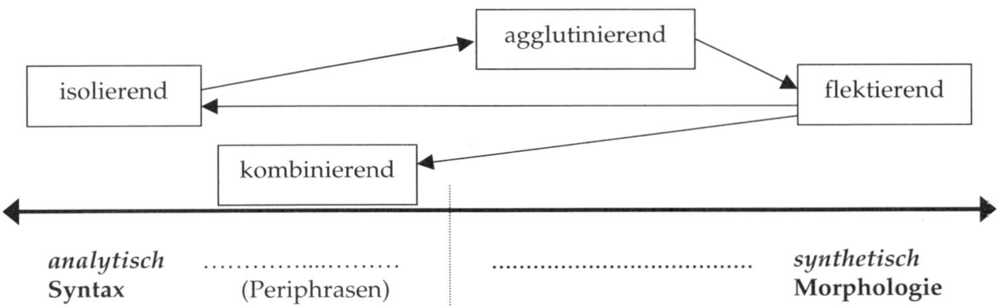

Abb. 48 zeigt zunächst, dass analytische und synthetische Strukturen graduell miteinander verbunden sind. Die vier Etappen auf diesem Kontinuum, die oft zur typologischen Einordnung von Sprachen herangezogen werden, sind:

a) <u>isolierend</u>: Jeder Information entspricht ein Wort. So wird '+definit' im Englischen durch *the* ausgedrückt. Ganz anders bei nhd. *das*, das neben '+definit' auch Genus, Kasus und Numerus ausdrückt und damit zum flektierenden Verfahren d) zählt. Das Deutsche hat kaum echt isolierende Züge, das Englische viele.

b) <u>kombinierend</u>: Eine Information wird auf mehrere Wörter verteilt ausgedrückt (was nicht mit Kongruenz verwechselt werden darf). Man liest zwar oft, dass das deutsche Passiv mit *werden* gebildet wird, doch wäre es verfehlt, bei der Periphrase *sie werden gesehen* die Passivbedeutung nur *werd-* zuzuordnen. Bei *sie werden sehen* wird nämlich auch das Hilfsverb *werd-* verwendet, doch liegt hier ein Futur vor. Das bedeutet, nur im Verbund mit einem Part.Perf. drückt *werd-* 'Passiv' aus (Unterstreichung): *sie werd-en ge-seh-en*. Und nur im Verbund mit einem Infinitiv drückt *werd-* 'Futur' aus: *sie werd-en seh-en*. Die deutschen Periphrasen sind durchzogen von diesem kombinatorischen Prinzip, was das Deutsche synthetischer sein lässt als eine isolierende Sprache (s. Kap. 11.2.3). Im Gegensatz zu den Typen a), c) und d) wird das kombinierende Verfahren seltener zum Kanon der Sprachtypen gezählt (hierzu eingehend RONNEBERGER-SIBOLD 1980:56-64).

c) agglutinierend: Ähnlich wie a) basiert auch dieses Verfahren auf 1:1-Entsprechungen zwischen Inhalt und Ausdruck, nur wird diese Relation innerhalb eines Wortes verwirklicht. Beispiel hierfür ist das Dentalsuffix *-te-* bei schwachen Verben, das 'Prät.' ausdrückt (*sie lach-te-n*) oder die Endung *-en* in *Frau-en*, die 'Pl.' ausdrückt. In morphologischen Theorien wird die Agglutination gerne als Ideal gesehen.

d) flektierend: Hier kommt es zu Informationsüberlagerungen (*Portmanteaumorphen*) innerhalb eines Wortes. Dies kann sich zum einen nur auf grammatischen Endungen abspielen, die mehrere, nicht segmentierbare Informationen kodieren: So enthält die Endung *-st* in *lach-st* '2.Ps.' + 'Sg.'. Zum anderen kann sich diese Informationsüberlagerung auch auf die lexikalische Wurzel erstrecken, wofür unsere (modifikatorischen) Ablaut- und Umlautphänomene viele Beipiele liefern: In *Mütter* ist die Information 'Pl.' untrennbar im Lexem enthalten, und zwar durch '+palatal' (d.h. den Kontrast *u* vs. *ü*). Dies nennt man Wurzel-, Stamm- oder Introflexion.

Dass wir diese vier Verfahren in Abb. 48 nicht auf einer Ebene angeordnet haben, liegt nur daran, dass man so die diachronen Übergänge zwischen ihnen deutlicher aufzeigen kann (s. die Pfeile), die ja nicht nur zwischen benachbarten Verfahren stattfinden, sondern theoretisch zwischen allen. Praktisch aber werden bestimmte Pfade öfter begangen als andere. Die Pfeile in Abb. 48 bezeichnen nur die für das Deutsche wichtigsten Übergänge, sind also nicht als vollständig zu betrachten. So ging oft (meist über Lautwandel) das agglutinierende Verfahren in das flektierende über, etwa indem der Pluralumlaut konserviert und morphologisiert wurde ('Pl.' unterstrichen): frühahd. *apful-i* (agglutinierend) > spätahd./mhd. *epfel-e* > nhd. *Äpfel* (binnenflektierend). Zu diesem gesamten Komplex s. eingehend RONNEBERGER-SIBOLD (1980:Kap.2, 4).

Wenn man zu solchen binnenverdichtenden Verfahren in der Flexion auch noch die diachron stark zunehmende Wortbildungsaktivität des Deutschen zählt, so kommt man zu einem hohen sog. **Synthese-Index**, der, so ROELCKE (2002:341), diachron trotz des starken Ausbaus der Periphrasen zumindest nicht abgenommen hat.

Wir können uns im Folgenden nur auf wenige Beispiele beschränken. Kap. 11.2 befasst sich mit Analyseentwicklungen (als Bewegungen auf der Skala in Abb. 48 nach links), Kap. 11.3 mit Syntheseentwicklungen (Bewegungen nach rechts). Dabei wird jeweils die Grenze zwischen Syntax und Morphologie überschritten.

11.2 Von der Synthese zur Analyse: Periphrasen

In den sprachgeschichtlichen Darstellungen zum Deutschen dominiert die Sicht, dass sich das Deutsche nach und nach von einer synthetischen zu einer analytischen Sprache entwickelt habe. Obwohl das Deutsche auch gegenläufige Entwicklungen vollzogen hat (s. Kap. 11.3), sind seine analytischen Tendenzen offenkundig: Das Deutsche hat zahlreiche sog. **Periphrasen** im Sinne grammatischer Umschreibungen ausgebildet. Bis dato am Wort selbst, d.h. morphologisch ausgedrückte Kategorien werden nun auf mehrere Wörter verteilt, oder es kommt sogar zur Entstehung neuer grammatischer Informationen (z.B. Definitheit). Der Begriff der Periphrase wird in der Linguistik meist mit periphrastischer Konjugation gleichgesetzt, also mit dem umschriebenen Perfekt, Plusquamperfekt, Futur, Konjunktiv und Passiv. Wir fassen den Begriff hier etwas weiter und beziehen ihn auch auf den analytischen Ausdruck von grammatischen Kategorien allgemein, also auch auf den Nominalbereich. Drei Beispiele für die Entstehung von Periphrasen werden beschrieben: 1) Die Entstehung des obligatorischen Subjektspronomens, 2) die Entstehung des bestimmten Artikels und 3) die Herausbildung des analytischen Perfekts, das zunehmend das synthetische Präteritum verdrängt. Die Futur-Umschreibung mit *werden* + Infinitiv war bereits Gegenstand von Kap. 10.2. Für weitere Periphrasen, etwa das Passiv und die *würde*-Periphrase, sei auf die in Kap. 1.5 genannten sprachgeschichtlichen Einführungen verwiesen.

11.2.1 Neuer Pflichtbegleiter für das Verb: Das Subjektspronomen

Im Nhd. ist das **Subjektspronomen** obligatorisch, z.B. *ich singe, du singst, sie/er singt* und nicht **singe, *singst, *singt*. In anderen Sprachen wie z.B. dem Spanischen ist das Subjektspronomen nicht obligatorisch: span. *canto* 'ich singe' (nur bei Betonung kann *yo* 'ich' stehen). Dies war auch noch im Ahd. der Fall: Hier gab es zwar Personalpronomen in Subjektsfunktion, doch war deren Gebrauch fakultativ bzw. von ihrer Betonung abhängig. So beginnt das St. Galler Credo: <u>*kilaubu*</u> *in kot fater almahtigun* '<u>Ich glaube</u> an Gott Vater den Allmächtigen'. Dass das Pronomen im Ahd. im Gegensatz zu heute entbehrlich war, liegt sicherlich auch an den differenzierteren Flexionsendungen des Verbs, die im Ahd. noch relativ eindeutig Person, Numerus, auch Tempus und Modus anzeigen, auch wenn dies nicht für alle Paradigmenpositionen gilt (vgl. die grau hinterlegten Synkretismen in Tab. 34, die zum Nhd. hin insgesamt zunehmen). Tab. 34 zeigt die Flexionsendungen im Prät.Ind. und Konj.II starker Verben:

Tab. 34: Flexionsendungen der starken Verben im Ahd. und Nhd.

		Althochdeutsch		Neuhochdeutsch	
		Prät.Ind.	**Konj.II**	**Prät.Ind.**	**Konj.II**
Sg.	1.	*sang-Ø*	*sung-i*	*sang-Ø*	*säng-e*
	2.	*sung-i*	*sung-īs(t)*	*sang-st*	*säng-est*
	3.	*sang-Ø*	*sung-i*	*sang-Ø*	*säng-e*
Pl.	1.	*sung-um*	*sung-īmēs*	*sang-en*	*säng-en*
	2.	*sung-ut*	*sung-īt*	*sang-t*	*säng-et*
	3.	*sung-un*	*sung-īn*	*sang-en*	*säng-en*

Im Ahd. schwankt der Gebrauch des Subjektspronomens zwar stark, es lassen sich aber bestimmte textlinguistische, morphologische und syntaktische Faktoren festmachen, die ihn beeinflussen (s. EGGENBERGER 1961:166-172, SONDEREGGER 1979:266-269): Interlinearübersetzungen (enge, zwischen den lat. Zeilen stehende Übersetzungen) aus dem Lateinischen weisen so gut wie keine Subjektspronomen auf, da diese schon in der lat. Vorlage fehlen. Auch das obige Beispiel (*kilaubu in kot fater almahtigun*) beruht auf lat. Grundlage. In freieren Übersetzungen und v.a. in den autochthonen (nicht übersetzten) ahd. Texten werden Subjektspronomen dagegen weitaus häufiger gebraucht. Das Subjektspronomen ist also in der ahd. Phase bereits gut etabliert; seine Verwendung wird von Otfrid (um 863) zu Notker (um 1000 n.C.) noch weiter generalisiert. In ahd. Texten steht das Subjektspronomen öfter im Nebensatz als im Hauptsatz, und bei Hauptsätzen tritt auch die Person als bedingender Faktor hinzu: Subjektspronomen werden öfter in der 1. und 2. Ps.Sg./Pl. gesetzt als in der 3. Ps.Sg./Pl. Das Setzen von Subjektspronomen wird durch Inversion, also die Voranstellung des Verbs, gehemmt.

In der ahd. Phase scheint bei der Entscheidung, ob ein Subjektspronomen gesetzt wird oder nicht, die textuelle Ebene (und damit die Pragmatik) einen großen Einfluss gehabt zu haben. Z.B. kann in einer Erzählsequenz durch das Weglassen des Pronomens signalisiert werden, dass der Referent, also das Subjekt und damit meist auch der Handelnde, gleich bleibt. In der folgenden Passage aus dem as. Hildebrandslied (zit. nach SONDEREGGER 1979:267) ist dies wohl der Fall: Das Subjektspronomen wird nur zu Beginn der Sequenz gesetzt, bei den darauf folgenden Teilhandlungen desselben Subjekts dagegen nicht.

do **lętun se** ærist	asckim scritan,	+
scarpen scurim:	dat in dem sciltim stont.	0
do **stoptun** to samane	staim bort chludun,	–
heuwun harmlicco	huittę scilti.	–

Da ließen ***sie*** *zum ersten* — *Eschenlanzen schnellen,*
mit scharfen Schüssen — *dass [es] in den Schilden stak.*
*Dann prallten [****sie****] zusammen,* — *Prunkschilde zerbarsten*
*[****sie****] hieben harmvoll* — *auf helle Schilde.*

Ein Relikt dieses textpragmatischen Prinzips findet sich heute noch satzintern: Bei der Koordination mehrerer Verbformen innerhalb eines Satzes, die zu demselben

Subjekt gehören, wird das Pronomen nur beim ersten Verb gesetzt, z.B. *Ich fahre nach Zürich, _ gehe an den See und _ springe hinein.* Ein anderes Relikt uneingeleiteter Verbformen ist der Imperativ, z.B. *Arbeite!* und nicht **du arbeite!* oder **arbeite du!*

Auch im Mhd. wird das Subjektspronomen noch nicht zwingend verwendet, doch erfolgt bis zu dieser Periode weitgehend seine Obligatorisierung. Dass der Gebrauch noch von den heutigen Regularitäten abweicht (vgl. PAUL u.a. 1998:366f.), zeigt das folgende mhd. Beispiel:

> *dar vuorte sî in bî der hant, und* ***sâzen*** *zuo ein ander*
> 'da führte sie ihn bei der Hand und (sie) setzten sich zueinander' (Hartmann: Iwein v. 6492f.)

Diese Abweichung lässt sich (neben metrischen Gründen) damit erklären, dass auch in der mhd. Phase die Setzung des Subjektspronomens noch eher textpragmatisch geregelt war als grammatisch-syntaktisch wie heute. Die pluralische Verbform *sâzen* braucht nicht durch ein Subjektspronomen eingeleitet zu werden, weil sie sich auf die beiden Referenten der Erzählung rückbezieht und nicht auf ein grammatisches Subjekt. Wenn strenge grammatische Kongruenz mit Bezug auf das Subjekt im Satz vorläge, dann wäre so ein Bezug nicht möglich – denn hier wird ja im zweiten Teilsatz aus zwei Einzelpersonen eine Gruppe und daher müsste ein Pronomen gesetzt werden. Auf dem Weg zum Nhd. entwickelt sich die textpragmatische zur heutigen syntaktischen Regelung. Damit wird die Setzung des Subjektspronomens (abgesehen von den oben genannten Ausnahmen) vollends obligatorisch.

Die neuen Pflichtbegleiter des finiten Verbs kompensieren den Informationsverlust ('Person' und 'Numerus'), der durch die Reduktion der verbalen Flexionsendungen eingetreten ist – was nicht zwingend heißt, dass sie deswegen entstanden sind: Als sie aufkamen, waren die Verbalendungen noch funktionstüchtig, und bis heute enthalten sie zahlreiche Distinktionen: *fahr-e, fähr-st, fähr-t, fahr-en, fahr-t, fahr-en*. Allerdings sind sie durch die Nebensilbenabschwächung weitaus weniger salient (auffällig) als noch im Ahd., vgl. *far-u, fer-is, fer-it, far-amēs, far-at, far-ant*. Die nach BYBEE (1985, 1994) relevanteren Kategorien Tempus und Modus waren dagegen weniger "gefährdet", da sie entweder dichter am Stamm (Dentalsuffix) oder gar innerhalb des Stamms (Ab-/Umlaut) ausgedrückt wurden. Wie sich unter 11.2.3 noch zeigen wird, entwickeln sich jedoch auch für diese Kategorien Periphrasen.

11.2.2 Neuer Pflichtbegleiter für das Substantiv: Der Artikel

Im Nhd. werden Substantive im Singular vom bestimmten ('+definit', z.B. *das Haus*) oder unbestimmten **Artikel** ('-definit', z.B. *ein Haus*) obligatorisch begleitet; im Plural gibt es keinen unbestimmten (*Häuser*), sondern nur den bestimmten Artikel (*die Häuser*). Der Artikel wird dem Substantiv vorangestellt (**präponiert**). Er ist Träger mehrerer Kategorien: Kasus, Genus, Numerus und vor allem Definit- bzw. Indefinitheit. Der bestimmte und unbestimmte Artikel wurden nicht aus dem Germ. ererbt. Sie sind Neuerungen, die sich im Laufe des Ahd. und Mhd. über einen Grammatikalisierungsprozess (Kap. 10) herausgebildet haben.

Demonstrativa bilden den prototypischen "Spenderbereich" für die Kategorie **Definitheit**. Das gilt auch für die Entwicklung im Deutschen – wir haben es also mit einem häufig begangenen und gut dokumentierten Grammatikalisierungspfad zu tun (HEINE/KUTEVA 2002:109-110). Der (immer unbetonte) Artikel stellt eine Weitergrammatikalisierung des Demonstrativums dar, d.h. eines bereits grammatischen Elements. Eine allgemein akzeptierte Definition der Kategorie Definitheit steht noch aus. LYONS (1999) sieht die Identifizierbarkeit als deren zentralen Inhalt: Es handelt sich um ein individualisiertes, oft ein vorerwähntes Exemplar einer Menge. Mit *das Haus* meint man ein bestimmtes Haus, *ein Haus* hingegen könnte jedes beliebige Haus sein und ist bis dato unbekannt. Sowohl *das* als auch *ein* sind dabei unbetont, und nur hiervon sprechen wir. Betont man sie, so handelt es sich um ein Demonstrativum bzw. Zahlwort. Demonstrativa sind lokaldeiktische Elemente, d.h. sie enthalten nicht *nur* das Konzept der Identifizierbarkeit, sondern sie zeigen auf etwas (ähnlich einer Zeigegeste). Lokale Demonstrativa sind sowohl Pronomen (*dieser, jener*) als auch Adverbien (*hier, dort*). Diese Zeigefunktion (Deixis) ist beim bestimmten Artikel abgebaut (desemantisiert) worden (vgl. hierzu Kap. 10.1.1). Er trägt damit weniger semantisches Gewicht als seine Quelle, das Demonstrativum, was bei einer voranschreitenden Grammatikalisierung erwartbar ist (s. Tab. 35):

Tab. 35: Desemantisierung des ahd. Demonstrativums

Althochdeutsch	**Neuhochdeutsch**
'+ definit'	'+ definit'
'+ deiktisch'	'- deiktisch'

Im Ahd. gab es zwei verschiedene Paradigmen des Demonstrativpronomens, das sog. "einfache" und das "zusammengesetzte". Der bestimmte Artikel entwickelt sich aus dem einfachen (s. Tab. 36). Was mit dem zusammengesetzten Demonstrativ geschieht, wird später erläutert.

Tab. 36: Das einfache Demonstrativum (Sg.) im Ahd.

	Mask.	Fem.	Neut.
Nom.	*der*	*diu*	*daz*
Gen.	*des*	*dera, -u, -o*	*des*
Dat.	*demu, -o*	*deru, -o*	*demu, -o*
Akk.	*den*	*dia*	*daz*

Da es im frühen Ahd. keinen Artikel gab, standen für ein Substantiv wie *tage* (Mask.Dat.Sg.) zwei Lesarten zur Verfügung, entweder 'einem Tag' (indefinit) oder 'dem Tag' (definit). Für die deiktische Funktion (wenn man auf einen bestimmten Tag hinweisen wollte) wurde das Demonstrativum verwendet, z.B. *demu tage* 'diesem Tag'. Im Laufe des Ahd. muss diese hinweisende Funktion verblasst sein. Nach OUBOUZAR (1992) ist im Ahd. eine stetige semantische Extension des Demonstrativs beobachtbar (vgl. Kap. 10.1.1). Einschränkungen in seiner Verwendung bestehen zunächst für Abstrakta: Da Abstrakta keine zählbaren Objekte bezeichnen, lassen sie sich weder in den Plural setzen noch deiktisch exponieren, z.B. ahd. *gilouba* 'Glaube'. Ähnliches gilt für Unika, die wegen der Einmaligkeit ihres Referenten bereits individualisiert sind. Hier wäre ein zusätzliches deiktisches Hinweisen überflüssig (vgl. das St. Galler "Vater Unser": *so in himile sosa in erdu*). In manchen festen Wendungen des Nhd. blieb der artikellose Gebrauch erhalten, z.B. *auf Erden*. In späteren Texten werden auch Abstrakta und Unika mit dem Artikel versehen, z.B. *diu erda, der himil* – ein Symptom zunehmender Extension.

Im späten Ahd. wird Definitheit zunächst durch die Opposition Demonstrativ bzw. Artikel vs. deren Fehlen (Null) ausgedrückt. Im Laufe des Mhd. wird der Nullartikel im Singular durch den unbestimmten Artikel ersetzt. Dieser entwickelt sich aus dem flektierten Zahlwort *eins*.

Im Mhd. wird der bestimmte Artikel endgültig obligatorisiert. Seine Ausweitung geht sogar zeitweise über den heutigen Stand hinaus: So wird die Verbindung von Possessivum + Substantiv, die bereits inhärent definit ist, oft mit dem bestimmten Artikel versehen: *die iuwern schœnen tohter*, wörtl. "die euren schönen Töchter" oder *diu sîniu keiserlîchen bein* "die seinen kaiserlichen Beine" (SONDEREGGER 1979:265). Als Relikt vgl. die heutige Floskel *in diesem unserem Lande*. Heute weitet sich der Definitartikel in südlichen Dialekten sowie in der dortigen Umgangssprache sogar auf die inhärent individualisierten und damit definiten Eigennamen aus: *die Rita, der Rudolf*.

Die stetige Ausweitung des Demonstrativs/Artikels auf alle Substantive, die identifizierbar sind, führt gleichzeitig zu einer Schwächung der deiktischen Funktion des Demonstrativs. Wie das Subjektspronomen beginnt also auch der Definitartikel seine Karriere auf der pragmatischen Ebene, als Demonstrativpronomen mit deiktischer Funktion (vgl. Kap. 7.1). Sein Auftreten ist in seiner Frühphase, im Ahd., durch pragmatische Bedingungen gesteuert: Nur Diskursreferenten, die in der Gesprächssituation als Individuen identifizierbar waren, konnten im Ahd. mit Demonstrativ versehen werden. Zum Nhd. hin lässt sich ein allmählicher Übergang von einem pragmatischen Zeichen hin zu einem grammatischen Zeichen (+/- definit) beobachten, dessen Auftreten obligatorisch (also völlig unabhängig von pragmatischen Faktoren) ist.

Dies ist ein Sprachwandelprinzip, das nicht nur für das Deutsche gilt und das im Rahmen der Grammatikalisierung gesehen werden kann (s. Kap. 10.1.1). Neuerungen entstehen auf der pragmatischen Ebene, also am äußeren Rand des Zwiebelmodells (vgl. Abb. 1, S. 2), und werden zunächst auch durch diese Ebene gesteuert. Erst in späteren Phasen der Grammatikalisierung gehen diese pragmatischen Regelungen über in grammatische, dringen also in den Kern der Zwiebel vor. Während in der pragmatisch gesteuerten Phase noch Variation herrscht und die Einheiten nicht obligatorisch sind, findet in der grammatischen Phase eine Einschränkung der Variation statt. Die neuen grammatischen Einheiten werden obligatorisch. Beispiele dafür begegnen uns mehrfach in diesem Buch: beim

Wandel der Verbstellung (s. Kap. 4.1.2), beim Anredewandel (Kap. 7.4.2, S. 166) und beim Subjektspronomen (Kap. 11.2.1).

Die demonstrative Funktion wird zunehmend von einem anderen, zusammengesetzten Demonstrativ übernommen, bei dem an das einfache Demonstrativ die deiktische Partikel *-se* (< **sa*, **si*) und die Flexionsendungen des starken Adjektivs gehängt werden (vgl. BRAUNE/REIFFENSTEIN [15]2004:§288). Hieraus haben sich die Formen *diese, dieser, dieses* entwickelt. Der Grammatikalisierungsprozess der Artikelentstehung ist wegen reduktiver phonologischer Entwicklungen am Substantiv für das nominale Flexionssystem langfristig sehr wichtig. Durch die Nebensilbenabschwächung im Mhd. wird die Kodierung von Kasus und Numerus am Substantiv im Vergleich zum Ahd. stark reduziert, insbesondere im Plural (vgl. Tab. 37). Dennoch darf man die Nebensilbenabschwächung nicht als primäre Motivation für die Artikelentstehung betrachten, schließlich bildet er sich zu einer Zeit heraus, in der die Flexionsendungen noch gut erhalten sind. Der Prozess ist vielmehr in erster Linie als Herausbildung der neuen Kategorie 'Definitheit' zu sehen.

Tab. 37: Die ahd. und mhd. mask. *a*-Stämme

		Ahd.	**Mhd.**
Sg.	Nom.	*tag*	*tac*
	Gen.	*tag-es*	*tag-es*
	Dat.	*tag-e*	*tag-e*
	Akk.	*tag*	*tac*
Pl.	Nom.	*tag-a*	*tag-e*
	Gen.	*tag-o*	*tag-e*
	Dat.	*tag-um*	*tag-en*
	Akk.	*tag-a*	*tag-e*

Bei einem solchen Abbau grammatischer Oppositionen (Tab. 37) gibt es zwei Möglichkeiten: Entweder wird die Kodierung verlagert, z.B. auf ein anderes Element der NP oder in den Stamm des Substantivs (wie beim Pl. durch Umlaut), oder die Kategorien als solche schwinden. Das Deutsche hat die erste Möglichkeit gewählt: Der neue Artikel ist mit seinen gut ausdifferenzierten pronominalen Endungen in der Lage, die Markierung von Kasus, Genus und Numerus zu übernehmen, wenn auch nicht immer eindeutig. Der Artikel bildet dabei ein hochgradiges **Portmanteaumorph**, d.h. er lässt sich segmentieren in *d-*, das die Definitheit markiert, während sich die drei anderen Kategorien unsegmentierbar auf dem Rest konzentrieren:

Abb. 49: Portmanteaumorphe an Substantiv und Artikel im Ahd. und Nhd.

Althochdeutsch >		**Neuhochdeutsch**			
Mask.Dat.Sg.		Mask.Dat.Sg.			
tag -	***e***	***d -***	***em***	***Tag -***	***(e)***
'Tag'	Genus	'+def.'	Genus	'Tag '	(Genus)
	Numerus		Numerus		(Numerus)
	Kasus		Kasus		(Kasus)

Obwohl diese partielle Auslagerung von Informationen vom Substantiv auf ein anderes Element des Satzes eine Bewegung in Richtung Analyse bedeutet, bleibt die Flexion am neuen Element erhalten, und die Anzahl der Kategorien wird sogar erhöht. Dadurch sieht man, dass das, was analytischer wird, nicht zugleich als isolierend zu gelten hat (s. die Typologie in 11.1). Ein erheblicher morphologischer Komplexitätsgrad bleibt trotz der Informationsauslagerung erhalten. Dass der Artikel seinerseits heute wieder Bindungen mit der ihm vorangehenden Präposition eingeht, ist als Syntheseschub zu sehen und wird in 11.3 behandelt.

Sowohl die Obligatorisierung des Subjektspronomens als auch die Herausbildung des Artikels stehen nicht nur für einen typologischen Wandel von Synthese in Richtung Analyse, sondern auch für einen Wechsel der **Determinationsrichtung**: Während im Ahd. sowohl bei den Verben als auch bei den Substantiven die grammatischen Informationen hinter den lexikalischen kodiert werden (sog. **Postdetermination**), werden sie durch die Entstehung des Artikels nun vor dem Lexem angezeigt (sog. **Prädetermination**, s. Abb. 50):

Abb. 50: Von synthetisch zu analytisch und von post- zu prädeterminierend bei der Entstehung von Subjektspronomen und Artikel

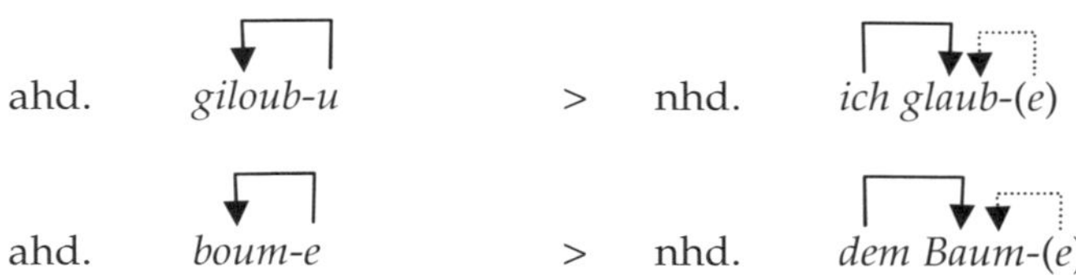

Mit der Schwächung der Kasus- und Numerusendungen geht außerdem ein Ausbau der Präpositionen einher. Durch ihre Stellung vor der NP verhalten auch sie sich prädeterminierend. Das Ahd. (und das Germ.) waren dagegen noch stärker postdeterminierend. Diese verstärkte Prädetermination ist eine wichtige Voraussetzung für den Ausbau der Klammer: Erst durch die Entstehung des präponierten Artikels werden z.B. die Voraussetzungen für die Nominalklammer geschaffen (hierzu vgl. Kap. 4.1.1). Doch greift die Tendenz zur Prädetermination nicht in allen Bereichen: So spielen Suffixe in der Derivation nach wie vor eine wichtige Rolle (vgl. Kap. 3.2.1). Das Deutsche erweist sich auch in seiner Determinationsrichtung als Mischtyp (vgl. Kap. 4.1.5).

11.2.3 Von *sie sang* zu *sie hat gesungen*: Entstehung des Perfekts und Schwund des Präteritums

Die Grammatikalisierung des analytischen Perfekts (*ich habe gesungen, ich bin gegangen*) und Plusquamperfekts (*ich hatte gesungen, ich war gegangen*) und der spätere und bis heute noch nicht abgeschlossene sog. Präteritumschwund (*ich habe gesungen* statt *ich sang*) stellen wichtige Beispiele für den typologischen Wandel des Deutschen seit dem Ahd. dar.

Grundlegend für die Entstehung des Perfekts ist die Grammatikalisierung von *haben* und *sein* zu Perfekt-Hilfsverben. Dies wird hier exemplarisch für die

Grammatikalisierung von *haben* gezeigt: Die ahd. Vorstufe zur Perfektperiphrase wird mit den Verben *habēn* oder **eigan* gebildet, die beide die Bedeutung 'besitzen' tragen. Das Partizip Perfekt verhält sich im Ahd. syntaktisch wie Adjektive (sog. Verbaladjektive): Das Part.Perf. kongruiert im Ahd. mit seinem Bezugsnomen und kann sowohl vor als auch hinter dem entsprechenden Nominalglied auftreten (vgl. Kap. 4.2). Dies ist im Nhd. nicht mehr der Fall, vgl. *eine schöne Blume* aber **eine Blume schöne.* Durch die syntaktischen Gemeinsamkeiten zwischen dem Part.Perf. und anderen Adjektiven sind im Ahd. auch Konstruktionen wie *Ich habe eine Blume [als] gepflückte* 'Ich habe eine gepflückte Blume' zulässig. In der Anfangsphase der Grammatikalisierung wird das Part.Perf. als Teil der NP betrachtet und auch nominal flektiert, d.h. es stimmt, wie ein Adjektiv, in seinen Endungen mit dem Substantiv überein (Kongruenz). Dies ist erkennbar an der Mask.Akk.Sg.-Endung *-an* in *giflanzōtan* im Beispiel unten, die mit Mask.Akk.Sg. von *phīgboum* kongruiert. Das Beispiel ist als Vorläufer des heutigen Plusquamperfekts (*hatte gepflanzt*) zu sehen:

phīgboum habēta sum giflanzōtan in sīnemo wīngarten (*Tatian* 102,2)

'(Einen) Feigenbaum hatte einer als gepflanzten in seinem Weingarten'

Damit das Part.Perf. verbal statt nominal interpretiert wird, muss noch eine syntaktische Reanalyse stattfinden. Im Ahd. ist die Konstruktion mit einer nominalen (Teil der NP zu *phīgboum*) oder verbalen Lesart (Teil der VP zu *habēta*) von *giflanzōtan* ambig (doppeldeutig) (vgl. Abb. 51). Sinngemäß ins heutige Deutsch übertragen würde die nominale Lesart den gepflanzten Feigenbaum näher charakterisieren, die verbale dagegen das Ergebnis der Pflanzhandlung in den Vordergrund rücken. Hier ist also eine grundlegende Veränderung in der Interpretation des Partizips zu erkennen (vgl. DAL [3]1966:121): Von einer nominalen (adjektivischen) zu einer verbalen Lesart von *giflanzōtan*.

Abb. 51: Syntaktische Reanalyse bei der Grammatikalisierung des Perfekts

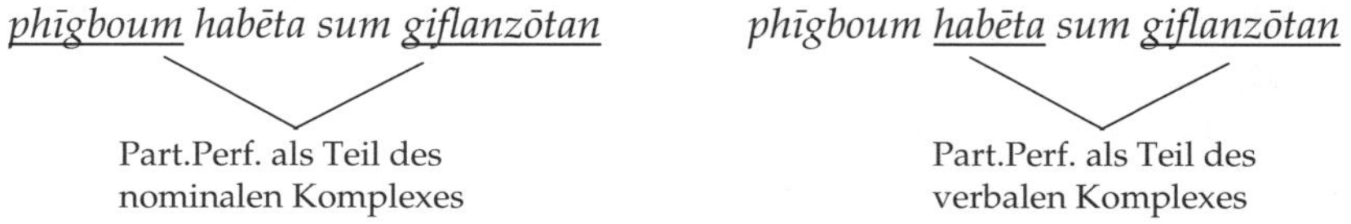

phīgboum habēta sum giflanzōtan — Part.Perf. als Teil des nominalen Komplexes

phīgboum habēta sum giflanzōtan — Part.Perf. als Teil des verbalen Komplexes

Zunächst bestehen im Ahd. für die verbale (zweite) Konstruktion starke Beschränkungen, die die Kategorie des sog. Aspekts betreffen. Bei der Aspektkategorie rückt im Gegensatz zum Tempus die interne Gliederung einer Handlung in verschiedene Phasen ins Blickfeld: So kann bei einer Handlung/bei einem Vorgang der Beginn hervorgehoben werden (inchoativer Aspekt), der Handlungsverlauf in seiner zeitlichen Ausdehnung (durativ), die Handlung als zwar vergangen, aber unabgeschlossen (imperfektiv) oder aber es wird genau ihre Abgeschlossenheit fokussiert (perfektiver, genauer: resultativer Aspekt; Näheres in COMRIE 1976). Der beim Perfekt besonders wichtige resultative Aspekt hat direkte Relevanz für die Gegenwart. Dies lässt sich an einem einfachen Beispiel aus dem heutigen Deutsch zeigen: Wenn jemand frühmorgens feststellt: "Es hat geschneit", so weist er damit eher auf eine schneeglatte Straße als Resultat des Schneiens hin, als dass er uns über ein nächtliches meteorologisches Ereignis informieren möchte. Äußert jemand aber: "Damals auf der Autofahrt nach Posen schneite es stundenlang", so berichtet er über den Prozess des Schneiens. Aspekt gliedert die Handlung selbst also in verschiedene Verlaufsphasen. Dagegen platziert Tempus die Handlung auf einer Zeitachse, ausgehend vom Zeitpunkt der Äußerung, ohne deren interne Gliederung näher zu modifizieren. Typische Tempuskategorien sind Präsens, Vergangenheit und Futur.

Die im Ahd. entstehende **Perfektperiphrase** hat zunächst stark aspektuellen Charakter, sie drückt Perfektivität aus, genauer Resultativität. Dies wurde durch das *gi*-Präfix. gefördert: Zu diesem Zeitpunkt konnten viele imperfektive Verben mithilfe des Präfixes *gi*- perfektiviert werden, z.B. ahd. *winnan* 'arbeiten' zu *giwinnan* 'durch Anstrengung erreichen, erobern' oder *beran* 'tragen' zu *giberan* 'austragen, zuende tragen, gebären' (vgl. DAL [3]1966:99). Diese Möglichkeit der Perfektivierung erübrigt sich erwartungsgemäß für bereits inhärent perfektivische Verben wie *treffan*, *findan* oder *bringan*, da ihre Grundsemantik bereits den Endpunkt der Handlung enthält (vgl. BRAUNE/REIFFENSTEIN [15]2004:§3.2.3). So erklärt sich, dass genau diese Verben als letzte das Präfix *ge*- in der Perfektperiphase annehmen: Bis weit ins Fnhd. hinein hieß es noch: *Sie hat funden, troffen, bracht* (vgl. BETTEN 1987:105). Diese Generalisierung von *ge*-. deutet auf eine vollständige Grammatikalisierung der Periphrase hin (vgl. Kap. 10.1.1).

Hatte das Perfekt anfangs starken Gegenwartsbezug, weil es das Resultat der Handlung, das in die Gegenwart wirkt, bezeichnet, so weitet sich seine Verwendung zunehmend auf in der Vergangenheit liegende Handlungen aus. Damit entwickelt es sich langsam von einem Aspekt zu einem Tempus; der Gegenwartsbezug tritt also mehr und mehr in den Hintergrund. Dies wird z.B. deutlich, wenn man das nhd. Perfekt mit den Perfektperiphrasen anderer germ. Sprachen vergleicht (hierzu DENTLER 1997): In engl. *I have known her for some time* 'Ich kenne sie seit einiger Zeit' ist der Gegenwartsbezug noch so ausgeprägt, dass viele vergangenheitsbezogene Zeitangaben wie *gestern* bei der Perfektperiphrase unzulässig sind: engl. **I have seen her yesterday* ist ungrammatisch, hier ist das Präteritum obligatorisch (*I saw her yesterday*). Nicht so im Deutschen: *Ich habe sie gestern gesehen* ist vollkommen grammatisch. Das Ahd. hat man sich diesbezüglich ähnlich dem Englischen vorzustellen.

Mit der Verlagerung vom Gegenwarts- auf den Vergangenheitsbezug gelangt die Perfektperiphrase zunehmend in den Funktionsbereich des Präteritums. Dies führt dazu, dass sich das Perfekt schon ab mhd. Zeit auf Kosten des Präteritums ausbreitet. Um 1500 enthalten insbesondere oberdeutsche Texte schon mehr Perfekt- als Präteritumformen. Diesen Prozess bezeichnet man als **Präteritumschwund**. Die heutigen obd. Dialekte kennen überhaupt kein Präteritum mehr, und heute noch schreitet der Schwund in Richtung Norden fort. Die Präteritalgrenze verläuft gegenwärtig durch das Mitteldeutsche. Ihr Verlauf ist in Abb. 52[1] skizziert (Details in KÖNIG [12]2004:162f).

---

[1] Wir danken Rudolf Steffens ganz herzlich für die Erstellung dieser Abbildung.

Beim Präteritumschwund ist die Frage wichtig, ob seine Ursache in den Stärken des Perfekts liegt (dann wäre eher von Perfektexpansion zu sprechen) oder in Nachteilen des Präteritums (dann eher Präteritumschwund) oder womöglich in einer Kombination aus beidem. Dazu gibt es mehrere Thesen, von denen hier nur einige skizziert werden können. Zunächst beginnen wir mit einer Schwäche des Präteritums. Als Ursache des sog. Präteritumschwunds wurde lange eine rein phonologische Erklärung favorisiert: Die obd. *e*-Apokope (vgl. Kap. 2.2.5); diese These vertreten u.a. REIS (1894) und LINDGREN (1957). Demnach habe der Schwund des auslautenden *-e* gerade in der häufig gebrauchten 1. und 3. Ps.Sg. bei den schwachen Verben einen Tempuszusammenfall zwischen Präteritum und Präsens bewirkt: *machte̱* vs. *macht* > *macht_* = *macht*. Deshalb musste das Präteritum durch das Perfekt ersetzt werden: *hat gemacht* vs. *macht*. Diese Ersetzung habe sich dann analogisch auch auf die starken Verben ausgebreitet. Die stärkste Unterstützung für diese These liegt in der dialektgeographischen Übereinstimmung des Verbreitungsgebiets von *e*-Apokope und Präteritumschwund (beide im Obd.). Weitere Evidenz dafür bieten einige abgelegene obd. Dialekte, die nicht von der *e*-Apokope erfasst wurden und gleichzeitig auch die Präteritalformen bewahrt haben. Problematisch an dieser These ist aber zum einen, dass sich der Ursprung nur bei den schwachen Verben nicht nachweisen lässt, d.h. die Präterita der starken Verben, die ja durch keine *e*-Apokope gefährdet waren, sind nicht später geschwunden (JÖRG 1976). Außerdem haben sich auch in vielen anderen europäischen Sprachen Perfektformen entwickelt, obwohl dort keine Apokopen oder ähnliche Lautreduktionen stattgefunden haben.

Abb. 52: Der heutige Verlauf der Präteritalgrenze (orientiert an KÖNIG [12]2004:163)

Eine weitere These stammt von DAL (1960) und basiert auf der Umfunktionalisierung des Dentalsuffixes zum Konjunktivzeichen. Wie bei den starken Verben (vgl. Tab. 34) hatten auch die schwachen Verben des Ahd. Endungen, die den Modusunterschied zwischen Prät.Ind. (*suoch-ta* 'suchte') und Konj.II (*suoch-ti* 'würde suchen') kodierten. Durch die anschließende Nebensilbenabschwächung und den dadurch entstandenen Synkretismus zwischen Prät.Ind. und Konj.II (beide > mhd. *suoch-te*) entfiel diese Modusanzeige. In manchen obd. Dialekten wurde aber das Dentalsuffix als Konjunktivmarker (auf Kosten seiner Tempusfunktion) ausgebaut, indem es heute nicht nur bei den schwachen Verben häufig vorkommt (alem. *suechti* 'würde suchen'), sondern indem es sogar auf starke Verben übergesprungen ist (z.B. alem. *singti* 'würde singen', *giengti* 'ginge'; hierzu NÜBLING 1997). Diese Umfunktionalisierung des Dentalsuffixes als Modusanzeiger hat den Vorteil eines eindeutigen, suffigierenden Konjunktivzeichens mit sich geführt und könnte den Rückzug des Präteritums erklären, was seinerseits die Ausbreitung des Perfekts gefördert hat. Unwahrscheinlich daran ist jedoch, dass das häufiger verwendete Präteritum dem viel seltener gebrauchten Konjunktiv ausweicht. Zwar war eine Alternativform für die Tempusanzeige in Form des Perfekts vorhanden, aber auch für den Konjunktiv entwickelten sich alternative Bildungsweisen, z.B. die Umschreibung mit *täte* oder *würde* + Infinitiv.

Zu den Erklärungen, die die Vorteile des Perfekts betonen, gehört das Argument, das Perfekt habe sich durchgesetzt, weil es bei den starken Verben weniger komplexe Vokalwechselmuster enthalte als das Präteritum, es also einfacher zu bilden sei: Während der Präteritumvokal sich immer vom Präsensvokal unterscheidet, ist dies beim Perfekt nicht immer der Fall: *schlafen – schlief – geschlafen, geben – gab – gegeben*. Systematisch gilt dies für die Ablautreihen V bis VII. Doch spielt dieses Argument für viele starke und für die große Klasse der schwachen Verben keine Rolle, was die Erklärungskraft dieser These mindert. Möglich ist allerdings, dass sowohl die *e*-Apokope bei den schwachen Verben als auch die größere Einfachheit der Vokalalternanzen bei diesen starken Verben die Durchsetzung des Perfekts begünstigten.

Als möglicherweise entscheidender Vorteil des Perfekts wird auch der oben dargestellte Gegenwartsbezug des früheren Perfekts, der die Aktualität der Handlung betont, angesehen (z.B. TROST 1980, DENTLER 1997): Das, was geschehen ist, wirkt zum Sprechzeitpunkt nach, hat also Relevanz für die Gegenwart. Dadurch sei das Perfekt als das aktuellere und "expressivere" Vergangenheitstempus betrachtet worden, was ihm dem Präteritum gegenüber einen klaren Vorteil beschert habe (kritisch hierzu RONNEBERGER-SIBOLD 1980:114-117). Für den Präteritumschwund dürften insgesamt nur polykausale Erklärungen greifen.

Eine periphrastische Tempusanzeige passt gut zum deutschen **Klammerverfahren** (ABRAHAM/CONRADIE 2001, Kap. 4.1). Neben Perfekt und Plusquamperfekt entstehen weitere Periphrasen zum Ausdruck des Passivs, des Futurs (Kap. 10.2) und des Konjunktivs sowie die hier nicht behandelte Entwicklung der *tun*-Periphrasen im Präsens. Hinzu kommen zahlreiche Modalverbkonstruktionen. Auf die Skala in Abb. 48 (Kap. 11.1) bezogen, bedeuten solche Konstruktionen zwar einen Schub nach links in Richtung Analyse, doch entsprechen diese Periphrasen keineswegs dem isolierenden Sprachtyp. Um als isolierend gelten zu können, müsste eine grammatische Information durch ein einzelnes Wort ausgedrückt werden. Bei den Periphrasen dagegen wird die Information diskontinuierend durch die Kombination von mehreren Wörtern bzw. Wortformen vermittelt, wobei keines der Wörter diese Information allein kodiert. Dies wird im Vergleich mit dem polyfunktionalen Verb *werden* deutlich (s. Abb. 53).

Die Bedeutungen dieser beiden Periphrasen gehen nicht primär von *werden* aus, sondern entstehen erst aus der Kombination von finitem *werden* im Präs.Ind. mit dem Infinitiv (→'Futur') oder mit dem Part.Perf. (→'Passiv'). Periphrasen wie diese sind aus zwei Gründen als synthetischer zu betrachten als prototypisch isolierende Verfahren: Zum einen entsprechen sie nicht dem 1:1-Verhältnis zwischen Wort und Information (vgl. 11.1), zum anderen enthalten sie innerhalb des finiten Hilfsverbs flektierte Elemente (s. die finiten Formen von *werden* oder *haben*).

Abb. 53: Das kombinierende Verfahren in Futur- und Passivperiphrase (nach RONNEBERGER-SIBOLD 1980:57)

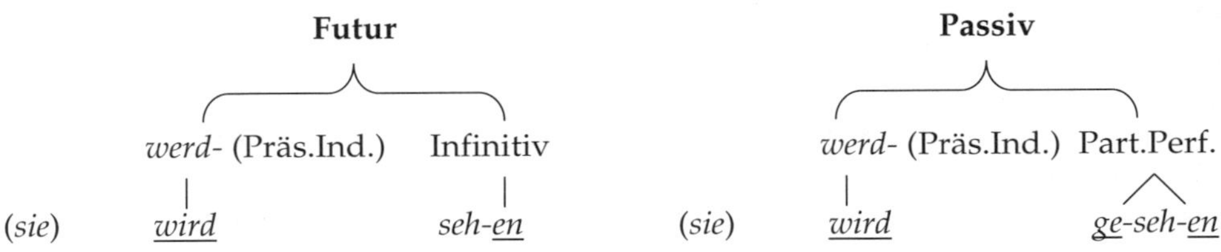

11.3 Von der Syntax in die Morphologie: Verschmelzungen

In der sprachgeschichtlichen Literatur zum Deutschen liest man fast ohne Ausnahme, dass sich das Deutsche von einer sog. **synthetischen** zu einer **analytischen Sprache** entwickelt. Natürlich ist dies nicht falsch, wenn man bedenkt, dass im Ahd. noch die meisten grammatischen Informationen über Endungen am Substantiv und Verb ausgedrückt wurden. Artikel und obligatorisches Subjektspronomen waren noch nicht vorhanden, auch nicht die vielen Verbalperiphrasen (Umschreibungen). Diese Perspektive ist aber zu einseitig: Es finden auch gegenläufige Entwicklungen statt. Aus solchen mehrgliedrigen Periphrasen kann über ein langes Stadium der **Verschmelzung** wieder Morphologie entstehen. Hier sei der berühmte Satz von GIVÓN (1971:413) wiederholt: "Today's morphology is yesterday's syntax" (s. auch die Entstehung des Präteritums der schwachen Verben im Germanischen in Kap. 10.1.2).

In der Literatur wird gerne die Entstehung der Futurendungen in den romanischen Sprachen genannt wie in frz. *(je) chanterai*, span. *cantaré* 'ich werde singen', die aus im Vulgärlateinischen nachgestelltem *habeō* entstanden sind: *cantāre habeō* 'zu singen habe ich' > **cantarabeo* > **cantaraio* > frz. *chanterai*, span. *cantaré*. Hier kann man die gesamte Grammatikalisierung von der (analytischen) Periphrase bis zur (synthetischen, morphologischen) Futurflexion verfolgen. Heute gibt es schon wieder neue periphrastische Futurbildungen mit dem Hilfsverb 'gehen' (frz. *aller*, span. *ir*), d.h. hier bestehen Zyklen. Der Romanist Helmut LÜDTKE (1980, 1988) beschreibt viele solcher Zyklen, s. Abb. 54.

Abb. 54: Der Kreislauf von Reduktion, Anreicherung und Verschmelzung nach LÜDTKE (1988:1634)

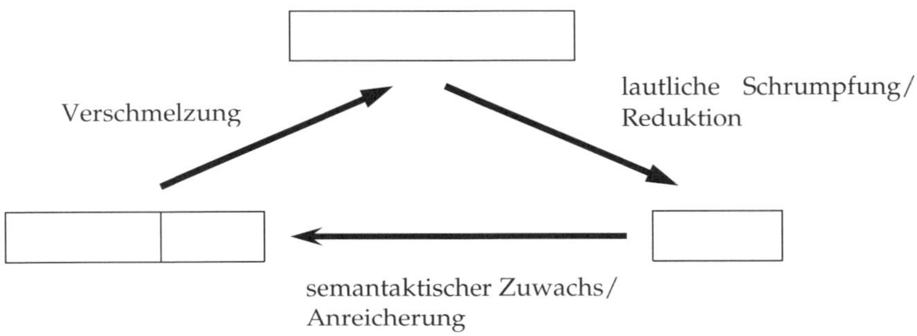

Zur Illustration greifen wir auf die aus Kap. 4.5 bereits bekannte Negationsentwicklung im Deutschen zurück: Ein Wort wird durch Lautwandel und "Abschleifungen" immer kürzer ("lautliche Schrumpfung"), ahd. *ich ni mag* > mhd. *ichn mac* 'ich kann nicht'. Dann wird der Ausdruck angereichert. Dieses Stadium nennt LÜDTKE "semantaktischen Zuwachs" oder "Anreicherung", z.B. ahd. *ni io wiht* 'nicht ein bisschen'. Danach verschmelzen diese Einheiten wieder zu einem Wort (*niowiht*), das kürzer wird (mhd. *niwiht* > nhd. *nicht*). Unterm Strich, so LÜDTKE, heben sich die Effekte von Reduktion und Anreicherung ungefähr auf.

Ein weiteres Beispiel aus dem Deutschen: ahd. *hiu tagu,* wörtl. 'an diesem Tag', verschmolz zu mhd. *hiute* [hy:te], nhd. *heute*. In den "Startlöchern" stehen schon Verstärkungen wie *heutzutage* und *heutigentags*. Noch bedeuten diese nicht genau dasselbe wie 'heute', doch wäre es kein großer Schritt dorthin, wenn sie einmal *heute* (ugs. *heut*) zu ersetzen hätten. Eine ganz ähnliche Entwicklung hat frz. *aujourd'hui*, eigentlich "am Tag von heute", vollzogen (LÜDTKE 1980).

Als Beispiel dafür, dass dabei auch Flexion entstehen kann, sei der nachgestellte bestimmte Artikel in den skandinavischen Sprachen genannt, der mit dem Substantiv fest verschmolzen ist: urnord. **hūs (h)it* 'Haus das' > isl. *húsið* "Hausdas" = 'das Haus', schwed. *huset*. Dieser sog. suffigierte Artikel bildet einen der wichtigsten Unterschiede zwischen den nord- und den westgermanischen Sprachen. Im Deutschen steht der Artikel bekanntlich vor dem Substantiv. Hier ist es die Präposition, an die er sich heftet (*in das Haus* > *ins Haus;* hierzu s. Kap. 11.3.3).

Dieses Kreislauf-Modell von LÜDTKE hat auch Kritik erfahren: So legt es nahe, dass die Anreicherungen nur deshalb stattfinden, um die Schrumpfungen zu kompensieren. Tatsächlich aber schaffen wir oft schon "Konkurrenzkonstruktionen", die gar nicht als "Ersatz" für kurze Formen gedacht sind, sondern die einen expressiven Mehrwert haben (KOCH/OESTERREICHER 1996). Um aufzufallen, drücken wir uns oft besonders bildreich oder übertrieben aus – vgl. die stärkeren Intensivpartikeln *ungeheuer, unheimlich, wahnsinnig* statt *sehr,* die mittlerweile schon wieder abgeschwächt sind und *sehr* verdrängen (Kap. 5.1.1). Ganz alltagssprachlich sind auch Sätze wie: *Tausend mal habe ich dir gesagt, dass du das nicht tun darfst!* Diese expressive Ausdrucksweise ist der eigentliche Motor sprachlichen Wandels. Indem solche übertriebenen, ausdrucksstarken Formen von vielen Menschen gebraucht werden, inflationieren sie. So werden sie oft zum Normalausdruck für eine Sache und verdrängen das ursprüngliche Wort. Damit würde dieser Zyklus durch immer neue expressive Verstärkungen "angekurbelt" und nicht etwa durch den Bedarf an Kompensierung zu kurz gewordener Formen. – Ein anderer Kritikpunkt besteht in der Tatsache, dass es auch gegenläufige Prozesse zur Verschmelzung gibt, nämlich sog. "Entschmelzungen" (HARNISCH 2004), etwa wenn das ungar. Wort *talpas* im Deutschen zu *Toll-patsch* aufgelöst wird oder das haitianische Wort *hamac* zu *Hänge-matte* (sog. Volksetymologie, s. Kap. 5.1.4).

11.3.1 Stadien der Verschmelzung

Einheiten, die mit einem Nachbarwort, der sog. Basis, verschmelzen, nennt man **Klitika** (Sg.: das Klitikon). Man schließt sie in der Linguistik mit "=" an ihre Basis an. Verbinden sie sich mit dem Folgewort (was seltener vorkommt), so nennt man sie Proklitika (*s=Fenster* 'das Fenster'), andernfalls sind es Enklitika (*in=s*). Klitika sind geschwächte Wörter, die keinen eigenen Akzent mehr tragen; oft haben sie nicht einmal mehr einen Vokal: *das* > *s* in *aufs*. Auf dem langen Weg von selbstständigen Wörtern zu Flexionsendungen unterscheidet man zwei wichtige Stadien, einfache und spezielle Klitika:

Abb. 55: Klitika zwischen Wort und Flexiv (Flexionsaffix)

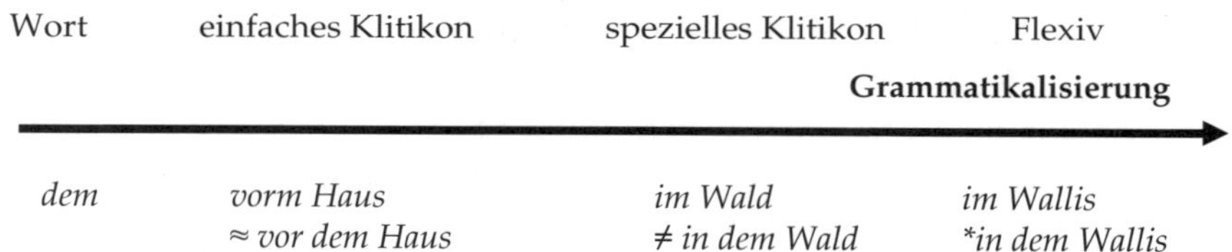

Abb. 55 zeigt die verschiedenen Stadien der Verschmelzung: Das Wort links, *dem*, steht selbstständig (z.B. *nach dem Spiel*). Das **einfache Klitikon** (aus engl. "simple clitic") kann noch mit seiner Vollform *dem* ausgetauscht werden, ohne dass sich die Gesamtbedeutung ändert: *Das Auto steht vorm Haus* = *Das Auto steht vor dem Haus*. Anders im Stadium des **speziellen Klitikons** (aus engl. "special clitic"), wo sich die Bedeutung ändern würde: *Sie ist im Wald* bedeutet, dass sie sich in irgendeinem Wald aufhält, wahrscheinlich im nächstliegenden, während *Sie ist in dem Wald* einen bestimmten, in der Regel vorher spezifizierten Wald meint. Die Spezifikation kann auch in einem Relativsatz nachgeholt werden: *Sie ist schon in dem Wald, in dem die Jagd beginnt*. Wenig akzeptabel aber ist es zu sagen: *?Sie ist schon im Wald, in dem die Jagd beginnt*. Da es sich hier um Sprachwandel im Vollzug handelt, kann man nur von bestimmten Akzeptanzgraden sprechen. Keine

Auflösung hingegen ist in dem Satz *Sie ist im Wallis* möglich. Dies gilt prinzipiell für Eigennamen, doch auch für substantivierte Infinitive und Adjektive: *Das kommt vom (*von dem) Rauchen*. Für Flexion gilt strikte Nichtauflösbarkeit, doch außerdem noch ein weiteres strenges Kriterium, das man "Paradigmatizität" nennt: Flexion wäre erst dann erreicht, wenn alle Präpositionen mit allen Artikelformen verschmelzen würden bzw. müssten. Dies ist aber nicht der Fall. Schaut man sich z.B. die deutsche Verbflexion an, so flektieren *alle* Verben in *allen* Tempora (d.h. Präsens und Präteritum), in *allen* Personen (d.h. 1.-3.Ps.) und in *allen* Numeri (d.h. Singular und Plural). Davon kann bei der Präposition-Artikel-Verschmelzung im Deutschen (noch) nicht die Rede sein. Diese Grammatikalisierung ist in vollem Gange und im Einzelnen ziemlich kompliziert (s. Kap. 11.3.3).

11.3.2 Einfache Klitika: Die nachgestellten Personalpronomen

Wie bei fast jedem Sprachwandel vollziehen sich auch die Verschmelzungen in der gesprochenen Sprache. Viele Klitika kommen nur dort vor und grammatikalisieren nicht unbedingt weiter. Das gilt für die dem Verb, aber auch der Konjunktion nachgestellten **Personalpronomen**. Hier lassen sich für die Umgangssprache und erst recht für die Dialekte richtige Paradigmen aufstellen, z.B. *(da) habe ich es (gesehen)*, *hast du es*, *hat er es* etc. (s. auch WERNER 1994).

Vollformen	Klitika	Transkription
habe ich es	*habichs*	[habɪçs]
hast du es	*hastes*	[hastəs]
hat er es	*haters*	[hatɐs]
hat sie es	*hatses*	[hatsəs]
haben wir es	*hamwas*	[hamvɐs]
habt ihr es	*habters*	[haptɐs]
haben sie es	*hamses*	[hamzəs]

Diese klitischen Verbindungen hängen sich auch an alle anderen Verben – und sogar an Konjunktionen wie *weil*: *weil=ich=s (vergessen habe)*, *weil=de=s*, *weil=er=s*, *weil=se=s*, *weil=wer=s*, *weil=er=s*, *weil=se=s*. Man könnte die Klitika auch noch erweitern: *habe ich es ihm* bzw. *weil ich es ihm* > *hab=ich=s=m* / *weil=ich=s=m* etc. Zu jeder Zeit ist es jedoch möglich, diese Klitika durch ihre Vollformen (oben links) auszutauschen, ohne dass ein Bedeutungsunterschied entstünde. Daher handelt es sich hier um **einfache Klitika**, die noch nicht stark grammatikalisiert sind. Theoretisch ist es denkbar, dass sich solche Klitika langfristig zu festen Verb-Endungen (Flexion) entwickeln, und manche Dialekte wie das Bairische sind auch schon so weit gegangen: Hier sagt man in manchen Gebieten in der 1.Ps.Pl. *mir lesma* 'wir lesen', wörtlich "wir lesenwir". Auch bei nachgestelltem Subjektspronomen bleibt diese Endung bestehen: *lesma mir* 'lesen wir', wörtlich "lesenwir wir" (zur Verbreitung s. RENN/KÖNIG 2006:74). Man geht davon aus, dass alle Personalendungen des Verbs einmal aus nachgestellten Pronomen entstanden sind. Solche Zyklen dauern, wenn sie sich weiterentwickeln, viele Jahrhunderte (zu den sog. "flektierenden Konjunktionen" im Bairischen s. Kap. 11.3.4).

Schließlich sei noch erwähnt, dass die Endung *-st* in der 2.Ps.Sg. (*gib-st*) eigentlich nur *-s* lauten dürfte. Bei dem *-t* handelt es sich nach mehrheitlicher Meinung um den Anlaut des sehr oft nachgestellten (enklitischen) Pronomens *du* im Ahd.:

ahd. (a) *gibis=du* > (b) *gibistu* > (c) *gibist=du* > (d) nhd. *gibst du*.

Stadium (c) zeigt, dass hier eine sog. **Reanalyse** stattgefunden hat: Der Dental von 'du' ist in der Verschmelzung von (b) als Auslaut des Verbs interpretiert worden. Unterstützt wird diese Erklärung durch die ausgesprochen häufigen Zusammenschreibungen von Verb + 'du' bis tief ins Fnhd. hinein (*hastu, gehstu* etc.). – Nach einer anderen Auffassung handelt es sich bei dem *-t* um eine Analogie an das *-t* der 2.Ps.Pl. (*geb-t*). Gemeinsam ist der 2.Ps.Sg. und Pl. die sog. Adressatenfunktion, d.h. die Anrede einer oder mehrerer Personen. Dies könnte eine solche Übertragung plausibel machen. – Wieder andere sehen darin eine Übertragung der Endung *–t* von den sog. Präteritopräsentia (ahd./mhd. *du sol-t, wil-t*).

11.3.3 Spezielle Klitika: Verschmelzung von Präposition und Artikel

Bei der **Präposition-Artikel-Verschmelzung** im gegenwärtigen Deutschen liegen sehr komplizierte Verhältnisse vor: Hier besteht eine **Grammatikalisierung im Vollzug**, bei der manche Dialekte z.T. schon weiter fortgeschritten sind (hierzu NÜBLING 1998, 2005b). Zunächst ist hervorzuheben, dass im Unterschied zu den Pronomen viele dieser Verschmelzungen verschriftet werden. Diese Verbindungen decken dabei den ganzen Bereich von Unverschmelzbarkeit bis hin zu obligatorischer Verschmelzung ab. Dabei spielt die **Form des bestimmten Artikels** eine entscheidende Rolle (s. Abb. 56.).

Abb. 56: Artikelformen und ihre Verschmelzbarkeit

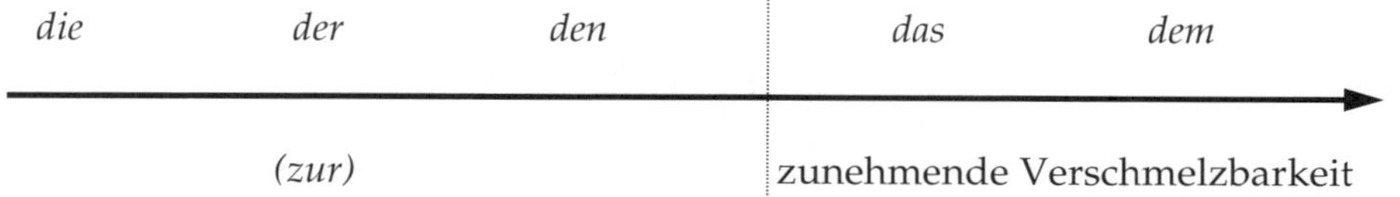

Im Standard verschmilzt nie die Form *die* (*in die Stadt*), nur im Ruhrdeutschen (*inne Stadt*). Ähnlich verhält sich die Form *der* – mit Ausnahme der einzigen Verschmelzungsform *zur* (*sie geht schon zur Schule*). Schon eher verschmilzt der Artikel *den*, zumindest in der Umgangssprache: *Sie geht in'n Wald; sie kriecht hintern Schrank; Guck mal übern Tellerrand* (Buchtitel). Alle diese Verschmelzungen sind in ihre Vollformen auflösbar (markiert durch die senkrechte gepunktete Linie): *in den Wald/hinter den Schrank/über den Tellerrand*. Häufig verschmilzt aber die Form *das* (*unters Wasser, vors Haus, ins Haus*), und am häufigsten *dem* (*im/unterm Wasser*).

In einem großen Sprachkorpus, Cosmas II vom Institut für deutsche Sprache (www.ids-mannheim.de), das vor allem Zeitungstexte enthält, hat eine Recherche ergeben, dass das Verhältnis von *ins* zu *in das* 83% zu 17% beträgt, d.h. die Verschmelzungsform *ins* kommt weitaus häufiger vor als *in das*. Weitere Zahlen: *ans:* 42%, *ums* und *unters*: je 38%, *aufs*: 28%, *vors*: 21% (Näheres in NÜBLING 2005b:118). Am häufigsten verschmilzt der Artikel *dem* (*im, am, zum, beim, vom, vorm* etc.). Hier sind die Zahlen noch viel höher: Das Verhältnis von *am* zu *an dem, zum* zu *zu dem* und *im* zu *in dem* beträgt jeweils 97% zu 3%, d.h. die Verschmelzungsformen sind die Normalität und die Vollformen die Ausnahme. Ähnliche Werte gelten auch für *vom* (94%) und *beim* (90%) – dann aber kippt das Verhältnis um: *hinterm, unterm, vorm* etc. liegen weit unter 10%. Hier wird deutlich: Es scheint auch die Präposition bei der Verschmelzung eine Rolle zu spielen.

Bei den extrem häufigen Verschmelzungsformen (also solchen mit =*s* und =*m*) kommt es zu **speziellen Klitika**, d.h. eine Ersetzung durch die Vollform ist nicht mehr (ohne weiteres) möglich: So ist es nicht das Gleiche, zu sagen *Sie besuchte ihn am Montag* oder *an dem Montag*: *am Montag* bedeutet 'am vergangenen Montag', *an dem Montag* bedeutet entweder, dass der Montag im Gespräch zuvor definiert wurde oder dass dies noch durch einen Relativsatz geleistet wird: *Sie besuchte ihn <u>an dem</u> Montag, an dem der Unfall passierte* (hierzu HARTMANN 1978, 1980, HARWEG 1989). In vielen anderen Fällen ist eine Auflösung blockiert: vor Eigennamen (*im Schwarzwald – *in dem Schwarzwald*), vor substantivierten Infinitiven (*beim Rauchen, vom Rauchen – *bei dem Rauchen, *von dem Rauchen*), vor Abstrakta und Stoffbezeichnungen (*zum Trost – *zu dem Trost*), vor generisch verwendeten Substantiven, die die Klasse und nicht ein Einzelexemplar bezeichnen (*die Entwicklung vom Wolf zum Hund – *von dem Wolf *zu dem Hund*) etc. In Redewendungen wie *jemanden hinters Licht führen, ums Leben kommen, bis aufs Messer* ist die Verschmelzung auch obligatorisch (zu Näherem s. DUDEN-Grammatik [7]2005:622-625). Dies sind die grammatikalisiertesten Fälle (s. Abb. 55). Flexion bestünde, wie unter 11.3.1 bereits gesagt, erst dann, wenn *alle* Artikelformen mit *allen* Präpositionen obligatorisch verschmelzen würden. Dies ist aber (noch) nicht der Fall.

Was die **Präposition** als Basis der Verbindung betrifft, so lässt sich pauschal sagen, dass besonders die kurzen, einsilbigen und auf Vokal oder stimmhaften Konsonanten endenden Präpositionen wie *zu, bei, an, in, von, vor, hinter, über, unter* etc. verschmelzen. Hier sind es also lautliche Faktoren, die die Verschmelzung steuern, was für den Artikel so nicht gilt. Vor allem aber scheint die Gebrauchsfrequenz sowohl der Präposition als auch der Artikelform entscheidend zu sein. Da die meisten Präpositionen den Dativ fordern, verwundert es wenig, dass die Dativform *dem* auch am häufigsten verschmilzt. Diese sehr frequenten Verschmelzungsformen werden auch verschriftet. In der gesprochenen Sprache verschmelzen, wie zu erwarten, durchaus auch andere Präpositionen, doch lassen sich diese immer auflösen (einfache Klitika). Wenn man sie schreibt, verwendet man oft einen Apostroph: *auf'm, nach'm, mit'm*.

Aus **sprachhistorischer Perspektive** ist zu sagen, dass diese Verschmelzungen teilweise schon im Ahd. und Mhd. bestanden haben, also bereits zu der Zeit, als der bestimmte Artikel erst entstand (ahd. *imo, zemo, zeru* 'im, zum, zur'). Im Mhd. und vor allem im Fnhd. nimmt der Bestand an Verschmelzungsformen rasant zu. Bis heute aber dauert diese Grammatikalisierung an, sie ist noch keineswegs abgeschlossen (NÜBLING 2005b). Wenn diese Entwicklung weiterginge, so hätte das Deutsche am Ende **flektierende Präpositionen** – eine interessante Perspektive, bei der dann die Präpositionen von den unflektierbaren Wortarten in die flektierbaren übergingen (in anderen Sprachen gibt es durchaus flektierende Präpositionen). In jedem Fall zeigt uns dieses Beispiel, dass aus **analytischen Strukturen** jederzeit **synthetische Strukturen** entstehen können – und dies parallel zur gegenläufigen Entwicklung (zu diesem Komplex s. WERNER 1987b).

Fragt man abschließend, warum der Artikel nicht an sein Substantiv klitisiert, zu dem er ja strukturell gehört, das er näher bestimmt und dessen Genus er markiert, sondern an die ihm vorangehende Präposition, so lässt sich nur spekulieren.

- Erstens hängt dies mit der Gestalt des phonologischen Wortes des Deutschen zusammen, d.h. mit seiner trochäischen Struktur, und auch mit der Stabilität seines Anlauts: Für die Worterkennung durch den Hörer bildet der Wortanlaut das wichtigste Signal, daher sollte er möglichst konstant bleiben. Durch proklitische Formen würde er aber verändert (vgl. *'s Fenster*, *'s Kind*). Auch käme es im Fall von z.B. *(d)em* zu prosodisch unerwünschten Vortonsilben: *(d)em Kind* (xx́) (s. Kap. 2.3).
- Zweitens spricht *für* die Verschmelzung mit der Präposition, dass diese den Kasus fordert, den der Artikel ausdrückt.
- Drittens stehen Präposition und Artikel immer in direktem Kontakt zueinander (kein Wort kann z.B. zwischen *an* und *das* treten), aber zwischen Artikel und Substantiv kann ein Attribut stehen: *das (große) Fenster*. Häufiger direkter Kontakt (sog. Kookkurenzfrequenz) fördert lautliche Verschmelzungen.
- Am wichtigsten dürfte viertens die Tatsache sein, dass eine "flektierte Präposition" ein ideales erstes Klammerelement bildet: Wie in Kap. 4.1 ausgeführt, markiert das erste Klammerelement möglichst viele grammatische Informationen, was eine blanke Präposition nicht leistet (hierzu RONNEBERGER-SIBOLD 1991b:308). Insofern fügen sich flektierende Präpositionen typologisch gut in die Klammersprache Deutsch.

11.3.4 Exkurs – *wennsd mogsd*: Flektierende Konjunktionen im Bairischen?

Einen besonders interessanten Fall spezieller Klitika liefern uns Dialekte, die als von Schrift und Standardsprache wenig beeinflusste Varietäten des Deutschen größte Aufmerksamkeit verdienen. Ein kleiner Exkurs ins **Bairische** zeigt, dass es eine Art sog. "**Flexion der Konjunktionen**" oder "konjugierte Konjunktionen" gibt, doch ist (entgegen mancher Meinung) noch keine echte Flexion erreicht. Im Bairischen gibt es viele Konjunktionen, genauer sog. **Nebensatzeinleiter** (wie Relativpronomen, Adverbien etc.), die nicht nur das Subjektspronomen an sich binden, sondern richtige Verb-Endungen:

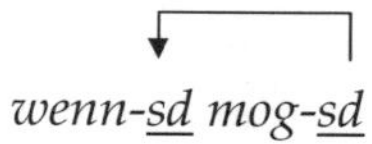

Die folgenden Beispiele entstammen MERKLE ([6]1996); eingeklammertes *du* zeigt an, dass es – bei Betonung – stehen kann, aber nicht muss:

- Konjunktion: *i wui wissen ob-sd (du) geh-sd* 'ich will wissen, ob du gehst', *wann-sd (du) geh-sd* 'wenn du gehst'
- Relativpronomen: *deà Has, den-sd (du) gschossen ha-sd* 'der Hase, den du geschossen hast'
- Fragepronomen: *i wui wissen weà-sd (du) bi-sd* 'ich will wissen, wer du bist'
- Adverb: *i wui wissen wià schnäi-sd (du) fah-sd* 'wie schnell du fährst'
- Adjektiv: *i wui wissen wià gsund-sd (du) bi-sd* 'wie gesund du bist'

Solche Verb-Endungen kommen auch in anderen Kategorien als der 2.Ps.Sg. vor (RICHTER 1979, HARNISCH 1989, ROWLEY 1994), aber – und dies ist entscheidend – nicht in allen und auch nicht obligatorisch. Hier haben wir es mit Übergangsformen zwischen speziellen Klitika und Flexiven zu tun (NÜBLING 1992:118-125). Fragt man nach dem möglichen Sinn solcher Entwicklungen, so stößt man wieder auf die syntaktische Erklärung des **Klammerverfahrens**: Das optimale erste Klammerelement liefert bereits einige grammatische Informationen, die vom zweiten Klammerelement ergänzt werden – vgl. die Nominalklammer *die [...] Frauen* mit dem mehrdeutigen Artikel (theoretisch Fem.Sg.Nom./Akk. sowie Pl.Nom./Akk.), was durch den Plural in *Frauen* vereindeutigt wird (s. Kap. 4.1). Dies ist bei den Konjunktionen jedoch nicht der Fall – außer im Bairischen: Konjugierende Konjunktionen (*wenn-st* [Mittelfeld] *ha-st*) würden sich sehr gut diesem syntaktischen Typus des Deutschen anpassen und diesen verstärken. Noch ist Flexion indessen nicht erreicht.

Zum Weiterlesen:
Sehr gehaltvoll und verständlich ist RONNEBERGER-SIBOLD (1980), die ausführlich und anhand mehrerer Sprachen die Vor- und Nachteile der verschiedenen Sprachtypen beleuchtet, v.a. auch diachron, und dabei immer die Sprecher- von den Hörerinteressen unterscheidet. Im Zentrum steht der Einfluss der Sprachverwendung auf das Sprachsystem über Sprachwandel. Auch zur Wissenschaftsgeschichte erfährt man viel. Einfacher, aber nicht so tiefgehend ist ROELCKE (1997). BETTEN (1987) und DAL ([3]1966) sind für die Entstehung der Periphrasen zu empfehlen. Speziell zu dem Komplex der Präposition-Artikel-Verschmelzungen erfährt man mehr bei NÜBLING (1998, 2005b).

Aufgaben:
1) Die *tun*-Periphrase (*Nachher tut sie noch aufräumen*) ist in Dialekten sowie in der Umgangssprache vertreten, doch im Standard verpönt. Lesen Sie dazu bitte FISCHER (2001). Beschreiben Sie, welche Funktionen *tun* als Hilfsverb sowohl in der heutigen Umgangssprache/den Dialekten als auch im Fnhd. hat und wie FISCHER den mangelnden Erfolg dieser Periphrasen begründet.
2) Überlegen Sie, warum das Personalpronomen der 1.Ps.Pl. in vielen hochdeutschen Dialekten *mir* statt *wir* lautet.

12 Typologischer Wandel: Wohin geht das Deutsche?

Dieses Schlusskapitel soll eine Art Fazit liefern und die nach all diesen umfangreichen Kapiteln sich aufdrängende Frage beantworten, wohin sich denn das Deutsche nun insgesamt entwickelt. Wir haben in Kap. 1.2 gesagt, dass der grammatische Kern des sprachlichen "Zwiebelmodells" – die Phonologie, die Morphologie und die Syntax – die Identität einer Sprache, ihren Sprachtyp konstituiert. Gerade in Bezug auf diese drei Subsysteme (aber auch auf andere) gibt es einige Ansätze, bestimmte **Sprachtypen** zu klassifizieren und voneinander zu unterscheiden. Dies ist Thema der Sprachtypologie, zu deren Vertiefung hier nicht der Ort ist (hierzu s. INEICHEN [2]1991 und COMRIE [2]1989, in Bezug auf das Deutsche LANG/ZIFONUN 1996 und ROELCKE 1997). Nun wäre es schön, man könnte beim Deutschen eine klare Zielrichtung auf einen homogenen Sprachtyp hin erkennen – wie immer dieser sich definiert. So hat sich die morphologische Natürlichkeitstheorie gerade beim Deutschen immer wieder diese Frage gestellt (s. Kap. 3.1.1), doch ist das Deutsche in vielen Punkten weit davon entfernt, typologische Einheitlichkeit anzusteuern, etwa agglutinierende Verhältnisse, repräsentiert durch die drei Natürlichkeitsprinzipien. An vielen Stellen hat das Deutsche Allomorphie (die das sog. Uniformitätsprinzip verletzt) sogar auf- statt abgebaut (z.B. bei der Pluralbildung am Substantiv, bei der Tempusmarkierung am starken Verb). Auch die starke Umlautkonservierung und -morphologisierung spricht gegen Agglutination (Kap. 9.2). ROELCKE (2002) attestiert dem Deutschen angesichts solcher flexionsmorphologischer Züge, die auf der Wortbildungsebene mit ausgeprägter Kompositions- und Derivationsfreudigkeit korrespondieren, einen hohen **Synthese-Index**, der diachron nicht – wie dies viele Sprachgeschichten, die allzu einseitig immerzu die analytischen Tendenzen des Deutschen beschwören – abnimmt. Vielmehr vereint das Deutsche, wie wir auch in Kap. 11 gezeigt haben, beide Tendenzen, was für seinen Mischcharakter spricht.

Fasst man grob die Ergebnisse der Kapitel zusammen, so lassen sich u.E. zwei Tendenzen erkennen, die einander bedingen: Das Deutsche präferiert keinen homogenen Typ, es entwickelt sich zu einer sog. **Mischsprache**, besonders auf morphologischer Ebene (Kap. 12.1). Doch ergibt sich mit Blick auf die anderen sprachlichen Ebenen durchaus eine kohärente, und zwar eine **rahmende Struktur**: Das Deutsche ist eine Sprache, die die Ränder von Informationskomplexen konturiert (Kap. 12.2).

12.1 Das Deutsche als typologische Mischsprache

Dass das Deutsche eine **Mischsprache** sei, wurde an mehreren Stellen erwähnt. So ist es syntaktisch weder eine reine SOV- noch eine SVO-Sprache: Es vereinigt beide syntaktische Typen (den einen im Neben-, den anderen im Hauptsatz), und man kann nicht sagen, dass der eine zugunsten des anderen abgebaut würde (Kap. 4.1.5). Auf der graphematischen Ebene sind wir auf eine Vielzahl von (sich überlagernden) Verschriftungsprinzipien gestoßen (Kap. 8). Schließlich war auch auf der lexikalischen Ebene vom Deutschen als Mischsprache die Rede: Nicht nur, dass das Deutsche eine insgesamt entlehnungsfreudige Sprache ist und über einen reichen Fundus an Lehn- und Fremdwörtern verfügt, sondern es erweist sich insbesondere bei der Integration von Lehnmorphologie als sehr flexibel, indem es sich sowohl zwei parallele Wortbildungssysteme leistet (Lehnwortbildung) als auch fremdes und natives Material miteinander kombiniert (*Hornist*, *buchstabieren*, *Korrektheit*). Erb- und Fremdwortschatz sind also miteinander kompatibel, und Fremdmorpheme sind im Deutschen produktiv (Kap. 6.1.2.3).

Dem Mischtyp des Deutschen auf morphologischer Ebene geht WERNER (1987b) in seinem Beitrag mit dem programmatischen Titel "The aim of morphological change is a good mixture – not a uniform language type" nach. Er wendet sich dabei gegen die von der Natürlichkeitstheorie entwickelten Prinzipien und Ideale sprachlichen Wandels a) des konstruktionellen Ikonismus, b) der Uniformität und c) der Transparenz (s. Kap. 3.1.1.3). Zu zahlreich sind die Verstöße dagegen, als dass man dem Deutschen typologische Einheitlichkeit zuschreiben könnte. Stattdessen führt WERNER die verschiedenen morphologischen Ausdruckstypen, die das Deutsche entwickelt und ausgebaut hat, auf die jeweiligen Tokenfrequenzen der Wörter zurück: Häufig gebrauchte Wörter bzw. Wortformen werden kurz und differenziert realisiert – wobei gerade unregelmäßige Formen, im Extremfall die Suppletion, Kürze und Differenzierung ermöglichen. Hier also sorgen fusionierende (binnenflektierende) Maßnahmen (Umlaut, Ablaut) für dieses tokenfrequenzabhängige Ideal. Bei seltener gebrauchten Wörtern werden die Informationen eher agglutinierend aneinandergereiht, oder es werden sogar Periphrasen gebildet. Diese Verfahren haben den Vorteil der Regelhaftigkeit. Die Sprecher können sich die Wörter bzw. Konstruktionen "zusammenbauen", dafür ergeben diese längere Ausdrücke. Regularität geht also mit Länge einher, Irregularität mit Kürze. Griffiges Beispiel hierfür sind die starken und schwachen Verben: Starke Verben (*geben – gab*) verfahren fusionierend (binnenflektierend) und sind dafür kurz, schwache Verben (*leben – leb-t-e*) dagegen verfahren eher agglutinierend und sind dafür länger (*gab* vs. *lebte*). Noch länger sind Periphrasen. Beispiel hierfür ist der sog. analytische Konjunktiv (*wenn sie arbeiten würde*). Bei häufig gebrauchten Verben (meist starken) ist der synthetische Konjunktiv durchaus noch üblich (*wenn sie käme, ginge, wäre, hätte*). Somit oszillieren die Ausdrucksverfahren, jeweils abhängig von den jeweiligen Tokenfrequenzen, zwischen extrem fusionierten Formen, die kurz und irregulär sind (dies bei Hochfrequenz) und periphrastisch-analytischen Konstruktionen, die länger und regulär sind (dies bei Niedrigfrequenz). Dazwischen lassen sich die anderen morphologischen Verfahren ansiedeln. So ist es in erster Linie Frequenzwandel, der die morphologischen Ausdrucksverfahren steuert und als Motor sprachlichen Wandels fungiert. Als Beispiel wurden in Kap. 3.1.1.1 und 9.1.2 die Konzepte aus dem bäuerlich-landwirtschaftlichen Bereich wie *melken, bellen, flechten, backen* genannt, die heute viel seltener als noch vor 200 Jahren versprachlicht werden. Diese Verben haben die fusionierende starke Flexionsklasse zugunsten der agglutinierende schwachen Klasse verlassen (*bellen*) oder sie sind noch dabei (*melken, backen*). Mit diesem Komplex befasst sich auch eingehend RONNEBERGER-SIBOLD (1980), die außerdem ausführlich auf die oft divergierenden Sprecher- und Hörerinteressen eingeht. Gerade hier wird deutlich, dass es kognitive Faktoren wie die Verfahren der Speicherung von Informationen und des Zugriffs darauf sind, die Sprachwandel steuern. Dies hat sich an vielen Stellen erwiesen.

Auch WURZEL (1996) arbeitet in seinem Aufsatz "Morphologischer Strukturwandel: Typologische Entwicklungen im Deutschen" auf Grundlage der deutschen Sprachgeschichte heraus, dass das Deutsche einen morphologischen Mischtyp ausbaut (auch hinsichtlich der Wortbildung), dass also von zunehmender typologischer Einheitlichkeit nicht die Rede sein könne. Allerdings vermag WURZEL, obwohl Repräsentant der eben genannten Natürlichkeitstheorie, hierfür keine überzeugende Erklärung zu liefern. Dieser Aufsatz ist, wahrscheinlich aus gutem Grund, theoriefrei und verharrt auf der rein beschreibenden Ebene. Mit der Integration von Tokenfrequenzen und weiteren Faktoren der Sprachverwendung vermag der ökonomietheoretische Ansatz von WERNER und RONNEBERGER-SIBOLD eher eine Begründung für Sprachwandelerscheinungen zu liefern: Hier wird immer wieder deutlich, wie der Sprachgebrauch das Sprachsystem prägt. Auch die Relevanztheorie von BYBEE (z.B. 1994), die ebenfalls kognitive Faktoren sowie solche der Sprachverwendung integriert, hilft bei der Erklärung von Sprachwandel weiter. Sie trifft ziemlich klare Voraussagen darüber, wie die Kodierung von Informationen sowohl materiell (welches Ausdrucksverfahren?) als auch sequenziell (in welcher Reihenfolge?) optimalerweise organisiert ist (Kap. 3.1.1.2). Solche Prognosen vermögen die wenigsten Sprachwandeltheorien abzugeben. Keinen substanziellen Beitrag zur Erklärung von Sprachwandel hat bis dato die sog. Optimalitätstheorie geleistet, die die hierarchische Umstellung (*Reranking*) von sog. Beschränkungen (*Constraints*) als "Ursache" des Sprachwandels betrachtet. Genaugenommen tut sie nichts anderes, als bereits stattgefundenen Sprachwandel nachträglich zu beschreiben, indem sie angesichts des bereits eingetretenen Ergebnisses die Constraints neu anordnet. Weder ist sie in der Lage, Voraussagen darüber zu treffen, ob eine Umstellung der Constraints erfolgt, noch, falls dies geschieht, wie diese genau aussieht (zu ähnlicher Kritik siehe MCMAHON 2003).

Zu weiteren Aspekten des Deutschen als Mischsprache sei der Band "Deutsch – typologisch" von LANG/ZIFONUN (1996) empfohlen, der hierzu mehrere Beiträge enthält.

12.2 Das Deutsche als grenzmarkierende Sprache

Auf phonologischer Ebene hat sich das Deutsche, wie Kap. 2 erwiesen hat, typologisch von einer reinen Silbensprache (Ahd.) zu einer ausgeprägten **Wortsprache** entwickelt (seit dem Fnhd.). Der wortsprachliche Ausbau setzt sich heute immer noch fort, auch wenn viele meinen, dass mit der Verschriftlichung einer Sprache der phonologische Wandel zum Stillstand käme. Dem ist nicht so, allenfalls verlangsamt Schriftlichkeit phonologischen Wandel. So schreiben wir (*sie*) <haben>, glauben auch, wir sprächen [ha:bən], doch realisieren wir dieses Verb als (*sie*) [ham]; gleiches betrifft <ist> [ɪs] und <sind> [zɪn].

Derzeit zeugt von wortsprachlichem Ausbau die Entstehung silbischer Nasale und Liquide, die das Wortende markieren ([ʃʏsl̩] 'Schüssel', [le:bm̩] 'leben'), sowie der weitere Ausbau der Fugenelemente. Letztere signalisieren dem Hörer die phonologischen Wortgrenzen und erleichtern ihm dadurch die Segmentierung mehrgliedriger Komposita. Je komplexer das Erstglied, desto eher folgt ein Fugenelement: *Nachtzug*, aber *Sommernachtstraum*, *Fahrtzeit*, aber *Abfahrtszeit*. Umfragen bei Studierenden ergeben bei Schwankungsfällen wie z.B. dem zweigliedrigen Kompositum *Seminar(s?)arbeit* weniger Bekenntnisse für das Fugen-*s* als bei komplexeren wie *Hauptseminar(s?)arbeit*. Anfragen bei der DUDEN-Sprachberatungsstelle betreffen besonders häufig das Fugen-*s*: *Dreick(s)tuch*, *Schaden(s)ersatz*, *Interessen(s)konflikt*, *Schiff(s)reise*, allein aus der Linguistik: *Subjekt(s)pronomen*, *Präteritum(s)schwund*, *Namen(s)forschung*, *Merkmal(s)analyse* etc.[1] Schwankungen sind der beste Indikator für Wandel im Vollzug, und das "Wörterbuch der sprachlichen Zweifelsfälle" (DUDEN-Band 9) ist dafür eine hervorragende Quelle. Mit dem wortsprachlichen Ausbau erfolgt also eine besonders gute, hörerseitig vorteilhafte Profilierung der Wortgrenzen. Im Gegenzug wird der sprecherseitige Vorteil wohlgeformter Silben vernachlässigt. Wir haben es beim Sprachwandel also immer mit Kosten und Nutzen zu tun sowie mit Sprecher- vs. Hörerinteressen.

Auch die Syntax profiliert die Ränder von Informationskomplexen, nur auf höherer Ebene. Die meisten Phänomene syntaktischen Wandels lassen sich direkt oder indirekt dem Ausbau des **Klammerverfahrens** unterordnen (Kap. 4.1). Dadurch wird z.B. die NP markiert (Nominalklammer) und von der VP, die ihrerseits klammert (Satzklammer), deutlicher abgegrenzt. Des Weiteren werden durch die jeweils sehr unterschiedlichen Klammertypen von Haupt- vs. Nebensatz beide stärker voneinander abgehoben. Damit werden für den Hörer spezifische Phrasen bzw. Satzarten bezüglich ihrer Funktion und Hierarchieebene ausgewiesen, d.h. ihm werden Signale zur Informationsverarbeitung geliefert. Daher sind die Vorteile dieses so kompliziert erscheinenden, stark diskontinuierlichen Verfahrens eher auf der Hörerseite zu verorten. Sprecher wie Hörer profitieren aber von der dadurch geschaffenen Möglichkeit der Informationsverdichtung. In ihrem Aufsatz "Deutsch – eine 'reife' Sprache. Ein Plädoyer für die Komplexität" bescheinigt FABRICIUS-HANSEN (2003) dem Deutschen angesichts dieser Züge

---

1 Ivonne Goldammer, Bamberg, danken wir für die Mitteilung solcher Zweifelsfälle.

einen hohen "Reifegrad", der übrigens stark durch die lange Verschriftlichung geprägt sei. Einen großen Nutzen dieser im System angelegten Komplexität sieht sie neben Verdichtung und Präzision auch in den dadurch ermöglichten stilistischen Optionen. Auch sie lokalisiert den Nutzen auf der "Hörerleserperspektive" (109), also der Textverarbeitungsebene.

Der Klammertyp kommt in den Sprachen der Welt insgesamt selten vor. Das Deutsche repräsentiert also einen ausgefallenen Sprachtyp, den es, wie wir gesehen haben, sogar noch ausbaut. Ob auch der Text (den wir hier ausklammern mussten) solche ränderexponierenden und binnenverdichtenden Eigenschaften kultiviert, ist noch genauer zu untersuchen, doch deutet vieles darauf hin, dass sich dieser grenzmarkierende Typus auch auf der Textebene manifestiert.

Selbst beim graphematischen Wandel sind wir immer wieder auf grenzmarkierende Phänomene gestoßen, allen voran die **graphische Wortmarkierung** durch Spatiensetzung, aber auch die Substantivgroßschreibung, die frühere <ſ/s>-Distribution (<s> am Wortende) sowie die <ss/ß>-Verteilung vor der Orthographiereform (<ß> als Wortendsignal). Auf syntaktischer Ebene markiert die Satzanfangsgroßschreibung sowie die Interpunktion Satz- und Teilsatzgrenzen.

Die **Morphologie** stellt sich in den Dienst dieses syntaktischen Klammertyps, indem sie ihn auf vielerlei Art und Weise unterstützt. Zum Beispiel zeigt erst das flektierte Verb den Beginn der Hauptsatzklammer an – im Nebensatz steht es dagegen ganz hinten und signalisiert dessen Ende. Flankiert wird diese Nebensatz-Endrandmarkierung durch die Grammatikalisierung und den Ausbau subordinierender Konjunktionen, die den Nebensatz einleiten: *nachdem* [...] *war* (finites Verb). In der Nominalklammer hat sich bezüglich der morphologischen Kategorienmarkierung eine klammerunterstützende "Arbeitsteilung" herausgebildet: Artikelwort (und attributives Adjektiv) übernehmen vorrangig die Anzeige von Genus, Kasus und Definitheit, das klammerschließende Kernsubstantiv die des Numerus. Die Morphologie unterstützt auch das wortsprachliche Ideal des Trochäus (zweisilbige, anfangsbetonte Wörter), indem z.B. an bereits trochäische Wörter nur unsilbische Suffixe antreten (z.B. *-n*, *-s*, Null), während einsilbige Wörter meist silbische Suffixe (z.B. *-e*, *-en*, *-er*) annehmen, um Trochäen zu erzielen: *Rose* → *Rose-n*, aber *Frau* → *Frau-en*; *Ufer* → *Ufer* (Null), aber *Bild* → *Bild-er*.

Auch innerhalb morphologisch komplexer Wörter lassen sich Tendenzen zur Grenzmarkierung beobachten, wenngleich nicht in dem Maße wie in Phonologie, Graphematik und Syntax. Hier hat das diskontinuierliche Affix (oder Zirkumfix) {ge-...-t} in *ge-lern-t* zur Bildung des Part.Perf. einige Berühmtheit erlangt (in vielen linguistischen Arbeiten dient es als Repräsentant für Zirkumfigierung). Dies gilt auch für Wortbildungen wie *Ge-birg-e*.

Nicht nur die Tatsache, dass sich solche **Grenzmarkierungen** auf den meisten sprachlichen Ebenen beobachten lassen, spricht für ihre typologische Relevanz, sondern auch, dass sie sich alle ungefähr zur gleichen Zeit, nämlich im Fnhd., herausbilden. Diese Zusammenhänge detailliert aufzudecken, ist noch zukünftiger Forschung vorbehalten.

12.3 Wo soll das alles hinführen?

Natürlich fragt man sich, ob irgendwann einmal ein Zustand erreicht sein wird, in dem eine Sprache so weit entwickelt ist, dass sie sich nicht mehr verändern muss. Wenn es Prognosen gibt, so die, dass dieser Zustand nie eintreten wird. Wohl gibt es aber Sprachen (oder auch Perioden in ein und derselben Sprache), in denen sich Sprachwandel schneller oder langsamer vollzieht. Auch können die einzelnen Subsysteme unterschiedlich dynamisch sein. Auf das Deutsche bezogen kann man grob sagen, dass im Ahd. und Mhd. phonologischer Wandel dominiert, im Fnhd. dagegen morphologischer und syntaktischer. Dass Sprachwandel aber nie zum Stillstand kommt, liegt hauptsächlich daran, dass Vorteile auf der einen Ebene oft Nachteile auf einer anderen bewirken können (nicht müssen), d.h. jede Ebene verfolgt ohne Rücksicht auf die andere ihre Optimierungen. Man spricht hier von "**lokalen Optimierungen**" (RONNEBERGER-SIBOLD 2000, VENNEMANN 1993). Für solchen innersprachlich motivierten Wandel hat diese Einführung zahlreiche Beispiele geliefert. In vielen Einführungen werden *Lautgesetz* und *Analogie* als die Haupttriebfedern sprachlichen Wandels bezeichnet, was nichts anderes bedeutet, als dass sich regulärer Lautwandel destruktiv auf die Morphologie und ihre Paradigmen auswirkt und diese anschließend darauf reagiert, indem sie sich durch Analogie restrukturiert. Analogie als morphologischer Regularisierungsprozess verursacht längere Wortformen – was wiederum phonologischen Wandel hervorrufen kann. Hätte sich das Verb *sehen* nur lautgesetzlich (ohne Analogie) entwickelt, so gäbe es heute in seinem Paradigma Formen wie *du *sichst, sie *sicht, ich *sach* 'sah'. Schließlich, dies zeigt z.B. RONNEBERGER-SIBOLD (2000), kann die Morphologie auch durchaus der destruktiven Wirkung phonologischen Wandels Widerstand leisten, indem z.B. die *e*-Apokope in bestimmten (wichtigen) Fällen nicht greifen konnte (Beispiele dafür finden sich in Kap. 4.2). Auch werden hier Kompromisse zwischen lautlichen und grammatischen Bedürfnissen beschrieben. Umgekehrt muss sprachinterner Wandel nicht zwingend auf ebenenübergreifenden Prozessen basieren, es kann auch auf ein und derselben Ebene zu Interessen(s)konflikten kommen.

Ein wichtiger außersprachlich motivierter Faktor, der Sprachwandel auslösen und beschleunigen kann, ist **Sprachkontakt**, der im Deutschen aber nicht so stark gegeben war wie in anderen Sprachen. Allenfalls befindet sich das Deutsche in einer Dialektkontaktsituation. So entstammen die progressiven Pluralumlaute in *Wägen* und *Hämmer* süddeutschen Dialekten. Das in den Süden Afrikas getragene Niederländische hat sich jedoch sprachkontaktbedingt so stark und rasant verändert, dass sich daraus eine neue Sprache, das Afrikaans, entwickelt hat. Den Gegenpol bildet die Inselsprache Isländisch, die den geringsten Sprachkontakt hatte und unter den germ. Sprachen die altertümlichsten Züge bewahrt hat – was keineswegs heißt, dass es sich nicht verändert hätte, nur viel langsamer. Was übrigens solche konservativen Züge (wie z.B. den Erhalt der drei Genera, den von Flexionsendungen und anderer grammatischer Eigenschaften) betrifft, so befindet sich das Deutsche, wenn man alle germ. Sprachen auf einer Skala zwischen Konservatismus und Innovatismus anordnen würde, gar nicht so weit vom Isländischen entfernt. Eine germanisch-kontrastive Sprachgeschichte, die als Disziplin erst in den Anfängen steckt, würde uns noch viel mehr Aufschluss über die Ursachen und Faktoren sprachlichen Wandels liefern. Sie müsste erklären, wie sich aus einer Grundsprache dreizehn neue Sprachen entwickeln konnten.

13 Sachverzeichnis

14 Abkürzungsverzeichnis

* - rekonstruierte oder ungrammatische Form
. - Silbengrenze
/.../ - Phonem(e)
[...] - Lautung
{...} - Morphem
<...> - Schreibung
'...' - Bedeutung
ags. - angelsächsisch
as. - altsächsisch
ahd. - althochdeutsch
Akk. - Akkusativ
AL - Ablaut
alem. - alemannisch
bair. - bairisch
C - Konsonant
Dat. - Dativ
DP - Determiniererphrase
engl. - englisch
F - phonologischer Fuß
Fem. - Femininum
fnhd. - frühneuhochdeutsch
fränk. - fränkisch
fries. - friesisch
frz. - französisch
F_s - starker Fuß
F_w - schwacher Fuß
Gen. - Genitiv
germ. - germanisch
got. - gotisch
griech. - griechisch
idg./ie. - indogermanisch/indoeuropäisch
isl. - isländisch
jap. - japanisch
kelt. - keltisch
Konj. - Konjunktiv
LK - linker Klammerrand
lux. - luxemburgisch
LV - Lautverschiebung
Mask. - Maskulinum
md. - mitteldeutsch
MF - Mittelfeld
mhd. - mittelhochdeutsch
Neut. - Neutrum
nhd. - neuhochdeutsch
nl. - niederländisch
Nom. - Nominativ
NP - Nominalphrase
obd. - oberdeutsch
Part.Perf. - Partizip Perfekt
Part.Präs. - Partizip Präsens
Pl. - Plural
poln. - polnisch
PP - Präpositionalphrase
Prät. - Präteritum
Ps. - Person
RK - rechter Klammerrand
russ. - russisch
Sg. - Singular
skand. - skandinavisch
span. - spanisch
sth. - stimmhaft
stl. - stimmlos
ugs. - umgangssprachlich
UL - Umlaut
ungar. - ungarisch
urnord. - urnordisch
V - Vokal
V1 - Verb-Erst-Stellung
V2 - Verb-Zweit-Stellung
VL - Verb-Letzt-Stellung
VP - Verbalphrase
wg. - westgermanisch
σ - Silbe
ω - phonologisches Wort

15 Literaturverzeichnis

Abkürzungen:

DaF	Deutsch als Fremdsprache
DS	Deutsche Sprache
FoL	Folia Linguistica
FolH	Folia Linguistica Historica
GermL	Germanistische Linguistik
LBer	Linguistische Berichte
LGL	Lexikon der Germanistischen Linguistik
LiLi	Zeitschrift für Literaturwissenschaft und Linguistik
NLLT	Natural Language & Linguistic theory
OBST	Osnabrücker Beiträge zur Sprachtheorie
PBB	Beiträge zur Geschichte der deutschen Sprache und Literatur ("**P**auls u. **B**raunes **B**eiträge")
STUF	Sprachtypologie und Universalienforschung
WW	Wirkendes Wort
ZDL	Zeitschrift für Dialektologie und Linguistik
ZDW	Zeitschrift für deutsche Wortforschung
ZfdPh	Zeitschrift für deutsche Philologie
ZGL	Zeitschrift für Germanistische Linguistik
ZPSK	Zeitschrift für Phonetik, Sprachwissenschaft und Kommunikationsforschung
ZS	Zeitschrift für Sprachwissenschaft

Abraham, W./Conradie, C.J. (2001): Präteritumschwund und Diskursgrammatik. Amsterdam/Philadelphia.

Adelung, J.C. (1788/1978): Vollständige Anweisung zur Deutschen Orthographie. Leipzig. Nachdruck 1978 Hildesheim/New York.

– (1793-1801/2001): Grammatisch-kritisches Wörterbuch der hochdeutschen Mundart. Ausg. letzter Hand Leipzig 1793 – 1801. Elektr. Volltext- u. Faksimile-Ed., 1 CD-ROM. Berlin.

Admoni, W. (1967): Der Umfang und die Gestaltungsmittel des Satzes in der deutschen Literatursprache bis zum Ende des 18. Jhs. In: PBB (Halle) 89, 144-199.

– (1973): Die Entwicklungstendenzen des deutschen Satzbaus von heute. München.

– (1990): Historische Syntax des Deutschen. Tübingen.

Ágel, V. (2000): Syntax des Neuhochdeutschen bis zur Mitte des 20. Jahrhunderts. In: Besch u.a. (eds.), Bd. 2, 1855-1903.

Anttila, R. (1989): Historiocal and comparative linguistics. Amsterdam/Philadelphia.

Arndt, E. (1959): Das Aufkommen des begründenden *weil*. In: PBB 81, 388-415.

– (1960): Begründendes *da* neben *weil* im Neuhochdeutschen. In: PBB 82, 242-260.

Aronoff, M./Fuhrhop, N. (2002): Restricting suffix combinations in German and English: Closing suffixes and the monosuffix constraint. In: NLLT 20, 451-490.

Askedal, J.O. (1996): Überlegungen zum Deutschen als sprachtypologischem "Mischtyp". In: Lang/Zifonun (eds.), 369-383.

Auer, P. (1991): Zur More in der Phonologie. In: ZS 10/1, 3-36.

– (1994): Einige Argumente gegen die Silbe als universale prosodische Hauptkategorie. In: Ramers, K.-H. u.a. (eds.): Universale phonologische Strukturen und Prozesse. Tübingen, 55-78.

– (2001): Silben- und akzentzählende Sprachen. In: Haspelmath, M. u.a. (eds.): Language typology and language universals. An international handbook. Bd. 2. Berlin/New York, 1391-1399.

– (2002): Die sogenannte Auslautverhärtung in ne[b]lig vs. lie[p]lich – ein Phänomen der deutschen Phonologie? In: Bommes, M. u.a. (eds.): Sprache als Form. Festschrift für U. Maas, 74-86.

–/Uhmann, S. (1988): Silben- und akzentzählende Sprachen. In: ZS 7/2, 214-259.

– u.a. (eds.) (2002): Silbenschnitt und Tonakzente. Tübingen.

–/Günthner, S. (2005): Die Entstehung von Diskursmarkern im Deutschen – ein Fall von Grammatikalisierung? In: Leuschner u.a. (eds.), 335-362.

Augst, G. (1971): Über den Umlaut bei der Steigerung. In: WW 21, 424-431.

– (1975a): Wie stark sind die starken Verben? Überlegungen zur Subklassifikation der nhd. Verben. In: Augst, G.: Untersuchungen zum Morpheminventar der deutschen Gegenwartssprache. Tübingen, 231-281.

– (1975b): Zum Pluralsystem. In: Augst, G.: Untersuchungen zum Morpheminventar der deutschen Gegenwartssprache. Tübingen, 5-70.

– (1977): Zur Syntax der Höflichkeit. Duzen – Ihrzen – Siezen als sozio- und pragmalinguistisches Phänomen. In: Augst, G.: Sprachnorm und Sprachwandel. Vier Projekte zu diachroner Sprachbetrachtung. Wiesbaden, 13-61.

– (1981): Über die Schreibprinzipien. In: ZPSK 34, 734-741.

– (1991): Alternative Regeln zur graphischen Kennzeichnung des kurzen Vokals im Deutschen – ein historischer Vergleich. In: Augst, G. u.a. (eds.): Festschrift für H. Engels. Göppingen, 320-344.

–(2005): Typen von Wortfamilien. In: Cruse, D.A. u.a. (eds.), Bd. 1, 681-688.

– u.a. (1985): Groß oder klein? Zur Funktion des Wortanfangs für den Leseprozeß. In: Augst, G. (ed.): Graphematik und Orthographie. Frankfurt a.M., 271-292.

–/Müller, K. (1996): Die schriftliche Sprache im Deutschen. In: Günther, H./Ludwig, O. (eds.): Schrift und Schriftlichkeit, Bd. 2. Berlin/New York, 1500-1506.

Autenrieth, T. (2002): Heterosemie und Grammatikalisierung bei Modalpartikeln. Eine synchrone und diachrone Studie anhand von "eben", "halt", "e(cher)t", "einfach", "schlicht" und "glatt". Tübingen.

– (2005): Grammatikalisierung bei Modalpartikeln. Das Beispiel *eben*. In: Leuschner u.a. (eds.), 309-334.

Baldinger, K. (1993): Ist die unsichtbare Hand wirklich unsichtbar? Kritische Bemerkungen zum Bedeutungsswandel. In: Schmidt-Radefeldt, J. (ed.): Sprachwandel und Sprachgeschichte. Tübingen, 1-8.

Barz, I. (1998): Zur Lexikalisierung nominalisierter Infinitive. In: Barz, I./Öhlschläger, G. (eds.): Zwischen Grammatik und Lexikon. Tübingen, 59-68.

–(2005): Die Wortbildung als Möglichkeit der Wortschatzerweiterung. In: Cruse, D.A. u.a. (eds.), Bd. 2, 1664-1676.

Bauer, G. (1986): Einführung in die diachrone Sprachwissenschaft. Göppingen.

Bech, F. (1901): Beispiele von der Abschleifung des deutschen Participium Präsentis und von seinem Ersatz durch den Infinitiv. In: ZDW 1, 81-109.

Becker, T. (1996): Die Aufhebung des Vokallängengegensatzes in unbetonten Silben der deutschen Standardsprache. In: DS 24, 268-281.
– (1998): Das Vokalsystem der deutschen Standardsprache. Frankfurt a.M.
– (2000): Zur Vokalreduktion im Althochdeutschen. In: Bittner u.a. (eds.), 31-46.
– (2002): Silbenschnitt und Silbenstruktur in der deutschen Standardsprache der Gegenwart. In: Auer u.a. (eds.), 87-101.
Beetz, M. (1990): Frühmoderne Höflichkeit: Komplimentierkunst und Gesellschaftsrituale im altdeutschen Sprachraum. Stuttgart.
Behrens, U. (1989): Wenn nicht alle Zeichen trügen. Interpunktion als Markierung syntaktischer Konstruktionen. Frankfurt a.M.
Bellmann, G. u.a. (1995): Mittelrheinischer Sprachatlas. Bd. 5: Morphologie. Tübingen.
Bergmann, R. (1998): Das morphologische Prinzip in der Rechtschreibreform und ihrer Diskussion. Synchronisches Prinzip und historischer Schreibgebrauch bei den Umlautgraphien <ä> und <äu>. In: Sprachwissenschaft 23, 217-261.
– (1999): Zur Herausbildung der deutschen Substantivgroßschreibung. Ergebnisse des Bamberg-Rostocker Projekts. In: Hoffmann, W. u.a. (eds.): Das Frühneuhochdeutsche als sprachgeschichtliche Epoche. Frankfurt a.M., 59-79.
–/Nerius, D. (1998): Die Entwicklung der Großschreibung im Deutschen von 1500 bis 1710. Heidelberg.
– u.a. (^{6}2004): Alt- und Mittelhochdeutsch. Arbeitsbuch zur Grammatik der älteren deutschen Sprachstufen. Göttingen.
Besch, W. (1961): Schriftzeichen und Laut. In: ZfdPh 80, 287-302.
– (1981): Zur Entwicklung der deutschen Interpunktion seit dem späten Mittelalter. In: Smits, K. u.a. (eds.): Interpretation und Edition deutscher Texte des Mittelalters. Berlin, 187-206.
– (^{2}1998): Duzen, Siezen, Titulieren. Zur Anrede im Deutschen heute und gestern. Göttingen.
– (2000): Die Rolle Luthers für die deutsche Sprachgeschichte. In: Besch u.a. (eds.), Bd. 2, 1713-1745.
– (2003a): Anredeformen des Deutschen im geschichtlichen Wandel. In: Besch u.a. (eds.), Bd. 3, 2599-2628.
– (2003b): Die Entstehung und Ausformung der neuhochdeutschen Schriftsprache/Standardsprache. In: Besch u.a. (eds.), Bd. 3, 2252-2296.
– u.a. (eds.) (^{2}1998-2004): Sprachgeschichte. Ein Handbuch zur Geschichte der deutschen Sprache und ihrer Erforschung. Bd. 1 (1998), Bd. 2 (2000), Bd. 3 (2003), Bd. 4 (2004). Berlin/New York.
Best, K.-H. (1983): Zum morphologischen Wandel einiger deutscher Verben. In: Best/Kohlhase (eds.), 107-118.
–/Kohlhase, J. (1983): Der Wandel von *ward* zu *wurde*. In: Best/Kohlhase (eds.), 91-102.
–/Kohlhase, J. (eds.) (1983): Exakte Sprachwandelforschung. Theoretische Beiträge, statistische Analysen und Arbeitsberichte. Göttingen.
Betten, A. (1987): Grundzüge der Prosasyntax. Tübingen.
Betz, W. (^{3}1974): Lehnwörter und Lehnprägungen im Vor- und Frühdeutschen. In: Maurer, F./Rupp, H. (eds.): Deutsche Sprachgeschichte. Bd. 1. Berlin/New York, 135-163.

Bichsel, P. (1999): Hug Schapler. Überlieferung und Stilwandel. Ein Beitrag zum frühneuhochdeutschen Prosaroman und zur lexikalischen Paarform. Bern.

Bittner, A. (1996): Starke 'schwache' Verben und schwache 'starke' Verben. Deutsche Verbflexion und Natürlichkeit. Tübingen.

– u.a. (eds.) (2000): Angemessene Strukturen: Systemorganisation in Phonologie, Morphologie und Syntax. Hildesheim.

Blank, A. (2001): Pathways of lexicalization. In: Haspelmath, M. u.a. (eds.): Sprachtypologie und sprachliche Universalien. Bd. 2. Berlin/New York, 1596-1608.

Blatz, F. ([3]1900): Neuhochdeutsche Grammatik mit Berücksichtigung der historischen Entwickelung der deutschen Sprache. 2 Bde. Karlsruhe.

Bleekemolen, M. (2005): Kausativa in der Geschichte des Deutschen. Univ. Mainz, Magisterarbeit.

Bock, M. (1990): Zur Funktion der deutschen Groß- und Kleinschreibung – Einflüsse von Wortform, Muttersprache, Lesealter, Legasthenie und lautem versus leisem Lesen. In: Stetter (ed.), 1-33.

Bogner, I. (1989): Zur Entwicklung der periphrastischen Futurformen. In: ZfdPh 108, 56-84.

Booij, G. u.a. (eds.) (2000): Morphology/Morphologie. Bd. 1. Berlin/New York.

Braune, W./Ebbinghaus, E.A. ([17]1994): Althochdeutsches Lesebuch. Tübingen.

Braune, W./Reiffenstein, I. ([15]2004): Althochdeutsche Grammatik I. Tübingen.

Brekle, H. (1994): Die Buchstabenformen westlicher Alphabetschriften in ihrer historischen Entwicklung. In: Günther, H./Ludwig, O. (eds.): Schrift und Schriftlichkeit, Bd. 1. Berlin/New York, 171-204.

– (1995a): Neues über Groß- und Kleinbuchstaben. Theoretische Begründung der Entwicklung der röm. Majuskelformen zur Minuskelschrift. In: LBer 155, 3-21.

– (1995b): Die Zähmung pompejanischer Ausschweifungen. Historische und theoretische Begründung unserer heutigen Buchstabenformen. In: LBer 160, 427-446.

Brendel, A./Brendel, S. (eds.) (2004): Namenarten und ihre Erforschung. Ein Lehrbuch für das Studium der Onomastik. Anlässlich des 70. Geburtstages von Karlheinz Hengst. Hamburg.

Brown, P./Levinson, S.C. (1987): Politeness. Some universals in language usage. Cambridge u.a.

Büchner, G. ([6]1997): Werke und Briefe. Hg. v. K. Pörnbacher u.a. München.

Burger, H. (1998): Phraseologie. Eine Einführung am Beispiel des Deutschen. Berlin.

Burkhardt, A. (1994): Abtönungspartikeln im Deutschen: Bedeutung und Genese. In: ZGL 22, 129-151.

Bußmann, H. (ed.) ([3]2002): Lexikon der Sprachwissenschaft. Stuttgart.

Butt, M./Eisenberg, P. (1990): Schreibsilbe und Sprechsilbe. In: Stetter (ed.), 34-64.

–/Fuhrhop, N. (eds.) (1999): Variation und Stabilität in der Wortstruktur. Untersuchungen zu Entwicklung, Erwerb und Varietäten des Deutschen und anderer Sprachen. Hildesheim u.a.

Bybee, J.L. (1985): Morphology. A study of the relation between meaning and form. Amsterdam.

– (1994): Morphological universals and change. In: Asher, R.E. (ed.): The encyclopedia of language and linguistics. Bd. 5. Oxford, 2557-2562.

–/Moder, C.L. (1983): Morphological classes as natural categories. In: Language 59/1, 251-270.

– u.a. (1994): The evolution of grammar: tense, aspect, and modality in the languages of the world. Chicago/London.

Campbell, L. (1998): Historical Linguistics. Cambridge.

– (ed.) (2001): Grammaticalization: a critical assessment. Language sciences 23/2-3.

Carstensen, B. (1981): Lexikalische Scheinentlehnungen des Deutschen aus dem Englischen. In: Kühlwein W. u.a. (eds.): Kontrastive Linguistik und Übersetzungswissenschaft. München, 175-182.

Cherubim, D. (1983): Trampelpfad zum Sprachwandel? In: ZGL 11, 65-71.

– (1998): Sprachgeschichte im Zeichen der linguistischen Pragmatik. In Besch u.a. (eds.), Bd. 1, 538-550.

Claius, J. (1578): Grammatica Germanicae Linguae. Leipzig.

Claudi, U. (2006): Intensifiers of adjectives in German. In: STUF 59/4, 350-369.

Coleman, E.S. (1965): Zur Bestimmung und Klassifikation der Wortentlehnungen im Althochdeutschen. In: Zeitschrift für deutsche Sprache 21, 69-83.

Comrie, B. (1976): Aspect. Cambridge.

– ([2]1989): Language universals and linguistic typology. Syntax and morphology. Chicago.

Croft, W. (1990): Typology and universals. New York u.a.

– (1997): Book review on "Rudi Keller, On Language Change: The Invisible Hand in Language". In: Journal of Pragmatics 27, 393-402.

Cruse, D.A. u.a. (eds.) (2005): Lexikologie. Ein internationales Handbuch zur Natur und Struktur von Wörtern und Wortschätzen. 2 Bde. Berlin/New York.

Dal, I. (1960): Zur Frage des süddeutschen Präteritumschwunds. In: Indogermanica. Festschrift für W. Krause. Heidelberg, 1-7.

– ([3]1966): Kurze deutsche Syntax auf historischer Grundlage. Tübingen.

Daniels, K. (1979): Erfolg und Mißerfolg der Fremdwortverdeutschung. Schicksal der Verdeutschungen von Joachim Heinrich Campe. In: Braun, P. (ed.): Fremdwort-Diskussion. München, 145-181.

De Groodt, S. (2002): Reanalysis and the five problems of language change: a case study on the rise of concessive subordinating conjunctions with *ob-* in Early Modern German. In: STUF 55/3, 277-288.

Debus, F. (1958): Die deutschen Bezeichnungen für die Heiratsverwandtschaft. In: Schmitt, L.E. (ed.): Deutsche Wortforschung in europäischen Bezügen. Gießen, 1-116.

– ([2]1980): Onomastik. In: Althaus, H.-P. u.a. (eds.): LGL. Tübingen, 187-198.

Demske, U. (1999): Case compounds in the history of German. In: Butt/Fuhrhop (eds.), 150-176.

– (2000): Zur Geschichte der *ung*-Nominalisierung im Deutschen. Ein Wandel morphologischer Produktivität. In: PBB 122, 365-411.

– (2001): Merkmale und Relationen. Diachrone Studie zur Nominalphrase im Deutschen. Berlin/New York.

– (2002): Sprachwandel. In: Meibauer, J. u.a. (eds.): Einführung in die germanistische Linguistik. Stuttgart/Weimar, 294-338.

Dentler, S. (1997): Zur Perfekterneuerung im Mittelhochdeutschen: Die Erweiterung des zeitreferentiellen Funktionsbereichs von Perfektfügungen. Göteborg.

– (1998): Gab es den Präteritumschwund? In: Askedal, J.O. (ed.): Historische germanische und deutsche Syntax. Frankfurt a.M., 133-147.

Di Meola, C. (1997): Grammatikalisierungsprozesse am Beispiel subordinativer Konzessivkonnektive. In: Papiere zur Linguistik 57/2, 183-203.
– (2001): Vom Inhalts- zum Funktionswort: Grammatikalisierungspfade deutscher Adpositionen. In: Sprachwissenschaft 26/1, 59-83.
Diewald, G. (1997): Grammatikalisierung. Eine Einführung in Sein und Werden grammatischer Formen. Tübingen.
– (2000): Grammatikalisierung: Wie entsteht Grammatik? In: Der Deutschunterricht 3, 28-40.
–/Habermann, M. (2005): Die Entwicklung von *werden* + Infinitiv zum Futurgrammem. Ein Beispiel für das Zusammenwirken von Grammatikalisierung, Sprachkontakt und soziokulturellen Faktoren. In: Leuschner u.a. (eds.), 229-250.
Doerfert, R. (1994): Die Substantivableitung mit *-heit/-keit, -ida, -î* im Frühneuhochdeutschen. Berlin/New York.
Donhauser, K. (1996): Negationssyntax in der deutschen Sprachgeschichte: Grammatikalisierung oder Degrammatikalisierung? In: Lang/Zifonun (eds.), 201-217.
– u.a. (2007): Moutons Interaktive Einführung in die Historische Linguistik des Deutschen. Berlin/New York.
Duden, K. (1872): Die deutsche Rechtschreibung. Leipzig.
– (1880): Vollständiges orthographisches Wörterbuch der deutschen Sprache. Leipzig.
Duden-Etymologie ([3]2001) = Das Herkunftswörterbuch. Etymologie der deutschen Sprache. Duden Bd. 7. Mannheim.
Duden-Grammatik ([6]1998, [7]2005) = Grammatik der deutschen Gegenwartssprache. Duden Bd. 4. Mannheim u.a.
Duden-Universalwörterbuch ([4]2001) = Duden. Deutsches Universalwörterbuch. Mannheim.
Duden-Zweifelsfälle ([5]2001) = Richtiges und gutes Deutsch. Wörterbuch der sprachlichen Zweifelsfälle. Duden Bd. 9. Mannheim.
Dürscheid, C. (2004): Einführung in die Schriftlinguistik. Wiesbaden.
DWB = Deutsches Wörterbuch von J. und W. Grimm. Leipzig 1854-1960. (Elektron. Ausg. der Erstbearb.: Der digitale Grimm. Von J. und W. Grimm. Bearb. von H.-W. Bartz. Frankfurt a.M. 2004; Online-Version unter http://germazope.uni-trier.de/Projects/DWB)
Ebert, R.P. (1978): Historische Syntax des Deutschen. Stuttgart.
– (1980): Social and stylistic variation in Early New High German word order: The sentence frame (‚Satzrahmen'). In: PBB 103, 204-237.
– (1986): Deutsche Syntax 1300-1750. Frankfurt a.M.
– u.a. (eds.) (1993): Frühneuhochdeutsche Grammatik. Tübingen.
Eggenberger, J. (1961): Das Subjektspronomen im Althochdeutschen. Chur.
Eichinger, L. (1995): Syntaktischer Wandel und Verständlichkeit. Zur Serialisierung von Sätzen und Nominalgruppen im frühen Nhd. In: Kretzenbacher, H./Weinrich, H. (eds.): Linguistik der Wissenschaftssprache. Berlin/New York, 301-324.
Eisenberg, P. (1989a): Die Schreibsilbe im Deutschen. In: Eisenberg, P./Günther, H. (eds.): Schriftsystem und Orthographie. Tübingen, 57-84.
– (1989b): Die Grammatikalisierung der Schrift: Zum Verhältnis von silbischer und morphematischer Struktur im Deutschen. In: Mitteilungen des Deutschen Germanistenverbandes 36, 20-29.

– (1991): Syllabische Struktur und Wortakzent. Prinzipien der Prosodik deutscher Wörter. In: ZS 10/1, 37-84.
– (1996): Zur Typologie der Alphabetschriften: Das Deutsche und die Reform seiner Orthographie. In: Lang/Zifonun (eds.), 615-631.
– (1998-1999): Grundriß der deutschen Grammatik. Bd. 1: Das Wort. Bd. 2: Der Satz. Stuttgart/Weimar.
– (²2000): Grundriß der deutschen Grammatik. Bd. 1: Das Wort. Korr. Nachdruck. Stuttgart/Weimar.
– (2001): Die grammatische Integration von Fremdwörtern. Was fängt das Deutsche mit seinen Latinismen und Anglizismen an? In: Stickel, G. (ed.): Neues und Fremdes im deutschen Wortschatz. Berlin/New York, 183-205.
Erämetsä, E. (1990): Über einige diskontinuierliche Strukturen. In: Besch, W. (ed.): Deutsche Sprachgeschichte: Grundlagen, Methoden, Perspektiven. Frankfurt a.M. u.a., 371-380.
Erben, J. (1959): Zur Geschichte der deutschen Kollektiva. In: Gipper, H. (ed.): Sprache – Schlüssel zur Welt. Düsseldorf, 221-228.
– (1977): Sprachgeschichte als Systemgeschichte. In: Sprachwandel und Sprachgeschichtsschreibung. Jahrbuch des Instituts für Deutsche Sprache 1976. Düsseldorf, 7-23.
– (1985): Syntax des Frühneuhochdeutschen. In: Besch, W. u.a. (eds.): Sprachgeschichte. Ein Handbuch zur Geschichte der deutschen Sprache und ihrer Erforschung. Bd. 2. Berlin/New York, 1341-1348.
– (2003): Hauptaspekte der Entwicklung der Wortbildung in der Geschichte der deutschen Sprache. In: Besch u.a. (eds.), Bd. 3, 2525-2539.
Eroms, H.-W. (1980): Funktionskonstanz und Systemstabilisierung bei den begründenden Konjunktionen im Deutschen. In: Sprachwissenschaft 5, 73-115.
– (1997): Die Gewichtung des 'historischen Prinzips' in der deutschen Orthographie. In: Glaser/Schlaefer (eds.), 221-235.
– (2000): Die Neuregelung der *s*-Schreibung und die Prinzipien der deutschen Orthographie. In: Habermann, M. u.a. (eds.): Wortschatz und Orthographie in Geschichte und Gegenwart. Tübingen, 357-373.
Ewald, P. (1997): Zur Ausprägung des morphemidentifizierenden Prinzips in frühneuhochdeutschen Drucken. In: Glaser/Schlaefer (eds.), 237-250.
Fabricius-Hansen, C. (2003): Deutsch – eine 'reife' Sprache. Ein Plädoyer für die Komplexität. In: Stickel, G. (ed.): Deutsch von außen. Berlin/New York, 99-112.
Fenk-Oczlon, G. (1991): Frequenz und Kognition – Frequenz und Markiertheit. In: FoL 25/3-4, 361-394.
Fischer, A. (1992): Varianten im Objektbereich genitivfähiger Verben in der deutschen Literatursprache (1570-1730). In: Schildt, J. (ed.): Soziolinguistische Aspekte des Sprachwandels in der deutschen Literatursprache 1570-1730. Berlin, 273-342.
– (2001): Diachronie und Synchronie von auxiliarem *tun* im Deutschen. In: Watts, S. u.a. (eds.): Zur Verbmorphologie germanischer Sprachen. Tübingen, 137-154.
Fischer, H. (1966): Schrifttafeln zum althochdeutschen Lesebuch. Tübingen.
Fleischer, J. (2003): Die Syntax von Pronominaladverbien in den Dialekten des Deutschen. Eine Untersuchung zu Preposition Stranding und verwandten Phänomenen. Stuttgart.
Fleischer, W. (1972): Tendenzen der Wortbildung. In: DaF 9, 132-141.

– (1980): Wortbildungstypen der deutschen Gegenwartssprache in historischer Sicht. In: Zeitschrift für Germanistik 1, 48-57.
– (1992): Wortbildungsbedeutung. In: Prędota, S. (ed.): Studia Neerlandica et Germanica 1356. Wrocław, 99-105.
– (1997): Phraseologie der deutschen Gegenwartssprache. Tübingen.
–/Barz, I. (²1995): Wortbildung der deutschen Gegenwartssprache. Tübingen.
Flury, R. (1964): Struktur- und Bedeutungsgeschichte des Adjektiv-Suffixes *-bar*. Wintherthur.
Frank, B. (1993a): Die Textgestalt als Zeichen. Lateinische Handschriftentradition und die Verschriftlichung der romanischen Sprachen. Tübingen.
– (1993b): Zur Entwicklung der graphischen Präsentation mittelalterlicher Texte. In: OBST 47, 61-81.
Frey, E. (1988): Wortteilung und Silbenstruktur im Althochdeutschen. München, Diss.
Fritz, G. (1974): Bedeutungswandel im Deutschen. Tübingen.
– (1998): Historische Semantik. Stuttgart/Weimar.
– (2005): Einführung in die historische Semantik. Tübingen.
Fritze, M.-E. (1976): Bezeichnungen für den Zugehörigkeits- und Herkunftsbereich beim substantivischen Attribut. In: Kettmann/Schildt (eds.), 417-477.
Fuhrhop, N. (1996): Fugenelemente. In: Lang/Zifonun (eds.), 523-550.
– (2000): Zeigen Fugenelemente die Morphologisierung von Komposita an? In: Thieroff u.a. (eds.), 201-213.
– (2005): Orthografie. Heidelberg.
Gabler, P. (1995): "I" – Großbuchstaben mitten im Wort. In: Ewald, P./Sommerfeldt, K.-E. (eds.): Beiträge zur Schriftlinguistik. Frankfurt a.M., 113-121.
Gallmann, P. (1995): Konzepte der Substantivgroßschreibung. In: Ewald, P./Sommerfeldt, K.-E. (eds.): Beiträge zur Schriftlinguistik. Frankfurt, 123-138.
– (1999): Fugenmorpheme als Nicht-Kasus-Suffixe. In: Butt/Fuhrhop (eds.), 177-190.
Garbe, B. (1978): Die deutsche rechtschreibung und ihre reform 1722-1974. Tübingen.
– (1980): Das sogenannte "etymologische" Prinzip der deutschen Schreibung. In: ZGL 8, 197-210.
– (2000): Phonetik und Phonologie, Graphetik und Graphemik des Neuhochdeutschen seit dem 17. Jahrhundert. In: Besch u.a. (eds.), Bd. 2, 1765-1782.
Gärtner, K. (1990): Das Verhältnis von metrischer und syntaktischer Gliederung in mittelhochdeutschen Verstexten um 1200. In: Betten, A. (ed.): Neuere Forschungen zur historischen Syntax des Deutschen. Tübingen, 365-378.
Gelhaus, H. (1972): Das System der nebensatzeinleitenden Konjunktionen in diachronischer Sicht. In: Gelhaus, H.: Synchronie und Diachronie. Zwei Vorträge über Probleme der nebensatzeinleitenden Konjunktionen und der Consecutio temporum. Bern, 9-28.
Germann, S. (2007): Vom *Greis* zum *Senior*. Bezeichnungs- und Bedeutungswandel vor dem Hintergrund der "Political Correctness". Hildesheim.
Gfroerer, S. u.a. (1989): Augenbewegungen und Substantivgroßschreibung – Eine Pilotstudie. In: Eisenberg, P./Günther, H. (eds.): Schriftsystem und Orthographie. Tübingen, 111-135.
Giesecke, M. (1990): Orthotypographia. Der Anteil des Buchdrucks an der Normierung der Standardsprache. In: Stetter (ed.), 65-89.

Gilles, P. (2006): Phonologie der *n*-Tilgung im Moselfränkischen ('Eifler Regel'). Ein Beitrag zur dialektologischen Prosodieforschung. In: Moulin, C./Nübling, D. (eds.): Perspektiven einer linguistischen Luxemburgistik. Diachronie und Synchronie. Heidelberg, 29-68.

Givón, T. (1971): Historical syntax and synchronic morphology: An archaeologist's field trip. In: Papers from the 7th regional meeting of the Chicago Linguistic Society, 394-415.

Glaser, E. (1988): Autonomie und phonologischer Bezug bei der Untersuchung älterer Schriftlichkeit. In: PBB 110, 313-331.

–/Schlaefer, M. (eds.) (1997): Grammatica ianua artium. Festschrift für R. Bergmann. Heidelberg.

Gloning, T. (1996): Zur Verbesserung der Zustände auf sprachlichem Wege. Eine cisatlantische Betrachtung über *political correctness*. In: Sprache und Literatur in Wissenschaft und Unterricht 27/28, 38-48.

Glück, H. (ed.) (³2005): Metzler Lexikon Sprache. Stuttgart/Weimar.

Gohl, C./Günthner, S. (1999): Grammatikalisierung von *weil* als Diskursmarker in der gesprochenen Sprache. In: ZS 18/1, 39-75.

Gottsched, J.C. (⁵1762/1970): Vollständigere und neuerläuterte deutsche Sprachkunst. Leipzig. (Nachdruck Hildesheim)

Greenberg, J. (1966/2005): Language Universals. With special reference to feature hierarchies. With a preface by M. Haspelmath. Berlin/New York.

Grimm, J. (1864): Über das Pedantische in der deutschen Sprache. In: Grimm, J.: Kleinere Schriften. Bd. 1. Berlin.

– (²1878): Deutsche Grammatik. Bd. 2. Wortbildung. Berlin.

Grober-Glück, G. (1994): Die Anrede des Bauern und seiner Frau durch das Gesinde in Deutschland um 1930. Frankfurt a.M.

Gröger, O. (1911): Die althochdeutsche und altsächsische Kompositionsfuge mit Verzeichnis der althochdeutschen und altsächsischen Composita. Zürich.

Grønvik, O. (1996): Über den Ursprung und die Entwicklung der aktiven Perfekt- und Plusquamperfektkonstruktionen des Hochdeutschen und ihre Eigenart innerhalb des germanischen Sprachraums. Oslo.

Grubmüller, K. (1998): Sprache und ihre Verschriftlichung in der Geschichte des Deutschen. In: Besch u.a. (eds.), Bd. 1, 300-310.

Günther, H. (1985): Probleme beim Verschriften der Muttersprache. Otfrid von Weißenburg und die *lingua theotisca*. In: LiLi 59, 36-54.

– (1999): Entwicklungen in der deutschen Orthographie 1522-1797 – Eine Etüde. In: Pümpel-Mader, M./Schönherr, B. (eds.): Sprache – Kultur – Geschichte. Sprachhistorische Studien zum Deutschen. Innsbruck, 171-182.

– (2000): "...und hält den Verstand an" – Eine Etüde zur Entwicklung der deutschen Interpunktion 1522-1961. In: Thieroff u.a. (eds.), 275-286.

Günthner, S. (1999): Entwickelt sich der Konzessivkonnektor *obwohl* zum Diskursmarker? Grammatikalisierungstendenzen im gesprochenen Deutsch. In: LBer 180, 409-446.

– (2000): Grammatik im Gespräch: Zur Verwendung von *wobei* im gesprochenen Deutsch. In: Sprache und Literatur 85, 57-74.

–/Imo, W. (2003): Die Reanalyse von Matrixsätzen als Diskursmarker: *ich mein*-Konstruktionen im gesprochenen Deutsch. In: Interaction and Linguistic Structures 37, http://www.uni-potsdam.de/u/inlist.

Güthert, Kerstin (2005): Herausbildung von Norm und Usus Scribendi im Bereich der Worttrennung am Zeilenende (1500-1800). Heidelberg.

Habermann, M. u.a. (eds.) (2002): Historische Wortbildung des Deutschen. Tübingen.

Härd, J.E. (1981): Studien zur Struktur mehrgliedriger deutscher Nebensatzprädikate. Diachronie und Synchronie. Göteborg.

–(1998): Rahmenstruktur und Objektfeld. In: Askedal, J.O. (ed.): Historische germanische und deutsche Syntax. Frankfurt a.M., 149-163.

– (2003): Hauptaspekte der syntaktischen Entwicklung in der Geschichte des Deutschen. In: Besch u.a. (eds.), Bd. 3, 2569-2582.

Harm, V. (2001): Zur Herausbildung der deutschen Futurumschreibung mit *werden* + Infinitiv. In: ZDL 68, 288-307.

Harnisch, R. (1989): Die sogenannte "sogenannte Flexion der Konjunktionen". Ein Paradigma aus der Bavaria thuringica. In: Koller, E. u.a. (eds.): Bairisch-österreichische Dialektforschung. Würzburg, 283-290.

– (1990): Morphologische Irregularität – Gebrauchshäufigkeit – psychische Nähe. Ein Zusammenhang im empirischen Befund und in seiner theoretischen Tragweite. In: Mendez Dosuna, J./Pensado, C. (eds.): Naturalists at Krems. Papers from the Workshop on Natural Phonology and Natural Morphology. Salamanca, 53-64.

– (2002): Tendenzen der morphologischen Integration von Fremdwörtern ins Deutsche. In: Wiesinger, P. (ed.): Zeitenwende – Die Germanistik auf dem Weg vom 20. ins 21. Jahrhundert. Bd. 2. Bern u.a., 73-79.

– (2004): Verstärkungsprozesse. Zu einer Theorie der "Sekretion" und des "Rekonstruktionellen Ikonismus". In: ZGL 32, 210-232.

Hartmann, D. (1978): Verschmelzungen als Varianten des bestimmten Artikels? Zur Semantik von Äußerungen mit präpositionalen Gefügen im Deutschen. In: Hartmann, D. (ed.): Sprache in Gegenwart und Geschichte. Wien, 68-81.

– (1980): Über Verschmelzungen von Präposition und bestimmtem Artikel. In: ZDL 47, 160-183.

Hartmann von Aue: Iwein. Hg. von G. F. Benecke u.a., Übersetzung und Anmerkungen von Th. Cramer. Berlin/New York 1981.

Hartmann, W. (1970): Zur Verbstellung in Nebensätzen nach frühneuhochdeutschen Bibelübersetzungen. Heidelberg.

Hartweg, F. (2000): Die Rolle des Buchdrucks für die frühneuhochdeutsche Sprachgeschichte. In: Besch, W. u.a. (eds.), Bd. 2, 1682-1705.

–/Wegera, K.-P. ([2]2005): Frühneuhochdeutsch. Eine Einführung in die deutsche Sprache des Spätmittelalters und der frühen Neuzeit. Tübingen.

Harweg, R. (1989): Schwache und starke Artikelformen im gesprochenen Neuhochdeutschen. In: ZDL 56, 1-31.

Haspelmath, M. (2002): Understanding morphology. London/New York.

Hatz, E. (1985): Die Durchführung des "etymologischen Prinzips" bei der Graphie der Umlaute von "a" und "au", untersucht an Drucken der Lutherbibel. Bonn.

Haubert, A. (2007): *Nass – nässer – am nässesten?* Umlautphänomene in der Diachronie der deutschen Adjektivsteigerung. Staatsexamensarbeit. Mainz.

Heine, B. (1995): On the German *werden* future. In: Abraham, W. (ed.): Discourse grammar and typology. Amsterdam/Philadelphia, 119-138.
– (2003): Grammaticalization. In: Joseph/Janda (eds.), 575-601.
– u.a. (1991): Grammaticalization: a conceptual framework. Chicago u.a.
–/Kuteva, T. (2002): World lexicon of grammaticalization. Cambridge.
Hennings, T. ([2]2003): Einführung in das Mittelhochdeutsche. Berlin/New York.
Hentschel, E. (1986): Funktion und Geschichte deutscher Partikeln. *Ja, doch, halt* und *eben*. Tübingen.
– (1998): Die Emphase des Schreckens: *furchtbar nett* und *schrecklich freundlich*. In: Harden, T./Hentschel, E. (eds.): Particulae particularum. Tübingen, 119-132.
Henzen, W. ([3]1965): Deutsche Wortbildung. Tübingen.
Herberg, D. (1980a): Zur Annahme eines lexikalischen Prinzips der Schreibung des Deutschen. In: ZPSK 33, 34-41.
– (1980b): Wortbegriff und Orthographie. In: Nerius/Scharnhorst (eds.), 140-161.
Heynatz, J.F. (1770): Deutsche Sprachlehre zum Gebrauch in Schulen. Berlin.
Hinterhölzl, R. u.a. (2005): Diskurspragmatische Faktoren für Topikalität und Verbstellung in der ahd. Tatianübersetzung (9. Jh.). In: Ishihara, S. u.a. (eds.): Interdisciplinary Studies on Information Structure 03, 143-182.
Höchli, S. (1981): Zur Geschichte der Interpunktion im Deutschen. Berlin/New York.
Hock, H.H. ([2]1991): Principles of historical linguistics. Berlin/New York.
–/Joseph, B.D. (1996): Language history, language change, and language relationship. An introduction to historical and comparative linguistics. Berlin/New York. (1. Aufl. Hock 1938)
Hopper, P.J./Traugott, E.C. ([2]2003): Grammaticalization. Cambridge.
Hotzenköcherle, R. (1955): Großschreibung oder Kleinschreibung? Bausteine zu einem selbständigen Urteil. In: Der Deutschunterricht 7, 30-49.
– (1962): Entwicklungsgeschichtliche Grundzüge des Nhd. In: WW 12, 321-331.
Imsiepen, U. (1983): Die *e*-Epithese bei starken Verben im Deutschen. In: Best/Kohlhase (eds.), 119-141.
Ineichen, G. ([2]1991): Allgemeine Sprachtypologie. Darmstadt.
Jacobs, A./Jucker, A.H. (1995): The historical perspective in pragmatics. In: Jucker, A. H. (ed.): Historical pragmatics. Pragmatic developments in the history of English. Amsterdam/Philadelphia, 3-33.
Jakob, K. (1999): Die Sprachnormierung Johann Christoph Gottscheds und ihre Durchsetzung in der 2. Hälfte des 18. Jds. In: Sprachwissenschaft 24, 1-46.
Jespersen, O. (1917): Negation in English and other languages. In: Historisk-filologiske Meddelelser 1/5. Kopenhagen.
Jones, W.J. (1990): German Kinship Terms (750-1500). Documentation and Analysis. Berlin/New York.
– (2005): Change in lexical fields: A case study on kinship terms in German. In: Cruse, D.A. u.a. (eds.), Bd. 2., 1353-1363.
Jörg, R. (1976): Untersuchungen zum Schwund des Präteritums im Schweizerdeutschen. Bern.
Joseph, B.D./Janda, R.D. (2003): The handbook of historical linguistics. Malden.
Kämpfert, M. (1980): Motive der Substantiv-Großschreibung. Beobachtungen an Drucken des 16. Jahrhunderts. In: ZfdPh 99, 72-98.

Kelle, J. (1967): Christi Leben und Lehre besungen von Otfrid. Aus dem Althochdeutschen übersetzt. Bochum.
Keller, A. (1904/05): Die Formen der Anrede im Fnhd. In: ZDW 6, 129-174.
Keller, R. (1982): Zur Theorie sprachlichen Wandels. In: ZGL 10, 1-27.
– (1984): Bemerkungen zur Theorie des sprachlichen Wandels. In: ZGL 12, 63-81.
– (²1994): Sprachwandel. Von der unsichtbaren Hand in der Sprache. Stuttgart.
– (1995): Sprachwandel, ein Zerrspiegel des Kulturwandels? In: Lönne, K.-E. (ed.): Kulturwandel im Spiegel des Sprachwandels. Tübingen, 207-218.
–/Kirschbaum, I. (2000): Bedeutungswandel. In: Der Deutschunterricht 52/3, 41-53.
–/Kirschbaum, I. (2003): Bedeutungswandel. Berlin/New York.
Keller, R.E. (²1995): Die deutsche Sprache. Hamburg.
Kern, P.C./Zutt, H. (1977): Geschichte des deutschen Flexionssystems. Tübingen.
Kettmann, G./Schildt, J. (eds.) (1976): Zur Ausbildung der Norm in der deutschen Literatursprache auf der syntaktischen Ebene (1470-1730). Berlin. (= ²1981)
Kilian, J. (2005): Historische Dialogforschung. Eine Einführung. Tübingen.
Kirkness, A. (1984): Das Phänomen des Purismus in der Geschichte des Deutschen. In: Besch, W. u.a. (eds.) Sprachgeschichte. Ein Handbuch zur Geschichte der deutschen Sprache und ihrer Erforschung. Bd. 2. Berlin/New York, 290-299.
Kleiber, W. (1971): Otfrid von Weißenburg. Untersuchungen zur handschriftlichen Überlieferung und Studien zum Aufbau des Evangelienbuches. München.
– (ed.) (2004): Otfrid von Weißenburg: Evangelienbuch. Bd. 1: Edition nach dem Wiener Codex 2687. Teil 1: Text. Tübingen.
Klosa, A. (1996): Negierende Lehnpräfixe des Gegenwartsdeutschen. Heidelberg.
Kluge, F. (²⁴2002): Etymologisches Wörterbuch der deutschen Sprache. Bearb. v. E. Seebold. Berlin/New York.
Koch, P. (2001): Bedeutungswandel und Bezeichnungswandel. Von der kognitiven Semasiologie zur kognitiven Onomasiologie. In: LiLi 121, 7-36.
– /Oesterreicher, W. (1996): Sprachwandel und expressive Mündlichkeit. In: LiLi 26/102, 64-94.
Kochskämper, B. (1993): Von Damen und Herren, von Männern und Frauen: Mensch und Geschlecht in der Geschichte des Deutschen. In: Pasero, U./Braun, F. (eds.): "Man räume ihnen Kanzeln und Lehrstühle ein..." – Frauenforschung in universitären Disziplinen. Opladen, 153-188.
– (1994): Soziales Geschlecht als Kategorie historischer Sprachwissenschaft. In: Brandt, G. (ed.): Historische Soziolinguistik des Deutschen. Stuttgart, 139-149.
Kolross, J. (1530): Enchiridion: das ist Handbüchlin tütscher Orthographi. Basel.
König, W. (¹⁴2004): dtv-Atlas deutsche Sprache. München.
Köpcke, K.-M. (1993): Schemata bei der Pluralbildung des Deutschen. Versuch einer kognitiven Morphologie. Tübingen.
– (1998): Prototypisch starke und schwache Verben der deutschen Gegenwartssprache. In: Butt/Fuhrhop (eds.), 45-60.
– (2000): Chaos und Ordnung – Zur semantischen Remotivierung einer Deklinationsklasse im Übergang vom Mhd. zum Nhd. In: Bittner u.a. (eds.), 107-122.
Krahe, H. (⁷1969): Germanische Sprachwissenschaft. Bearb. v. W. Meid. Bd. 2: Formenlehre, Bd. 3: Wortbildungslehre. Berlin.
Kühnel, J. (²1978): Grundkurs historische Linguistik. Göppingen.

Kunze, K. ([5]2004): dtv-Atlas Namenkunde. Vor- und Familiennamen im deutschen Sprachgebiet. München.

Kürschner, S. (2003a): Fugenelemente im Deutschen und Dänischen – kontrastive Gesichtspunkte zu einem Grenzfall der Morphologie. Vortrag, 16. Arbeitstagung der deutschsprachigen Skandinavistik 2003, http://www.skandinavistik.uni-freiburg.de/skuer/vortr/ATDS_Okt2003_Fugelem.pdf.

– (2003b): Von *Volk-s-musik* und *Sport-Ø-geist* im *Lemming-Ø-land* – Af *folk-e-musik* og *sport-s-ånd* i *lemming-e-landet*: Fugenelemente im Deutschen und Dänischen – eine kontrastive Studie zu einem Grenzfall der Morphologie. Univ. Freiburg, Magisterarbeit.

Ladstätter, F. (2004): Die „unsichtbare" Hand in der Sprache. Eine kritische Betrachtung von Kellers Sprachwandeltheorie. In: Linguistik online 18, 71-92.

Lang, E./Zifonun, G. (eds.) (1996): Deutsch – typologisch. Berlin/New York.

Lehmann, C. (1995): Thoughts on grammaticalization. München.

Leiss, E. (1985): Zur Entstehung des neuhochdeutschen analytischen Futurs. In: Sprachwissenschaft 19, 250-273.

– (1998): Ansätze zu einer Theorie des Sprachwandels auf morphologischer und syntaktischer Ebene. In: Besch u.a. (eds.), Bd. 1, 850-860.

Lenerz, J. (1995): Klammerkonstruktionen. In: Jacobs, J. u.a. (eds.): Syntax. Ein internationales Handbuch zeitgenössischer Forschung. Berlin/New York.

Lenz, B. (1996): Negationsverstärkung und Jespersens Zyklus im Deutschen und in anderen europäischen Sprachen. In: Lang/Zifonun (eds.), 183-200.

Leuschner, T. u.a. (eds.) (2005): Grammatikalisierung im Deutschen. Berlin/New York.

Levinson, S.C. ([3]2000): Pragmatik. Neu übers. v. M. Wiese. (engl. Orig. 1983)

Liedtke, F. (1995): Das Gesagte und das Nicht-Gesagte: Zur Definition von Implikaturen. In: Liedtke, F. (ed.): Implikaturen. Grammatische und pragmatische Analysen. Tübingen, 19-46.

Limbach, J. (2005): "Das schönste deutsche Wort". Ismaning.

Lindgren, K.B. (1953): Die Apokope des mhd. *-e* in seinen verschiedenen Funktionen. Helsinki.

– (1957): Über den oberdeutschen Präteritumschwund. Helsinki.

Lipka, L. (1977): Lexikalisierung, Idiomatisierung und Hypostasierung als Probleme einer synchronischen Wortbildungslehre. In: Brekle, H.E./Kastovsky, D. (eds.): Perspektiven der Wortbildungsforschung. Beiträge zum Wuppertaler Wortbildungskolloquium vom 9.-10. Juli 1976. Anlässlich des 70. Geburtstags von Hans Marchand. Bonn, 155-164.

– (1981): Zur Lexikalisierung im Deutschen und Englischen. In: Lipka, L./Günther, H. (eds.): Wortbildung. Darmstadt, 119-132.

Listen, P. (1999): The emergence of German polite *Sie*. Cognitive and sociolinguistic parameters. New York u.a.

Lohff, C. (1980): Zur Herausbildung einer einheitlichen Orthographie zwischen 1876 und 1901. In: Nerius/Scharnhorst (eds.), 306-329.

Löhken, S.C. (1997): Deutsche Wortprosodie. Abschwächungs- und Tilgungsvorgänge. Tübingen.

Lötscher, A. (1981): Zur Sprachgeschichte des Fluchens und Beschimpfens im Schweizerdeutschen. In: ZDL 48, 145-160.

Lüdtke, H. (1980): Auf dem Wege zu einer Theorie des Sprachwandels. In: Lüdtke, H. (ed.): Kommunikationstheoretische Grundllagen des Sprachwandels. Berlin/New York, 182-252.

– (1988): Grammatischer Wandel. In: Ammon, U. u.a. (eds.): Sociolinguistics/Soziolinguistik. Bd. 2. Berlin/New York, 1632-1642.

Luther, M. (1534): Biblia. Wittemberg. Faksimiledruck.

– (1545): Biblia Germanica. Faksimiledruck. Stuttgart 1967.

Lyons, C. (1999): Definiteness. Cambridge.

Maas, U. (1992): Grundzüge der deutschen Orthographie. Tübingen.

– (2002): Die Anschlusskorrelation des Deutschen im Horizont einer Typologie der Silbenstruktur. In: Auer, P. u.a. (eds.): Silbenschnitt und Tonakzente. Tübingen, 11-34.

– ([2]2005): Phonologie. Einführung in die funktionale Phonetik des Deutschen. Opladen/Wiesbaden.

Macha, J. (ed.) (2005): Deutsche Kanzleisprache in Hexenverhörprotokollen der Frühen Neuzeit. 2 Bde. Berlin.

Malige-Klappenbach, H. (1955): Die Entwicklung der Großschreibung im Deutschen. In: Wissenschaftliche Annalen 4, 102-118.

Maurer, F./Stroh, F. (eds.) (21959): Deutsche Wortgeschichte. 3 Bde. Berlin.

Mayerthaler, W. (1981): Morphologische Natürlichkeit. Wiesbaden.

McMahon, A. (2003): On not explaining language change: Optimality theory and the Great vowel shift. In: Hickey, R. (ed.): Motives for language change. Cambridge, 82-96.

Meibauer, J. (1995): Komplexe Präpositionen – Grammatikalisierung, Metapher, Implikaturen und division of pragmatic labour. In: Liedtke, F. (ed.): Implikaturen – grammatische und pragmatische Analysen. Tübingen, 47-74.

– ([2]2001): Pragmatik. Eine Einführung. Tübingen.

– (2006): Implicature. In: Brown, K. (ed.): Encyclopedia of Language and Linguistics. 2nd ed. Vol. 5. Oxford, 568-580.

Meineke, E./Schwerdt, J. (2001): Einführung in das Althochdeutsche. Paderborn u.a.

Meisenburg, T. (1990): Die großen Buchstaben und was sie bewirken können: Zur Geschichte der Majuskel im Französischen und Deutschen. In: Raible, W. (ed.): Erscheinungsformen kultureller Prozesse. Tübingen, 281-350.

– (1998): Zur Typologie von Alphabetschriften anhand des Parameters der Tiefe. In: LBer 34, 43-64.

Mentrup, W. (1979): Großschreibung aus Ehrerbietung – wiewol dieses nicht zur orthographie, sondern zur Klugheit... gehöret. In: Löffler, H. u.a. (eds.): Standard und Dialekt. Bern/München, 13-53.

– (1980): Materialien zur historischen entwicklung der gross- und kleinschreibungsregeln. Tübingen.

Merkle, L. ([6]1996): Bairische Grammatik. München.

Mettke, H. ([8]2000): Mittelhochdeutsche Grammatik. Tübingen.

Mihm, A. (2004): Zur Geschichte der Auslautverhärtung und ihrer Erforschung. In: Sprachwissenschaft 29, 133-206.

Molnár, A. (2002): Die Grammatikalisierung deutscher Modalpartikeln. Fallstudien. Frankfurt a.M. u.a.

Morris, C.W. (1972): Grundlagen der Zeichentheorie. Ästhetik und Zeichentheorie. München. (engl. Orig. 1938)

Moser, H. (ed.) (1970-1991): Grammatik des Frühneuhochdeutschen. Beiträge zur Laut- und Formenlehre. Bd. 1 (1970-78): Vokalismus, von O. Sauerbeck/H. Stopp. Bd. 3 (1987): Flexion der Substantive, von K.-P. Wegera. Bd. 4 (1988): Flexion der starken und schwachen Verben, von U. Dammers u.a. Bd. 6 (1991): Flexion der Adjektive, von H.-J. Solms u.a. Bd. 7 (1988): Flexion der Pronomina und Numeralia, von M. Walch u.a. Heidelberg.

Moser, V. (1951): Frühneuhochdeutsche Grammatik. Bd. 3: Lautlehre. 3. Teil: Konsonanten, 2. Hälfte (Schluss). Heidelberg.

Moulin, C. (1990): Der Majuskelgebrauch in Luthers deutschen Briefen (1517-1546). Heidelberg.

– (1991): "Aber wo ist die Richtschnur? wo ist die Regel?" Zur Suche nach den Prinzipien der Rechtschreibung im 17. Jahrhundert. In: GermL 108/109, 23-51.

– (2004): Das morphematische Prinzip bei den Grammatikern des 16. und 17. Jahrhunderts. In: Sprachwissenschaft 29, 33-73.

Moulin-Fankhänel, C. (2000): Varianz innerhalb der Nominalgruppenflexion. Ausnahmen zur sog. Parallelflexion der Adjektive im Neuhochdeutschen. In: Germanistische Mitteilungen 52, 73-97.

Müller, E.G. (1979): Großvater – Enkel – Schwiegersohn. Untersuchungen zur Geschichte der Verwandtschaftsbezeichnungen im Deutschen. Heidelberg.

Munske, H.H. (1983): Zur Fremdheit und Vertrautheit der "Fremdwörter" im Deutschen. Eine interferenzlinguistische Skizze. In: Peschel, D. (ed.): Germanistik in Erlangen. 100 Jahre nach der Gründung des Deutschen Seminars. Erlangen, 559-595.

– (1988): Ist das Deutsche eine Mischsprache? Zur Stellung der Fremdwörter im deutschen Sprachsystem. In: Munske, H.H. u.a. (eds.): Deutscher Wortschatz. Lexikologische Studien. Festschrift L.E. Schmitt. Berlin, 46-74.

– (1990): Über den Wandel des deutschen Wortschatzes. In: Besch, W. (ed.): Deutsche Sprachgeschichte: Grundlagen, Methoden, Perspektiven. Frankfurt a.M. u.a., 387-401.

– (1992): Über Konstanz und Wandel des deutschen Wortschatzes in 120 Jahren. Ein Wörterbuchvergleich. In: Prędota, S. (ed.): Studia Neerlandica et Germanica 1356. Wrocław, 259-275.

–(1993): Wie entstehen Phraseologismen? In: Mattheier, K. (ed.): Die Vielfalt des Deutschen. Festschrift für Werner Besch. Frankfurt, 481-516.

– (1994): Ist eine "Natürliche Graphematik" möglich? In: Werner, O. (ed.): Probleme der Graphie. Tübingen, 9-23.

– (1995): Zur Verteidigung der deutschen Orthographie: die Groß- und Kleinschreibung. In: Sprachwissenschaft 20, 278-322.

– (1997): Läßt sich die deutsche Orthographie überhaupt reformieren? In: Munske (ed.), 177-206.

– (2001): Fremdwörter in deutscher Sprachgeschichte: Integration oder Stigmatisierung? In: Stickel, G. (ed.): Neues und Fremdes im deutschen Wortschatz. Aktueller lexikalischer Wandel. Berlin/New York, 7-29.

– (2002): Wortbildungswandel. In: Habermann, M. u.a. (eds.): Historische Wortbildung des Deutschen. Tübingen, 23-40.

– (2005a): Lob der Rechtschreibung. Warum wir schreiben, wie wir schreiben. München.
–(2005b): Wortschatzwandel im Deutschen. In: Cruse, D.A. u.a. (eds.), Bd. 2, 1385-1398.
– (ed.) (1997): Orthographie als Sprachkultur. Frankfurt a.M.
Murray, R.W. (1986): Urgermanische Silbenstruktur und die westgermanische Konsonantengemination. In: PBB 108, 333-356.
Neef, M. (2000a): Phonologische Konditionierung. In: Booij u.a. (eds.), 463-473.
– (2000b): Morphologische und syntaktische Konditionierung. In: Booij u.a. (eds.), 473-484.
Nerius, D. ([3]2000): Duden, Deutsche Orthographie. Mannheim.
– (2003): Graphematische Entwicklungstendenzen in der Geschichte des Deutschen. In: Besch u.a. (eds.), Bd. 3, 2461-2472.
–/Scharnhorst, J. (eds.) (1980): Theoretische Probleme der deutschen Orthographie. Berlin.
Nespor, M./Vogel, I. (1986): Prosodic phonology. Dordrecht/Riverton.
Niebaum, H./Macha, J. ([2]2006): Einführung in die Dialektologie des Deutschen. Tübingen.
Nitta, H. (1987): Zur Erforschung der 'uneigentlichen' Zusammensetzung im Frühneuhochdeutschen. In: ZfdPh 106, 400-416.
Nübling, D. (1992): Klitika im Deutschen – Schriftsprache, Umgangssprache, alemannische Dialekte. Tübingen.
– (1997): Der alemannische Konj. II zwischen Morphologie und Syntax. Zur Neuordnung des Konjunktivsystems nach dem Präteritumschwund. In: Ruoff, A./ Löffelad, P. (eds.): Syntax und Stilistik der Alltagssprache. Tübingen, 107-121.
– (1998): Wann werden die deutschen Präpositionen flektieren? Grammatisierungswege zur Flexion. In: Fabri, R. u.a. (eds.): Models of Inflection. Tübingen, 266-289.
– (1999a): *Wie die Alten sungen...* Zur Rolle von Frequenz und Allomorphie beim präteritalen Numerusausgleich im Fnhd. In: ZS 17/2, 185-203.
– (1999b): Zur Funktionalität von Suppletion. In: Butt/Fuhrhop (eds.), 77-101.
– (2000): Prinzipien der Irregularisierung. Eine kontrastive Analyse von zehn Verben in zehn germanischen Sprachen. Tübingen.
– (2002): Wörter beugen. Grundzüge der Flexionsmorphologie. In: Dittmann, J./ Schmidt, C. (eds.): Über Wörter. Freiburg.
– (2005a): Forschungsperspektiven zur Nominalmorphologie deutscher Dialekte. In: Eggers, E. u.a. (eds.): Moderne Dialekte – Neue Dialektologie. Stuttgart, 45-86.
– (2005b): Von *in die* über *in'n* und *ins* bis *im*: Die Klitisierung von Präposition und Artikel als "Grammatikalisierungsbaustelle". In: Leuschner u.a. (eds.), 105-131.
– (2006): Zur Entstehung und Struktur ungebändigter Allomorphie: Pluralbildungsverfahren im Luxemburgischen. In: Moulin, C./Nübling, D. (eds.): Perspektiven einer linguistischen Luxemburgistik. Diachronie und Synchronie. Heidelberg, 107-126.
–/Dammel, A. (2004): Relevanzgesteuerter morphologischer Umbau im Frühneuhochdeutschen. In: PBB 126/2, 177-207.
Olschansky, H. (1996): Volksetymologie. Tübingen.
– (1999): Täuschende Wörter. Kleines Lexikon der Volksetymologien. Stuttgart.

Ortner, H.-P./Ortner, L. (1984): Zur Theorie und Praxis der Kompositaforschung. Tübingen.
Osman, N. ([7]1993): Lexikon untergegangener Wörter. München.
Oubouzar, E. (1992): Zur Ausbildung des bestimmten Artikels im Althochdeutschen. In: Desportes, Y. (ed): Althochdeutsch. Syntax und Semantik. Lyon, 71-87.
Paraschkewow, B. (2003): Zur Polygenese des *–t* in der Verbalendung *–st*. in: ZGL 31, 382-385.
Paul, H. (1916-20/1968): Deutsche Grammatik. 5 Bde. Halle. (Nachdr. Tübingen 1968)
– ([5]1920/1995): Prinzipien der Sprachgeschichte. Halle. (Studienausg. Tübingen [10]1995)
– ([10]2002): Deutsches Wörterbuch. Bedeutungsgeschichte und Aufbau unseres Wortschatzes. Bearb. v. H. Henne. Tübingen. (1. Aufl. Halle 1897)
– u.a. ([24]1998): Mittelhochdeutsche Grammatik. Tübingen.
Pavlov, V.M. (1983): Zur Ausbildung der Norm der deutschen Literatursprache im Bereich der Wortbildung (1470-1730). Von der Wortgruppe zur substantivischen Zusammensetzung. Berlin.
Pensel, F. (1976): Die Satznegation. In: Kettmann/Schildt (eds.), 287-326.
Pfeifer, W. ([6]2003): Etymologisches Wörterbuch des Deutschen. München.
Philipp, G. (1980): Einführung ins Frühneuhochdeutsche. Heidelberg.
Polenz, P. von (1967): Sprachpurismus und Nationalsozialismus. Die 'Fremdwort'-Frage gestern und heute. In: Wiese, B. von/Henß, R. (eds.): Nationalismus in Germanistik und Dichtung. Berlin, 79-112.
– (1979): Fremdwort und Lehnwort sprachwissenschaftlich betrachtet. In: Braun, P. (ed.): Fremdwort-Diskussion. München, 9-31.
– (1991-1999): Deutsche Sprachgeschichte vom Spätmittelalter bis zur Gegenwart. 3 Bde. Bd. 1 (1991/[2]2000): Einführung, Grundbegriffe. Bd. 2 (1994): 17. und 18. Jahrhundert. Bd. 3 (1999): 19. und 20. Jahrhundert. Berlin/New York.
Raffelsiefen, R. (2000): Evidence for word-internal phonological words in German. In: Thieroff u.a. (eds.), 43-56.
Rahnenführer, I. (1980): Zu den Prinzipien der Schreibung des Deutschen. In: Nerius/Scharnhorst (eds.), 231-259.
Raible, W. (1991): Die Semiotik der Textgestalt. Erscheinungsformen und Folgen eines kulturellen Evolutionsprozesses. Heidelberg.
– (1997): Die Bildung neuer Konjunktionen. Ein Rückblick auf die Dissertation von Johannes Klare. In: Huberty, M./Perlick, C. (eds.): Studia Historica Romanica: in honorem Johannes Klare. Bonn, 41-59.
Ramat, A.G./Hopper, P. (eds.) (1998): The limits of grammaticalization. Amsterdam/ Philadelphia.
Ramat, P. (1981): Einführung in das Germanische. Tübingen.
Ramers, K.H. (1999): Historische Veränderungen prosodischer Strukturen: Analyse im Licht der nichtlinearen Phonologie. Tübingen.
– (2002): Phonologie. In: Meibauer, J. u.a. (eds.): Einführung in die germanistische Linguistik. Stuttgart/Weimar, 70-120.
Rapp, A. (1998): *bücher gar húbsch gemolt*. Studien zur Werkstatt Diebold Laubers am Beispiel der Prosabearbeitung von Bruder Philipps "Marienleben" in den Historienbibeln IIa und IIb. Frankfurt a.M.
Reis, H. (1894): Das Präteritum in den süddeutschen Mundarten. In: PBB 19, 334-337.

Renn, M./König, W. (2006): Kleiner Bayerischer Sprachatlas. München.
Restle, D. (2003): Silbenschnitt – Quantität – Kopplung. Zur Geschichte, Charakterisierung und Typologie der Anschlussprosodie. München.
–/Vennemann, T. (2001): Silbenstruktur. In: Haspelmath, M. u.a. (eds.): Sprachtypologie und sprachliche Universalien. Bd. 2. Berlin/New York, 1310-1336.
Reutercrona, H. (1920): Svarabhakti und Erleichterungsvokal im Altdeutschen bis ca. 1250. Heidelberg.
Richter, H. (1979): Personenmarkierte Einleitung von Nebensätzen in deutschen Mundarten und als umgangssprachliches Phänomen. In: Weydt, H. (ed.): Die Partikeln der deutschen Sprache. Berlin, 528-539.
Riecke, J. u.a. (2004): Einführung in die historische Textanalyse. Göttingen.
Rieke, U. (1998): Studien zur Herausbildung der nhd. Orthographie. Die Markierung der Vokalquantitäten in deutschen Bibeldrucken des 16.-18. Jhs. Heidelberg.
Risse, U. (1980): Untersuchungen zum Gebrauch der Majuskel in deutschsprachigen Bibeln des 16. Jahrhunderts. Heidelberg.
Roelcke, T. (1997): Sprachtypologie des Deutschen. Berlin/New York.
– (1998): Die Periodisierung der deutschen Sprachgeschichte. In: Besch u.a. (eds.), Bd. 1, 798-815.
– (2002): Syntheseindex. Typologische Betrachtungen zum Deutschen in Synchronie und Diachronie. In: Wiesinger, P. (ed.): Zeitenwende – die Germanistik auf dem Weg vom 20. ins 21. Jahrhundert. Bern, 337-342.
Ronneberger-Sibold, E. (1980): Sprachverwendung – Sprachsystem. Ökonomie und Wandel. Tübingen.
– (1987): Verschiedene Wege zur Entstehung von suppletiven Flexionsparadigmen. Deutsch *gern – lieber – am liebsten*. In: Boretzky, N. u.a. (eds.): Beiträge zum 3. Essener Kolloquium über Sprachwandel und seine bestimmenden Faktoren. Bochum, 243-264.
– (1989): Historische Phonologie und Morphologie des Deutschen. Eine kommentierte Bibliographie zur strukturellen Forschung. Tübingen.
– (1990): Zur Verselbständigung sprachlicher Einheiten: Der deutsche Umlaut. In: Boretzky, N. u.a. (eds.): Spielarten der Natürlichkeit – Spielarten der Ökonomie. Bochum, 185-205.
– (1991a): Funktionale Betrachtungen zu Diskontinuität und Klammerbildung im Deutschen. In: Boretzky, N. u.a. (eds.) (1991): Sprachwandel und seine Prinzipien. Bochum, 206-236.
– (1991b): 'Typological conservatism' and framing constructions in German morphosyntax. In: Marle, J. van (ed.): Historical linguistics 1991. Amsterdam/Philadelphia, 295-314.
– (1994): Konservative Nominalflexion und "klammerndes Verfahren" im Deutschen. In: Köpcke, K.-M. (ed.): Funktionale Untersuchungen zur deutschen Nominal- und Verbalmorphologie. Tübingen, 115-130.
– (2000): Der Stein des Sisyphus: Wege zum optimalen Kompromiß im Sprachwandel – und zu seinem Scheitern. In: Bittner u.a. (eds.), 191-205.
– (2001): Funktional begründeter Abbau von Transparenz durch Sprachwandel, Entlehnung und Wortschöpfung. In: Igla, B./Stolz, T. (eds.): "Was ich noch sagen wollte ..." A multilingual Festschrift for N. Boretzky. Berlin, 115-138.

Rowley, A. (1994): Morphologie aus der Syntax – natürlich. Zur Flexion der Nebensatzeinleiter in nordostbayerischen Mundarten. In: Viereck, W. (ed.): Regionalsprachliche Variation, Umgangs- und Standardsprachen. Stuttgart, 488-497.

Ruge, N. (2004): Aufkommen und Durchsetzung morphembezogener Schreibungen im Deutschen 1500-1770. Heidelberg.

–(2005): Zur morphembezogenen Überformung der deutschen Orthographie. In: Linguistik online 25, 4/05.

Ruipérez, G. (1984): Die strukturelle Umschichtung der Verwandtschaftsbezeichnungen im Deutschen. Ein Beitrag zur historischen Lexikologie, diachronen Semantik und Ethnolinguistik. Marburg.

Ruoff, A. ([2]1990): Häufigkeitswörterbuch gesprochener Sprache. Tübingen.

Saltveit, L. (1962): Studien zum deutschen Futur. Die Fügungen *werden* mit dem Partizip Präsens und *werden* mit dem Infinitiv in ihren heutigen Funktionen und in ihrer geschichtlichen Entwicklung. Bergen.

Scherer, C. (2005): Wortbildungswandel und Produktivität. Eine empirische Studie zur nominalen *er*-Derivation im Deutschen. Tübingen.

Schildt, J. (1976): Zur Ausbildung des Satzrahmens. In: Kettmann/Schildt (eds.), 235-284.

Schippan, T. (2005): Neologismen und Archaismen. Fallstudien. In: Cruse, D.A. u.a. (eds), Bd. 2, 1373-1380.

Schirmer, A. ([3]1949): Deutsche Wortkunde. Eine kulturgeschichtliche Betrachtung des deutschen Wortschatzes. Berlin.

Schlosser, H.D. (ed.) ([2]2004): Althochdeutsche Literatur. Mit altniederdeutschen Textbeispielen. Auswahl mit Übertragungen und Kommentar. Berlin.

Schmid, H.U. (1998): *-lîh*-Bildungen. Vergleichende Untersuchungen zu Herkunft, Entwicklung und Funktion eines althochdeutschen Suffixes. Göttingen.

– (2004): Historische Syntax und Textinterpretation. Am Beispiel des Objektgenitivs im Alt- und Mittelhochdeutschen. In: ZDL 71, 23-34.

Schmidt, G.D. (1987): Das Affixoid. Zur Notwendigkeit und Brauchbarkeit eines beliebten Zwischenbegriffs der Wortbildung. In: Hoppe, G. (ed.): Deutsche Lehnwortbildung. Beiträge zur Erforschung der Wortbildung mit entlehnten WB-Einheiten im Deutschen. Tübingen, 53-101.

Schmidt, W. ([9]2004): Geschichte der deutschen Sprache. Stuttgart.

Schottel(ius), J.G. (1651): Teutsche Sprach Kunst. Zum andern mahle heraus gegeben. Braunschweig.

– (1663): Ausführliche Arbeit von der Teutschen Haubt Sprache. Braunschweig. (Neuausg. Tübingen 1995)

Schrodt, R. (2004): Althochdeutsche Grammatik II: Syntax. Tübingen.

Schulz, M. (1975): The semantic derogation of woman. In: Thorne, B./Henley, N. (eds.): Language and sex. Difference and dominance. Massachusetts, 64-75.

Schwarz, A. (1984): Sprechaktgeschichte. Studien zu den Liebeserklärungen in mittelalterlichen und modernen Tristandichtungen. Göppingen.

Schweikle, G. ([5]2002): Germanisch-deutsche Sprachgeschichte im Überblick. Stuttgart/Weimar.

Schwerdt, J. (2000): Die 2. Lautverschiebung. Wege zu ihrer Erforschung. Heidelberg.

Selkirk, E.O. (1984): Phonology and syntax. The relation between sound and structure. Cambridge.

Simmler, F. (1976): Synchrone und diachrone Studien zum deutschen Konsonantensystem. Amsterdam.

– (1988): Makrostrukturen in lateinischen und deutschen Textüberlieferungen der Regula Benedicti. In: Regula Benedicti Studia. Annuarium Internationale 14/15, 1985/86, 213-305.

– (1997): Interpungierungsmittel und ihre Funktionen in der Lorscher Beichte und im Weißenburger Katechismus des 9. Jhs. In: Glaser/Schlaefer (eds.), 93-114.

– (2000a): Phonetik und Phonologie, Graphetik und Graphemik des Althochdeutschen. In: Besch u.a. (eds.), Bd. 2, 1155-1170.

– (2000b): Phonetik und Phonologie, Graphetik und Graphemik des Mittelhochdeutschen. In: Besch u.a. (eds.), Bd. 2, 1320-1331.

– (2000c): Zum Umbau der konsonantischen Phonemsysteme im Mittelhochdeutschen. In: Hess-Lüttich, E.W.B./Schmitz, H.W. (eds.): Botschaften verstehen. Kommunikationstheorie und Zeichenpraxis. Festschrift für H. Richter. Frankfurt a.M. u.a., 229-260.

– (2003): Geschichte der Interpunktionssysteme im Deutschen. In: Besch u.a. (eds.), Bd. 3, 2472-2504.

Simon, H.J. (2003a): Für eine grammatische Kategorie 'Respekt' im Deutschen. Synchronie, Diachronie und Typologie der deutschen Anredepronomina. Tübingen.

– (2003b): From pragmatics to grammar. Tracing the development of respect in the history of the German pronouns of address. In: Taavitsainen, I./Jucker, A.H. (eds.): Diachronic perspectives on address term systems. Amsterdam/Philadelphia, 85-123.

Sonderegger, S. (1979): Grundzüge deutscher Sprachgeschichte. Bd. 1: Diachronie des Sprachsystems. Berlin/New York.

– ([3]2003): Althochdeutsche Sprache und Literatur. Berlin/New York.

Splett, J. (1985a): Lexikologie des Althochdeutschen. In: Besch, W. u.a. (eds.): Sprachgeschichte. Bd. 2. Berlin/New York, 1029-1038.

– (1985b): Wortbildung des Althochdeutschen. In: Besch, W. u.a. (eds.): Sprachgeschichte. Bd. 2. Berlin/New York, 1043-1052.

– (1993): Althochdeutsches Wörterbuch. 3 Bde. Berlin/New York.

– (2005): Bedingungen des Aufbaus, Umbaus und Abbaus von Wortfamilien. In: Cruse, D.A. u.a. (eds.), Bd. 1, 688-699.

Stetter, C. (ed.) (1990): Zu einer Geschichte der Orthographie. Tübingen.

Stevens, C.M. (2005): Revisiting the Affixoid Debate. On the Grammatikalization of the Word. In: Leuschner, T./Mortelmans, T./De Groot, S. (eds.): Grammatikalisierung im Deutschen. Berlin/New York, 71-83.

Szczepaniak, R. (2007): Der phonologisch-typologische Wandel des Deutschen von einer Silben- zu einer Wortsprache. Berlin/New York.

Szulc, A. (1987): Historische Phonologie des Deutschen. Tübingen.

Taneva, I. (1999): Die Neuaufnahmen im Duden-Wörterbuch. Eine exemplarische Analyse. In: DaF 36, 98-102.

Theobald, E. (1992): Sprachwandel bei deutschen Verben. Flexionsklassenschwankungen starker und schwacher Verben. Tübingen.

Thieroff, R. u.a. (eds.) (2000): Deutsche Grammatik in Theorie und Praxis. Tübingen.

Thomason, S. G. (2001): Language contact. An introduction. Washington.

–/Kaufmann, T. (1988): Language contact, creolization, and genetic linguistics. Berkeley u.a.

Thomé, G. (1992): Alphabetschrift und Schriftsystem. Über die Prinzipien der Orthographie aus schrifthistorischer Sicht. In: ZGL 20, 210-226.

Thurmair, M. (1991): Warten auf das Verb. Die Gedächtnisrelevanz der Verbklammer im Deutschen. In: Jahrbuch Deutsch als Fremdsprache 17, 174-202.

– (1997): Verbwortbildung und Verbklammer im Deutschen. In: Šimečková, A./Vachková M. (eds.): Wortbildung. Prag, 163-173.

Tichy, E. (2000): Indogermanistisches Grundwissen für Studierende sprachwissenschaftlicher Disziplinen. Bremen.

Tomczyk-Popińska, E. (1987): Linguistische Merkmale der deutschen gesprochenen Standardsprache. In: DS 15, 336-357.

Traugott, E. (2003): Constructions in grammaticalization. In: Joseph/Janda (eds.), 625-647.

Trost, P. (1980): Präteritumverfall und Präteritumschwund im Deutschen. In: ZDL 47/2, 184-188.

Twain, M. (1966): Die schreckliche deutsche Sprache. In: M. Twain: Die Arglosen im Ausland. Bummel durch Europa. Darmstadt, 1067-1090.

Vaught, G.M. (1984): A study of auslautverhärtung in Old High German. Ann Arbor.

Veith, W. (2000): Bestrebungen der Orthographiereform im 18., 19. und 20. Jh. In: Besch u.a. (eds.), Bd. 2, 1782-1803.

Vennemann, T. (1982): Zur Silbenstruktur der deutschen Standardsprache. In: Vennemann, T. (ed.): Silben, Segmente, Akzente. Tübingen, 261-305.

– (1986): Neuere Entwicklungen in der Phonologie. Berlin u.a.

– (1990): Syllable structure and simplex accent in Modern Standard German. In: Papers from the 26th regional meeting of the Chicago Linguistic Society. Bd. 2: Parasession on the syllable in phonetics and phonology, 399-412.

– (1993): Language change as language improvement. In: Jones, C. (ed.): Historical Linguistics. London, 319-344.

Voeste, A. (2004): Flexionsmorphologie. In: Riecke u.a. (eds.), 166-182.

Vögeding, J. (1981): Das Halbsuffix "-frei". Zur Theorie der Wortbildung. Tübingen.

Volland, B. (1986): Französische Entlehnungen im Deutschen. Transferenz und Integration auf phonologischer, graphematischer, morphologischer und lexikalisch-semantischer Ebene. Tübingen.

Wauchope, M.M. (1991): The grammar of the Old High German modal particles *thoh, ia,* and *thanne*. New York u.a.

Weber, W.R. (1958): Das Aufkommen der Substantivgroßschreibung im Deutschen. Ein historisch-kritischer Versuch. München.

Weddige, H. (⁶2004): Mittelhochdeutsch. München.

Wegener, H. (1998): Zur Grammatikalisierung von Modalpartikeln. In: Barz, I./Öhlschläger, G. (eds.): Zwischen Grammatik und Lexikon. Tübingen, 37-55.

– (2004): *Pizzas* und *Pizzen* – die Pluralformen (un)assimilierter Fremdwörter im Deutschen. In: ZS 23, 47-112.

Wegera, K.-P. (1985): Wortbildung des Frühneuhochdeutschen. In: Besch, W. u.a. (eds.): Sprachgeschichte. Bd. 2. Berlin/New York, 1348-1355.

– (1996): Zur Geschichte der Adjektivgroßschreibung im Deutschen: Entwicklung und Motive. In: ZfdPh 115/3, 382-392.

–/Solms, H.-J. (2000): Morphologie des Frühneuhochdeutschen. In: Besch u.a. (eds.), Bd. 2, 1542-1554.

Weinreich, O. (1971): Die Suffixablösung bei den Nomina agentis während der althochdeutschen Periode. Berlin.

Wellmann, H. (1975): Deutsche Wortbildung. Bd. 2: Das Substantiv. Düsseldorf.

Wells, C.J. (1990): Deutsch. Eine Sprachgeschichte bis 1945. Tübingen.

– (2005): Epoch vocabularies I: German. In: Cruse, D.A. u.a. (eds.), Bd. 2, 1399-1419.

Werner, O. (1977): Suppletivwesen durch Lautwandel. In: Drachmann, G. (ed.): Akten der 2. Salzburger Frühlingstagung für Linguistik. Tübingen, 269-283.

– (1987a): Natürlichkeit und Nutzen morphologischer Irregularität. In: Boretzky, N. u.a. (eds.): Beiträge zum 3. Essener Kolloquium über Sprachwandel und seine bestimmenden Faktoren. Bochum, 289-316.

– (1987b): The aim of morphological change is a good mixture – not a uniform language type. In: Ramat, A.G. u.a. (eds.): Papers from the 7th international conference of historical linguistics. Amsterdam, 591-616.

– (1994): Auch Paradigmen entstehen und vergehen. In: Köpcke, K.-M. (ed.): Funktionale Untersuchungen zur deutschen Nominalmorphologie. Tübingen, 5-28.

– (1998): Prinzipien und Methoden historischer Morphologie. In: Besch u.a. (eds.), Bd. 1, 572-596.

Weydt, H. (1983): Semantische Konvergenz. Zur Geschichte von *sowieso, eh, ohnehin*. Ein Beitrag zum Bedeutungswandel von Partikeln. In: Weydt, H. (ed.): Partikeln und Interaktion. Tübingen, 172-187.

Wiese, R. (1996): The phonology of German. Oxford.

Williams, J.M. (1976): Synaesthetic Adjectives: A Possible Law of Semantic Change. In: Language 52/2, 461-478.

Wilmanns, W. (²1899): Deutsche Grammatik. Gotisch, Alt-, Mittel- und Neuhochdeutsch. Zweite Abteilung: Wortbildung. Straßburg. (Nachdr. Berlin/New York 1967)

– (³1911): Deutsche Grammatik. Gotisch, Alt-, Mittel- und Neuhochdeutsch. Erste Abteilung: Lautlehre. Straßburg. (Nachdr. Berlin/New York 1967)

Wischer, I. (1997): Lexikalisierung versus Grammatikalisierung – Gemeinsamkeiten und Unterschiede. In: Papiere zur Linguistik 57/2, 121-134.

Wolf, N.R. (1981): Geschichte der deutschen Sprache, Bd. 1: Althochdeutsch – Mitttelhochdeutsch. Heidelberg.

– (2000): Phonetik und Phonologie, Graphetik und Graphemik des Frühneuhochdeutschen. In: Besch u.a. (eds.), Bd. 2, 1527-1542.

Wurzel, W.U. (1981): Wege der Morphologisierung phonologischer Regeln. In: Wurzel, W.U.: Phonologie – Morphonologie – Morphologie. Berlin, 1-29.

– (1992): Morphologische Reanalysen in der Geschichte der deutschen Substantivflexion. In: FolH 13/1-2, 279-307.

– (1993): Inkorporierung und 'Wortigkeit' im Deutschen. In: Tonelli, L./Dressler, W.U. (eds.): Natural morphology. Perspectives for the nineties. Padova, 109-125.

– (1994): Skizze der natürlichen Morphologie. In: Papiere zur Linguistik 50/1, 23-50.

– (1995): On the development of incorporating structures in German. In: Hogg, R.M./Berge, L. van (eds.): Historical Linguistics 1995. Bd. 2: Germanic Linguistics. Amsterdam/Philadelphia, 331-344.

– (1996): Morphologischer Strukturwandel: Typologische Entwicklungen im Deutschen. In: Lang/Zifonun (eds.), 492-524.

Zutt, H. (1985): Wortbildung des Mittelhochdeutschen. In: Besch, W. u.a. (eds.): Sprachgeschichte. Bd. 2. Berlin/New York, 1159-1164.

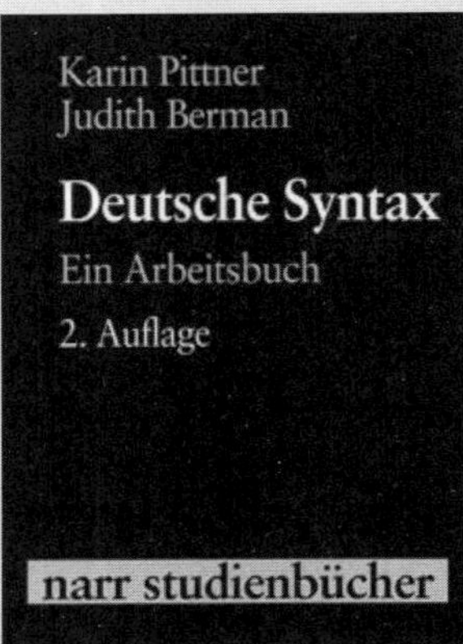

Karin Pittner / Judith Bermann

Deutsche Syntax

Ein Arbeitsbuch

narr studienbücher
2., durchgesehene Auflage 2007
200 Seiten
€ 19,90/SFr 34,90
ISBN 13: 978-3-8233-6278-4
ISBN 10: 3-8233-6278-X

Dieses Lehrbuch führt in die Grundbegriffe und Methoden der syntaktischen Analyse des Deutschen ein. Behandelt werden syntaktische Kategorien und Funktionen, Valenz und Argumentstruktur, die Formen des Passivs, die Wortstellung, der Aufbau von komplexen Sätzen, Besonderheiten bei der Verwendung der Pronomina sowie Grundbegriffe der Informationsstruktur.
Jedes Kapitel enthält Übungen mit Lösungshinweisen und Literaturtipps zum Weiterlesen, die den Studierenden die Möglichkeit geben, sich den Stoff weitgehend selbständig zu erarbeiten.

Narr Francke Attempto Verlag GmbH + Co. KG
Postfach 2560 · D-72015 Tübingen · Fax (07071) 9797-11
Internet: www.narr.de · E-Mail: info@narr.de